WIRTSCHAFT
UND BETRIEB

Arbeitsbuch zu
Wirtschafts- und Betriebslehre in dualen Fachklassen
im Fachbereich Technik / Naturwissenschaften

Autoren:

Uta Eichborn
Christian Fritz
Melanie Müller
Stephan Müller
Petra Walenciak
Gisbert Weleda
in Zusammenarbeit mit der Verlagsredaktion

Beratung:

Melanie Köllner-Kraft, Ralf Köllner

Cornelsen

In diesem Buch wurden Beiträge weiterer Autoren verwendet:

Hans-Peter von den Bergen, Teita Bijedic, Roland Budde, Volker Brettschneider, Anja Brunnett, Oliver Dillmann, Ilona Ebbers, Peter Engelhardt, Bettina Glania, Markus Hillebrand, Ariane Hoffmann, Jörn Holbe, Franz-Josef Kaiser, Hans-Peter Klein, Antje Kost, Melanie Köllner-Kraft, Ralf Köllner, Claudia Lang, Susanne Lange, Antje Licht, Ute Morgenstern, Henning Müller, Klaus Otte, Michael Piek, Roswitha Pütz, Josef Schnettler, Heike Scholz, Arndt Settnik, Alfons Steffes-lai, Petra Zedler

Hinweis zur männlichen und weiblichen Sprachregelung:

Zur besseren Lesbarkeit der Texte wurde in diesem Buch die männliche Form verwendet. Dabei sind immer alle Geschlechter angesprochen.

Verlagsredaktion: Elisabeth Berten
Außenredaktion: Veronika Kühn, Köln
Illustration: Bettina Nutz, Mainz
Umschlaggestaltung, Layout und technische Umsetzung: EYES-OPEN, Berlin
Titelfoto: Colourbox.com

www.cornelsen.de

1. Auflage, 1. Druck 2015

Alle Drucke dieser Auflage sind inhaltlich unverändert
und können im Unterricht nebeneinander verwendet werden.

Druck: Firmengruppe APPL, aprinta Druck, Wemding

ISBN 978-3-06-451185-9

PEFC™
PEFC/04-32-0928

PEFC zertifiziert

Dieses Produkt stammt aus nachhaltig bewirtschafteten Wäldern und kontrollierten Quellen

www.pefc.de

Inhalt

Arbeiten mit diesem Buch

Liebe Schülerinnen und Schüler,

dieses Buch wurde Ihnen für Ihren Unterricht im Fach Wirtschafts- und Betriebslehre vorgeschlagen. Bevor Sie mit der Arbeit beginnen, geben wir Ihnen an dieser Stelle noch ein paar Hinweise zur Arbeit mit dem Buch.

Sie selbst haben kürzlich Ihre Ausbildung in unterschiedlichen Berufen und Ausbildungsbetrieben begonnen. Sie werden feststellen, dass in den Betrieben sehr unterschiedlich gearbeitet wird.

Auch in diesem Buch wird Sie ein Unternehmen begleiten: die *Fly Bike Werke GmbH*. Dieses Unternehmen existiert nicht wirklich und alle Namen und Ereignisse sind von uns erfunden. Deshalb sprechen wir auch vom Modellunternehmen.

Und doch könnten die *Fly Bike Werke* in Wirklichkeit existieren. Denn bei der Erfindung des Modellunternehmens haben wir uns der betrieblichen Wirklichkeit so gut wie möglich angepasst. Das betrifft auch alle Gruppen, mit denen ein Unternehmen Kontakte pflegen muss. Sicher entdecken Sie während der Arbeit mit dem Buch auch Parallelen zu Ihrem eigenen Ausbildungsbetrieb.

Zur Orientierung haben wir immer dann, wenn es sich um Personen aus den *Fly Bike Werken* handelt, die Namen *kursiv* gestellt.

Wir hoffen, dass Sie schnell mit dem Aufbau der Kapitel im Buch vertraut werden. Zu Beginn eines Hauptkapitels finden Sie auf einer Übersichtsseite alles, was Sie in den Teilkapiteln erarbeiten können.

In jedem Teilkapitel werden Ihnen Situationen vorgestellt, die der betrieblichen Realität entsprechen. Die Situationen können Sie bearbeiten, indem Sie die anschließenden Arbeitsaufträge erledigen. Alles was Sie dazu wissen müssen, steht in den genannten Materialen.

Bei einigen Arbeitsaufträgen ist es sinnvoll, im Internet nach Informationen zu suchen. Solche Aufgaben sind mit diesem Symbol gekennzeichnet.

Am Ende der Teilkapitel haben wir das Kernwissen zusammengestellt. Dies kann Ihnen später bei der Vorbereitung zur Klassenarbeit oder Ihrer Abschlussprüfung im Fach Wirtschafts- und Sozialkunde helfen. Auch die Übungen zum Ende der Teilkapitel können zur Prüfungsvorbereitung genutzt werden. Zudem bieten wir Ihnen einen kostenlosen, digitalen Prüfungstrainer an, den WISO-Prüfer.

Einscannen und den WISO-Prüfer gratis herunterladen:

Android-App bei Google Play

iOS-App im App Store

Und wenn Sie noch etwas vermissen oder bei der Arbeit mit dem Buch Ideen zur Verbesserung haben, melden Sie sich. Autoren und Verlagsredaktion freuen sich über Ihre Anregungen und Kritik.
Eine Mail an die Redaktion genügt:
Berufliche-Bildung@cornelsen.de

Viel Erfolg bei der Arbeit mit dem Buch und für Ihre Abschlussprüfung wünschen Ihnen

Autoren und Verlagsredaktion

Das Modellunternehmen: die Fly Bike Werke GmbH

Von der Geschäftsidee zur Unternehmensgründung

Jan Ullmann und Björn Ries, die Gesellschafter der Fly Bike Werke GmbH, sind seit frühester Jugend befreundet und hatten immer ein gemeinsames Hobby, das Radrennfahren. Die Väter der beiden Amateurrennfahrer waren schon frühzeitig im Fahrradmarkt ambitioniert. Dirk Ries, Vater von Björn Ries, betrieb in Oldenburg einen Fahrradeinzelhandel, wobei Rennräder für den Amateurbereich einen Schwerpunkt in seinem Sortiment darstellten. Klaus Ullmann, Vater von Jan Ullmann, produzierte in Oldenburg Standardfahrradrahmen aus Stahl für die Fahrradindustrie.

Die Erfahrungen, die Jan Ullmann als Hobbysportler gesammelt hatte, ließen sich gut mit dem Know-how seines Vaters kombinieren. Die Geschäftsidee, eigene Freizeit-Sporträder aus Stahl zu entwickeln, erschien ihm so vielversprechend, dass er 1982 die Fly Bike Werke GmbH (als sogenannte Einpersonengesellschaft) gründete. Die Aufgaben eines Geschäftsführers übertrug er an den ebenfalls radsportbegeisterten Hans Peters.

Der Zwang zu modernen Fertigungsmethoden und die damit verbundenen Investitionen erhöhten den Kapitalbedarf zum Ende des ausgehenden Jahrhunderts erheblich. Da traf es sich gut, dass Jan Ullmann seinen alten Freund Björn Ries bei einem Radrennen traf und von seinen Sorgen erzählte. Der aufgrund eines erfolgreichen Berufslebens vermögende Björn Ries war spontan bereit, sich an der Fly Bike Werke GmbH zu beteiligen, und trat Anfang 2001 als weiterer Gesellschafter in die GmbH ein. Basis für die Geschäftstätigkeit der Fly Bike Werke GmbH ist der Gesellschaftsvertrag auf den folgenden Seiten.

Steckbrief

FLY BIKE WERKE GMBH

Rechtsform und Unternehmensgröße, Handelsregistereintrag	Gesellschaft mit beschränkter Haftung (GmbH) Kleine Kapitalgesellschaft gem. § **267** HGB Oldenburg HRB **2134**	
Gesellschafter und Geschäftsanteile	Herr Jan Ullmann **200.000,00 €**	Herr Björn Ries **100.000,00 €**
Geschäftsführer	Herr Hans Peters	
Geschäftsjahr	Kalenderjahr (**01.01.** bis **31.12.**)	
Umsatz Berichtsjahr	ca. **6,9** Mio. €	
Bankverbindungen	Deutsche Bank AG Oldenburg, BLZ **280 700 57**, Konto-Nr. **2 1142 2532 666** IBAN: **DE682 28072 00572 2114 2536 66**, BIC: **DEUTDEHB280** Landessparkasse Oldenburg, BLZ **2802 501200**, Konto-Nr. **1122 3262 444** IBAN: **DE862 28052 01002 01122 32642 44**, BIC: **BRLADE21LZO**	
Kontakt	Post- und Lieferadresse: Rostocker Str. **334**, **26121** Oldenburg Telefon: **0441 885-0** Telefax: **0441 885-9211** Internet: www.flybike-werke.de E-Mail: mail@flybike-werke.de	
Absatzprogramm	Produktionsprogramm	Fahrräder: Cityräder, Mountainbikes, Rennräder, Jugendräder, Trekkingräder
	Handelswaren	Fahrradbekleidung, Fahrradzubehör, Fahrradanhänger
	Dienstleistungen	Vermittlung von Fahrradreisen
Stoffe, Vorprodukte, Fremdbauteile (Beispiele)	Rohstoffe	Rohre und Bleche aus Stahl und Aluminium
	Hilfsstoffe	Farben und Grundierungen, Schrauben und Kleinteile
	Betriebsstoffe	Strom, Gas, Wasser, Heizöl, Schmierstoffe
	Vorprodukte, Fremdbauteile	Räder, Beleuchtung, Sättel, Spezialrahmen, Federgabeln
Fertigungstypen und Fertigungsarten	Fließ- bzw. Gruppenfertigung Werkstattfertigung (Rennräder-Profi) Serienfertigung Einzelfertigung (Rennräder-Profi)	
Technische Anlagen und Maschinen (Beispiele)	Universalroboter, Rohrschneideanlage, Rahmenrichtmaschine, Schleifmaschine, Schweißmaschine, Montagebänder, Verpackungsanlage, Lackierautomaten	
Mitarbeiter	**1** Geschäftsführer, **37** Arbeitnehmer	
Kunden	Großhändler, Filialisten, Cash-and-carry-Märkte im Inland, Großhändler im Ausland	
Lieferanten	Industriebetriebe und Spezialgroßhändler im In- und Ausland	
Verbände	Oldenburgische Industrie- und Handelskammer, Oldenburg (Pflichtmitgliedschaft); NORDMETALL e. V., Hamburg, Geschäftsstelle Oldenburg, Bezirksgruppe Nordwest (Arbeitgeberverband)	
Betriebsnummer für die Sozialversicherung	**26 550 966**	
Steuer-Nr. USt-Id.-Nr.	**112/8870/0057** **DE 236667691**	

Gesellschaftsvertrag und Änderungen

– Gesellschaftsvertrag –

§ 1 Firma und Sitz der Gesellschaft

(1) Die Firma der Gesellschaft lautet:
Fly Bike Werke Gesellschaft mit beschränkter Haftung.
(2) Sitz der Gesellschaft ist Oldenburg.

§ 2 Gegenstand des Unternehmens

Gegenstand des Unternehmens ist die Herstellung und der Handel mit Fahrrädern, Fahrradteilen, Fahrradzubehör und Dienstleistungen im Fahrradmarkt. Die Gesellschaft darf andere Unternehmen gleicher oder ähnlicher Art übernehmen, vertreten und sich an solchen beteiligen; sie darf auch Zweigniederlassungen errichten.

§ 3 Stammkapital und Stammeinlage

(1) Das Stammkapital der Gesellschaft beträgt 350.000,00 DM (in Worten: dreihundertfünfzigtausend Deutsche Mark).
(2) Der alleinige Gesellschafter, Herr Jan Ullmann, Oldenburg, leistet seine Einlage, indem er alle Vermögenswerte der Einzelunternehmung Fahrrad Ullmann in die Gesellschaft einbringt.

§ 4 Dauer der Gesellschaft, Geschäftsjahr

(1) Die Gesellschaft wird auf unbestimmte Zeit errichtet.
(2) Geschäftsjahr ist das Kalenderjahr.

§ 5 Geschäftsführung und Vertretung

(1) Die Gesellschaft hat einen oder mehrere Geschäftsführer. Sind mehrere Geschäftsführer bestellt, so wird die Gesellschaft durch je zwei Geschäftsführer gemeinschaftlich vertreten.
(2) Zum Geschäftsführer wird bestellt: Herr Hans Peters.

§ 6 Jahresabschluss

Innerhalb der ersten drei Monate nach Abschluss eines Geschäftsjahres hat die Geschäftsführung den Jahresabschluss und den Lagebericht aufzustellen und zusammen mit einem Vorschlag zur Ergebnisverwendung dem Gesellschafter vorzulegen. Der Jahresabschluss ist nach den gesetzlichen Vorschriften zu erstellen.

§ 7 Bekanntmachungen

Bekanntmachungen der Gesellschaft werden im Bundesanzeiger veröffentlicht.
Oldenburg, 15. Februar 1982

Jan Ullmann

Änderungen des Gesellschaftsvertrages § 3 (1) durch Gesellschafterbeschluss am 20.05.2000

Das Stammkapital der Gesellschaft wird auf 200.000,00 € (in Worten zweihunderttausend Euro) erhöht. Die ausstehende Einlage ist zum offiziellen Umrechnungskurs von 1,95583 DM je Euro bis zum 31.12.2000 auf das Konto der Gesellschaft durch den Gesellschafter Jan Ullmann, Oldenburg, einzuzahlen.
Oldenburg, 20. Mai 2000

Jan Ullmann

Änderungen des Gesellschaftsvertrages § 3 (1) durch Gesellschafterbeschluss am 15.12.2000:

(1) Zu Beginn des Geschäftsjahres 2001 tritt Herr Björn Ries in die GmbH ein.
Der Gesellschafter Ries leistet eine Einlage von 100.000,00 €
(in Worten einhunderttausend Euro). Das gezeichnete Kapital erhöht sich auf 300.000,00 €
(in Worten dreihunderttausend Euro). Davon übernehmen:

a) Herr Jan Ullmann, Oldenburg, 200.000,00 €
b) Herr Björn Ries, Oldenburg, 100.000,00 €
c) Herr Björn Ries leistet eine Kapitalrücklage in Höhe von 100.000,00 € für die erbrachten Vorleistungen von Herrn Jan Ullmann (Know-how, Firmenimage).

Ergänzung des Gesellschaftsvertrages um § 3 (3) durch Gesellschafterbeschluss am 15.12.2000:

(3) Der Gesellschafter Björn Ries, Oldenburg, leistet seine Einlage in Geld. Seine Stammeinlage und die vereinbarte Kapitalrücklage sind zu Beginn des Geschäftsjahres 2001 zur freien Verfügung der Gesellschaft auf das Konto der Gesellschaft einzuzahlen.

Ergänzung des Gesellschaftsvertrages um § 4 (3) durch Gesellschafterbeschluss am 15.12.2000:

(3) Jedem Gesellschafter steht ein Kündigungsrecht mit einjähriger Frist zum Jahresende zu.

Änderung des Gesellschaftsvertrages § 6 Jahresabschluss durch Gesellschafterbeschluss am 15.12.2000:

Innerhalb der ersten drei Monate nach Abschluss eines Geschäftsjahres hat die Geschäftsführung den Jahresabschluss und den Lagebericht aufzustellen und zusammen mit einem Vorschlag zur Ergebnisverwendung der Gesellschafterversammlung vorzulegen. Der Jahresabschluss ist nach den gesetzlichen Vorschriften zu erstellen.

Ergänzung des Gesellschaftsvertrages um § 8 durch Gesellschafterbeschluss am15.12.2000:

§ 8 Gesellschafterversammlung, Stimmrecht und Erfolgsbeteiligung

(1) Alljährlich findet innerhalb von 6 Monaten nach Schluss des vorangegangenen Rechnungsjahres eine ordentliche Gesellschafterversammlung statt.
Diese beschließt über die

- Feststellung des Jahresabschlusses für das vorangegangene Geschäftsjahr,
- Verwendung der Ergebnisse der Unternehmung,
- Entlastung des/der Geschäftsführer/s
- Wahl eines eventuell zu bestellenden Abschlussprüfers.

(2) Je 500,00 € eines Geschäftsanteils gewähren eine Stimme.
(3) 10 % eines Jahresüberschusses fließen ab 2001 in die Gewinnrücklage.
Die Gewinnverteilung erfolgt im Verhältnis des gezeichneten Kapitals.
Oldenburg, 15. Dezember 2000

Jan Ullmann *Björn Ries*

Der Gesellschaftsvertrag samt Änderungen wurde von Rechtsanwalt und Notar Dr. Heinfried Kampen, Oldenburg, notariell beglaubigt.

Absatzprogramm, Kunden, Preise

Das Produktionsprogramm der Fly Bike Werke GmbH umfasst zurzeit zwölf verschiedene Fahrradmodelle. Das Produktionsprogramm wird durch Handelswaren und Dienstleistungen zum Absatzprogramm erweitert.

PRODUKTIONSPROGRAMM

Modell	Artikel-Nr.	Modell-Name	unverbindl. Preise in €
Cityräder	101	City Glide	245,00 €
	102	City Surf	274,40 €
Trekkingräder	201	Trekking Light	299,25 €
	202	Trekking Free	350,00 €
	203	Trekking Nature	437,50 €
Mountainbikes	301	Mountain Dispo	393,75 €
	302	Mountain Constitution	598,50 €
	303	Mountain Unlimited	997,50 €
Rennräder	401	Renn Fast	1.260,00 €
	402	Renn Superfast	2.205,00 €
Kinderräder	501	Kinder Twist	196,88 €
	502	Kinder Cool	262,50 €

HANDELSWAREN UND DIENSTLEISTUNGSANGEBOTE DER FLY BIKE WERKE

Handelswaren	Textilien aus Goretex (x = Größen S, M, L, XL, XXL)	701 x Shirts STEFF superfast 702 x Shorts STEFF superfast 703 x Jacketts STEFF superfast
	Fahrradanhänger	601 Modell Kelly 602 Modell Mini 603 Modell Max 604 Modell Kids 605 Modell Sven
Dienstleistungen	Vermittlung von Radtouren/Reisen (Veranstalter: UIT und Rebbel)	901 Brandenburg und Mecklenburg-Vorpommern (Alleestraßen) 902 Rheinland-Pfalz (Mosel/Saar) 903 Niedersachsen (Nordsee) 904 Südtirol (Pässetour, Teilnahme an Dolomiti Open) 905 Toskana (Kultur, Tour und Meer) 906 Schweiz (Pässetour)

KUNDEN DER FLY BIKE WERKE

Einzelhandel	Umsatzstarke Fachhandelsunternehmen mit eigenen Filialen und abgegrenzten Vertriebsgebieten in Deutschland
Großhandel national	Fahrradgroßhandelsunternehmen, die den Fahrradeinzelhandel in Deutschland beliefern
Großhandel Europa	Je ein Großhändler in Belgien, in den Niederlanden, in Österreich und der Schweiz, die dort landesweit den Fahrradeinzelhandel beliefern
Private-Label-Kunden	Eine Kaufhauskette und ein Cash-and-carry-Konzern, die Fahrräder unter eigenem Markennamen (Private Label) vertreiben

Cityrad Modell 102 Surf

Rennrad Modell 401 Renn Fast

Mountainbike Modell 302 Constitution

Kinderrad Modell 502 Cool

PREISNACHLÄSSE

Rabattstaffel	
STÜCKZAHL	RABATT
1 – 10	27,5 %
11 – 50	29,0 %
51 – 100	30,0 %
101 – 250	31,0 %
251 – 500	32,0 %
> 500	33,0 %
BONI (JAHRESBONI BEZOGEN AUF DEN ZIELVERKAUFSPREIS DER GESAMTMENGE)	
Abnahme von mind. 1.000 Fahrrädern	1 %
Abnahme von mind. 5.000 Fahrrädern	2 %
SKONTO	
2 % bei Zahlung innerhalb von 8 Tagen	

Die Preise der Fahrräder werden von der Fly Bike Werke GmbH in Preislisten als unverbindliche Preisempfehlungen angegeben (zuzüglich Umsatzsteuer). Auf diese Preise erhalten die Wiederverkäufer (Kunden der Fly Bike Werke) Preisnachlässe in Form von **Rabatten**, **Boni** und **Skonto**. Auftragsfertigungen werden kundenindividuell kalkuliert.

Leistungserstellung

Eigenfertigung: Rahmen des Mountainbikes Dispo

Die Fly Bike Werke GmbH produziert die meisten Fahrradrahmen und Fahrradgabeln selbst.

Der voll gefederte Y-Rahmen des Modells Unlimited wird zurzeit fremdbezogen. Dies gilt auch für die Federgabeln der Modelle Constitution und Unlimited, die von einem amerikanischen Lieferanten bezogen werden. Alle übrigen Teile werden ebenfalls fremdbezogen. Mit den Lieferanten sind hinsichtlich der technischen Spezifikationen der Bauteile und Baugruppen feste Vereinbarungen getroffen worden.

Ein Hersteller liefert immer eine komplette Baugruppe (Komponentengruppe), der eine von der Fly Bike Werke GmbH vergebene Set-Nr. (Komponentennummer) zugeordnet wird.

Ein Fahrrad besteht bei Vollausstattung aus bis zu über 1000 Einzelteilen. Der Fly Bike Werke GmbH ist es in Zusammenarbeit mit ihren Lieferanten gelungen, die notwendigen Teile in Baugruppen so zusammenzufassen, dass die Baugruppe (Komponente) komplett von einem Lieferanten zur Verfügung gestellt werden kann. Der Weltmarktführer für Fahrradteile, Tamino Inc., liefert z. B. für das Modell Dispo alle Teile für die Komponenten „Räder und Schaltung", „Antrieb" und „Bremsen". Das positive Image bestimmter Teilehersteller wird bei den Endverbrauchern auf das Fertigprodukt Fahrrad übertragen.
Zu diesen Teileherstellern zählen z. B.:

- Tamino Inc., Japan: (Ketten-)Schaltungen, Antriebe, Bremsen
- Dax AG, Deutschland: (Naben-)Schaltungen, Antriebe, Bremsen
- Sella SA, Italien: Sättel
  Shokk Ltd., USA: Federgabeln

Organigramm

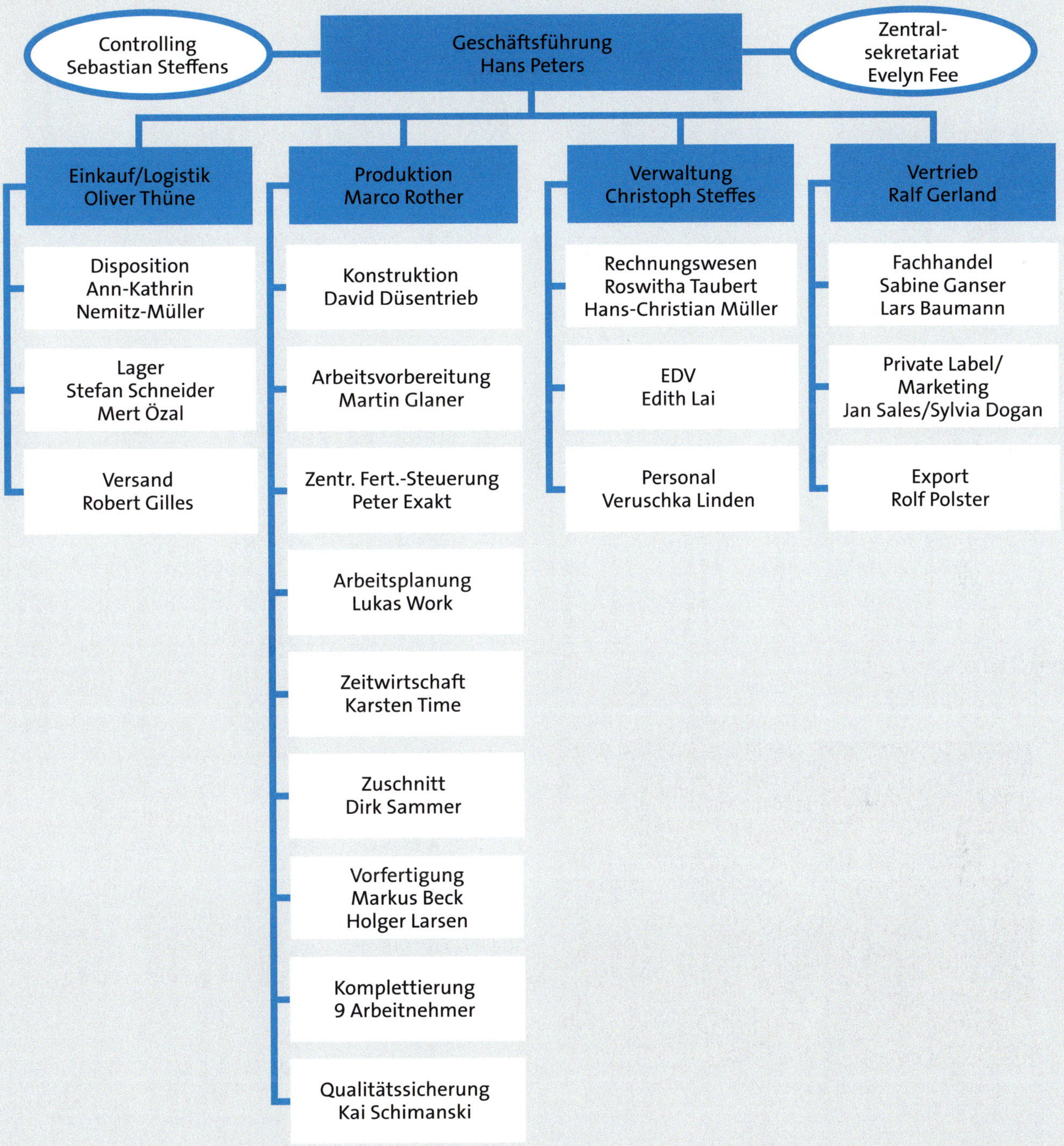

Sicherheitsbeauftragter: Peter Exakt
Umweltbeauftragter: Oliver Thüne
Qualitätsbeauftragter: Kai Schimanski
Datenschutzbeauftragter: Christoph Steffes
Betriebsratsmitglieder: Sabine Ganser, Thomas Preis, Saskia Engel
Auszubildender Industriemechaniker: Ralf Schumacher
Auszubildende Zweiradmechanikerin: Bettina Lorenz

Kunden- und Lieferantenstammdaten der Fly Bike Werke GmbH (Auswahl)

KUNDENSTAMMDATEN DER FLY BIKE WERKE GMBH

Kunden-Nr. Debitoren-Nr.	Firma Anschrift Telefon/Fax	Ansprechpartner Lieferanschrift Lieferart	Zahlungsbedingungen Zahlungsziel	Bankverbindung Zahlungsart	Ansprechpartner FBW
20011 24011	Radplus GmbH Gütersloher Str. 102 33415 Verl Tel. 05246 45950 Fax 05246 4595111	Herr Reichenbach Gütersloher Str. 122 33415 Verl Tel. 05246 4591200 Spedition	3 % Skonto innerhalb von 10 Tagen 30 Tage Ziel	Kreissparkasse Wiedenbrück 478 535 20 245398 Überweisung	Frau Ganser
10001 24001	Radbauer GmbH Augsburger Str. 2180335 München Tel. 089 224336(8)Fax 089 224337	Herr Rosenheim Nymphenburger-str. 42 80335 München Tel. 089 224339 Bahnfracht	2 % Skonto innerhalb von 8 Tagen 30 Tage Ziel	Münchner Bank 701 900 00 43622490 Überweisung	Herr Baumann
20014 24014	Interrad e. G. Großbeerenstr. 30 12107 Berlin Tel. 030 747920 Fax 030 74792311	Herr Brand Westfalenring 75 12207 Berlin Tel. 030 3007886 Spedition	3 % Skonto innerhalb von 10 Tagen 30 Tage Ziel	BHF Bank 100 202 00 122000567 Überweisung	Herr Baumann
30031 24031	Europarad N.V. Zandvoortstraat 16 2800 Mechelen Belgien Tel. +32 15 209481 Fax +32 15 209411	Herr van der Kracht Zandvoortstraat 16 2800 Mechelen Belgien Tel. +32 15 209481 Spedition	1,5 % Skonto innerhalb von 14 Tagen 60 Tage Ziel	O.B.K. Bank IBAN BE98122875693600 BIC OBKBBE99 Überweisung	Herr Polster
30032 24032	Jansen Import B.V. Groot Bollerweg 10 5928 NS Venlo-Blerick, Niederlande Tel. +31 77 3822640 Fax +31 77 3824241	Herr van Erp Groot Bollerweg 10 5928 NS Venlo-Blerick, Niederlande Tel. +31 77 3822640 Spedition	1,5 % Skonto innerhalb von 14 Tagen 60 Tage Ziel	ABN Amro Bank IBAN NL27ABNA0904428 BIC ABNANL2A Überweisung	Herr Polster
30033 24033	Austria Fahrradhandelsgesellschaft AG Rautenweg 182 1220 Wien Österreich Tel. +43 1 226597 Fax +43 1 2206705	Frau Czech Rautenweg 182–184 1220 Wien Österreich Tel. +43 1 226598 Bahnfracht	1,5 % Skonto innerhalb von 14 Tagen 60 Tage Ziel	BAWAG P.S.K. IBAN AT5660000217172 BIC BAWAATWW Überweisung	Herr Polster
10003 24003	Fahrradhandel Uwe Klein e. K. Am Wasserturm 46 6113 Saarbrücken Tel. 0681 685081 Fax 0681 68508222	Frau GeldertDud-weiler Landstr. 15766123 Saar-brückenTel. 0681 68508223Bahnfracht	2 % Skonto innerhalb von 8 Tagen 30 Tage Ziel	Vereinigte Volksbanken Saarbrücken 591 901 00 120004569 Überweisung	Herr Baumann
40021 24021	Hofkauf AG Emdener Str. 4 50735 Köln Tel. 0221 7122400 Fax 0221 712240399	Herr Thönnes Lagerzentrum Frankfurter Str. 40 51065 Köln Tel. 0221 712240333 Spedition	2 % Skonto innerhalb von 10 Tagen 45 Tage Ziel	Postbank Köln 370 100 50 240852-122 Überweisung	Herr Sales
10004 24004	Zweirad GmbH Herzogstr. 70 40251 Düsseldorf Tel. 0211 37501 Fax 0211 3750667	Herr Grünert Gladbacher Str. 50 41462 Neuss Tel. 02131 544222 Bahnfracht	2 % Skonto innerhalb von 8 Tagen 30 Tage	Deutsche Bank 300 700 10 2140022679 Überweisung	Frau Ganser

LIEFERANTENSTAMMDATEN DER FLY BIKE WERKE GMBH

Liefer.-Nr. Kreditoren-Nr.	Firma Anschrift Telefon/Fax	Ansprechpartner Lieferanschrift Lieferart	Bankverbindung Zahlungsart	Lieferprogramm
73014 44014	Ruhrwerke GmbH Lohrheidestr. 72 44866 Bochum Tel. 02327 3521 Fax 02327 352998	Frau Rieser Lohrheidestr. 72 44866 Bochum Tel. 02327 352974 Spedition	Westfalenbank 430 200 00 79200341 Überweisung	Lenker, Vorbauten, Metallausstattungen (Ständer, Gepäckträger usw.)
60001 44001	Stahlwerke Tissen AG Karl-Kleppe-Str. 1940474 Düsseldorf Tel. 0211 45899917 Fax 0211 45899942	Herr Greiner Tor 1 Karl-Kleppe-Str. 20 40474 Düsseldorf Tel. 0221 458990224 Spedition	Westdeutsche Landesbank300 500 00240033712 Überweisung	Stahlrohre, Bleche
74016 44016	Sella SA Via San Pietro 22–24 10121 Torino, Italien Tel. +39 11 4679121 Fax +39 11 4679127	Sig. Maletti Lieferanschrift Via San Pietro 22–24 10121 Torino, Italien Tel. +39 11 4679224 Bahnfracht	Unicredit Banca di Roma IBAN IT69L0603005124 BIC BROMITR1708 Überweisung	Sättel, Sattelstützen, Satteltaschen
75020 44020	Union Elektro AG Landsberger Str. 66 12623 Berlin Tel. 030 5628333 Fax 030 5628321	Herr Kraprich Landsberger Str. 67 12623 Berlin Tel. 030 5628362 Spedition	Berliner Industriebank 100 107 00 160923309 Überweisung	Beleuchtungssysteme
76022 44022	Kunststoffwerke AG Hans-Böckler-Str. 49–52 28217 Bremen Tel. 0421 399550 Fax 0421 39955613	Herr Danielesen Hans-Böckler-Str. 49–52 28217 Bremen Tel. 0421 39955666 Spedition	Dresdner Bank 290 800 10 714900211 Überweisung	Kunststoffausstattungen (Schutzbleche, Kettenschutz, Griffe usw.) und Kunststoffverpackungen
60003 44003	AWB Aluminiumwerke AGSt. Augustiner Str. 3053225 BonnTel. 0228 464770Fax 0228 46477711	Herr KöllenTrier Str. 16 53115 Bonn Tel. 0228 617934 Spedition	SEB380 101 1177998246 Überweisung	Aluminiumrohre
78026 44026	Marwik GmbH Den Haager Str. 1a 28259 Bremen Tel. 0421 576631 Fax 0421 57663222	Herr Kleinreich Den Haager Str. 1b 28259 Bremen Tel. 0421 57663289 Spedition	Dresdner Bank 290 800 10 714911311 Überweisung	Hochwertige Antriebs- und Bremssysteme
80027 44027	Metallwarenfabrik Köller GmbH Altendorfer Str. 411 45143 Essen (Ruhr) Tel. 0201 627761 Fax 0201 6277666	Herr Wiesel Altendorfer Str. 67 45143 Essen (Ruhr) Tel. 0201 6277512 Spedition	Sparkasse Essen 360 501 05 360923555 Überweisung	Kleinteile aus Metall (Schrauben, Unterlegscheiben, Muttern, Anlötteile, Ausfallenden usw.)
80030 44030	apv Augsburger Papierveredelungsgesellschaft mbH Gumpelzhaimerstr. 3–5 86154 Augsburg Tel. 0821 546660 Fax 0821 5466610	Frau Obermann Gumpelzhaimerstr. 3–5 86154 Augsburg Tel. 0821 5466622 Bahnfracht	Bayerische Vereinsbank 720 200 70 13195687 Überweisung	Verpackungen aus Papier und Karton
72013 44013	Continent AG Vahrenwalder Str. 99 30165 Hannover Tel. 0511 927411 Fax 0511 927411	Herr Rieger Vahrenwalder Str. 102 30165 Hannover Spedition	Deutsche Bank 250 700 70 124446711 Überweisung	Reifen (Decken), Schläuchemit Ventilen, Felgenbänder

KAPITEL

1

Unternehmen kennenlernen und verstehen

1.1 Eine Geschäftsidee nachvollziehen
- Motive von Unternehmensgründern
- Schritte zur eigenen Geschäftsidee

1.2 Unternehmensziele
- Unternehmensziele am Beispiel eines Modellunternehmens
- Nachhaltigkeit als Leitlinie für die Zielfestlegung
- Zielbeziehungen und Zielkonflikte

1.3 Teilnehmer am Wirtschaftsgeschehen
- Bedürfnisse als Motor wirtschaftlichen Handelns
- Wirtschaftsgüter und Produktionsfaktoren
- Unternehmen im einfachen Wirtschaftskreislauf

1.4 Die Idee zu einem Unternehmen umsetzen
- Der Businessplan als Planungsinstrument für eine Unternehmensgründung
- Vorteile einer Gründungsberatung

1.5 Rechtsform der Unternehmung
- Kriterien zur Unterscheidung von Rechtsformen
- Bedingungen für Personengesellschaften
- Bedingungen für Kapitalgesellschaften

1.1 Eine Geschäftsidee nachvollziehen

Situation 1 Die Geschäftsidee hinter den Fly Bike Werken

Der Auszubildende *Ralf Schumacher* hat einen Termin in der Personalabteilung der *Fly Bike Werke*. Da er etwas zu früh da ist, nimmt er in der Sitzecke Platz und greift nach dem Buch **HISTORIE DER FLY BIKE WERKE**. Beim Durchblättern entdeckt er einen älteren Zeitungsartikel, der ihn neugierig macht. Einer der Unternehmensgründer, *Jan Ullmann*, ist auf dem Foto abgebildet. *Ralf* beginnt zu lesen:

Oldenburger Anzeiger

Montag, den 13.02.2012

30 Jahre Fly Bike Werke in Oldenburg

Unsere Reporterin Svenja Elebracht im Interview mit Jan Ullmann zum 30-jährigen Bestehen der Fly Bike Werke GmbH

Elebracht: Der Oldenburger Anzeiger gratuliert zum 30-jährigen Bestehen der Fly Bike Werke GmbH. Herr Ullmann, was motivierte Sie damals dazu, die Fly Bike Werke zu gründen?

Ullmann: Die Begeisterung für Fahrräder und das Radfahren wurde schon in meiner Kindheit geweckt. Mein Vater war Zulieferer für die Fahrradindustrie. Er produzierte die Fahrradrahmen, die in anderen Firmen lackiert und montiert wurden. Ich half in meiner Jugend oft in der Werkstatt aus, um mein Taschengeld aufzubessern. Dabei habe ich viel über Fahrräder und deren Konstruktion gelernt. Als mein Vater sich zur Ruhe setzen wollte, beschloss ich, sein Unternehmen zu übernehmen. Ich wollte die Produktion aber weiterentwickeln. Meine Vision war, nicht mehr nur als Zulieferer zu arbeiten, sondern selbst komplette Fahrräder zu entwickeln, herzustellen und zu vermarkten. Dabei hilft mir bis heute meine Erfahrung als Hobby-Radrennfahrer. Denn ich weiß, worauf es bei einem guten Fahrrad ankommt und wie die Trends am Markt sind. Diesen Vorteil nutze ich ständig, um unsere Produktpalette weiterzuentwickeln. Im Moment arbeiten wir z. B. an einer Produktadaption der E-Bikes.

Elebracht: Das klingt alles sehr ehrgeizig! Sind Sie ein richtiger Unternehmertyp?

Ullmann: Ja, ehrgeizig bin ich! Aber ob ich ein Unternehmertyp bin, weiß ich nicht. Ehrgeiz allein reicht auf jeden Fall nicht aus. Am meisten geholfen haben mir persönlich mein Optimismus und mein Durchhaltevermögen. Die ersten Jahre waren wirklich hart und haben mir und meiner Familie viel abverlangt. Schließlich gab es auch einige Rückschläge und finanzielle Engpässe. Letztendlich war es ein langer Weg zum Erfolg.

Weiter kommt *Ralf* mit dem Lesen nicht, er wird von *Frau Linden* ins Büro gerufen.

ARBEITSAUFTRÄGE ZUR SITUATION

A1 Informieren Sie sich über die Motive von Unternehmensgründern. ➜ **M1**
Vollziehen Sie anschließend die Gründungsidee von *Jan Ullmann* nach. Notieren Sie, was ihn vor dreißig Jahren dazu motivierte, die *Fly Bike Werke* zu gründen.

A2 Die Übernahme des Unternehmens seines Vaters war keine typische Unternehmensnachfolge.

a) Begründen Sie warum.

b) Bestimmen Sie Vorteile und Risiken, die für *Jan Ullman* bei der Gründung der *Fly Bike Werke* bestanden.

A3 Sind Ehrgeiz, Optimismus und Durchhaltevermögen die einzigen Voraussetzungen, die notwendig sind, um ein Unternehmen zu gründen? Notieren Sie mithilfe von ➜ **M2** weitere Voraussetzungen, die ein Unternehmensgründer mitbringen sollte.

A4 Suchen Sie fünf persönliche Voraussetzungen für eine Unternehmensgründung heraus, die Ihnen besonders wichtig erscheinen ➜ **M2**. Bringen Sie diese in eine Reihenfolge von
1 = sehr wichtig bis **5** = weniger wichtig.

A5 Vergleichen Sie anschließend Ihre Reihenfolge mit der Ihrer Mitschüler und diskutieren Sie die Gemeinsamkeiten und Unterschiede.

A6 Was meinen Sie: Sind Sie ein richtiger Unternehmertyp? Begründen Sie.

M1 Auf dem Weg zum eigenen Unternehmen

Persönliche Motive für eine Unternehmensgründung

Personen, die ein Unternehmen gründen wollen, haben dafür sehr unterschiedliche Motive. Zum einen kann dies eine **neue Idee** für ein Produkt oder eine Dienstleistung sein, von der man überzeugt ist, dass sie Erfolg haben wird. Zum anderen kann auch nur der **Wunsch nach mehr Selbstständigkeit und Eigenverantwortung** dahinterstecken, ohne dass man dabei eine konkrete Unternehmensidee hat. Manchmal möchte man nur sein **Hobby zum Beruf machen**. Auch eine **drohende oder bestehende Arbeitslosigkeit** kann der Grund für den Schritt in die Selbstständigkeit sein.

Wie kommt es zur Geschäftsidee?

Die Auslöser für Geschäftsideen sind sehr unterschiedlich – von innovativ bis konventionell.

Innovation

Bei innovativen Gründungsideen wird **etwas ganz Neues geschaffen** (Innovation bedeutet „Neuerung"). Häufig entstehen diese Ideen durch Wahrnehmung eines Praxis- bzw. Alltagsproblems oder durch das Erkennen einer Marktlücke. Neue Gesetzeslagen, technische Entwicklungen oder neue gesellschaftliche Trends machen solche Marktlücken deutlich und können Menschen dazu inspirieren, ein innovatives Unternehmen zu gründen. Beispielsweise ist es dem aktuellen Zeitgeist zu verdanken, dass auf Grundlage des Erneuerbare-Energien-Gesetzes viele Unternehmen in diesem Bereich gegründet wurden. Auch im Bereich Mobilität gibt es Unternehmensgründungen, wie das folgende Beispiel zeigt. ▼

Der Fahrradanhänger „Hinterher" kommt auf den Markt. Wie sich aus der Parkplatznot eine Geschäftsidee entwickelte.

Peter Hornung, Möbeldesigner aus München, kam die Geschäftsidee aus der täglichen Suche nach einem Parkplatz für seinen Lieferwagen, mit dem er seine Kunden mit Möbeln beliefern wollte. Mit dem Fahrrad wäre das Problem gelöst – doch fehlte ein tragfähiger Lastenanhänger. Die handelsüblichen Fahrradanhänger genügten ihm weder in Traglast noch Qualität. Er investierte Geld und Ideen in die Entwicklung und so kam der „Hinterher" zur Marktreife. (Mehr unter: http://www.hinterher.com)

Imitation
Doch auch vorhandene Unternehmensideen werden gern von Gründern aufgegriffen (Imitation). Häufig dient ein bestehendes, erfolgreiches Konzept aus dem eigenen beruflichen Umfeld als Vorbild, z. B. bei Gründungen in der Gastronomie oder im Handwerk. Eine Imitation hat den Vorteil, dass das Risiko des Gründers geringer ist, weil das Produkt oder die Dienstleistung schon bekannt ist und auf die Erfahrungswerte anderer zurückgegriffen werden kann. Ein Nachteil ist, dass das Unternehmen sich bei seinem Angebot mit den vorhandenen Mitbewerbern messen muss. Daher sollte sich das Produkt oder die Dienstleistung von Bestehenden abheben. Das kann beispielsweise durch Weiterentwicklung geschehen oder einen besseren Service als die Konkurrenz.

Adaption
Ein Gründer könnte sich auch für Produktadaption entscheiden. Er passt ein bereits eingeführtes Produkt für eine andere Zielgruppe an. Beispiele hierfür wären Mobiltelefone für Senioren mit besonders großen Tasten oder Tablets speziell für Kleinkinder. Eine Produktadaption hat den Vorteil, dass das Produkt einen neuen Personenkreis anspricht und bei Erfolg ein hoher Gewinn zu erwarten ist. Wie bei allen neuen Produkten am Markt wird es für den Jungunternehmer erst schwierig, wenn das Produkt nicht wie erhofft seine Käufer findet und er auf den entstandenen Entwicklungs- und Produktionskosten sitzen bleibt.

Unternehmensnachfolge
Dabei wird eine vorhandene Geschäftsidee weitergeführt. Es ist ein beliebtes Modell für Familienbetriebe, in denen der neue Inhaber (Nachfolger) die Geschäfte weiterführt. Der Vorteil liegt darin, dass das Unternehmen bekannt ist und bereits einen eigenen Kundenstamm hat. Die Mitarbeiter und die Strukturen im Unternehmen sind eingespielt und Lieferanten vorhanden.
Handelt es sich nicht um eine Übertragung innerhalb der Familie an die nächste Generation, ist eine Unternehmensnachfolge sehr kostspielig. Das Unternehmen muss dem ursprünglichen Eigentümer abgekauft werden und das ist meistens teurer als eine Neugründung.

M2 Persönliche Voraussetzungen – Bin ich ein Unternehmertyp?

Eine **gute Geschäftsidee** ist die wichtigste Grundlage für ein erfolgreiches Unternehmen. Darüber hinaus tragen aber auch die **persönlichen Voraussetzungen** maßgeblich zum Unternehmenserfolg bei.

Die **branchenbezogenen Kenntnisse und Erfahrungen** sind bei einem Schritt in die Selbstständigkeit sehr wichtig. Auch ein gewisses Maß an **kaufmännischen Kenntnissen** ist für eine dauerhafte und erfolgreiche Unternehmertätigkeit unabdingbar. Fehlen diese Kenntnisse, müssen sie erworben werden (z. B. in Existenzgründungsseminaren). Externe Beratung, vor allem in steuerlichen und anderen rechtlichen Fragen, sollte hinzugezogen werden.

Wer sich selbstständig macht, sollte **körperlich und psychisch** fit sein. Lange Arbeitszeiten und die häufig unsichere Situation, ob das Unternehmen Bestand haben wird, belasten den Gründer. Eine längere Krankheit kann dazu führen, dass man kein Geld mehr verdient und das Unternehmen gefährdet ist.

Ein Selbstständiger muss auf viele **gesetzliche oder tarifliche Errungenschaften verzichten**, die für einen Arbeitnehmer selbstverständlich sind: Ihm stehen kein festes Gehalt, kein fester Urlaubsanspruch und keine Lohnfortzahlung im Krankheitsfall zu. Er muss sich um seine **soziale Absicherung** bei Krankheit, schlechter Auftragslage, Berufs- oder Erwerbsunfähigkeit selbst kümmern. **Unregelmäßiges Einkommen** ist die Regel. In der Anlaufphase des Unternehmens ist sogar mit gar keinem Einkommen zu rechnen.

Durch die Unternehmensgründung sind auch das persönliche Umfeld und die Familie betroffen. **Persönliche Beziehungen** kommen häufig zu kurz.

Um Kunden, Mitarbeiter und mögliche Geldgeber von seinen Ideen zu überzeugen, benötigt der Unternehmensgründer eine gute **Kommunikationsfähigkeit**. Darüber hinaus verfügen erfolgreiche Unternehmer beispielsweise über Eigenschaften wie **Selbstdisziplin, Zielstrebigkeit, Kreativität und Risikobereitschaft sowie Freude an der Arbeit**.

Die Industrie- und Handelskammern, Handwerkskammern, zuständige Ministerien usw. stellen kostenlos **Materialien** zur Verfügung, anhand derer man überprüfen kann, ob man persönlich zum Unternehmer geeignet ist.

Kernwissen zu Kapitel 1.1

WOHER KOMMT DIE GESCHÄFTSIDEE?

- Innovation
- Imitation
- Produktadaption
- Unternehmensnachfolge

PERSÖNLICHE VORAUSSETZUNGEN FÜR EINE UNTERNEHMENSGRÜNDUNG

- branchenbezogene Kenntnisse und Erfahrungen
- kaufmännische Kenntnisse
- körperliche und psychische Fitness
- Selbstdisziplin
- Zielstrebigkeit
- Kreativität
- Risikobereitschaft
- Optimismus
- Ehrgeiz
- gute Kommunikationsfähigkeit
- finanzielle Rücklagen

ÜBUNGEN ZU KAPITEL 1.1

Ü1 **Entwickeln Sie im Team eine eigene Geschäftsidee. Beantworten Sie dazu folgende Fragen und notieren Sie Ihre Ergebnisse stichpunktartig in der nachfolgenden Tabelle:**

a) Welche Gründungsmotivation könnte Sie veranlassen, ein Unternehmen zu gründen?

b) In welchem Bereich können Sie sich vorstellen, einen Betrieb zu gründen?

c) Gibt es für Ihre Geschäftsidee Konkurrenz?

d) Was würde Ihr Unternehmen von anderen unterscheiden?

Geschäftsidee	
Gründungsmotivation	
Bereich	
Konkurrenz	
Unterscheidungs-merkmale	

1.2 Unternehmensziele

Situation 2 Gesellschafterhauptversammlung bei der Zielfindung

Die Gesellschafter der *Fly Bike Werke GmbH* treffen sich zur alljährlichen Gesellschafterhauptversammlung im Konferenzraum. Als Gesellschafter nehmen *Jan Ullmann* und *Björn Ries* teil sowie *Hans Peters* als Geschäftsführer. Auf der heutigen Tagesordnung der Gesellschafterversammlung steht diese Frage ganz oben: Welche Unternehmensziele verfolgen die *Fly Bike Werke GmbH* in den kommenden Jahren?

Die Erhöhung des Gewinns, um in naher Zukunft weiter in das Unternehmen investieren zu können, ist zwischen den Dreien als Oberziel unumstritten.
Aber bei der Festlegung der Unterziele bzw. der Entscheidung, wie das Oberziel erreicht werden soll, können sich die Gesellschafter nicht so ohne Weiteres einigen. Jeder verfolgt ganz unterschiedliche Zielvorstellungen, die auch von den persönlichen Werthaltungen und Zukunftsplänen der Beteiligten abhängen.

- ***Herr Ullmann*** hat zwei Töchter und einen Sohn. Alle drei planen später einmal aktiv ins Unternehmen einzusteigen. Des Weiteren kennt *Herr Ullmann* viele Mitarbeiter schon seit vielen Jahren persönlich und ist immer sehr daran interessiert, seiner sozialen Verantwortung als Arbeitgeber nachzukommen. Ebenfalls wünscht er, dass die *Fly Bike Werke* jedes Jahr mindestens einen Auszubildenden einstellen – auch um dem zukünftigen Fachkräftemangel entgegenzuwirken.
- ***Herr Ries*** engagiert sich seit Langem bei den Grünen und arbeitet dadurch an vielen Projekten der lokalen Umweltpolitik. Ihm ist es wichtig, seine Ideen vom nachhaltigen Wirtschaften auch in die Tat umzusetzen, sprich: dies in „seinem Unternehmen“ zu leben. Entsprechend sollen die Produkte der *Fly Bike Werke* die ökologischsten am Markt werden.
- ***Herr Peters*** ist angestellter Geschäftsführer und ein Freund von Geschäftszahlen. Seine Leistung wird laut seinem Arbeitsvertrag an der Wirtschaftlichkeit und Rentabilität des Unternehmens gemessen. Erfolg, so sagt er, sei sein oberstes Motto in allen Lebensbereichen. Ihm gefällt seine Arbeit und er möchte diese noch viele Jahre ausführen. Er erinnert die Gesellschafter jährlich daran, dass die *Fly Bike Werke GmbH* ein vergleichsweise kleines Unternehmen ist, das sich dringend vergrößern muss, um am Markt weiterhin bestehen zu können. Er fordert ein erweitertes und kundenorientiertes Produktsortiment.

ARBEITSAUFTRÄGE ZUR SITUATION

A1 Informieren Sie sich in → **M1** über Inhalte von Unternehmenszielen.

A2 Notieren Sie anschließend, welche Gruppe der Unterziele die Teilnehmer der Gesellschafterversammlung aus ihrer Haltung heraus bevorzugen würden (→ **M2**). Weisen Sie dann in der Tabelle *Herrn Ullman*, *Herrn Ries* und *Herrn Peters* aus den vorgegebenen unternehmerischen Möglichkeiten die entsprechenden Nummern zu.

A3 Untersuchen Sie, ob die bevorzugten Ziele der Gesellschafter zukünftig ohne Konflikte nebeneinander verfolgt werden können. Informieren Sie sich dazu in ➜ **M3** über Zielbeziehungen und ordnen sie dann den Gesellschaftern jeweils **ein** unterstützendes, neutrales, behinderndes und sich gegenseitig ausschließendes Ziel zu. ➜ **M4**

A4 *Herr Ries* möchte nachhaltiges Wirtschaften in die Tat umsetzen. Was bedeutet das für die *Fly Bike Werke*? Versetzen Sie sich in die Rolle eines Reporters der Lokalzeitung und schreiben Sie dazu eine Zeitungsmeldung. Zur Information lesen Sie über das Konzept zur Nachhaltigkeit. ➜ **M5**

A5 Lassen sich auch bei *Herrn Ullmann* und *Herrn Peters* nachhaltige Ziele feststellen? Wenn ja, tragen sie diese im Gruppengespräch zusammen. Beurteilen Sie dann, ob sich diese unterstützend, behindernd, sich ausschließend oder neutral zu den Zielen von *Herrn Ries* verhalten.

A6 Wählen Sie einen der von Ihnen genannten Zielkonflikte (➜ **M6**) zwischen *Herrn Ries* und *Herrn Peters* aus und diskutieren Sie entsprechende Lösungsmöglichkeiten.

M1 Unternehmensziele

Ein Zitat von Christian Morgenstern besagt: „Wer vom Ziel nichts weiß, wird den Weg nicht finden." Auf Unternehmen übertragen bedeutet es, dass der Weg zum Erfolg hauptsächlich von den Zielsetzungen des Unternehmens abhängt. Die von der Geschäftsführung festgelegten Ziele bestimmen die Art und Weise der Organisation des Betriebes und den Produktionsprozess.

Das oberste Ziel eines privaten Unternehmens ist die Gewinnerzielung. Dadurch kann der Erfolg und somit die Existenz eines Unternehmens gesichert werden. Damit dieses Oberziel erreicht werden kann, müssen viele kleinere Ziele (Unterziele) benannt werden. Sie lassen sich nach ökonomischen, ökologischen und sozialen Aspekten gliedern. Auch die in der Abbildung beschriebenen Unterziele könnten noch weiter verfeinert werden. Das geschieht häufig nach

- Inhalt (was?), z. B. Lärmreduzierung,
- Ausmaß (wie viel?), z. B. Aufstellen einer 17 cm dicken und 250 cm hohen Lärmschutzwand,
- Termin (bis wann?), z. B. bis Ende des laufenden Jahres.

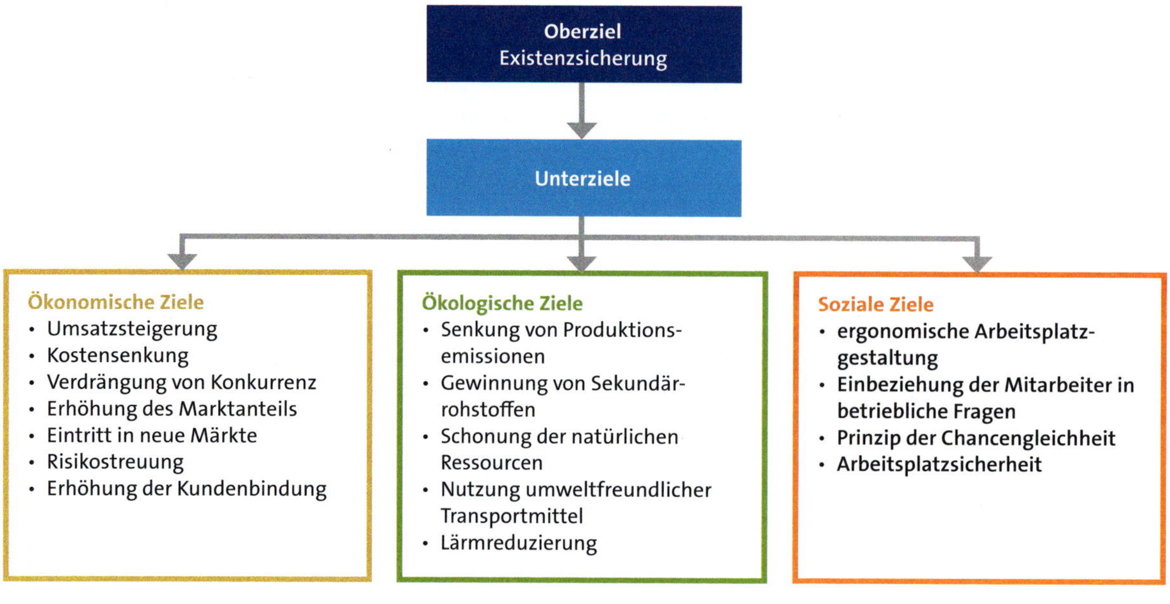

Ziele sollten eindeutig und verständlich formuliert werden. Dazu gehört gegebenenfalls auch, dass Maßnahmen und Fristen mit benannt werden. Beispiel: „Die Lärmschutzwand wird bis zum 15. Mai aufgestellt." Somit ermöglichen sie die Festlegung bzw. Einhaltung von Fristen.

Die Mitarbeiter können nun konkret nach den Zielen handeln, langfristige bzw. kurzfristige Ziele erkennen und entsprechende Termine einplanen. Meist werden zwischen Mitarbeitern und Geschäftsführung sogenannte Zielvereinbarungen geschlossen. Solche Zielvereinbarungen dienen den Vorgesetzten bzw. der Geschäftsführung dazu, die Leistung des Unternehmens und auch die seiner Mitarbeiter zu beurteilen und zu messen. Mögliche Zielabweichungen können ursächlich untersucht und mit geeigneten Maßnahmen korrigiert werden.

M2 Unternehmerische Ziele der *Fly Bike Werke*

	Jan Ullmann	*Björn Ries*	*Hans Peters*
Unterziele			
Ihre Zuweisung der Ziele (nach Nummern)			

1. Betriebsklima verbessern
2. Umsatz steigern
3. Projekt Rücknahme von Altfahrrädern
4. Gewinn steigern
5. Rentabilität steigern
6. Abfallvermeidung und Abfalltrennung
7. Kompetenz der Mitarbeiter erhöhen
8. Kosten senken
9. Einkaufspreise senken
10. finanzielle Unabhängigkeit
11. neue Kunden durch attraktive Preisgestaltung gewinnen
12. Mitarbeiterzufriedenheit erhöhen
13. Einsatz von schnell abbaubaren Rohstoffen
14. Kundenbindung verstärken
15. Kundenzufriedenheit erhöhen
16. Bekanntheitsgrad steigern
17. effiziente Nutzung der Rohstoffe und der eingesetzten Energie
18. Produktqualität erhöhen
19. Innovative Produkte anbieten
20. umweltfreundliche Produkte entwickeln
21. Marktanteil erhöhen
22. Marktführer werden
23. gutes Image hüten bzw. verbessern
24. niedrige Fluktuation (Häufigkeit der Neubesetzung von Arbeitsplätzen)
25. Arbeitsplatzsicherheit erhöhen
26. nachhaltige Sicherung von Fachkräften durch Fortbildungsangebote
27. qualitativ hochwertige Rohstoffe einkaufen
28. Personalkosten senken
29. überdurchschnittliche Bezahlung der Mitarbeiter, um die Motivation zu steigern

M3 Zielbeziehungen erkennen

Meist verfolgt ein Unternehmen mehrere Ziele gleichzeitig. Damit jedes einzelne Ziel auch erreicht werden kann, sollte der Unternehmer prüfen, ob sich die einzelnen Ziele gegenseitig beeinflussen.
In den meisten Fällen passiert es, dass jedes einzelne Ziel für sich sehr gut klingt und erreicht werden könnte, es jedoch problematisch wird, wenn es mit einem anderen Ziel kombiniert wird. Darum sollte die Frage beantwortet werden: „Wie verhalten sich die einzelnen Ziele zueinander?"
Für die Überprüfung werden im ersten Schritt die einzelnen Ziele notiert. Danach werden die Zielbeziehungen analysiert.

Und so können sich Ziele zueinander verhalten:

- **unterstützend:** Durch die Erreichung von einem Ziel wird dem anderen näher gekommen.
- **neutral:** Es findet zwischen den Zielen keine gegenseitige Beeinflussung statt.
- **behindernd:** Die Erreichung eines Ziels behindert die Umsetzung eines anderen.
- **gegenseitig ausschließend:** Durch die Erreichung des einen Ziels kann ein anderes nicht erfüllt werden.

Besteht ein Zielkonflikt, sollte der Unternehmer dem für ihn wichtigeren Ziel den Vorrang geben. Er legt also eine Zielpriorität fest. Kommt es zu dem Fall, dass sich Ziele gegenseitig ausschließen, so müssen diese neu formuliert bzw. so abgeändert werden, dass sie erreichbar sind.

M4 Beziehungen der Ziele aus der Gesellschafterversammlung der *Fly Bike Werke*

Zielbeziehung	***Ullmann***	***Ries***	***Peters***
unterstützend			
neutral			
behindernd			
gegenseitig ausschließend			

M5 Das Konzept der Nachhaltigkeit

Nachhaltigkeit beschreibt allgemein eine **zukunftsweisende Art des Wirtschaftens**. Der Begriff stammt ursprünglich aus der Forstwirtschaft des 18. Jahrhunderts und besagte damals, dass in einem bestimmten Zeitraum nur so viele Bäume geschlagen werden dürfen, wie auch wieder nachwachsen können. Hierdurch sollte der zukünftige Bedarf für alle gesichert werden. Und weil bis heute in Deutschland nach diesem Prinzip Forstwirtschaft betrieben wird, kann immer noch auf den Rohstoff Holz zugegriffen werden. Und auch der zukünftige Bedarf für unsere Nachkommen ist nicht in Gefahr.

Die Idee der Nachhaltigkeit rückte in den 1990er-Jahren durch die **steigende Umweltverschmutzung** immer mehr in das Zentrum des politischen Handelns (z. B. UN-Weltkonferenz von Rio de Janeiro 1992: Agenda 21). Dabei wurde aber nicht nur der Schutz der Umwelt als globale Herausforderung gesehen, sondern auch die sozialen Ungleichheiten zwischen den Staaten der Erde. Und so entstand ein **erweitertes Konzept von Nachhaltigkeit**: Eine zukunftsfähige Gesellschaft sollte beim wirtschaftlichen Handeln diese drei Dimensionen in Einklang bringen: die wirtschaftliche Leistungsfähigkeit, die soziale Sicherheit und die langfristige Erhaltung der natürlichen Lebensgrundlage. ▶

Die Europäische Union schrieb 2007 im Vertrag von Lissabon eine nachhaltige Entwicklung für ihre Mitgliedsstaaten fest. Und somit ist auch für Deutschland eine solche Zielsetzung des wirtschaftlichen Handelns verbindlich. Die große Herausforderung besteht nun darin, diese nachhaltigen Leitlinien in den Unternehmen umzusetzen, denn zwischen den drei Dimensionen bestehen oft Zielkonflikte.

Eine nachhaltige Unternehmensstrategie darf nicht nur die Gewinnmaximierung anstreben, sondern muss gleichzeitig gute Arbeitsbedingungen und faire Löhne für die Mitarbeiter garantieren. In der Produktion müssen die natürlichen Ressourcen effizient genutzt und umwelt- oder gesundheitsschädliche Inhaltstoffe vermieden werden. Ein Unternehmen sollte nach diesen Leitlinien auch seine Zulieferer auswählen.

Eine nachhaltige Unternehmensstrategie lässt sich an der Realisierung verschiedener Maßnahmen festmachen:

Dimension	Beispiele
ökonomisch	• Ausgaben für Forschung und Entwicklung • Investition in neue Maschinen • Anreize für nachhaltiges Kaufverhalten durch entsprechende Preisgestaltung
sozial	• Entlohnung nach Tarif bzw. Mindestlohn • Einhaltung hoher technischer und sozialer Arbeitsschutzmaßnahmen • keine Einkommensnachteile für vollzeitbeschäftigte Frauen
ökologisch	• verantwortungsvoller Umgang mit Schadstoffen auf dem Unternehmensgelände • Energieeffizienz der Unternehmensflotte • Standortentscheidung wegen Anbindung an öffentliches Verkehrsnetz

Kernwissen zu Kapitel 1.2

UNTERNEHMENSZIELE

Zielfestlegungen bestimmen die zukünftige Organisation des Betriebes und seines Leistungserstellungsprozesses.

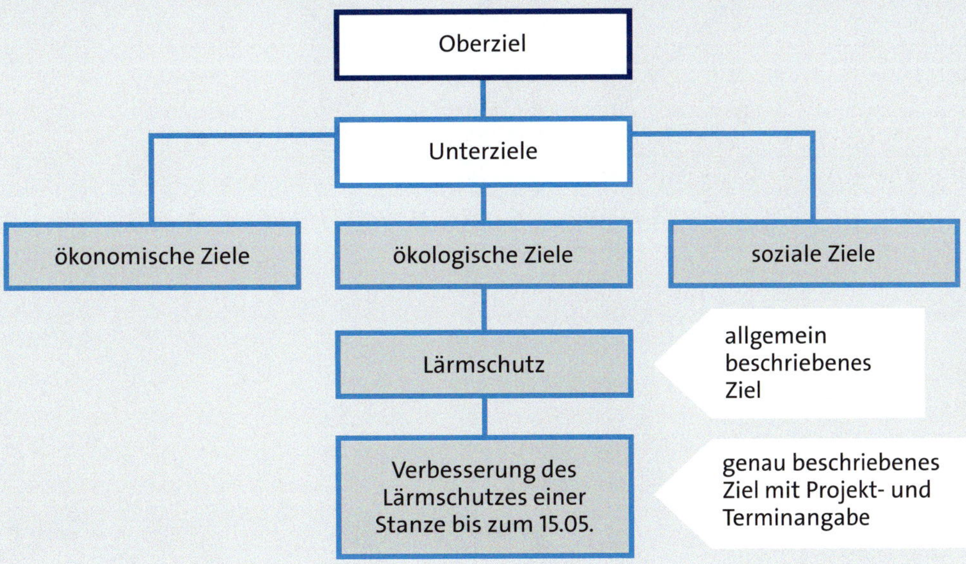

FUNKTION VON ZIELEN

- Leistungen des Unternehmens und des Personals zu beurteilen und zu messen
- Zielvereinbarungen verbindlich zu treffen
- konkretes Handeln von Mitarbeitern zu ermöglichen
- Ursachenanalyse bei Zielabweichung und ggf. Korrektur zu ermöglichen
- bei Zielerfüllung motivierend zu wirken

ZIELBEZIEHUNGEN

Eigenschaft	Beschreibung	Schlussfolgerung
unterstützend, ergänzend	Erreiche ich Ziel A, komme ich Ziel B näher.	Beide Ziele sind erreichbar. Mögliche Fristen sind zu beachten.
neutral	Die Ziele A und B beeinflussen sich nicht gegenseitig.	Ziel A und B sind erreichbar.
behindernd	Durch die Erreichung des Ziels A wird die Erreichung des Ziels B behindert.	Dem wichtigeren Ziel den Vorrang geben.
gegenseitig ausschließend, konkurrierend	Das Ziel A schließt die Erreichung des Ziels B absolut aus.	Beide Ziele sind zu überdenken, ggf. reicht es aus, ein Ziel neu festzulegen.

NACHHALTIGKEIT

Zukunftsweisende Art des Wirtschaftens: Unternehmen, die die wirtschaftliche Leistungsfähigkeit und die soziale Sicherheit mit der langfristigen Erhaltung der natürlichen Lebensgrundlage bei der Leistungserstellung von Gütern in Einklang bringen, handeln nachhaltig.

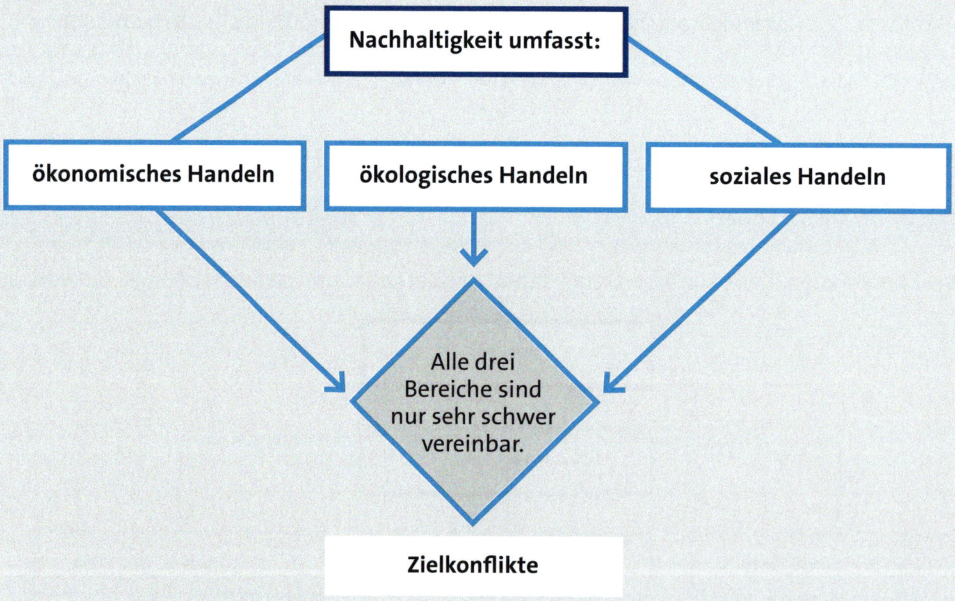

ÜBUNGEN ZU KAPITEL 1.2

Ü1 Wo sehen Sie Möglichkeiten, ökonomisches, ökologisches und soziales Handeln im Sinne von Nachhaltigkeit im Betrieb umzusetzen? Finden Sie Beispiele aus ihrem eigenen beruflichen Umfeld. Erstellen Sie in der Gruppe einen tragfähigen Kriterienkatalog für Nachhaltigkeit im Betrieb.

Ü2 Weitere mögliche Ziele, die von Unternehmen verfolgt werden können:

- 1 **Identitätsziele (Eigenbild der Unternehmung nach innen)**
- 2 **Imageziele (Eigenbild der Unternehmung nach außen)**
- 3 **Sicherheitsziele**
- 4 **Machtziele**
- 5 **soziale Ziele**
- 6 **ökologische Ziele**

Ordnen Sie die oben stehenden Ziele den nachfolgend beschriebenen Maßnahmen zu, indem Sie jeweils die Ziffer des Ziels vor der jeweiligen Maßnahme eintragen.

- ☐ Zur Verbesserung des Betriebsklimas werden regelmäßig Betriebsausflüge im Auftrag der Geschäftsleitung organisiert und vom Unternehmen bezahlt.
- ☐ Um den eigenen Marktanteil stetig auszuweiten, wird versucht, kleinere Konkurrenten auf dem Absatzmarkt aufzukaufen.
- ☐ Ein Unternehmen konzentriert seine Werbemaßnahmen auf den Motorsport (z. B. Formel 1).
- ☐ Zur Vermeidung der Illiquidität (Zahlungsunfähigkeit) werden auf den Bankkonten immer erhebliche, sofort verfügbare Guthaben gehalten.
- ☐ Um den Reinheitsgrad des Abwassers zu erhöhen, wird eine weitere Reinigungsstufe in die unternehmenseigene Kläranlage eingebaut.
- ☐ Eine Werbeagentur wird beauftragt, ein neues, dynamisch wirkendes Firmenlogo (für Briefköpfe, Produktverpackungen, Werbung usw.) zu entwickeln.
- ☐ Investitionen aller Art (neue Maschinen, Gebäude usw.) werden nur am Stammsitz des Unternehmens durchgeführt.
- ☐ Wertverluste im Unternehmensvermögen (z. B. wegen Abnutzung, technischen Fortschritts usw.) werden durch Ersatzinvestitionen stetig ausgeglichen.
- ☐ Das Unternehmen spendet regelmäßig größere Geldbeträge an eine politische Partei.
- ☐ In regelmäßig abgehaltenen Besprechungen werden die Mitarbeiter aufgefordert, Verbesserungsvorschläge zu machen.
- ☐ Alle Mitarbeiter mit Kundenkontakten werden regelmäßig geschult (Auftreten, Verhalten, Freundlichkeit usw.).

1.3 Teilnehmer am Wirtschaftsgeschehen

Situation 3 Warnung wegen fehlender Nachfrage

Herrn Peters, Geschäftsführer der *Fly Bike Werke GmbH*, liegt der Zwischenbericht des 2. Quartals vor. „Erfreulich liest sich anders", muss er feststellen und gibt den aktuellen Stand an die Gesellschafter.

Von:	Hans Peters
Gesendet:	Freitag, den 03.Juli 2015 11:35
An:	Jan Ullmann; Björn Ries
Betreff:	Kurzer Zwischenbericht zum 2. Quartal

Hallo Jan! Hallo Björn!

Ich habe mir unsere Verkaufszahlen angesehen. Sie sind im 2. Quartal hinter den Erwartungen zurückgeblieben. Der Bedarf ist da – das zeigen uns die Marktprognosen! Aber die Nachfrage ist ins Stocken gekommen! Ich kann es mir im Moment noch nicht erklären und habe dazu schon einen Termin mit unserer Marketingabteilung vereinbart.

Trotz des Rückgangs der Verkaufszahlen sollten wir weiterhin über den Ausbau der Produktionsstätte und des Lagers nachdenken. Wir können noch bis Ende des Jahres vom Land Niedersachsen Subventionen für den Bau einer neuen Halle beantragen, wenn wir neue Arbeitsplätze schaffen. Wäre es nicht schön, wenn wir diese in unsere Finanzplanung einfließen lassen könnten?

Ich freue mich über eine schnelle Rückmeldung mit einem Terminvorschlag für ein Gespräch.

Mit besten Grüßen

Hans

ARBEITSAUFTRÄGE ZUR SITUATION

A1 Obwohl der Bedarf an Fahrrädern vorhanden ist, ging die Nachfrage im 2. Quartal zurück.
- a) Erklären Sie mithilfe von → **M1**, was *Herr Peters* mit **Bedarf** und **Nachfrage** meint.
- b) Aus welchen Gründen könnte die Nachfrage an Fahrrädern der *Fly Bike Werke* zurückgegangen sein?

A2 Die *Fly Bike Werke* verkaufen Güter, nämlich Fahrräder. Benennen Sie diese Güter genauer nach den in → **M2** genanten Aspekten.

A3 Ein Unternehmen steht immer im gesamtwirtschaftlichen Zusammenhang. → **M3** Erklären Sie diesen am Beispiel der *Fly Bike Werke*.

A4 Herr Peters möchte Subventionen für den Bau der Lagerhalle bekommen.
- a) An welche Teilnehmer im Wirtschaftsgeschehen richtet sich *Herr Peters* mit seiner Forderung nach Subventionen?
- b) Nennen Sie Gründe für die Vergabe von Subventionen.
- c) Woher kommt das Geld für Subventionen?

M1 Bedürfnisse als Motor wirtschaftlichen Handelns

Bedürfnisse – Bedarf – Nachfrage
Menschen haben unterschiedliche Wünsche in ihrem Leben. Sie sind abhängig vom Alter und Geschlecht, dem sozialen Umfeld und den finanziellen Mitteln. Die Erfüllung einiger Bedürfnisse ist lebensnotwendig und wird unmittelbar befriedigt, wie z. B. Essen, Trinken und Schlafen. Man nennt diese Bedürfnisse deswegen auch **Grundbedürfnisse**. Die Erfüllung anderer Bedürfnisse macht das Leben schöner und leichter, z. B. das Bedürfnis zu reisen oder mobil zu telefonieren. Aufgrund von begrenzten finanziellen Mitteln erfolgt die Erfüllung eher mittelfristig. Es muss vorher immer eine Auswahl getroffen werden.

Bedürfnisse sind nichts anderes als das Empfinden eines Mangels. Die Menschen streben danach, diesen Mangel zu beseitigen. Wenn sich die Bedürfnisse auf ganz bestimmte Waren oder Dienstleistungen beziehen, für die Kaufkraft (Zahlungsfähigkeit) besteht, wird von **Bedarf** gesprochen. Diesen Bedarf kann ein Unternehmen durch Marktanalysen erfassen und die entsprechenden Güter (Waren und Dienstleistungen) bereitstellen. Erst wenn Waren oder Dienstleistungen tatsächlich gekauft werden, spricht man von einer **Nachfrage**. Nur die Unternehmen, die es schaffen, den Geschmack der Menschen zu treffen oder durch Werbung genügend auf sich aufmerksam zu machen, haben eine Chance, Güter zu verkaufen und am Markt zu bestehen.

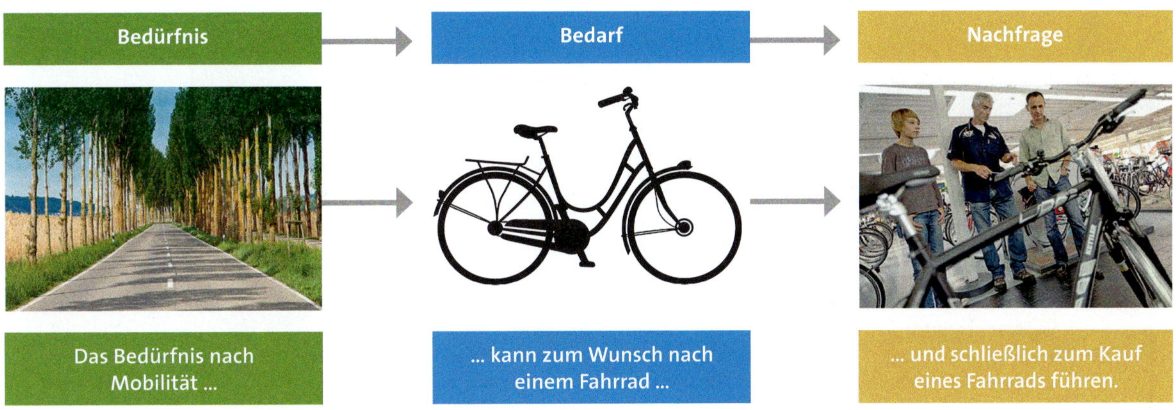

Wirtschaftliches Handeln
Bedürfnisse lösen Entscheidungen für oder gegen Güter aus. Man spricht von wirtschaftlichem Handeln. **Wie** aber treffen Menschen als Konsumenten, Erwerbstätige und Unternehmer Entscheidungen und **was** beeinflusst ihre Handlungen und Verhaltensweisen? **Wodurch** kann sichergestellt werden, dass ausreichend Güter zum Wohle aller bereitstehen?

Antworten auf diese Fragen liefern verschiedene Bereiche der Wirtschaftswissenschaften. Hierbei ist zwischen Betriebs- und Volkswirtschaftslehre zu unterschieden. Die Aufgabe der Betriebswirtschaftslehre (BWL) besteht darin, aus der Perspektive des einzelnen Unternehmens das betriebliche Geschehen zu analysieren.

Die Volkswirtschaftslehre (VWL) beschäftigt sich mit den Zuständen, Abläufen und Wechselwirkungen gesamtwirtschaftlicher Prozesse innerhalb eines bestimmten Wirtschaftsraumes. Dies ist meist eine Staat oder eine Staatenverbund. In diesem Sinn wird auch von **Volkswirtschaft** gesprochen, wenn ein Staat unter dem Aspekt wirtschaftlicher Aktivitäten betrachtet wird.

M2 Güterarten und Produktionsfaktoren

Im Gegensatz zu den **freien Gütern**, die ständig verfügbar sind wie Luft und Sonne, sind die meisten Güter nicht im Überfluss vorhanden. Man nennt sie deswegen auch **knappe** oder **Wirtschaftsgüter**. Die in einer Volkswirtschaft bereitgestellten Wirtschaftsgüter lassen sich nach verschiedenen Aspekten gruppieren:

- nach Verfügbarkeit (freie Güter und Wirtschaftsgüter)
- nach Materialität (Sachgüter und Dienstleistungen)
- nach Verwendungszweck (Konsumgüter und Produktionsgüter)
- nach Nutzungsdauer (Gebrauchsgüter und Verbrauchsgüter)

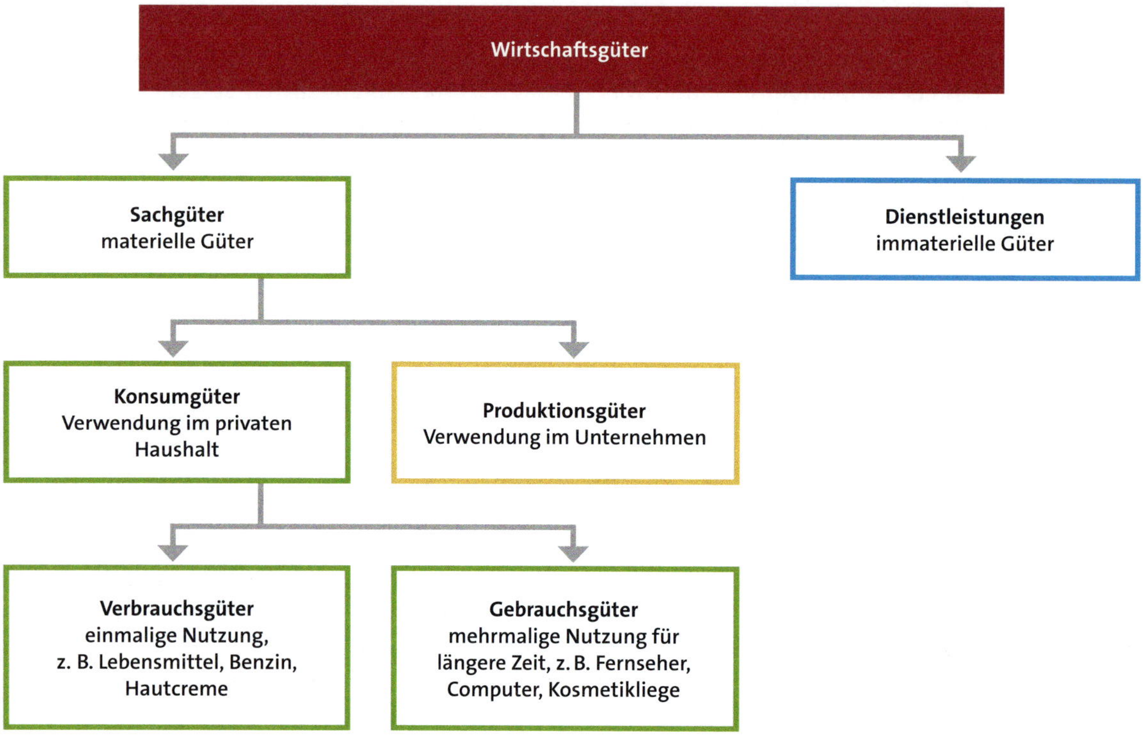

Um die Wirtschaftsgüter innerhalb einer Volkswirtschaft bereitstellen zu können, müssen sog. Produktionsfaktoren eingesetzt werden. Dies sind:

- **Arbeit:** Der Faktor Arbeit umfasst jede Tätigkeit der Menschen, die in einer Volkswirtschaft zur Verfügung stehen und geistige oder körperliche Arbeit verrichten, um Geld zu verdienen. Eigenarbeit in der Familie zählt z. B. nicht dazu.
- **Kapital:** Unter dem Faktor Kapital versteht man sowohl die finanziellen Mittel (Geldkapital), als auch die Produktionsmittel, die zur Produktion von Gütern benötigt werden, z. B. Maschinen, Anlagen, Werkstoffe oder Gebäude (Sachkapital).
- **Boden:** Der Faktor Boden (Natur) beschreibt alle Ressourcen, die zur Produktion von Gütern verwendet werden. Dieser Produktionsfaktor ist nur begrenzt verfügbar. Man unterscheidet Anbauboden (dient der Herstellung von Nahrungsmitteln), Abbauboden (dient dem Abbau von Rohstoffen wie Erdöl, Erdgas, Mineralien) und Standortboden (Standort der Unternehmens).

Man nennt diese auch **volkswirtschaftliche Produktionsfaktoren**. Betrachtet man die Bereitstellung von Gütern in Betrieben (→ Kapitel 2.2), werden daraus die betrieblichen Produktionsfaktoren abgeleitet.

M3 Wie stehen die Wirtschaftsteilnehmer zueinander in Beziehung?

Die wirtschaftlichen Abläufe in einer arbeitsteiligen Volkswirtschaft sind außerordentlich komplex und kompliziert. Millionen von Menschen stehen direkt oder indirekt mit allen anderen in Tauschbeziehungen – ein undurchschaubares, verwirrendes Geflecht. Um ein geordnetes Verständnis für diese Beziehungen zu bekommen, wird mithilfe eines Modells vereinfacht. Alle **Akteure**, die am wirtschaftlichen Geschehen beteiligt sind, werden zu passenden Bereichen zusammengefasst. Das sind zunächst die beiden großen Bereiche der **privaten Haushalte** und der **Unternehmen**. Auch der **Staat** (gemeint sind damit die politischen Organisationen zur Umsetzung und Wahrung von staatlichen Aufgaben) bildet einen eigenen Bereich. Und weil in einer globalisierten Welt (→ Kapitel 7) jede Volkwirtschaft auch Beziehungen zum **Ausland** pflegt, werden auch die Akteure des Auslands als ein „Bereich Ausland“ im Modell mit betrachtet. Alle vier Bereiche stehen zueinander in Beziehung und beeinflussen sich gegenseitig.

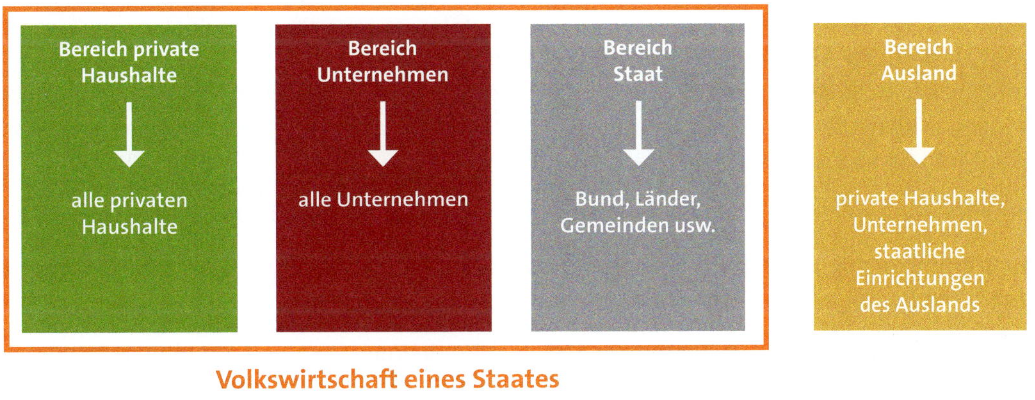

Der einfache Wirtschaftskreislauf

Zwischen den Bereichen gibt es vielfältige wirtschaftliche Beziehungen, deren Motor letztlich die Bedürfnisse der Menschen (privaten Haushalte) sind: Private Haushalte wollen z. B. Güter, die von Unternehmen angeboten werden. Unternehmen können Güter nur anbieten, wenn sie z. B. Arbeitskräfte und Produktionsmittel (→ Kapitel 2) zur Bereitstellung haben. Vereinfacht lässt sich das durch **Güterströme** darstellen.

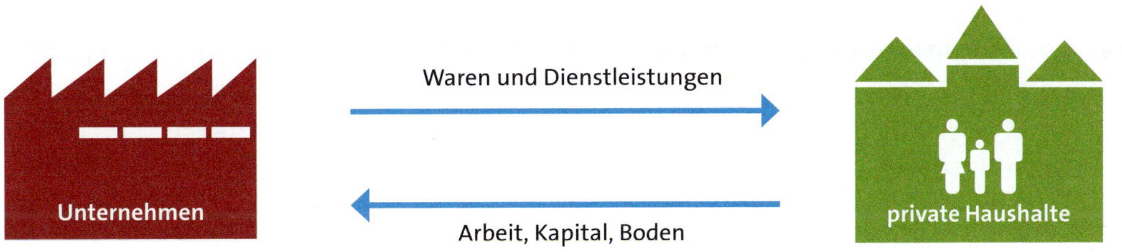

Private Haushalte erhalten von Unternehmen Einkommen. Davon kaufen die privaten Haushalte Waren und Dienstleistungen. Den Güterströmen stehen also gleichzeitig **Geldströme** gegenüber, deren Fließrichtung umgekehrt ist.

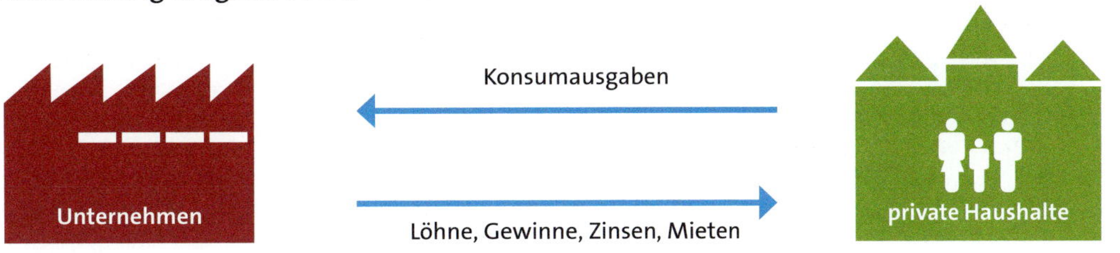

Beide Ströme stellen die Beziehungen zwischen Unternehmen und privaten Haushalten in jeweils geschlossenen Kreisläufen mit entgegnegesetzten Fließrichtungen dar.

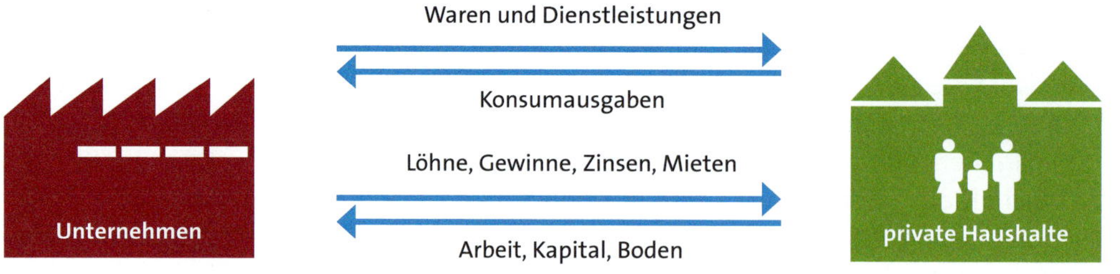

Der Staat als weiterer Akteur im Wirtschaftskreislauf
Der einfache Wirtschaftskreislauf stellt nur lückenhaft die Realität dar. Weitere Aktivitäten fehlen, z. B. Steuern zahlen oder Fördermittel (Subventionen) erhalten. Diese Beziehungen finden zwischen dem Staat und den beiden anderen Bereichen statt.

Zur Vereinfachung sollen ab jetzt nur noch die Beziehungen durch Geldströme betrachtet werden.

Der Staat erhält von den privaten Haushalten und Unternehmen **Abgaben**, die sich aus Steuern, Gebühren und Beiträgen zusammensetzen:

- **Steuern** sind Zwangsabgaben, für die der Steuerzahler keinen Anspruch auf eine persönliche Gegenleistung hat. Beispiele: Lohnsteuer (→ Kapitel 4.5), Kfz-Steuer, Gewerbesteuer
- **Gebühren** sind Zahlungen für besondere Leistungen des Staates. Beispiele: Verwaltungsgebühren für die Ausstellung eines Personalausweises, Benutzungsgebühren für die Müllabfuhr
- **Beiträge** werden für die Bereitstellung von Leistungen, unabhängig von der tatsächlichen Inanspruchnahme, erhoben. Beispiel: Sozialversicherungsbeiträge (→ Kapitel 4.6)

Als Gegenleistung unterstützt der Staat seine Bürger und die Unternehmen. Die privaten Haushalte erhalten z. B. **Transferleistungen** wie Wohngeld, BAföG oder Sozialhilfe. Unternehmen können vom Staat Unterstützungszahlungen, sogenannte **Subventionen**, bekommen.

Dies können finanzielle Hilfestellungen bei einer Unternehmensgründung sein oder Finanzhilfen zum Schaffen von Arbeitsplätzen. Außerdem gibt es Subventionen, die es Unternehmen ermöglichen ihre Güter am Markt zu einem Preis zu verkaufen, der unterhalb der Produktionskosten liegt, um dadurch einen Wettbewerbsvorteil, z. B. gegenüber ausländischen Unternehmen, zu haben.

Neben den Subventionen zahlt der Staat auch für seine Konsumausgaben, z. B. Kopierpapier oder Schreibtische.

Kernwissen zu Kapitel 1.3

BEDÜRFNISSE – BEDARF – NACHFRAGE

Bedürfnisse sind individuelle Wünsche, die durch ein Mangelgefühl erzeugt werden.	**Bedarf** ist ein auf ein bestimmtes Gut bezogenes Bedürfnis, für welches Kaufkraft vorhanden ist.	**Nachfrage** ist ein am Markt wirksam gewordenes Bedürfnis.

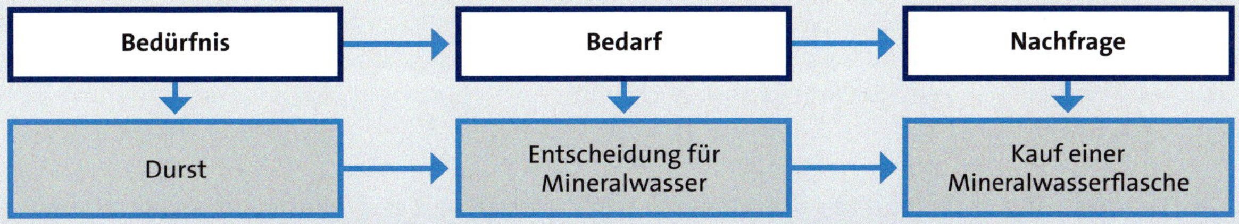

PRODUKTIONSFAKTOREN

Arbeit z. B. menschliche Arbeitsleistung	**Kapital** z. B. Sachgüter, Produktionsmittel	**Boden** z. B. Rohstoffe, Standort

WIRTSCHAFTSKREISLAUF MIT DREI BEREICHEN

Die wirtschaftlichen Beziehungen aller Akteure innerhalb einer Volkwirtschaft sind Austauschbeziehungen, die sich als Kreislauf darstellen lassen. Dabei kann man den Austausch von Gütern betrachten und erhält den sog. Güterkreislauf. Man kann den Austausch auch auf das Geld beschränken und erhält den sog. Geldkreislauf. Beide Kreisläufe fließen in entgegengesetzter Richtung.

Der Einfachheit halber wird in der Regel nur der Geldkreislauf dargestellt.

Für die drei Bereiche
- private Haushalte,
- Unternehmen,
- Staat

sehen die Beziehungen so aus:

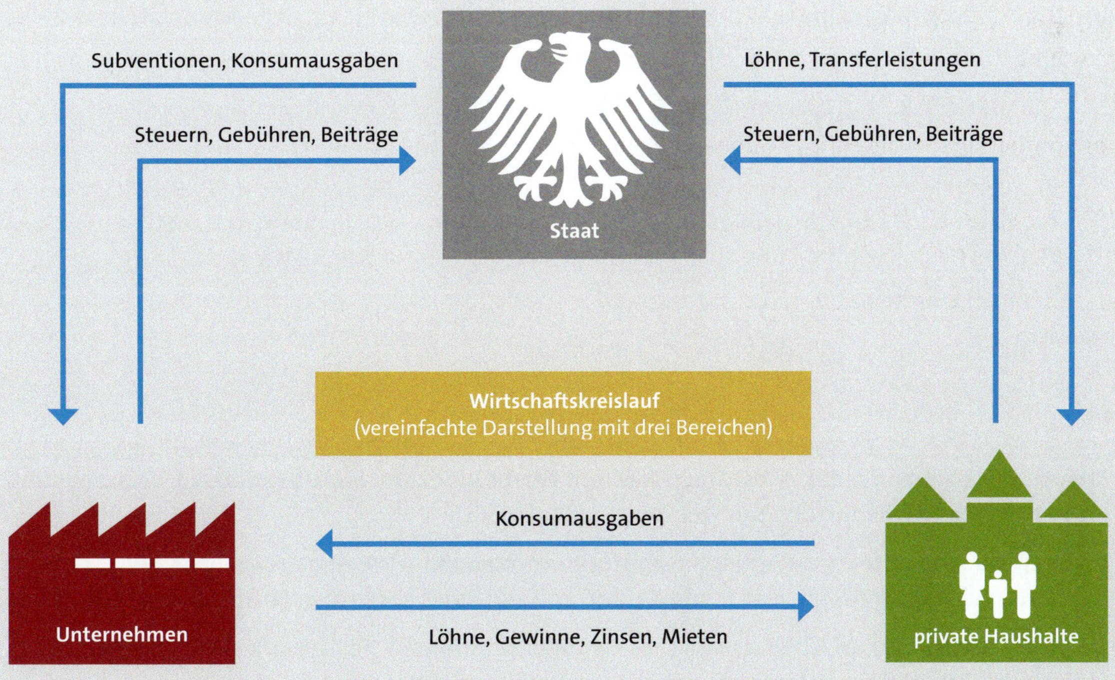

ÜBUNGEN ZU KAPITEL 1.3

Ü1 Geht es in den folgenden Beispielen um Bedürfnisse, Bedarf oder Nachfrage? Kreuzen Sie an und begründen Sie.

a) Herr Wurzel wünscht sich seit Langem eine Urlaubsreise rund um die Welt. Leider fehlt ihm dazu das nötige Kleingeld.

☐ Bedürfnisse ☐ Bedarf ☐ Nachfrage

....

b) Der 10-jährige Peter möchte seine Modelleisenbahnlandschaft vergrößern und bekommt dafür von seinem Onkel, der sich mit den Preisen heute nicht mehr auskennt, 50 Euro geschenkt.

☐ Bedürfnisse ☐ Bedarf ☐ Nachfrage

....

c) Frau Lange geht in ein Schuhgeschäft, entdeckt ein geniales Paar Schuhe, probiert es an, geht zur Kasse und bezahlt 199 Euro.

☐ Bedürfnisse ☐ Bedarf ☐ Nachfrage

....

d) Der 18-jährige Marcus borgt sich von seiner Freundin Annabell Geld für einen Kinobesuch am Wochenende.

☐ Bedürfnisse ☐ Bedarf ☐ Nachfrage

....

e) Die 17-jährige Maria braucht dringend einen neuen DVD-Player, hat aber wie so oft kein Geld und findet auch niemanden mehr zum Anpumpen.

☐ Bedürfnisse ☐ Bedarf ☐ Nachfrage

....

f) Frau Baumbach steht an der Kasse der WERE Supermarkt OHG. In ihrem Korb befinden sich ein Kilogramm Biokartoffeln und zwei Päckchen Edeltofu. Sie hat schon ihre Kreditkarte zum Bezahlen gezückt.

☐ Bedürfnisse ☐ Bedarf ☐ Nachfrage

....

Ü2 Erläutern Sie anhand eines selbst ausgewählten Werbespots, mit welchen Mitteln Hersteller und Handel versuchen, Bedürfnisse zu wecken.

Ü3 Erklären Sie, was unter den Produktionsfaktoren verstanden wird, und grenzen Sie die Produktionsfaktoren Arbeit, Natur und Kapital anhand eines konkreten Beispiels voneinander ab.

Ü4 Der Wirtschaftskreislauf ist kein statisches Gebilde. Bestimmen Sie Auswirkungen auf den einfachen Wirtschaftskreislauf unter folgenden Veränderungen:

a) Die privaten Haushalte schränken ihren Konsum stark ein und sparen lieber.

b) Die Unternehmen zahlen aufgrund einer Tarifverhandlung höhere Löhne.

1.4 Die Idee zu einem Unternehmen umsetzen

Situation 4 Endlich „sein eigener Herr“ sein

Holger Larsen, der seit sieben Jahren in der Produktion der *Fly Bike Werke* tätig ist, will sich nach langer Überlegung selbstständig machen. Der ambitionierte Freizeitradler möchte endlich „sein eigener Herr“ werden. Beratung und Dienstleistung rund ums Fahrrad könnten die Basis für seine Selbstständigkeit sein. Bekannte und Freunde suchen schon jetzt ständig seinen Rat und seine Hilfe. Die Planung eines neuen Streckenradwegs, der auch durch sein Heimatdorf verlaufen soll, hat ihn in seinem Vorhaben beflügelt. In der großen Garage seines Einfamilienhauses, fünf Kilometer von Oldenburg entfernt, wäre Platz genug, um eine kleine Werkstatt einzurichten. Die Verwaltungsarbeit könnte seine Frau in einem Büro im Haus übernehmen. Heike Larsen möchte nach der Elternzeit der zwei Kinder nicht mehr in ihren alten Beruf als Polizistin zurückkehren.

Holger Larsen wendet sich mit seiner Idee erst einmal telefonisch an den Gründungsberater seiner Bank. Beide vereinbaren einen Termin, zu dem er einen Businessplan mitbringen soll, der die konkrete Realisierung seiner Idee beschreibt.

ARBEITSAUFTRÄGE ZUR SITUATION

A1 *Holger Larsen* ist hoch motiviert, seine Idee nun endlich umzusetzen. Nur was ein Businessplan sein soll, ist noch nicht ganz klar.
- a) Erarbeiten Sie sich mithilfe von → **M1** die notwendigen Kenntnisse. Warum ist es notwendig, einen Businessplan zu erstellen?
- b) Ermitteln Sie mithilfe von → **M2**, welche wirtschaftlichen Voraussetzungen vor der Gründung noch unbedingt durchdacht werden müssen. Ergänzen Sie *Holger Larsens* Überlegungen zu den einzelnen Punkten. Verwenden Sie dafür die Tabelle → **M3**.

A2 In Deutschland hat jeder das Recht, sich selbstständig zu machen. Dafür gibt es verschiedene rechtliche Voraussetzungen, die erfüllt werden müssen. Beantworten Sie mithilfe von → **M4** folgende Fragen:
- a) Wo muss *Holger Larsen* sein Unternehmen anmelden?
- b) Entscheiden Sie, ob er verpflichtet ist, sich in das Handelsregister eintragen zu lassen.
- c) Welche Vorteile und Nachteile hätten eine Eintragung für sein Unternehmen?

A3 *Holger Larsen* wird unter seiner Firma das Geschäft betreiben.
- a) Was versteht man in diesem Zusammenhang unter Firma? → **M5**
- b) Finden Sie zwei passende Firmen für *Holger Larsen*, die den Kriterien des HGB entsprechen.

A4 Entscheiden Sie mithilfe von → **M6**, warum es wichtig ist, seinen Beratungsbedarf festzustellen?

M1 Der Businessplan

Um aus einer Idee ein ausgereiftes Geschäftskonzept zu entwickeln, ist eine Vielzahl von konkreten Überlegungen und Recherchen anzustellen, die in einem Businessplan festgehalten werden können. Der Businessplan dokumentiert alle wichtigen Gedanken und Informationen über das zu gründende Unternehmen. Durch die Aufstellung eines Businessplans ist der Gründer gezwungen, alle Aspekte seiner Gründung intensiv zu durchdenken, um mögliche Schwachstellen in seinem Vorhaben zu erkennen. Zu diesen Aspekten gehören neben den persönlichen auch die wirtschaftlichen und rechtlichen Voraussetzungen. Benötigt wird ein Businessplan für eine Finanzierung durch ein Kreditinstitut und auch für einen staatlichen Gründungszuschuss, da die potenziellen Kapitalgeber von dem Erfolg des Unternehmens überzeugt werden müssen.

Was gehört in einen Businessplan?	
Geschäftsidee	Was genau ist die Geschäftsidee?
	Was ist das Besondere daran?
	Wo liegen die Risiken bei der Umsetzung der Idee?
	Gibt es eine günstige Gelegenheit zum Kauf oder zur Pacht eines Unternehmens?
Persönliche Voraussetzungen der Gründungsperson/-en	Über welche fachliche Qualifikation verfügen die Gründer?
	Welche besonderen Stärken haben sie?
	Welche Schwächen gibt es? Wie werden diese ausgeglichen?
Wirtschaftliche Voraussetzungen	Marketing-Konzept:
	Gibt es bereits Konkurrenten und wie stark sind sie?
	Zu welchem Preis soll das Produkt angeboten werden?
	Wie und wo soll für das Produkt geworben werden?
	Standort:
	Welche Kriterien sollte ein geeigneter Standort für das Unternehmen erfüllen?
	Gibt es bereits einen möglichen Standort?
	Wie viel Raum benötigt das Unternehmen?
	Personalbedarf:
	Werden weitere Mitarbeiter benötigt?
	Welche Qualifikationen sollten diese Mitarbeiter haben?
	Finanzierung:
	Wie hoch ist der geplante Kapitalbedarf?
	Über wie viel Eigenmittel verfügen die Gründer?
	Welche Sicherheiten sind vorhanden?
Rechtliche Voraussetzungen	Wo muss das Unternehmen angemeldet werden?
	Was bedeutet es, Unternehmer zu sein?
	Welche Rechtsform ist für das Unternehmen geeignet?

M2 Wirtschaftliche Voraussetzungen für eine Unternehmensgründung

Marketing-Konzept
Wer ein Unternehmen gründet, sollte über genaue Kenntnisse des relevanten Marktes verfügen. Bedürfnisse und Erwartungen der Kunden müssen möglichst genau in Erfahrung gebracht werden. Dafür sind Informationen über potenzielle Kunden, mögliche Konkurrenten, die Entwicklung der Branche, die dort üblichen Kosten, Preise und Umsätze unerlässlich.

In diesem Zusammenhang ist zu klären, welchen Nutzen das Angebot, das Produkt oder die Dienstleistung für den Kunden hat. Falls das Unternehmen keine Marktnische gefunden hat, ist die Konkurrenz zu analysieren. Welche Produkte werden dort zu welchen Preisen angeboten?

Natürlich muss man sich auch überlegen, wie man die Kunden auf die Produkte oder Dienstleistung durch Werbung aufmerksam machen kann. Das Verteilen von Prospekten darf von den Gründern nicht nur als einzige Werbemaßnahme eingeplant werden. Dies wäre ein typischer Fehler beim Markteintritt von Unternehmen, da nicht eindeutig feststellbar sein wird, ob die Zielgruppe erreicht worden ist. All diese Überlegungen sollten in ein Marketing-Konzept einfließen.

Standort
Der wirtschaftliche Erfolg eines Betriebes ist nicht nur von der unternehmerischen Leistungsfähigkeit abhängig. Man muss auch einen Standort finden, der das Geschäftskonzept und die Zielsetzungen des Unternehmens am besten unterstützt. Sowohl das Umfeld als auch die Größe und die besonderen Eigenschaften der Räumlichkeiten haben einen wichtigen Einfluss auf den Erfolg.

Der Standort entscheidet beispielsweise über
- die Nähe zu Kunden und zu Lieferanten,
- die Nähe zur Konkurrenz,
- die Höhe der Miete, Pacht oder Kaufsumme für ein Gebäude,
- die Höhe der zu entrichtenden Steuern,
- das Angebot an qualifizierten Fachkräften,
- die Höhe der Lohn- und Lohnnebenkosten,
- die Inanspruchnahme kommunaler Fördermittel,
- Verkehrswege und Anbindung,
- Umweltauflagen, die bei Produktion oder Transport zu berücksichtigen sind,
- die Möglichkeit einer späteren Unternehmenserweiterung.

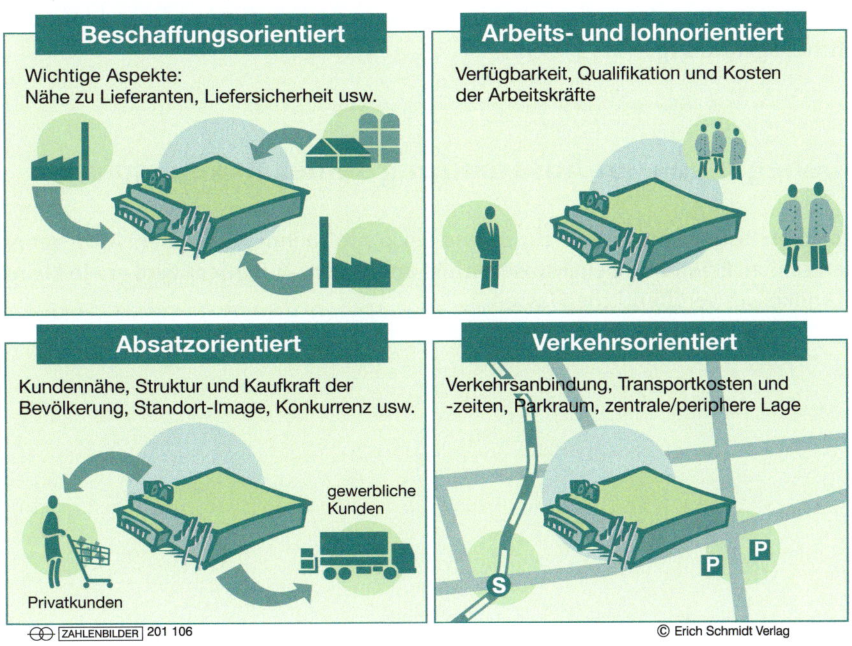

Personalbedarf
Bei der Verwirklichung einer Geschäftsidee sind Unternehmensgründer häufig auf die Unterstützung durch geeignetes Personal angewiesen. Auf der einen Seite muss ausreichend Personal vorhanden sein, um die anfallenden Aufgaben zu erledigen. Auf der anderen Seite dürfen aber gerade in der Anfangsphase keine unnötigen Kosten durch eine Überbesetzung entstehen. Hierzu sollten Sie sich über die verschiedenen Beschäftigungsmöglichkeiten, z. B. Teilzeitarbeit oder befristete Arbeitsverträge, informieren. Zur Festlegung der Anzahl der Mitarbeiter (**quantitativer Personalbedarf**) hilft das Erstellen einer Personaleinsatzplanung.

Ein Unternehmensgründer muss sich auch Gedanken über das gewünschte Qualifikationsprofil seiner zukünftigen Mitarbeiter machen (**qualitativer Personalbedarf**). Es ist zu überlegen, welche Tätigkeiten das Personal ausführen soll. So könnte der Gründer aufgrund fehlender fachlicher Kenntnisse auch Personal einstellen, das diese Lücke schließt. Es kann beispielsweise bei wenig kaufmännischem Verständnis ratsam sein, Personal für die Buchführung und Abwicklung der Geschäfte einzustellen.
Wichtig: Mitarbeiter müssen beim Finanzamt und bei der Sozialversicherung angemeldet werden!

Finanzierungsplan
In der ersten Phase einer Unternehmensgründung entsteht der höchste Kapitalbedarf. So muss z. B. die Büroeinrichtung gekauft werden. Waren müssen bestellt und bezahlt werden. Miete und Versicherungen müssen überwiesen werden und dies alles, bevor nur ein Kunde die Produkte oder Dienstleistungen kauft. Deshalb ist es sinnvoll, einen Kapitalbedarfsplan zu entwickeln. Dieser zeigt Ihnen, wie viel Eigen- und Fremdkapital für die einzelnen Anschaffungen benötigt wird. Bei der Kapitalbedarfsplanung sollten auch Reserven und Kosten der eigenen Lebensführung berücksichtigt werden. War der Schritt in die Selbstständigkeit erfolgreich, fließt später genügend Geld durch den Verkauf der Produkte und der Dienstleistungen in das Unternehmen zurück.

Um den entstehenden Kapitalbedarf decken zu können, muss der Gründer in der Regel Kredite bei einem Kreditinstitut beantragen. Es empfiehlt sich, die anstehenden Finanzierungsgespräche gut vorzubereiten und z. B. das Kreditinstitut durch einen durchdachten Businessplan von den Erfolgsaussichten des Unternehmens zu überzeugen. Außerdem muss er sich darum kümmern, welche staatlichen Existenzgründungskredite und Förderprogramme es gibt und ob sie für ihn infrage kommen. Die entsprechenden Anträge müssen ausreichend gestellt werden. Unabdingbar ist aber vor allem, dass der Gründer über ausreichendes Eigenkapital verfügt. Nicht zuletzt davon hängt seine Kreditwürdigkeit ab. Ein zu geringes Eigenkapital ist einer der häufigsten Gründe für das Scheitern einer Unternehmensgründung.

M3 *Holgers* Überlegungen zur Ausarbeitung seines Businessplans

Zum Marketing-Konzept: Bisher sind schon Freunde und Bekannte zu ihm gekommen. Auch der neue Fahrradweg bringt neue Kunden zu ihm. Er wird dort ein Hinweisschild anbringen. Außerdem wird er ein kleines Inserat im Wochenblatt des Landkreises veröffentlichen lassen.

Ihr Vorschlag:

Zum Standort: *Holgers* Einfamilienhaus, 100 Meter von der Hauptstraße des Dorfes entfernt, reines Wohngebiet

Ihr Vorschlag:

Zum Personalplan: *Holger* selbst übernimmt Verkauf und Reparatur, seine Frau die Buchführung, sie hat keine Vorkenntnisse, wird sich aber irgendwie einarbeiten.

Ihr Vorschlag:

Zum Finanzierungsplan: *Holger* hat einiges an Ersparnissen. Damit kann er eine kurze Zeit überbrücken. Grundsätzlich hat er aber einen Finanzbedarf, den er über Kredite abdecken möchte.

Ihr Vorschlag:

M4 Rechtliche Voraussetzungen für eine Unternehmensgründung

In Deutschland besteht **Gewerbefreiheit**. Danach hat jeder grundsätzlich das Recht, sich selbstständig zu machen und ein Gewerbe zu betreiben.

§ 1 Gewerbeordnung
Der Betrieb eines Gewerbes ist jedermann gestattet, soweit nicht durch dieses Gesetz Ausnahmen oder Beschränkungen vorgeschrieben oder zugelassen sind.

Zum Schutz der Öffentlichkeit sind bei einigen Gewerben für die Erlaubnis und Zulassung besondere Nachweise wie polizeiliches Führungszeugnis, besondere Fachkundenachweise (z. B. Meisterbrief) oder Genehmigungen erforderlich.

Ausländische Staatsangehörige aus Nicht-EU-Mitgliedsstaaten dürfen eine selbstständige Gewerbetätigkeit nur dann ausüben, wenn dies nach ihrem Aufenthaltsstatus zulässig ist.

Anmeldepflichten
Bevor ein Existenzgründer starten kann, muss er seine Unternehmung **anmelden**:

- Jeder Gewerbebetrieb muss beim zuständigen **Gewerbeamt** und der **Berufsgenossenschaft** angemeldet werden.
- Mit der Anmeldung beim **Finanzamt** erhält der Unternehmer eine Steuernummer zugeteilt, unter der er in Zukunft seinen Steuerpflichten nachkommen muss.
- Selbstständige Handwerker müssen ihre Tätigkeit bei der **Handwerkskammer** anzeigen und sich in der Regel in die Handwerksrolle eintragen lassen.
- Alle anderen Unternehmer werden kraft Gesetzes Mitglied der örtlich zuständigen **Industrie- und Handelskammer (IHK)**. Die Gewerbeämter informieren die Kammern über die Gewerbeanmeldung.

Die Eintragung in das Handelsregister
Das Handelsregister ist ein beim Amtsgericht geführtes öffentliches Verzeichnis aller Unternehmen. Jedermann hat das Recht, dieses Register einzusehen. Das Handelsregister hat den Zweck, die Öffentlichkeit über Unternehmen zu informieren. Die Eintragung erfolgt auf Anmeldung des Gründers durch eine öffentliche Beglaubigung. Kaufleute sind grundsätzlich verpflichtet, sich ins Handelsregister eintragen zu lassen. Wer **Kaufmann im juristischen Sinn** ist, legt das Handelsgesetzbuch (HGB) in seinem ersten Paragrafen fest.

§ 1 HGB
(1) Kaufmann im Sinne dieses Gesetzbuchs ist, wer ein Handelsgewerbe betreibt.
(2) Handelsgewerbe ist jeder Gewerbebetrieb, es sei denn, dass das Unternehmen nach Art oder Umfang einen in kaufmännischer Weise eingerichteten Geschäftsbetrieb nicht erfordert.

Eine Eintragung des Unternehmens in das Handelsregister bewirkt, dass Geschäftspartner (Kunden und Lieferanten) dem Unternehmen mehr Vertrauen entgegenbringen als einem nicht eingetragenen. Das liegt daran, dass im Handelsregister die rechtlichen Verhältnisse eingetragen werden, wie z. B. der Sitz des Unternehmens, Inhaberverhältnisse, eventuelle Haftungsbeschränkungen und die vertretungsberechtigten Personen (Prokura). Auch Bilanzen und Gesellschafterlisten können im Handelsregister eingesehen werden.

Alle Änderungen, wie z. B. Firmenänderungen, Insolvenzverfahren, Rechtsformwechsel, Inhaberwechsel, Geschäftsführerwechsel oder Erteilung und Entziehung der Prokura, müssen im Handelsregister veröffentlicht werden. Erst mit der Veröffentlichung werden sie rechtswirksam.

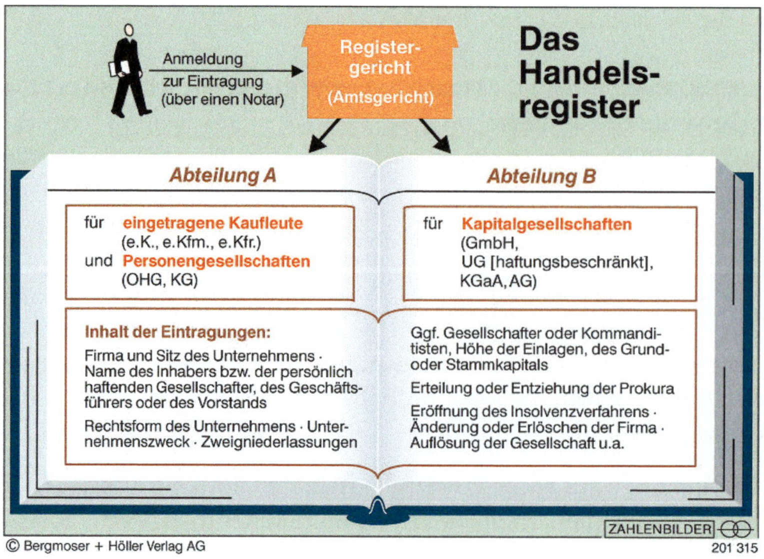

© Bergmoser + Höller Verlag AG

Der Kaufmannstatus nach HGB

Maßgebend dafür, ob ein Kaufmann im Sinne des HGB vorliegt, sind die Wahl der Rechtsform und die Größe des Unternehmens. Ist dieses so groß, dass es nur mithilfe kaufmännischer Organisation überschaubar und planbar bleibt, muss sich das Unternehmen in das Handelsregister eintragen lassen.

Mit dieser Eintragung werden alle Vorschriften aus dem Handelsgesetzbuch für das Unternehmen verpflichtend. Die Anwendung des HGB hat u. a. Auswirkungen auf die Namensgebung (Firma) des Unternehmens, die Buchführungspflicht und Abwicklung von Kaufverträgen.

Das HGB findet dementsprechend keine Anwendung für ein Handelsgewerbe mit geringer Umsatzhöhe oder nur einem Mitarbeiter. Ein solches Handelsgewerbe fällt unter den Begriff **Kleingewerbe**. Aber auch der Betreiber eines Kleingewerbes kann den Status eines Kaufmanns erwerben, indem er sich freiwillig ins Handelsregister eintragen lässt.

© Bergmoser + Höller Verlag AG 201 325

M5 Firma, Unternehmen und Betrieb – Begriffsbestimmungen

Der Begriff **Firma** wird im allgemeinen Sprachgebrauch oft gleichgesetzt mit Unternehmen bzw. Betrieb. Ein **Unternehmen** ist im juristischen Sinn eine eigenständige, rechtliche und wirtschaftlich finanzielle Einheit, die Güter anbietet und dabei auf eine Erfolgserzielung ausgerichtet ist, um am Markt zu bestehen. In Abgrenzung dazu ist ein **Betrieb** die örtliche Produktionsstätte, d. h. eine technisch-organisatorische Wirtschaftseinheit, die dem Zweck der Gütererstellung dient. Folglich kann ein Unternehmen aus einem oder mehreren Betrieben (Produktionsstätten) bestehen. Die **Firma** ist dagegen nach HBG der Name, unter dem ein Kaufmann seine Geschäfte betreibt.

Die Firma enthält auch immer die gewählte Rechtsform (Rechtsformzusatz). Bei Einzelunternehmen muss z. B. die Bezeichnung „eingetragener Kaufmann“ bzw. „eingetragene Kauffrau“ (e. K. oder e. Kfm. bzw. e. Kfr.) in der Firma enthalten sein. Bei einer Kommanditgesellschaft muss die Abkürzung KG angefügt werden usw. Dieser Zusatz ist auch auf Geschäftsbriefen, Visitenkarten, Katalogen usw. zu vermerken.
Nichtkaufleute dürfen nur eine Geschäftsbezeichnung führen, z. B. „Zum Fahrradhaus“.

Es werden folgende **Firmenarten** unterschieden:
- Personenfirma, bestehend aus einem oder mehreren Personennamen
- Sachfirma, abgeleitet vom Unternehmensgegenstand
- Fantasiefirma, häufig eine von Markennamen abgeleitete werbewirksame Bezeichnung
- gemischte Firma, die sowohl Personennamen als auch den Unternehmensgegenstand enthält

Die Firma ist an bestimmte rechtliche Grundsätze gebunden. Dazu gehören u. a.:

Firmenwahrheit und Firmenklarheit: Die Firma darf nicht irreführend sein. Sie muss den tatsächlichen Geschäfts- und Rechtsverhältnissen entsprechen. Dieser Grundsatz schützt die Geschäftspartner, denn die Rechtsform gibt Auskunft über die Größe und die Finanzkraft des Unternehmens sowie über die Haftungsverhältnisse.

Firmenausschließlichkeit: Das Unternehmen darf nicht die gleiche Bezeichnung tragen wie ein anderes Unternehmen am selben Ort. Bei der Eintragung ins Handelsregister wird dies geprüft. Auch dieser Grundsatz bedeutet eine Sicherheit für die Geschäftspartner, da er hilft, Verwechslungen zwischen den Firmen zu vermeiden.

Firmenbeständigkeit: Beim Wechsel des Inhabers darf die Firma weitergeführt werden. Hierbei muss jedoch im Zweifel die Firmenwahrheit beachtet werden, da sich durch einen Inhaberwechsel auch die Rechtsform ändern kann. Wenn z. B. ein Vater seine Tochter als Teilhaberin in die Firma aufnehmen möchte und sich dadurch die Rechtsform von einer Einzelunternehmung in eine OHG ändert, muss der Zusatz OHG aufgenommen werden. So müsste z. B. aus der Firma „Elektro Erich Karl e. K." dann „Elektro Erich Karl OHG" werden.

M6 Gut informiert und gewusst wie? – Gezielt Beratungsangebote wahrnehmen

Wer die Idee zu einem eigenen Unternehmen erfolgreich umsetzen möchte, sollte schlüssig erklären können, was seine Geschäftsidee vom Angebot der Konkurrenz abhebt. Zudem benötigen Gründer kaufmännische Kenntnisse und Marktinformationen. Wissen über die Finanzierung, Preiskalkulation, das Marketing und den Vertrieb sind Grundbausteine für den Aufbau von verlässlichen Geschäftsbeziehungen. Entsprechend sind Informationen über potenzielle Kunden, mögliche Konkurrenten, die Entwicklung der Branche, die dort üblichen Kosten, Preise und Umsätze unerlässlich. Fehlende Informationen und mangelhaftes kaufmännisches Wissen lassen Unternehmensgründungen sehr häufig scheitern.

Bevor nun die Agenturen für Arbeit, Banken, Sparkassen, Volks- und Raiffeisenbanken, Handwerkskammern, Industrie- und Handelskammern oder Innungen aufgesucht werden, sollten eigene Informations- und Wissensdefizite aufgedeckt werden. Denn es gilt: Erfolgreich beraten werden kann nur der, der weiß, worin der Beratungsbedarf besteht.

Ziel der Beratungen sollte es sein, weitere Ansprechpartner für das Gründungsvorhaben zu bekommen. Zu den weiteren Ansprechpartnern gehören Rechtsanwälte, Unternehmensberater, Steuerberater oder Berater für die Verwendung und Nutzung innovativer Ideen. Entsprechend sollten bei der Beratung Konzepte entstehen, die für das eigene Gründungsvorhaben nutzbar gemacht werden können. Sind Wissensdefizite abzubauen, sollten Anlaufstellen aus dem Bereich der Fort- oder Weiterbildung gefunden und in das Konzept integriert werden.

(Autorentext nach:
Bundesministerium für Wirtschaft und Technologie (Februar 2013): Gründerzeiten 02,
http://www.existenzgruender.de/SharedDocs/Downloads/DE/GruenderZeiten/GruenderZeiten-02.pdf;jsessionid=163E406534C04521FBFEE03F5B4A6F8E?__blob=publicationFile*)*

Kernwissen zu Kapitel 1.4

BUSINESSPLAN		
Persönliche Voraussetzungen	**Wirtschaftliche Voraussetzungen**	**Rechtliche Voraussetzungen**
Stärken und Schwächen des Gründers	Marketing-Konzept Standort Personalbedarf Finanzierungsplan	Besondere Fachkundenachweise Anmeldepflichten: Handelsregister, Gewerbeamt, Finanzamt, IHK, Handwerkskammer, Sozialversicherungen

HANDELSREGISTER

Dies ist ein beim Amtsgericht öffentlich geführtes Verzeichnis über die Unternehmen. Es werden u. a. veröffentlicht: der Sitz des Unternehmens, Inhaberverhältnisse, eventuelle Haftungsbeschränkungen, die vertretungsberechtigten Personen (Prokura), Bilanzen und Gesellschafterlisten.

KAUFMANNSEIGENSCHAFT

Maßgebend dafür, ob man einen Kaufmann im Sinne des HGB darstellt, sind die Wahl der Rechtsform und die Größe des Unternehmens. Ist dieses so groß, dass es nur mit Hilfe kaufmännischer Organisation überschaubar und planbar bleibt, muss sich das Unternehmen in das Handelsregister eintragen lassen und erhält damit die Kaufmannseigenschaft nach HGB

FIRMA

Der Name, unter dem der Kaufmann seine Geschäfte betreibt.

Arten	**Grundsätze**
Personenfirma, Sachfirma, Fantasiefirma, gemischte Firma	Firmenwahrheit, Firmenklarheit, Firmenausschließlichkeit, Firmenbeständigkeit

ÜBUNGEN ZU KAPITEL 1.4

Ü1 Welche berufsbezogenen Voraussetzungen gibt es in Ihrem Beruf, wenn Sie sich selbstständig machen wollen?

Ü2 Recherchieren Sie drei finanzielle Existenzgründungshilfen in Ihrer Region.

Ü3 Wo wird das Handelsregister geführt?

Ü4 Diskutieren Sie, warum Existenzgründungen für ein Land von enormer Wichtigkeit sein können.

Ü5 Welche der nachfolgend beschriebenen Personen sind zwangsweise Kaufmann im Sinne des Handelsgesetzbuches? Begründen Sie kurz Ihre Antwort.

a) Ein Existenzgründer eröffnet eine Herrenboutique für Bekleidungsstücke aus Leder (Schuhe, Jacken, Hosen usw.) mit zwei Aushilfskräften auf 450 €-Basis. Im ersten Geschäftsjahr wird bei einem Umsatz von 220 000 Euro ein Verlust in Höhe von 25 000 Euro erwirtschaftet.

b) Zwei Freunde gründen eine offene Handelsgesellschaft (im Handelsregister eingetragen) mit dem Ziel, Meeresfrüchte per Kühl-Lkw aus dem Mittelmeerraum nach Deutschland zu importieren und im Rheinland an Restaurants zu vermarkten. Noch ist allerdings nichts gekauft oder verkauft worden.

c) Ein Handwerker hat als Elektriker seine Meisterprüfung bestanden und sich selbstständig gemacht. Mit vier Gesellen und einer Bürokraft (Teilzeit, 20 Stunden je Woche) erwirtschaftet er im ersten Geschäftsjahr bei einem Umsatz von über 600 000 Euro einen Gewinn in Höhe von 65 000 Euro.

d) Ein Steuerberater erzielt mit seinem Team (acht Mitarbeiter) regelmäßig Umsätze von über 600 000 Euro. Über die Höhe des steuerpflichtigen Gewinns streitet er zurzeit noch mit dem Finanzamt.

Ü6 Überlegen Sie sich fünf Ursachen, die neu gegründete Unternehmen scheitern lassen. Begründen Sie Ihre Aussage.

Ü7 Arbeiten Sie zu Ihrer eigenen Geschäftsidee aus Kapitel 1.1 an einem Businessplan mithilfe ausgewählter Fragen:

Businessplan zu meiner Geschäftsidee ...	
Meine persönlichen Voraussetzungen als Gründungsperson	Welches kaufmännische Wissen ist vorhanden? Welche besonderen Stärken befähigen Sie, ein Unternehmen zu führen? Welche Schwächen gibt es? Wie werden diese ausgeglichen?
Wirtschaftliche Voraussetzungen	**Kunden** Welche Bedürfnisse und Wünsche haben meine zukünftigen Kunden? **Marketing-Konzept** Gibt es bereits Konkurrenten und wie stark sind sie? Zu welchem Preis soll das Produkt angeboten werden? Wie und wo soll für das Produkt geworben werden? **Standort** Welche Kriterien sollte ein geeigneter Standort für das Unternehmen erfüllen? Wie viel Raum benötigt das Unternehmen? **Personalbedarf** Werden weitere Mitarbeiter benötigt? Welche Qualifikationen sollten diese Mitarbeiter haben? **Finanzierungsplan** Wie hoch ist der geplante Kapitalbedarf? Über wie viel Eigenmittel verfügen die Gründer? Welche Einnahmen und Ausgaben werden erwartet?
Rechtliche Voraussetzungen	Muss das Unternehmen im Handelsregister eingetragen werden? Wie lautet die Firma?

1.5 Rechtsform der Unternehmung

Situation 5 Start-up Gründung: „Pedelecs and Kits"

Holger (erstaunt): „Mensch Jochen, alter Freund, ich habe dich ja seit sechs Monaten nicht gesehen. Und dein Vater ist auch dabei. Was verschafft mir die Ehre?"

Jochen: „Mein Vater ist gerade in den Ruhestand getreten und möchte sich ein neues Fahrrad zulegen."

Holger: „Habt ihr einen Moment Zeit für einen Kaffee hinten im Büro, es ist eh gerade kein anderer Kunde da."

Jochen (mit Blick zum Vater): „Ja, warum eigentlich nicht, es gibt sicher einiges zu berichten."

Holger: „Warum habe ich dich in Oldenburg so lange nicht gesehen?"

Jochen: „Ich habe ständig wechselnde Arbeitsverhältnisse bei verschiedenen Firmen, die Offshore-Anlagen bauen. Die Projekte dauern meist vier bis sechs Monate. Danach bin ich meist für kurze Zeit arbeitslos, bis das nächste Projekt ansteht. Die ständig wechselnden Arbeitgeber und die wiederkehrende Arbeitslosigkeit nerven mich total. Was hast du hier aufgebaut?"

Holger: „Vor einiger Zeit habe ich dieses Geschäft eröffnet. Nach einigen Monaten ließ der Kundenbesuch deutlich nach. Der Umsatz stimmt einfach nicht. Ich hatte gedacht, es wäre leichter. Daraufhin habe mich nochmals ausführlich beraten lassen. Ich möchte mein Geschäft so erweitern, dass es sich von der Konkurrenz eindeutig abhebt. Die Reparatur und die Beratung rund ums Fahrrad bleiben. Der Renner am Markt sind Nachrüst-Kits. Das ist ein Bausatz, mit dem „normale" Fahrräder zu E-Bikes umgerüstet werden können.
Für das ‚Dienstfahrrad-Konzept' möchte ich insbesondere die Unternehmen hier im Raum Oldenburg gewinnen. Dabei geht es um Fahrradleasing für die Mitarbeiter. Funktioniert ähnlich wie bei Dienstwagen. Die Mitarbeiter können bei mir ihr Wunschfahrrad kaufen bzw. leasen und die Kosten dafür steuerlich geltend machen, wenn sie es auf dem Weg zur Arbeit benutzen. Und dafür brauche ich noch Geschäftspartner und Personal."

Jochen (begeistert): „Mensch, das hört sich doch richtig gut an! Kann ich nicht als ausgebildeter Elektroingenieur bei dir mit einsteigen? Ich wurde beim letzten Projekt recht gut bezahlt und habe mir etwas Geld zurückgelegt, das könnte ich mit einbringen. Auch mein Know-how würde sicherlich helfen, die Nachrüst-Kits zu montieren und zu reparieren bzw. zu warten."

Jochens Vater (ruhig und gelassen): „Ich würde mich gern am Geschäft beteiligen und Geld beisteuern. Wenn der Laden gut läuft, kann ich auf diesem Weg meine Rente etwas aufzubessern."

Holger (skeptisch): „Möchtet ihr wirklich? Denkt daran, ich möchte mir eine langfristige Existenz aufbauen. Das ist kein kurzfristiges Projekt."

Jochen: „Ich habe von kurzfristigen Projekten die Nase voll, lass uns loslegen."(Er sieht ein selbstgemachtes beschriftetes Firmenlogo und liest): „ ‚Pedelecs and Kits & Co'. Was soll das denn heißen?"

Holger: „Leider konnte ich in letzter Zeit meine kaufmännischen Kenntnisse nicht weiter aufbessern. Darum habe ich noch keine Ahnung, wie eine geeignete Rechtsform für unsere Unternehmung aussehen könnte."

Holger: „ ‚Pedelecs' ist ein Kunstname und steht für ‚Pedal Electric Cycle'. Ich habe jedoch keine Ahnung, ob dieser Name einer korrekten Firmenbezeichnung entspricht. Nach der Beratung wissen wir auch, welche Unternehmensform geeignet ist. Ich tippe jetzt schon mal auf eine GmbH oder KG."

ARBEITSAUFTRÄGE ZUR SITUATION

A1 *Holger Larsen* möchte sich auf das Beratungsgespräch hinsichtlich der geeigneten Rechtsform vorbereiten. Auf welche Fragen muss er eine Antwort finden? Lesen Sie dazu die Informationen in **→ M1**.

A2 Setzen Sie sich mit den Zielen für das geplante Start-up-Unternehmen aus Sicht der Unternehmer (*Holger*/Jochen) und der Kapitalgeber (Jochens Vater) auseinander.

A3 Vervollständigen Sie die Übersichten zu den Rechtsformen von Personengesellschaften (**→ M2**) und Kapitalgesellschaften (**→ M3**). Arbeiten Sie in zwei Gruppen und tauschen anschließend die Ergebnisse aus. Verwenden Sie die Informationstexte **→ M4** und **→ M5**.

A4 Welche Rechtsform würden Sie *Holger* empfehlen? Begründen Sie Ihre Empfehlung ausführlich und nutzen die Übersichten **→ M2** und **→ M3**.

A5 Was muss *Holger* bei der Entscheidung für seine Firma beachten? Machen Sie einen passenden Vorschlag.

M1 Rechtsformen von Unternehmen

Für jeden Unternehmensgründer stellt sich die Frage, welche Rechtsform den Zielsetzungen seines Unternehmens am besten entspricht. Grundsätzlich hat er die Wahl zwischen verschiedenen gesetzlich festgeschriebenen Rechtsformen. In der Praxis sind daraus weitere, vom Gesetzgeber zunächst gar nicht vorgesehene Mischformen entstanden.

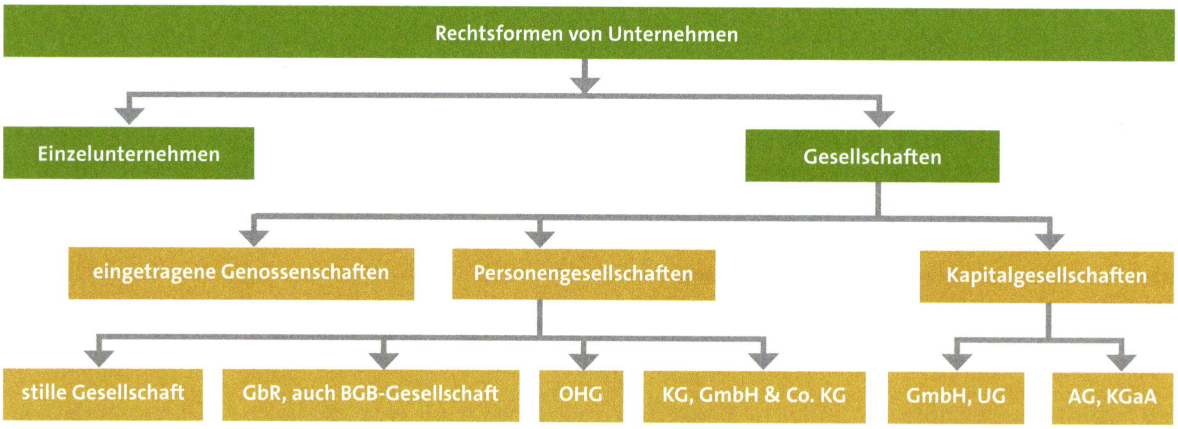

Für die Wahl der Rechtsform gibt es keine Patentlösung. Jede Form hat Vor- und Nachteile und wirkt sich auf wichtige betriebswirtschaftliche Grundfragen aus, die hier nach ihrer Wichtigkeit geordnet sind, wie z. B.:

1) Wer **haftet**, wenn das Unternehmen nicht mehr zahlen kann?
2) Wer übernimmt **innerhalb** oder **außerhalb** des Unternehmens die **Leitung**?
3) Wie ist die **Gewinn- und Verlustbeteiligung** geregelt?
4) Welche Möglichkeiten der **Eigenkapitalbeschaffung** sind vorhanden?
5) Wie hoch wird die Kreditwürdigkeit eingeschätzt, um **Fremdkapital** zu bekommen?
6) Wie groß ist die **steuerliche Belastung**?
7) Wie kann die Firma **fortbestehen**, wenn ein Chef ausscheidet?
8) Wie hoch sind die Kosten **der Gründung**?

M2 Bedingungen für die Rechtsform bei Personengesellschaften

Hinweis: Die leeren Felder sind entsprechend der Vorgaben zu ergänzen; mehr dazu in → M4

Rechtsform		offene Handelsgesellschaft (OHG)	
Personen		mindestens zwei	
Haftung		Gesellschafter haften mit ihrem Gesellschafts- und Privatvermögen.	
Leitung • **nach innen** • **nach außen**			Komplementäre führen die Geschäfte. Kommanditisten können Teilaufgaben durch Prokura übernehmen.
Gewinn- und Verlustbeteiligung • **Beteiligung am Erfolg** • **Übernahme von Verlusten**			
Eigenkapitalbeschaffung			
Fremdkapitalbeschaffung • **Kreditwürdigkeit**			
steuerliche Belastung			
Fortbestand der Firma	Durch einen unbeschränkt haftenden Komplementär (GmbH) ist es leichter, einen neuen Geschäftsführer als Nachfolger zu finden.		
Kosten der Gründung			

M3 Bedingungen für Rechtsform bei Kapitalgesellschaften

Die Informationen für die leeren Felder finden Sie in → **M5**.

Rechtsform		Unternehmergesellschaft (haftungsbeschränkt) (UG)
Personen	**eine oder mehrere Personen**	
Haftung		
Leitung • **nach innen** • **nach außen**		
Gewinn- und Verlustbeteiligung • **Beteiligung am Erfolg** • **Übernahme von Verlusten**		
Eigenkapitalbeschaffung		
Fremdkapitalbeschaffung • **Kreditwürdigkeit**		
steuerliche Belastung	unterliegt der Körperschaftsteuer und Einkommensteuer auf ausgeschüttete Gewinne	
Fortbestand der Firma		
Kosten der Gründung		Geringe Kosten, Kosteneinsparung durch Musterprotokoll mit Gesellschaftsvertrag; muss notariell beurkundet werden.

M4 Personengesellschaften

Als Gesellschaft wird eine Vereinigung von natürlichen und/oder juristischen Personen bezeichnet, die privatrechtsgeschäftlich ein gemeinsames Ziel verfolgen. Da heute auch eine GmbH oder AG von einer einzigen Person gegründet werden kann, ist diese Definition jedoch etwas offener zu sehen. Es gibt auch Personenvereinigungen, die dem öffentlichen Recht unterliegen. Dies sind z. B. Bund, Länder und Gemeinden, aber auch Anstalten des öffentlichen Rechts oder Stiftungen. Sie fallen nicht unter den Gesellschaftsbegriff.

Charakteristisch für Personengesellschaften ist es, dass die handelnden Personen natürliche Personen sind und auch mit ihrem Privatvermögen haften.

Bei den Personengesellschaften hängt die steuerliche Belastung von den persönlichen Einkommensteuersätzen der Gesellschafter ab, da nicht die Personengesellschaft als solche steuerlich belangt wird, sondern jeder einzelne Gesellschafter auf sein Einkommen Steuern zahlt. Je höher dieses Einkommen ist, desto höher wird der Einkommensteuersatz. Die Gesellschafter in Personengesellschaften werden also bei niedrigen Steuersätzen weniger belastet.

Offene Handelsgesellschaft (OHG)
Die OHG ist eine Personengesellschaft, deren Zweck auf den Betrieb eines Handelsgewerbes unter gemeinschaftlicher Firma gerichtet ist. Charakteristisch an dieser Rechtsform ist, dass bei keinem der Gesellschafter die Haftung gegenüber den Gesellschaftsgläubigern beschränkt ist. Die Gläubiger können sowohl auf das Geschäfts- als auch auf das Privatvermögen zurückgreifen (unbeschränkt). Die Gläubiger können zur Befriedigung ihrer Forderungen an einen beliebigen Gesellschafter herantreten (unmittelbar). Hieraus erklärt sich auch der Name: Die OHG ist „offen", weil der Zugriff der Gläubiger auf das Vermögen der Gesellschafter offen ist. Insofern besteht auch eine enge Bindung der Gesellschafter, denn alle haben für das Handeln der jeweils anderen solidarisch einzustehen.

Die Gründung der OHG vollzieht sich in zwei Stufen: dem Abschluss eines Gesellschaftervertrages und der Anmeldung im Handelsregister. Der Gesellschaftervertrag ist ohne Einhaltung einer bestimmten Form möglich, d. h., man muss ihn in der Regel nicht notariell beurkunden lassen. Zuständig für die Anmeldung zum Handelsregister ist das Gericht, in dessen Bezirk die Gesellschaft ihren Sitz hat.

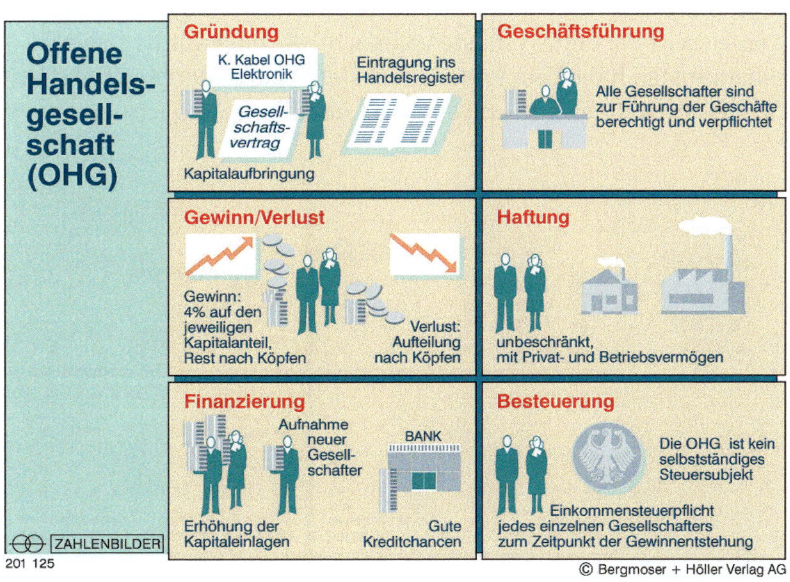

Alle Gesellschafter sind zur Geschäftsführung berechtigt bzw. verpflichtet. Das Gesetz geht bei der OHG von einer Einzelgeschäftsführungsbefugnis aus, d. h., jeder Gesellschafter ist berechtigt, allein zu handeln. Soll das anders sein, so können die Gesellschafter eine Gesamtgeschäftsführungsbefugnis in ihren Vertrag aufnehmen, sodass nur zusammen gehandelt werden kann.

Für die Verbindlichkeiten der OHG haften die Gesellschafter sowohl mit dem Gesellschaftsvermögen als auch persönlich. Selbst nach dem Ausscheiden eines Gesellschafters aus der OHG besteht auch später noch eine sogenannte Nachhaftung. Vorteil dieser vollen Haftung ist jedoch, dass dadurch meist eine größere Kreditwürdigkeit bei Banken und Kreditinstituten besteht. Die Eigenkapitalbeschaffung erfolgt durch die Einlagen der Gesellschafter aus ihrem Privatvermögen.

Häufig ist erhöhter Kapitalbedarf der Grund für die Bildung einer OHG. Aber auch bei Fortsetzung eines Einzelunternehmens durch eine Erbengemeinschaft wird diese Rechtsform oft gewählt, wenn z. B. ein Einzelunternehmer aus Altersgründen die Geschäftsführung seinen Kindern übertragen will.

Kommanditgesellschaft (KG)
Bei der KG ist die Haftung eines oder mehrerer Gesellschafter auf den Betrag ihrer Vermögenseinlage beschränkt (Kommanditist), während mindestens ein Gesellschafter unbeschränkt haftet (Komplementär). Die Höhe der Haftsumme der Kommanditisten ist ins Handelsregister einzutragen. Ist die Einlage vom Kommanditisten vollständig bezahlt, kann er auch nicht mehr persönlich für die Verbindlichkeiten der Gesellschaft haftbar gemacht werden.

Die Gründung der KG vollzieht sich nach den gleichen rechtlichen Schritten wie bei der OHG. Entsprechend sind die Gründungskosten gering, da nur bei der Einbringung von Grundstücken ein Notar benötigt wird.

Die Eigenkapitalbeschaffung ist durch die Aufnahme von Kommanditisten recht einfach. Werden viele Kommanditisten gefunden, so erhöht sich die Eigenkapitalbasis und die Kreditwürdigkeit steigt. Hinzu kommt die unbeschränkte Haftung der Komplementäre. Entsprechend gelingt die Fremdfinanzierung relativ gut.

Die Kommanditisten sind von der Geschäftsführung ausgeschlossen und grundsätzlich auch nicht zu einer Vertretung der Gesellschaft nach außen ermächtigt. Den Kommanditisten kann aber Prokura erteilt werden. Die Prokura ist die umfassendste Vollmacht, die ein Kaufmann einem Angestellten erteilen kann. Kommanditisten haben ein Widerspruchsrecht bei außergewöhnlichen Geschäften, ein Recht auf Einsicht in die Geschäftsbücher und ein Recht auf den vertraglich vereinbarten Gewinnanteil.

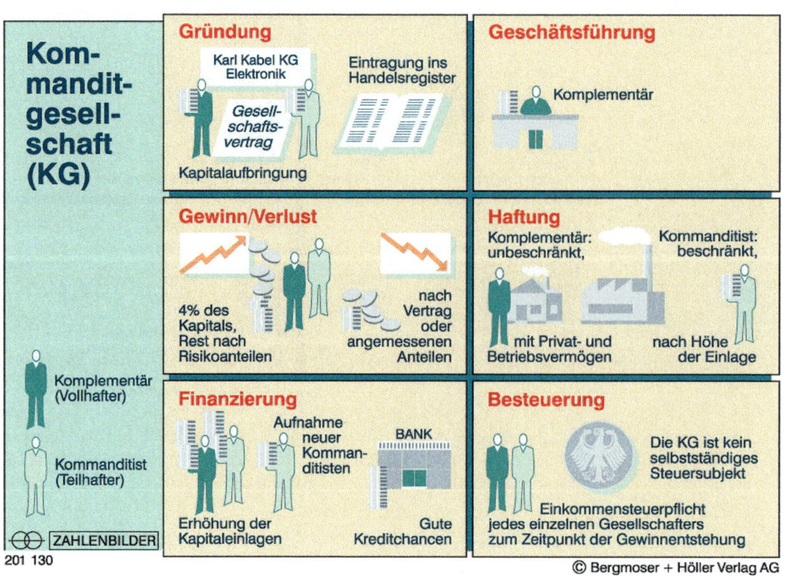

GmbH & Co. KG – eine kombinierte Unternehmensform

Der Komplementär einer KG kann auch eine juristische Person, z. B. eine GmbH, sein. Die Rechtsform ist dann die GmbH & Co. KG. Bei dieser Rechtsform ist eine Vermischung zweier Grundtypen erfolgt. Wichtig ist, dass es sich dabei insgesamt um eine Personengesellschaft und nicht um eine Kapitalgesellschaft handelt. Damit beschränkt sich die Haftung auf das Stammkapital der GmbH.

Bei der GmbH & Co. KG liegen rechtlich zwei Gesellschaften vor. Die Folge davon ist ein höherer Aufwand, denn es sind jeweils zwei Buchhaltungen, Jahresabschlüsse und Steuererklärungen nötig.

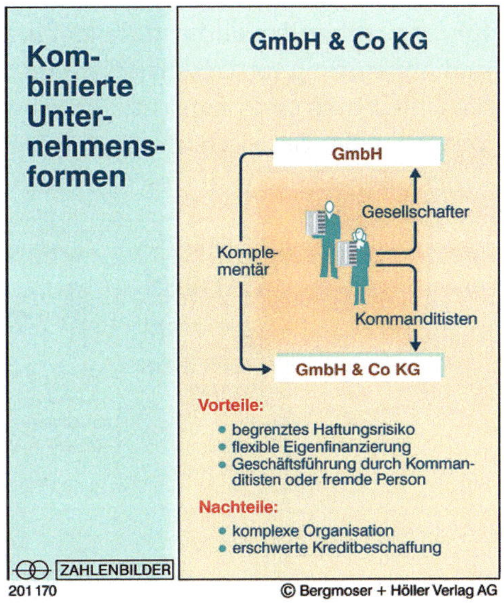

M5 Kapitalgesellschaften

Kapitalgesellschaften sind juristische Personen und damit selbst rechtsfähig. Im Gegensatz zu den Personengesellschaften, wo Eigenkapitalgeber (Gesellschafter) und Geschäftsführer normalerweise identisch sind, liegen Eigentum und Unternehmensführung bei Kapitalgesellschaften in der Regel nicht beieinander. Für gewöhnlich beschränkt sich der Einfluss der Gesellschafter nur auf ihr Stimmrecht in der Gesellschafterversammlung, ihr Risiko beschränkt sich auf die geleistete Kapitaleinlage.

Die Besteuerung von Kapitalgesellschaften erfolgt getrennt. Der Gewinn der Kapitalgesellschaft wird mit der Körperschaftsteuer belastet und der an die Gesellschafter ausgeschüttete Gewinn, als Einkünfte aus Kapitalvermögen, mit der persönlichen Einkommensteuer. Entscheiden die Gesellschafter, die Gewinne in das Unternehmen zu investieren (Thesaurierung), so kann die steuerliche Belastung gesenkt werden.

Gesellschaft mit beschränkter Haftung (GmbH)
Die GmbH ist eine Kapitalgesellschaft, deren Gesellschafter sich an dem Stammkapital beteiligt haben, ohne persönlich für die Verbindlichkeiten der Gesellschaft zu haften. Die Gläubiger können sich mit ihren Forderungen nur an das Gesellschaftsvermögen halten. Im Gesellschaftsvertrag kann jedoch eine beschränkte oder unbeschränkte Nachschusspflicht vereinbart werden. Damit verpflichtet sich der Gesellschafter ggf. weitere Geldleistungen an die Gesellschaft zu erbringen.

Zur Gründung einer GmbH ist ein Gesellschaftervertrag in notarieller Form notwendig. Da die Zahl der Gesellschafter nicht vorgeschrieben ist, kann die GmbH auch von nur einer Person errichtet werden (Einpersonengesellschaft). Bei der Gründung wird ein Stammkapital in Höhe von mindestens 25 000 Euro vorausgesetzt. Auf dieses Kapital muss jeder Gesellschafter eine Stammeinlage von mindestens 100 Euro zahlen. Die Einlagen können in Form von Geld- oder Sachleistungen erbracht werden. Bei Sachleistungen muss der Gegenstand (z. B. ein Fahrzeug oder ein Kopierer) und der hierfür veranschlagte Betrag im Gesellschaftsvertrag festgesetzt werden. Um die GmbH beim Handelsregister anmelden zu können, muss auf jede Stammeinlage mindestens ein Viertel gezahlt und dabei insgesamt mindestens die Hälfte des Stammkapitals angesammelt worden sein (also mindestens 12 500 Euro). Sachleistungen müssen voll erbracht werden.

Um handeln zu können, bedarf es bei der GmbH verschiedener Organe. Das sind im Wesentlichen ein oder mehrere Geschäftsführer und die Gesellschafterversammlung. Letztere wird von der Geschäftsführung einberufen und entscheidet u. a. über die Verwendung des Gewinnes sowie die Bestellung und Abberufung von Geschäftsführern und Prokuristen. Hat die GmbH mehr als 500 Beschäftigte, ist die Einrichtung eines Aufsichtsrates gesetzlich vorgeschrieben. Der Aufsichtsrat setzt sich aus Vertretern der Gesellschafter und der Arbeitnehmer zusammen. Seine Aufgabe besteht hauptsächlich in der Überwachung der Geschäftsführung und der Prüfung von Jahresabschluss und Lagebericht.

Unternehmergesellschaft (UG)

Eine Sonderform der GmbH ist die haftungsbeschränkte Unternehmergesellschaft (UG). Sie ist eine Einstiegsvariante der GmbH ohne ein bestimmtes Mindeststammkapital. Zur Gründung reicht ein Euro. Man spricht daher auch manchmal von einer 1-Euro-GmbH oder Mini-GmbH. Allerdings darf die UG ihre Gewinne nicht voll ausschütten, sondern muss einen Teil zur Ansparung des Stammkapitals der normalen GmbH nutzen.

In der GmbH-Reform Ende 2008 ging es auch um die Erleichterung von Unternehmensgründungen im Wettbewerb mit den Mitgliedsstaaten der Europäischen Union. Denn in vielen Mitgliedsstaaten der Europäischen Union werden geringere Anforderungen an die Gründungsformalitäten und die Aufbringung des Mindeststammkapitals gestellt.

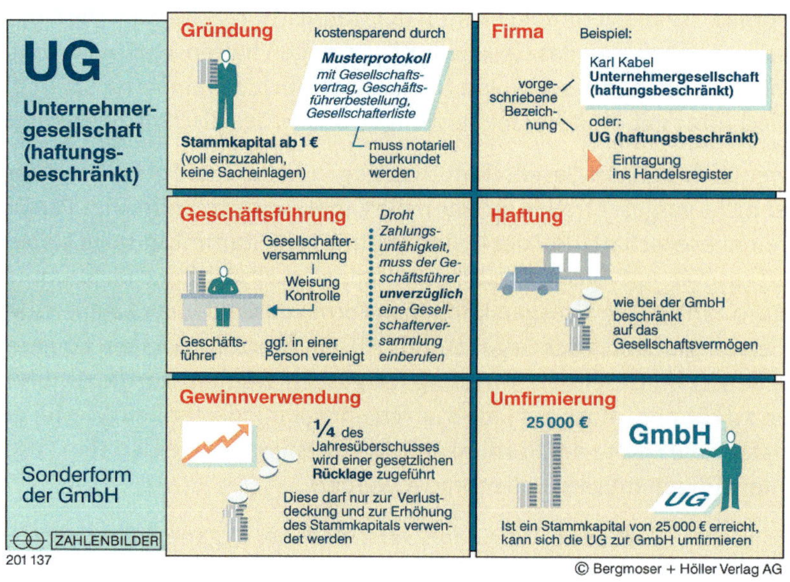

Kernwissen zu Kapitel 1.5

DIE SCHRITTE ZUR ENTSCHEIDUNG FÜR EINE RECHTSFORM
(1) Ziele des Unternehmers und des Kapitalgebers sind zu berücksichtigen. (2) Die Kriterien zur Beurteilung einer Rechtsform müssen bei der Entscheidung hinzugezogen werden und nach Situation in ihrer Reihenfolge verändert werden (neue Gewichtung). (3) Vor- und Nachteile zwischen den einzelnen Rechtsformen sind abzuwägen.

DIE SCHRITTE ZUR ENTSCHEIDUNG FÜR EINE RECHTSFORM

	Personengesellschaften	Kapitalgesellschaften
Gesetzliche Grundlagen	Bürgerliches Gesetzbuch (BGB) Handelsgesetzbuch (HGB)	Handelsgesetzbuch (HGB), GmbH-Gesetz, Aktiengesetz (AktG)
Person/Rechtsgestaltung	natürliche Personen (Die Gesellschaft als solche besitzt keine eigene Rechtspersönlichkeit.)	juristische Personen (Die Gesellschaft besitzt eine eigene Rechtspersönlichkeit.)
Haftung	unbeschränkte Haftung, d. h. mit Betriebs- und Privatvermögen (gilt nicht bei Kommanditisten (KG))	beschränkte Haftung, d. h. nur mit Kapitaleinlage.
Besteuerung	Gewinne unterliegen in voller Höhe dem individuellen Einkommensteuersatz des jeweiligen Gesellschafters.	Gewinne unterliegen der Körperschaftsteuer, bei Ausschüttung an die Gesellschafter der Einkommensteuer.
Kosten bei der Gründung	Gründungskosten sind gering: • privatrechtlicher Vertrag • Eintrag ins Handelsregister • notarieller Vertrag nur, wenn Immobilien, Grundstücke eingebracht werden	Gründungskosten sind höher als bei Personengesellschaften: • notarieller Vertrag • Eintrag ins Handelsregister
Mitbestimmung der Gesellschafter	• Bei allen Beschlüssen müssen sämtliche Gesellschafter anwesend sein. • Alle Gesellschafter haben grundsätzlich Leitungsbefugnisse, d. h. sie können geschäftsführend tätig werden.	• Bei Abstimmung sind die Kapitalanteile maßgeblich. • Leitungsbefugnisse sind durch gesetzlich festgelegte Organe geregelt. • Geschäftsführung ist durch Nichtgesellschafter als gesetzliche Vertreter möglich (Prokura).
Fortbestand der Firma	• abhängig vom Vorhandensein der Gesellschafter und somit stark an die Person gebunden • Tod, Ausscheiden oder Konkurs eines persönlich haftenden Gesellschafters bedeuten die Auflösung der Gesellschaft.	• Ein Gesellschafterwechsel ist ohne besondere Vorkehrungen möglich. • Auflösung durch Beschluss der Gesellschafterversammlung • Konkurs durch Eröffnung des Insolvenzverfahrens.

ÜBUNGEN ZU KAPITEL 1.5

Ü1 Wer haftet bei der offenen Handelsgesellschaft, wer bei der Kommanditgesellschaft und in welchem Umfang?

Ü2 Erstellen Sie eine Liste mit den Vor- und Nachteilen der OHG und der KG.

Ü3 Damit die GmbH handeln kann, benötigt sie sogenannte Organe. Nennen Sie diese Organe und erläutern Sie deren Zusammensetzung und Aufgaben.

Ü4 Erläutern Sie je zwei Vor- und zwei Nachteile der Kapitalgesellschaften gegenüber den Personengesellschaften. Legen Sie dazu eine Tabelle nach Vorgabe an.

Vorteile: Kapitalgesellschaft-Personengesellschaft	Nachteile: Kapitalgesellschaft-Personengesellschaft
1.	1.
2.	2.

Ü5 Welche Aussagen hinsichtlich der Struktur von Kapitalgesellschaften treffen zu?

a) In Kapitalgesellschaften treffen Leitungsorgane die unternehmerischen Entscheidungen.

b) Alle Kapitalgesellschaften benötigen einen gesetzlich vorgeschriebenen Aufsichtsrat.

c) Kapitalgesellschaften schließen Gesellschafterrechte für juristische Personen aus.

d) Kapitalgesellschaften kennzeichnen sich dadurch, dass Eigentümerrechte in Gesellschafterversammlungen wahrgenommen werden.

e) Jeder Gesellschafter hat das Recht, an der Geschäftsführung mitzuwirken.

Ü6 Welche der unten stehenden Aussagen zur GmbH sind zutreffend? Bitte ankreuzen.

a) Das Eigenkapital der GmbH wird als Grundkapital bezeichnet. ☐

b) Die Einlage des Gesellschafters muss mindestens 100 Euro betragen bzw. durch 50 teilbar sein. ☐

c) Das Mindestkapital der GmbH beträgt 50 000 Euro. ☐

d) Für Geschäfte vor Eintragung der GmbH ins Handelsregister haften die Gesellschafter persönlich und solidarisch. ☐

e) Für Verbindlichkeiten der GmbH haftet nach Eintragung ins Handelsregister i. d. R. nur die GmbH mit dem Gesellschaftsvermögen. ☐

f) Der Gesellschaftsvertrag muss für den Verlustfall eine Nachschusspflicht der Gesellschafter über ihre Einlage hinaus vereinbaren. ☐

g) Für die Gründung einer GmbH schreibt das GmbH-Gesetz mindestens zwei Personen vor. ☐

KAPITEL

2

Beschaffung und Leistungserstellung

2.1 Leistungserstellung und Qualitätsmanagement

- Leistungserstellung bei den Fly Bike Werken
- Leistungserstellungsprozesse von Unternehmen in der gewerblich-technischen Branche
- Organisation und Typen der Leistungserstellung

2.2 Beschaffung und Lagerung von Produktionsfaktoren

- Produktionsfaktoren der betrieblichen Leistungserstellung
- Ökonomischer Umgang mit Produktionsfaktoren
- Organisation und Optimierung von Beschaffungsprozessen
- Lagerung von Produktionsfaktoren

2.3 Eigenfertigung oder Fremdbezug (Make-or-buy)

- Kostenbasierte Entscheidungen für den Produktionsprozess treffen
- Weitere Kriterien systematisch berücksichtigen

2.4 Angebote einholen, bewerten und vergleichen

- Eigenschaften eines gültigen Angebots
- Angebote vergleichen und begründete Entscheidungen treffen

2.5 Einen Kaufvertrag rechtsgültig abschließen

- Wer Verträge abschließen kann
- Wie ein Vertrag zustande kommt

2.6 Umgang mit Kaufvertragsstörungen

- Rechte und Pflichten aus dem Kaufvertrag: Wo können Störungen entstehen?
- Mangelhafte Lieferung und ihre Folgen für Käufer und Verkäufer
- Was tun bei Lieferungsverzug?

2.7 Hat es sich gelohnt? Wirtschaftlichkeitskennzahlen berechnen

- Wirtschaftlichkeit, Produktivität, Rentabilität
- Kennzahlen berechnen und wirtschaftlich einordnen

2.1 Leistungserstellung und Qualitätsmanagement

Situation 6 Leistungserstellung bei den *Fly Bike Werken*

Ralf Schumacher befindet sich jetzt schon seit einiger Zeit in seiner Ausbildung bei den *Fly Bike Werken*. Er hat das Unternehmen besser kennengelernt, so auch seine Kollegen im Betrieb und in der Berufsschule. Dabei hat er festgestellt, dass die Auszubildenden in sehr unterschiedlichen Unternehmen ausgebildet werden. In einem Ausbildungsbetrieb arbeiten z. B. nur acht Mitarbeiter, in einem anderen sind es achthundert. In manchen Betrieben werden die Produkte individuell auf Kundenwunsch einzeln gefertigt, in anderen laufen sie als Massenfertigung in hohen Stückzahlen durch die Produktion.

Diese Woche soll die Leistungserstellung in den Ausbildungsbetrieben vorgestellt und verglichen werden.

Ralf hat dies für die *Fly Bike Werke* bereits erledigt, er zeigt Bettina seine Ergebnisse.

Ein Fahrrad der Fly Bike Werke GmbH durchläuft in der Fertigung die folgenden Arbeitsschritte:

In der Rohfertigung werden Rohre aus Stahl oder Aluminium mithilfe vollautomatisierter Anlagen geschnitten. Rahmen und Gabeln werden robotergeschweißt, aber auch teilweise im Handschweißverfahren hergestellt. Daneben gibt es Rahmen und Gabeln, die im Lötofen gefertigt werden. Neben diesen eigengefertigten Komponenten werden auch komplette Rahmen und Gabeln als Kaufteile fremdbezogen.

In der Richterei erfolgt das Richten der Rahmen und Gabeln manuell auf einer Werkbank oder einem Richtautomaten. Die Kaufrahmen und -gabeln werden hauptsächlich direkt in der Lackierabteilung eingesetzt.

In der Lackierung wird eine drei- oder vierfache Beschichtung der Rahmen vorgenommen (Grundlack, Decklack, ggf. Effekte, Klarlack).

Die Vormontage umfasst verschiedene Arbeitsstationen:

– Alle Rahmen/Gabeln werden mit Dekoren (nass) versehen.
– Die lackierten Rahmen/Gabeln werden in maschinell unterstützter Handarbeit zusammengebaut (inklusive Steuersätze/Innenantriebe/Beleuchtung).

– *Die Komponenten (Lenker, Lenkergriffe, Schalt-, Bremshebel usw.) werden zu einer Baugruppe zusammengebaut (Handarbeit).*

– *In der Spannerei erfolgt der Zusammenbau der Laufräder in den Arbeitsschritten Einwerfen (Handarbeit), Nippeln (maschinell unterstützte Handarbeit), Zentrieren (Zentrierroboter), Bereifen (Bereifungsrutschen, Gruppenarbeit).*

Die Endmontage findet an Montagebändern statt. Die Baugruppen/Anbauteile werden bandweise bereitgestellt und am Band in maschinell unterstützter Handarbeit (Elektro-, Luftschrauber) zusammengebaut. Zum Teil werden Montagebänder mit automatischer Rückführung der Montagewagen eingesetzt.

Verpackung: Die Fahrräder werden in Kartons gestülpt oder in Folie verpackt.

An Fertigungsverfahren finden sich in den Fly Bike Werken Fließ- bzw. Gruppenfertigung, Werkstattfertigung, Serien- und Einzelfertigung.

Bettina liest, was *Ralf* geschrieben hat, und merkt dann an: „Deine Beschreibung ist sehr genau und gibt einen guten Eindruck von unserer Produktion. Aber meinst du, die anderen können sich das jetzt so richtig vorstellen? Fließfertigung okay – da ist der Name Programm, aber denkst du, Gruppen- und Werkstattfertigung sagt den anderen was?"

ARBEITSAUFTRÄGE ZUR SITUATION

A1 Lesen Sie die Informationen in der Tabelle zu den Organisationstypen der Fertigung (→ **M1**) und überlegen Sie gemeinsam mit einem Partner, wo in *Ralfs* Beschreibung die Hinweise auf die Organisationstypen zu finden sind.

A2 Neben den Organisationstypen der Fertigung unterscheidet man je nachdem, wie oft ein und derselbe Fertigungsvorgang unverändert wiederholt wird, nach den Fertigungstypen. Lesen Sie den Informationstext → **M2** zu den Fertigungstypen und ordnen Sie gemeinsam mit einem Partner die folgenden Beispiele von Unternehmen aus dem betrieblichen Umfeld der *Fly Bike Werke* einem Fertigungstyp zu. Begründen Sie Ihre Entscheidung.

- Mannes AG (liefert Stahlrohre)
- Color GmbH (liefert Lacke und Grundierungen)
- Druckerei & Design Wolfgang Krause (Abzüge, Drucksachen aller Art)
- Shokk Ltd. (Spezialfedergabeln)

M1 Organisationstypen der Fertigung

Anordnung der Betriebsmittel (→ Kap. 2.2)	Werkstattfertigung	Gruppenfertigung	Fließfertigung
	Verrichtungsorientierung	Objektorientierung	
charakteristisches Merkmal	räumliche Zusammenfassung von Betriebsmitteln gleicher oder ähnlicher Verrichtung	räumliche Zusammenfassung verschiedener Betriebsmittel zu Funktionsgruppen (Möglichkeit der Anwendung neuer Formen der Arbeitsstrukturierung, z. B. teilautonome Gruppen)	Anordnung der Betriebsmittel und Arbeitsplätze nach der Arbeitsgangfolge (kontinuierlicher Fertigungsfluss wird durch die zeitliche Abstimmung der Arbeitstakte erreicht)
typischer Anwendungsbereich	Werkzeugmaschinenbau	wie bei der Werkstatt- und Fließfertigung	Konsumgüter- und Kraftfahrzeugindustrie

M2 Produktionstypen der Fertigung (kurz: Fertigungstypen)

Unter dem Gesichtspunkt der **Wiederholung** gleicher oder ähnlicher Erzeugnisse wird zwischen Einzel-, Massen-, Sorten-, Chargen- und Serienfertigung unterschieden:

Bei der **Einzelfertigung** wird ein einzelnes Erzeugnis gefertigt. Hierbei kann zwischen Kundenproduktion (*make to order*) und Marktproduktion (*make to stock*) unterschieden werden. Bei der Marktproduktion muss die Nachfrage geschätzt werden. Um das Risiko, die falschen Erzeugnisse zu produzieren, zu minimieren, wird die Montage meist kundenorientiert (*assemble to order*) durchgeführt.

In **Massenfertigung** werden Erzeugnisse ein und derselben Art in hoher Stückzahl gefertigt (z. B. Kopierpapier), in der Regel für einen anonymen Markt.

Bei der **Sortenfertigung** werden Erzeugnisse gefertigt, die z. B. in der Art der verwendeten Stoffe, ihrer Verarbeitung oder ihren Abmessungen nicht erheblich voneinander abweichen (z. B. Stahlprofile in unterschiedlicher Stärke, Biersorten).

Bei der **Chargenfertigung** werden Erzeugnisse einer Art gemeinsam bearbeitet und weisen dadurch – produktionsbedingt und nicht vermeidbar – Unterschiede gegenüber einer anderen Charge auf (z. B. Holzerzeugnisse, Zigarren).

Die **Serienfertigung** ist der am weitesten verbreitete Produktionstyp. Hier werden mehrere Varianten eines Grundtyps in unterschiedlichen Mengen gefertigt, sodass Menschen und Maschinen flexibler arbeiten und der Fertigungsprozess bei der Umstellung von einer Variante auf eine andere unterbrochen werden muss. Dies führt dazu, dass die Losgrößen und die Termine einzeln geplant werden müssen. Zugleich ergibt sich eine deutlich höhere Komplexität bei der Realisierung von Automatisierungsvorhaben. Die Fertigung der verschiedenen Modellvarianten bei den *Fly Bike Werken* ist hierfür ein gutes Beispiel oder auch die Automobilfertigung.

Organisations- und Produktionstypen sind **miteinander gekoppelt**. Eine Massenfertigung nach dem Fließprinzip sollte z. B. so gestaltet werden, dass möglichst für ein Grunderzeugnis mit wenigen Varianten eine Fließfertigung eingerichtet wird. Kurze Durchlaufzeiten und wenig Stillstandzeiten für Umrüstung sind die Folge. Das Material kann maschinell transportiert werden und die Steuerung bezieht sich nur noch auf die Reihenfolge der Aufträge mit großer Stückzahl. ▶

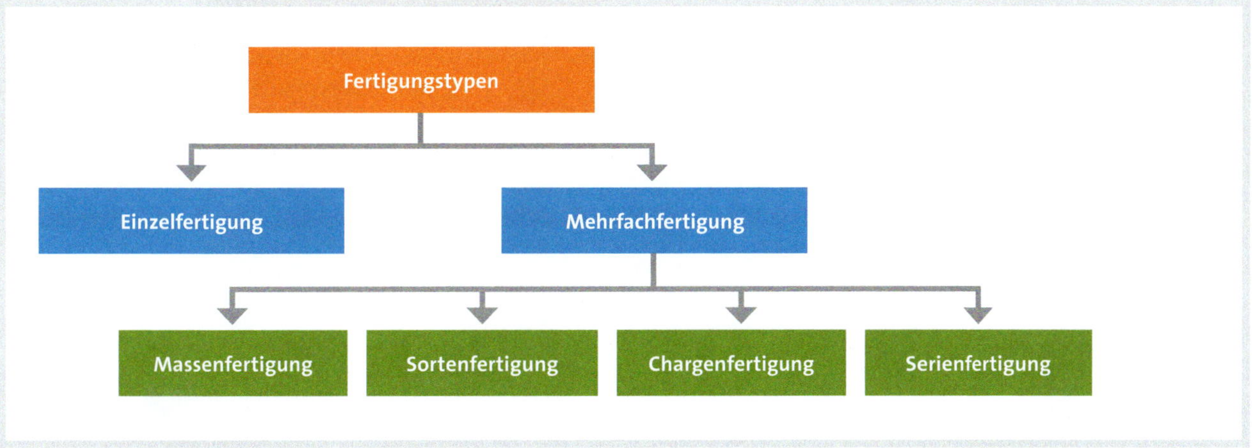

Situation 7 Leistungserstellungsprozesse vergleichen

Ralf ist inhaltlich jetzt super auf die Präsentation vorbereitet und schon ganz gespannt, was seine Mitschüler in der Berufsschule für ihre Ausbildungsbetriebe zusammengestellt haben!

ARBEITSAUFTRÄGE ZUR SITUATION

A1 Erkunden Sie den Prozess der Leistungserstellung in Ihrem Ausbildungsbetrieb und bereiten Sie eine Präsentation vor, um ihn der Klasse vorzustellen. Wenn in Ihrer Klasse mehrere Auszubildende aus einem Unternehmen sind, dann erstellen Sie eine Gruppenpräsentation.

Gehen Sie hierzu folgendermaßen vor:
- In → **M1** finden Sie die Vorlage für einen Beobachtungsbogen, der Ihnen zuerst helfen soll, die notwendigen Inhalte der Präsentationen abzudecken. Füllen Sie den Bogen aus.
- Nutzen Sie die Inhalte des Bogens, um Ihre Präsentation zu erstellen.

A2 Nutzen Sie den Beobachtungsbogen erneut, um bei jeder Präsentation Ihrer Mitschüler deren Hauptinhalte zu erfassen. Ihre Notizen dienen als Grundlage für das folgende Klassengespräch (→ **A3**).

A3 Nachdem alle Ausbildungsbetriebe vorgestellt wurden, klären Sie bitte folgende Fragen im Klassengespräch.

1. Welcher Leistungserstellungsprozess war für Sie der überraschendste?
2. Welcher der vorgestellten Leistungserstellungsprozesse wies die kleinschrittigsten Arbeiten auf und woran lag das?
3. Wo wurde mit den wenigsten Maschinen gearbeitet? Inwiefern ist dies am Endprodukt erkennbar?
4. Wo wurde das „wertvollste" Produkt hergestellt? Konnten Sie dies schon am Produktionsprozess erkennen?
5. Haben Sie Gemeinsamkeiten bzw. Unterschiede zu Ihrem Ausbildungsbetrieb festgestellt? Wenn ja, worin lagen diese?

M1 Vorlage Beobachtungsbogen

Beobachtungsbogen zur Präsentation „Leistungserstellung in meinem Ausbildungsbetrieb“	
Referent(en)	
Ausbildungsbetrieb	
Branche	
Fertigungstyp (industriell/handwerklich)	
Unternehmensgröße	
Herstellung von	
Organisationstypen	
Fertigungstypen	
Besonderheiten in der Produktion	

Erläuterung zu Fertigungstypen:

- **industriell:** Teil der Wirtschaft, in dem Wirtschaftsgüter produziert werden, verbunden mit einem hohen Grad an Mechanisierung und Automatisierung
- **handwerklich:** gewerbliche Tätigkeit, bei der in der Regel auf Bestellung ein Produkt oder eine Dienstleistung für den Verbraucher hergestellt wird

Situation 8 Qualitätsmanagement

Rückruf für Pegasus- und ZEG-Elektrofahrräder: Risiko Rahmenbruch

Die Zweirad Einkaufs-Genossenschaft eG (ZEG) ruft knapp 11 000 Elektrofahrräder („Pedelecs“) zurück, nachdem an zwei Fahrrädern der nur aus einem Rohr bestehende Rahmen brach. test.de informiert: Betroffen sind folgende Modelle: Electra 1 und 2; E-Bike Li-Tec 1, E-Swing und E-Bike 1 und 2. Besitzer solcher Fahrräder sollen ihren Händler aufsuchen. Dieser montiert alle Komponenten an einen neuen Rahmen. Nach ZEG-Darstellung haben die meisten Händler die Adressen der Käufer und werden sich unverzüglich auch direkt an sie wenden. Unklar bleibt, wie hoch das Risiko ist. Laut ZEG sind bisher zwei Fälle bekannt. Beide Rahmen brachen an unterschiedlichen Stellen. Zum Glück kam in beiden Fällen niemand zu Schaden. […]

Höheres Risiko durch höheres Gewicht

[…] Durch das höhere Tempo, das Zusatzgewicht von Motor und Akku sowie die entsprechend exponentiell höheren Kräfte beim Bremsen unterliegen Elektrofahrräder sehr viel größeren Belastungen als herkömmliche Fahrräder und müssen entsprechend stabil konstruiert sein. Sachverständige hatten bei den Herstellern gründliche Stabilitätsprüfungen angemahnt.

Schadenersatz und Schmerzensgeld

Wer wegen des Rahmenbruchs an einem nicht ausreichend stabilen Elektrofahrrad stürzt und sich verletzt, kann vom Hersteller Schadenersatz und ein angemessenes Schmerzensgeld verlangen. Ein Verschulden muss er ihm nicht nachweisen. Feststehen muss nur, dass ein Produktfehler Ursache für die Verletzung war. […]

(Quelle: https://www.test.de/themen/freizeit-reise/meldung/Rueckruf-fuer-Pegasus-und-ZEG-Elektrofahrraeder-Risiko-Rahmenbruch-4116262-4116267/, Rückruf vom 16.07.2010)

ARBEITSAUFTRÄGE ZUR SITUATION

A1 Betrachten Sie ➜ **M1** und beantworten Sie die folgenden Fragen a)–e) erst alleine. Besprechen Sie dann Ihre Ergebnisse mit Ihrem Nachbarn. Diskutieren Sie Ihre Partnerergebnisse dann in der Klasse.

a) Wie unterscheidet sich ein technisches Qualitätsverständnis von einem kaufmännischen? Welche Anforderungen stellen Endverbraucher und Händler an die Qualität langlebiger Gebrauchsgüter wie z. B. Fahrräder?

b) Welche Risiken gehen industrielle Hersteller ein, wenn sie Produkte mit Qualitätsmängeln ausliefern?

c) Welche Ursachen können Qualitätsmängel bei industriell gefertigten Produkten haben? Sortieren Sie die Ursachen nach solchen, die bei den eingesetzten Produktionsfaktoren (➜ **Kap. 2.2**; Personal, Betriebsmittel, Werkstoffe) zu suchen sind, und nach Mängeln, die prozessbezogene Ursachen haben.

d) Schlagen Sie zu jeder von Ihnen genannten Ursache eine konkrete Maßnahme zu deren Vermeidung vor.

e) Analysieren Sie die oben stehenden Grafiken, die in der Automobilindustrie gewonnene Erkenntnisse zur Qualitätssicherung darstellen. Welche Schlüsse für die Qualitätssicherung in Industriebetrieben lassen sich aus diesen Erkenntnissen ziehen?

A2 Gehen Sie zurück zum Leistungserstellungsprozess Ihres Ausbildungsunternehmens. Wo in dem von Ihnen abgebildeten Prozess sind Maßnahmen zur Qualitätssicherung eingebaut? Greifen diese? Wo treten außerdem Fehler auf und wann können sie behoben werden? Welche Arten von Kosten (nach ➜ **M2**) entstehen?

A3 Oft ist von einer „optimalen Qualität" die Rede. Was, wenn nicht „die bestmögliche Qualität", ist hiermit gemeint? Ziehen Sie zur Definition und Begründung die Grafik in ➜ **M3** heran.

A4 Im Zusammenhang mit Qualität und Qualitätssicherung im Unternehmen trifft man mit den Begriffen Fertigungskontrolle, Total-Quality-Management und DIN EN ISO 9000 ff. letztendlich auf drei völlig unterschiedliche Zusammenhänge. Lesen Sie die Informationen ➜ **M4**, **M5**, **M6** und grenzen Sie die Begriffe voneinander ab. Formulieren Sie hierzu jeweils einen prägnanten Merksatz.

M1 Fehler bei industrieller Fertigung

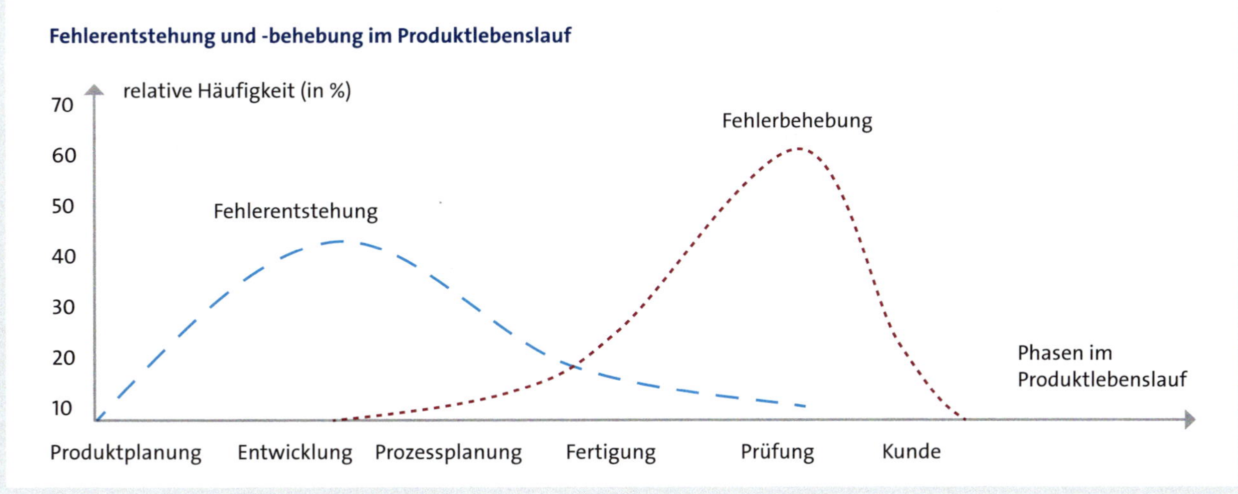

„Zehnerregel der Fehlerkosten“

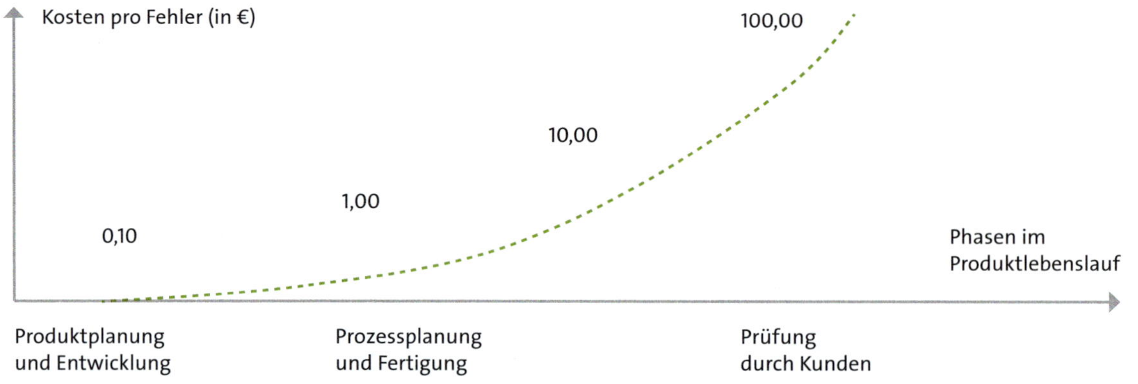

M2 Einteilung der Qualitätskosten

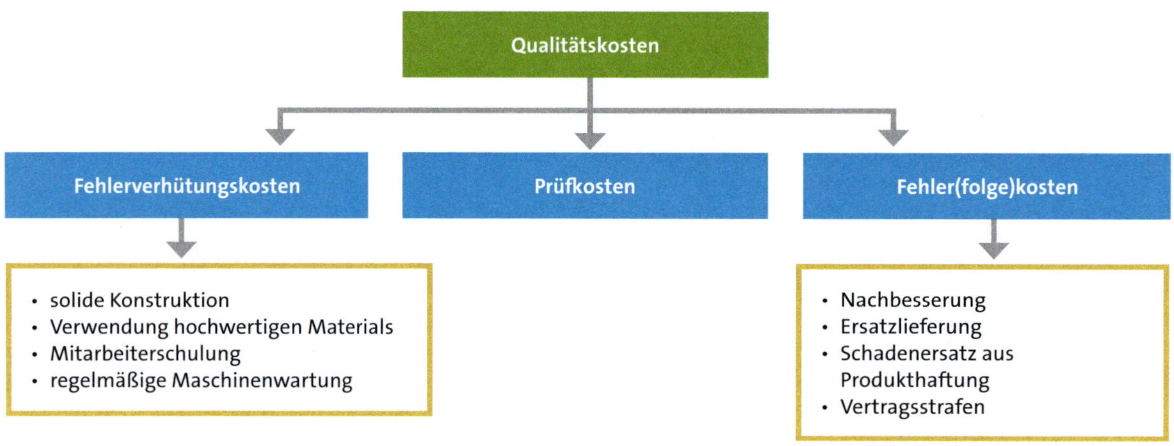

M3 Die optimale Qualität

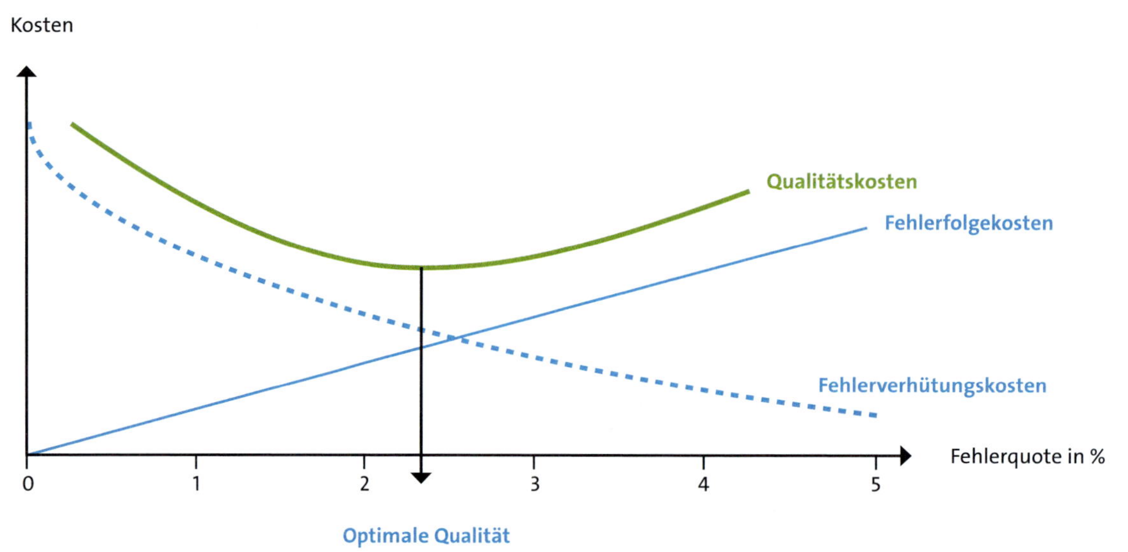

M4 Fertigungskontrollen

Hinsichtlich der Fertigungskontrolle lassen sich verschiedene Verfahren unterscheiden:

1. Vollkontrolle und Stichprobenkontrolle
Vollkontrolle bedeutet, dass jedes Produkt kontrolliert wird. Dies geschieht i. d. R. bei sehr teuren oder sicherheitsrelevanten Produkten (z. B. Herzschrittmacher, Flugzeugtriebwerk). Vorteile der Vollkontrolle sind, dass sie das Firmenimage stärkt und es so gut wie keine Fehlerfolgekosten gibt. Stichprobenkontrollen werden vor allem im Rahmen einer Massenproduktion gemacht. Sie sind kostengünstiger, nicht so zeitaufwendig und können auch von neutralen, außerbetrieblichen Institutionen durchgeführt werden (z. B. Verleihung eines neutralen Gütesiegels).

2. Eingangs-, Zwischen- und Endkontrolle
Eingangs-, Zwischen- und Endkontrollen sind benannt nach dem Zeitpunkt, zu dem die Kontrolle erfolgt. Arbeitet man z. B. mit einem Lieferer zusammen, der qualitativ hochwertige (ggf. zertifizierte) Produkte liefert, können die Eingangskontrollen vernachlässigt werden oder nur oberflächlich stattfinden. Zwischenkontrollen erfolgen nach Beendigung eines Teilprozesses und geben die Gewissheit, dass mit fehlerfreien Stücken bzw. Baugruppen weitergearbeitet werden kann. Eine Endkontrolle erfolgt im Anschluss an so gut wie jeden Produktionsprozess. Je nach Produkt kann diese stichprobenartig oder als Vollkontrolle erfolgen.

3. Eigenkontrolle und Fremdkontrolle
Zwischen Eigen- und Fremdkontrolle muss nicht zwangsläufig eine Entweder-oder-Entscheidung fallen. Klar sollte nur sein, dass eine Fremdkontrolle zwar meist teurer ist, dafür aber für Kunden und Konkurrenten eine besondere Neutralität der Prüfer beweist und oft mit einem zusätzlichen Prüf- oder Qualitätssiegel einhergeht, das für potenzielle Kunden ein Kaufkriterium darstellen kann.

Ein spezieller Bestandteil der Eigenkontrolle ist die **Selbstprüfung**. Selbstprüfungen sind prozessnahe Prüfungen, die **vom Mitarbeiter bzw. dem Team selbst durchgeführt** werden. Sie haben nichts mit Qualitätskontrollen durch spezielle Prüfabteilungen gemein. Wenn ein Mitarbeiter die Ergebnisse seiner Tätigkeiten selbst prüfen soll, erfordert dies fachliches Wissen, z. B. Kenntnisse zu Qualitätsmanagementsystemen, Kenntnisse in Bezug auf Fehlerauswirkungen und Kenntnisse zur entsprechenden Prüftechnik. **Je besser die** Mitarbeiter **einen Prozess beherrschen, umso weniger Prüfungen sind erforderlich.** Bei der Selbstprüfung ist es wichtig, allen Mitarbeitern eine (Teil-)Verantwortung für das Produkt zuzuweisen, damit nicht nur ein „Kontrolleur" im Team zum Buhmann wird. Die Selbstprüfung bietet nicht nur konstruktive Kritik für die Beteiligten, sondern auch Bestätigung für die geleistete Arbeit.

M5 Die DIN-ISO-9000er-Serie

Ein **Qualitätsmanagementsystem** nach DIN EN ISO 9000 ff. beschreibt bestimmte Standards, die bei der organisatorischen Gestaltung von Qualitätsaufgaben im Unternehmen erfüllt sein müssen, um ein entsprechendes Zertifikat zu erhalten. Hiermit ist jedoch keine direkte Qualitätsaussage über die erzeugten Produkte verbunden! ▼

Bei der Dokumentation des Qualitätsmanagementsystems ist insbesondere das QM-Handbuch von Bedeutung. Es enthält u. a.

- verbindliche Zielsetzungen zur Qualitätspolitik,
- den organisatorischen Aufbau des Qualitätsmanagementsystems,
- die Verantwortlichkeiten,
- die bereitstehenden Ressourcen,
- Verfahrensanweisungen, Prüfanweisungen, Struktur- und Ablaufregelungen,
- eine Übersicht der Prozesse/Schnittstellen.

Seit 2012 wird die internationale Norm für Qualitätsmanagement ISO 9001 überarbeitet. Ende 2015 wird die Revision erwartet, welche die derzeitige Version aus 2008 ersetzen soll. Das Thema Qualitätsmanagement gemäß ISO 9001 ist weltweit und branchenübergreifend für Unternehmen aller Größen relevant. Deshalb gibt es einige Fragen rund um die Norm für Unternehmen, z. B.: Welche Änderungen wird es geben? Was muss ich beachten?

Infos unter: http://www.tuv.com/media/germany/60_systeme/event/ISO-9001-Revision_Neuerungen_TUV_Rheinland.pdf

M6 Total-Quality-Management

Obwohl begrifflich ähnlich, stellt das Total-Quality-Management (TQM) einen ganz anderen Aspekt in den Mittelpunkt. Hier geht es nicht um die Imagewirkung einer Zertifizierung oder gut funktionierende organisatorische Regelungen, sondern um eine grundlegende Einstellung aller Mitarbeiter. Diese sollen alle betrieblichen Entscheidungen und Handlungen darauf ausrichten, dem Kunden eine Maximierung seines Nutzens zu ermöglichen. TQM bedeutet also nicht den Aufbau möglichst lückenloser Kontrollsysteme (diese würden den Kunden mit hohen Kosten belasten), sondern die Verinnerlichung des Qualitätsstrebens bei jedem Mitarbeiter.

Merkmale des TQM	• Führen durch Qualitätsziele • Verzicht auf Verschwendung • Null-Fehler-Produktion, Selbstprüfer • Verantwortung auch für Fehler anderer • kontinuierlicher Verbesserungsprozess • langfristige Kundenbindung als Erfolgskriterium

Kernwissen zu Kapitel 2.1

ORGANISATIONSTYPEN DER FERTIGUNG

Anordnung der Produktionsfaktoren	Werkstattfertigung	Gruppenfertigung	Fließfertigung
	Verrichtungsorientierung	Objektorientierung	
Charakteristisches Merkmal	räumliche Zusammenfassung von Betriebsmitteln gleicher oder ähnlicher Verrichtung	räumliche Zusammenfassung verschiedener Betriebsmittel zu Funktionsgruppen (Möglichkeit der Anwendung neuer Formen der Arbeitsstrukturierung, z. B. teilautonome Gruppen)	Anordnung der Betriebsmittel und Arbeitsplätze nach der Arbeitsgangfolge (kontinuierlicher Fertigungsfluss wird durch die zeitliche Abstimmung der Arbeitstakte erreicht)
Typischer Anwendungsbereich	Werkzeugmaschinenbau	wie bei der Werkstatt- und Fließfertigung	Konsumgüter- und Kraftfahrzeugindustrie

PRODUKTIONSTYPEN DER FERTIGUNG

	Einzelfertigung	Serienfertigung	Sortenfertigung	Chargenfertigung	Massenfertigung
Charakteristisches Merkmal	• Erstellung eines einzelnen Produkts • direkte Ausrichtung auf Kundenwünsche	• Produktion einer begrenzten Zahl identischer Erzeugnisse • Problem der Umrüstung	• Produktion mehrerer Varianten eines Grundprodukts • Spezialfall der Massenproduktion	• Produktion mehrerer Chargen (Charge = Füllmenge eines Produktionsvorganges)	• Produktion von Standardprodukten • Produktionsprozess nach festgelegtem Standardablauf
Typischer Anwendungsbereich	• Anlagenbau • Werkzeugmaschinenbau	• Elektrogeräte • Automobile	• Bekleidungsindustrie • Bier	• Getränkeindustrie • Stahlindustrie • chemische Industrie	• Lebensmittelindustrie • Schrauben

UNTERTEILUNG DER FERTIGUNGSKONTROLLEN NACH

der Anzahl der Kontrollen	dem Zeitpunkt der Kontrollen	der Kontrollperson
• Vollkontrolle • Stichprobenkontrolle	• Eingangskontrolle • Zwischenkontrolle • Endkontrolle	• Eigenkontrolle • Fremdkontrolle

QUALITÄTSMANAGEMENT Z. B. DURCH

DIN-ISO-9000er-Reihe	Total Quality Management (TQM)

ÜBUNGEN ZU KAPITEL 2.1

Ü1 Ordnen Sie die folgenden Beispiele den Fertigungstypen zu.

a) Automobilbau
b) Schokoladenherstellung
c) Spezialmaschinenbau
d) PC-Herstellung
e) Brückenbau
f) Kaffeerösterei
g) Stahlerzeugung
h) Kupferbergwerk
i) Raumfahrttechnik (Satelliten)
j) Sektkellerei
k) Arzneimittelindustrie
l) Schiffsbau (Luxusliner)
m) Unterhaltungselektronik
n) Oberbekleidungsfabriken
o) Gas- und Wasserwerke
p) Schafswollweberei
q) Kraftwerksbau
r) Ihr Ausbildungsbetrieb

Ü2 Die Traunsteiner „Hedwig Mühle Natursalze OHG" ist ein mittelständischer Anbieter von ökologischer Kosmetik und Wellnessprodukten, die meist über Bioläden vertrieben werden. Die Verbraucherhotline der Natursalze OHG verzeichnet in den letzten beiden Wochen einen dramatischen Anstieg der Kundenbeschwerden, die sich zumeist auf nicht ausreichend befüllte Verkaufsverpackungen (angegebenes Füllgewicht nicht eingehalten) beziehen. Interne Nachforschungen ergeben, dass vor zwei Wochen alle drei Mitarbeiter der Qualitätssicherung aus verschiedenen Gründen (Urlaub, Krankheit, Fortbildung) ihre Aufgaben nicht erfüllen konnten. Die Mitarbeiter der Abfülleinrichtung hätten die Fehlbefüllung zwar bemerkt, sie aber als „nicht schlimm" eingestuft.

a) Beschreiben Sie drei mögliche Folgen aus der Auslieferung fehlerhafter Erzeugnisse.
b) Die Geschäftsleitung überlegt, das QS-Team personell deutlich aufzustocken, um Vorfälle wie diesen in Zukunft zu vermeiden. Beschreiben Sie in diesem Zusammenhang die Auswirkung dieser Maßnahme auf die Qualitätskosten und ihre Zusammensetzung.
c) Zur Sicherung der Qualität könnte auch auf Elemente des TQM-Konzeptes gesetzt werden. Erläutern Sie eine damit einhergehende Veränderung im Unternehmen.

Ü3 Die „Gipswerke Reimann & Tochter GmbH" hat die Zertifizierung eines Umweltmanagementsystems nach DIN EN ISO 9001 beantragt, die Zertifizierung wurde jedoch abgelehnt.

a) Welche Gründe könnten dafür verantwortlich sein?
b) Nennen Sie zwei negative Folgen einer fehlenden Zertifizierung.

2.2 Beschaffung und Lagerung von Produktionsfaktoren

Situation 9 Die Einteilung der Produktionsfaktoren

Die kaufmännische Auszubildende *Bettina Lorenz* wechselt in den Einkauf zu *Oliver Thüne*. Als sie in der Berufsschule ihrer Freundin Tüley davon erzählt, beglückwünscht die sie: „Mensch, Einkauf klingt doch super!“ Doch *Bettina* winkt ab und antwortet „Na ja, das ist nicht so ein Einkaufen, wie du und ich es kennen. Es geht um die Bereitstellung von betriebswirtschaftlichen Produktionsfaktoren und nicht um Schuhe und Handyzubehör.“ Tüley antwortet: „Okay, und was sind betriebswirtschaftliche Produktionsfaktoren?“

ARBEITSAUFTRÄGE ZUR SITUATION

A1 Lesen Sie den Informationstext → **M1**. Suchen Sie dann zu jedem betriebswirtschaftlichen Produktionsfaktor ein Beispiel aus Ihrem Ausbildungsbetrieb. Vergleichen Sie Ihre Ergebnisse mit Ihrem Nachbarn, indem Sie Gemeinsamkeiten und Unterschiede suchen.

A2 Klären Sie, ob es in Ihrer Klasse Ausbildungsbetriebe gibt, deren Betriebsmittel den Endprodukten anderer Ausbildungsbetriebe entsprechen.

A3 Lesen Sie den Informationstext → **M2** zum ökonomischen Prinzip. Finden Sie sowohl aus Ihrem privaten als auch aus Ihrem beruflichen Umfeld jeweils ein Beispiel für eine Handlung nach dem Minimalprinzip und dem Maximalprinzip. Welche Vorgehensweise bevorzugen Sie? Begründen Sie.

M1 Einteilung der betriebswirtschaftlichen Produktionsfaktoren

Die betriebswirtschaftlichen Produktionsfaktoren leiten sich aus den volkswirtschaftlichen Produktionsfaktoren ab (→ Kapitel 1.3).

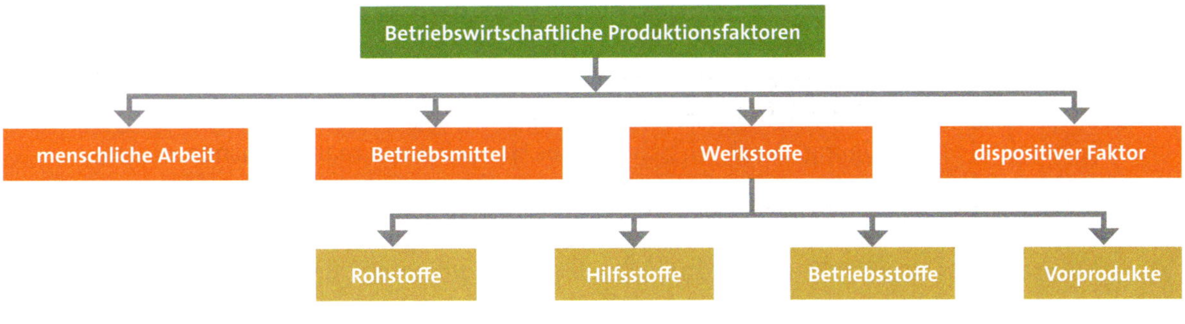

Unternehmen benötigen die betriebswirtschaftlichen Produktionsfaktoren, die mithilfe von Informationen kombiniert werden, um ihre Leistungen erbringen zu können. Man unterscheidet die sogenannten **Elementarfaktoren** (menschliche Arbeit, Betriebsmittel und Werkstoffe) und den **dispositiven Faktor**.

Die **menschliche Arbeit** entspricht dem volkswirtschaftlichen Produktionsfaktor Arbeit. Ihre Quantität (Menge oder Anzahl) wird meist in Stunden angegeben und wird bestimmt durch die Arbeitszeit sowie die Zahl der Arbeitenden. Die Qualität der Arbeit ist abhängig von deren Kenntnissen und Fähigkeiten (u. a. Berufsausbildung). Man unterscheidet zwischen körperlicher und geistiger Arbeit.

Betriebsmittel sind alle beweglichen und unbeweglichen Mittel, die der Leistungserstellung dienen und nicht in das Erzeugnis eingehen:
- Grundstücke und Gebäude
- technische Anlagen und Maschinen, z. B. Transport- und Fördermittel und Verpackungsanlagen
- Betriebs- und Geschäftsausstattung (einschließlich Fuhrpark), z. B. Büromöbel oder Büromaschinen

Werkstoffe umfassen:
- **Rohstoffe:** Sie sind wesentliche Bestandteile der zu fertigenden Produkte und gehen unmittelbar in die Fertigerzeugnisse ein (z. B. Stahlrohr für die Fertigung von Fahrradrahmen).
- **Hilfsstoffe:** Sie sind ebenfalls Bestandteile des Fertigerzeugnisses, allerdings zu einem wert- und mengenmäßig bedeutend geringeren Anteil als Rohstoffe (z. B. Schrauben).
- **Betriebsstoffe:** Sie gehen nicht in das Fertigerzeugnis ein, werden jedoch zum Betreiben der Fertigungsmaschinen benötigt (z. B. Schmieröl für Produktionsmaschinen).
- **Vorprodukte** (Fremdbauteile): Sie sind Zukaufteile, die von anderen Unternehmen bezogen werden und ohne Veränderung in das Fertigerzeugnis eingehen (z. B. Griffe für Lenker).

Der **dispositive Faktor** umfasst die Faktoren Leitung, Planung, Organisation und Kontrolle und somit die Fähigkeit der Menschen, die Elementarfaktoren zum Zwecke der Leistungserstellung zu kombinieren.

Um das Zusammenwirken der Produktionsfaktoren effizient zu gestalten, muss geklärt werden, wer was, wann, wie, warum, wo und mit welchem Ergebnis zu erledigen hat. Diese Aufgaben übernimmt der dispositive Faktor, i. d. R. das Management.

M2 Ökonomisches Prinzip

Grundsätzlich stehen jeder Konsument und jedes Unternehmen vor dem Problem, dass einerseits Ziele erreicht werden müssen, andererseits aber nur knappe Ressourcen (z. B. finanzieller Art) zur Verfügung stehen: Private Haushalte streben **Nutzenmaximierung** an. Dabei steht nur ein begrenztes Budget zur Verfügung. Unternehmen streben **Gewinnmaximierung** an. Dabei stehen nur begrenzte Investitionsmittel zur Verfügung. Durch wirtschaftliches Handeln kann man versuchen, diesen Konflikt abzumildern.

Grundsätzlich unterscheidet man zwei Strategien, mit denen das optimale Verhältnis zwischen Mitteleinsatz und Ertrag erreicht werden kann: Maximal- und Minimalprinzip. ▶

Verfolgung des Maximalprinzips	Verfolgung des Minimalprinzips
• Der Mitteleinsatz ist festgelegt. • Gesucht wird die Alternative, die den höchsten Ertrag (Nutzen) verspricht. • Beispiele: Gesucht wird der wärmste Pullover für 30 €, die Produktionsmaschine, die für 20 000 € die höchste Kapazität verspricht.	• Der gewünschte Ertrag (Nutzen) ist festgelegt. • Gesucht wird die Alternative, die den geringsten Mitteleinsatz erfordert. • Beispiele: Gesucht wird der Friseur, der eine Dauerwelle am billigsten frisiert, der Lieferant, der das Bauteil XY am günstigsten anbietet.

Eine **Kombination der beiden Prinzipien**, also das Erreichen eines möglichst hohen Nutzens mit möglichst geringen Mitteln, **ist nicht möglich**.

Situation 10 Der Beschaffungsprozess

Herr Thüne, Leiter der Einkaufsabteilung, war auf der Fahrradmesse „Rundlauf“ in Berlin. Dort stellten einige neu auf den Markt gekommene Zulieferer sehr ansprechende Bauteile für Fahrräder aus, die auch höchsten Recyclingansprüchen gerecht werden. Mit zwei dieser Lieferanten, die sogar besondere Messerabatte anboten, hat *Herr Thüne* spontan Verträge abgeschlossen.
„Und genau so etwas“, sagt *Herr Peters*, „möchte ich zukünftig nicht mehr. In der Materialbeschaffung wird mir viel zu oft aus dem Bauch heraus gehandelt. Es mag ja sein, dass Ihre Entscheidung in diesem Einzelfall richtig war. Insgesamt möchte ich aber, dass zukünftig auch im Einkauf systematischer und effizienter – vor allem auch in Abstimmung mit den anderen Funktionsbereichen unseres Betriebes – gearbeitet wird.“

Herr Peters erteilt *Herrn Thüne* die Aufgabe, gemeinsam mit Vertretern der Bereiche Produktion, Verwaltung und Vertrieb ein Konzept zur Verbesserung der Materialbeschaffungsprozesse im Unternehmen zu erarbeiten.

ARBEITSAUFTRÄGE ZUR SITUATION

A1 In → **M1** finden Sie die Abbildung des Beschaffungsprozesses eines Industrieunternehmens. Weisen Sie die Teilschritte des Prozesses den Phasen „Planung“, „Durchführung“ und „Kontrolle“ zu.

A2 Erstellen Sie analog zu → **M1** eine solche Prozessdarstellung für Ihren Ausbildungsbetrieb und sortieren Sie auch hier nach „Planung“, „Durchführung“ und „Kontrolle“. Vergleichen Sie die Ergebnisse in der Klasse.

A3 Erfahrungen zeigen, dass besonders die Übergänge zwischen den Tätigkeiten fehleranfällig sind. Überlegen Sie gemeinsam mit einem Partner, woran dies liegen könnte. Gehen Sie danach Ihre eigene Prozessdarstellung durch und überlegen Sie, welche Stellen fehleranfällig sein könnten.

A4 Die *Fly Bike Werke* verstehen sich als ökologisches Unternehmen und wollen ihre Beschaffung nach ökologischen Kriterien überprüfen. Unterbreiten Sie einen Vorschlag, wie folgende Beschaffungen alternativ ökologischer gestaltet werden können.

a) Die *Fly Bike Werke* bestellen im Wochenrhythmus vorgefertigte Sättel für das Mountainbike-Modell Unlimited. Die Stückzahl schwankt zwischen sieben und zwölf Sätteln pro Woche.

b) Die *Fly Bike Werke* haben im letzten Jahr vorgefertigte Stahlrohre aus Vietnam bezogen.

M1 Beschaffungsvorgang

Feststellung des Bedarfs und Meldung an die Einkaufsabteilung	
Erstellung eines Bestellvorschlags	– Berechnung der Bestellmenge – Übernahme der Lieferanten- und Artikeldaten
Auslösen der Bestellung	– Bestätigung des Bestellvorschlags durch den Einkäufer – Übernahme in die Bestelldatei (Auftragsdatei) – Druck und Versendung der Bestellung
Annahme der Bestellung durch den Lieferanten	– schriftlich, mündlich, telefonisch, per E-Mail – durch die Lieferung der Ware (schlüssiges Handeln)
Terminüberwachung	– mittels der Liste offener Bestellungen bzw. Bestellrückstandsliste – ggf. Versendung von Lieferungserinnerungen
Kontrolle des Wareneingangs	– in Anwesenheit des Überbringers auf Richtigkeit des Lieferscheins, Übereinstimmung der Ware mit dem Lieferschein und Unversehrtheit der Ware – unverzüglich auf Vollständigkeit, Richtigkeit und Qualität des Inhalts, damit Gewährleistungsrechte in Anspruch genommen werden können
Erfassung des Wareneingangs	– Einkäufer übernimmt per Eingabe der Bestellnummer Daten aus der Bestelldatei in das Wareneingangsprotokoll. Bei Abweichungen zwischen Bestellung und Lieferung werden Daten des Lieferscheins manuell eingegeben. – automatische Erhöhung des Lagerbestandes – Druck des Wareneingangsscheins – Aktualisierung der „Liste offener Bestellungen“
Kontrolle der Eingangsrechnung	– auf sachliche und rechnerische Richtigkeit
Erfassung der Eingangsrechnung	– in der Finanzbuchhaltung – Ausdruck der Zahlungsvorschlagsliste und Zahlung

Situation 11 Optimale Bestellmenge

Die *Fly Bike Werke GmbH* benötigt für ihre Produktion einen speziellen Klemmverbinder, den nur ein Großhändler auf dem Markt anbietet, mit einem Gesamtjahresbedarf von 12 000 Stück. Dabei wird von einem regelmäßigen Verbrauch ausgegangen. Das Unternehmen hat die Möglichkeit, zwischen folgenden Bestellmöglichkeiten zu wählen: monatlich, alle zwei Monate, nach jedem Quartal, dreimal im Jahr, halbjährlich, jährlich. *Bettina* liegt das Angebot des Großhändlers Hauff & Co. GmbH vor. Außerdem die Kostenevaluierung der Unternehmensberatung Hassel.

Angebot

Sehr geehrte Damen und Herren,
wir bieten Ihnen unseren Klemmverbinder Häck 201 zu folgenden Konditionen an: Listenpreis 5,97 Euro pro Stück abzüglich eines Treuerabatts von 10 %. Ab einer jährlichen Abnahmemenge von 10 000 Stück bieten wir zudem einen Bonus in Höhe von 4 % an. Die Zahlungsbedingungen lauten 30 Tage auf Ziel, bei Zahlung innerhalb von 10 Tagen gewähren wir 3 % Skonto. Für Transport und Transportversicherung stellen wir pauschal 120,00 Euro pro Lieferung in Rechnung, da wir den Artikel unabhängig von der bestellten Menge mit unserem Spezialfahrzeug anliefern.

HASSEL UNTERNEHMENSBERATUNG

Mandant: Fly Bike Werke GmbH | Interne Kostenevaluierung 2015

- Kosten der Lagerhaltung: 10 % des durchschnittlichen Lagerbestandes
- Bestellkosten intern: 180 Euro pro Bestellung

ARBEITSAUFTRÄGE ZUR SITUATION

A1 Lesen Sie zunächst → **M1** und ermitteln Sie dann die optimale (d. h. gesamtkostengünstigste) Bestellmenge für den Klemmverbinder. Füllen Sie hierzu die Tabelle → **M2** aus. In der zweiten Zeile der Tabelle finden Sie den Rechenweg.

A2 Tragen Sie die in → **M2** ermittelten Kostenverläufe in → **M3** ein. Sie werden erkennen, dass die Gesamtkostenkurve auf Höhe des Schnittpunktes von Lager- und Bestellkosten den kleinsten Wert annimmt. Dort befindet sich die optimale Bestellmenge.

M1 Die optimale Bestellmenge

Wenige große Bestellungen verursachen geringere Bestellkosten als viele kleine Bestellungen, da die Kosten für Transport, Verpackung und Versicherung sowie die entsprechenden Personalkosten nicht so häufig anfallen. Andererseits hat man bei wenigen großen Bestellungen stets eine große Menge zu lagern, die hohe Lagerkosten verursacht. Entscheidend ist es also, die Anzahl an Bestellungen zu finden, bei der die Gesamtkosten (Bestellkosten + Lagerkosten) minimal sind: Das ist die optimale Bestellmenge.

M2 Tabelle zur Ermittlung der optimalen Bestellmenge

1	2	3	4	5	6	7	8
Anzahl der Bestellungen	Bestellmenge in St.	Bestellkosten in €	ø Lagerbestand in St.	ø Lagerbestandswert in €	Lagerkosten in €	Gesamtkosten in €	Kosten/St. in € (aufrunden)
	$\frac{\text{Spalte 1}}{12\,000}$	300 • Spalte 1	$\frac{\text{Spalte 2}}{2}$	Spalte 4 • 5	10 % von Spalte 5	Spalte 3 + Spalte 6	$\frac{\text{Spalte 7}}{12\,000}$
1							
2							
3							
4							
6							
12							

M3 Grafische Ermittlung der optimalen Bestellmenge

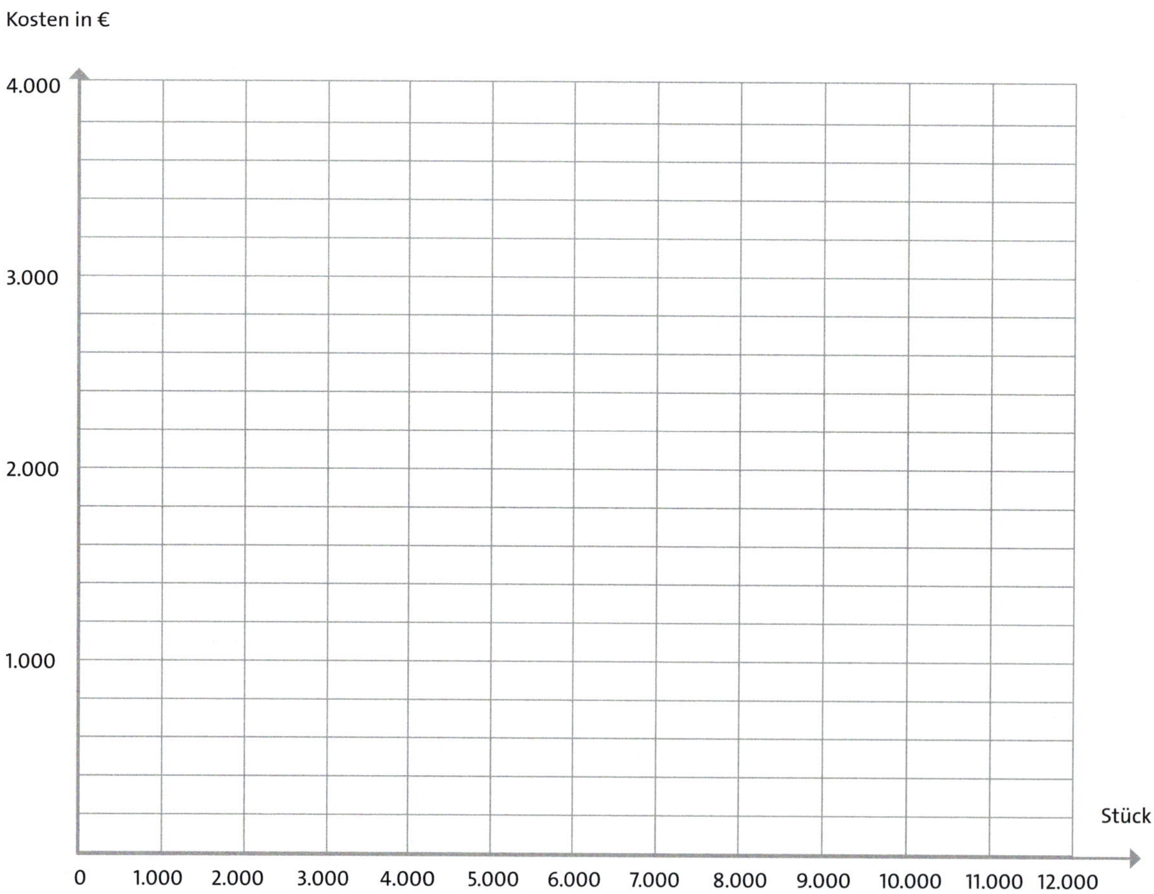

Situation 12 ABC-Analyse

Bei der jährlichen Kostenaufstellung stellt die *Fly Bike Werke GmbH* fest, dass sie zu hohe Einkaufs- und Lagerkosten hat. Es zeigt sich, dass einige Materialien mit sehr geringem Einkaufswert teilweise hohen Aufwand bei der Bestellung verursachen. Das Dilemma: Eine sehr gründliche Planung verursacht einerseits hohe Planungskosten, andererseits sind dafür die Ergebnisse ziemlich exakt. Eine oberflächliche Planung ist kostengünstig, dafür aber auch ungenau. Es kann also sein, dass zu viele, zu wenige oder falsche Teile bestellt werden.

Bettina hat in der Berufsschule von der ABC-Analyse gehört. Mit ihrer Hilfe soll eine Einteilung aller Materialien (egal ob Rohstoffe oder Büromaterial) in die drei Gruppen A, B oder C erfolgen. Dadurch werden folgende Fragen geklärt:

- Für welche Materialien ist eine exakte Planung der Bestell- und Lagermengen notwendig?
- Für welche Materialien können die Mindestbestände gesenkt werden?
- Für welche Materialien bietet es sich an, langfristige Lieferverträge mit zuvor genau ausgewählten Lieferern abzuschließen?
- Für welche Materialien müssen die Lagerbestände ganz exakt kontrolliert werden?
- Für welche Materialien muss eine durchgehende Überwachung der Materialqualität erfolgen?

ARBEITSAUFTRÄGE ZUR SITUATION

A1 Versuchen Sie gemeinsam mit einem Partner, die am Ende der Situation aufgelisteten Fragen ohne ABC-Analyse zu beantworten. Nutzen Sie hierbei Ihre Erfahrungen aus den Ausbildungsbetrieben. Begründen Sie Ihre Stellungnahme jeweils kurz.

A2 Lesen Sie den Informationstext → **M1** zur ABC-Analyse. Vergleichen Sie die dort aufgeführten Handlungsempfehlungen mit Ihren Überlegungen aus A1. Haben Sie sich intuitiv für die „richtige" Vorgehensweise entschieden?

A3 Überlegen Sie für Ihren Ausbildungsbetrieb: Welche Beschaffungsmaterialien fallen dort unter A-, unter B- oder unter C-Materialien? Wird mit ihnen so verfahren wie im Informationstext beschrieben?

M1 Die ABC-Analyse

Die ABC-Analyse ist eine Methode zur Gruppenbildung bei Mengenproblemen. Sie teilt Beschaffungswaren nach ihrer Bedeutung in die drei Gruppen A, B und C ein.
A-Materialien gelten hierbei als besonders wichtig. B-Materialien gelten als weniger wichtig, C-Materialien gelten als eher nicht so wichtig.

- A-Materialien nehmen wertmäßig den größten (ca. 75 %) ein, mengenmäßig den kleinsten Anteil an allen Beschaffungsmaterialien ein.
- B-Materialien nehmen wertmäßig einen mittleren (ca. 20 %) Anteil ein, mengenmäßig ebenso.
- C-Materialien nehmen wertmäßig den kleinsten (ca. 5 %) und mengenmäßig den größten Anteil ein.

Die folgende Grafik zeigt die drei Materialgruppen mit kumulierten Werten an.

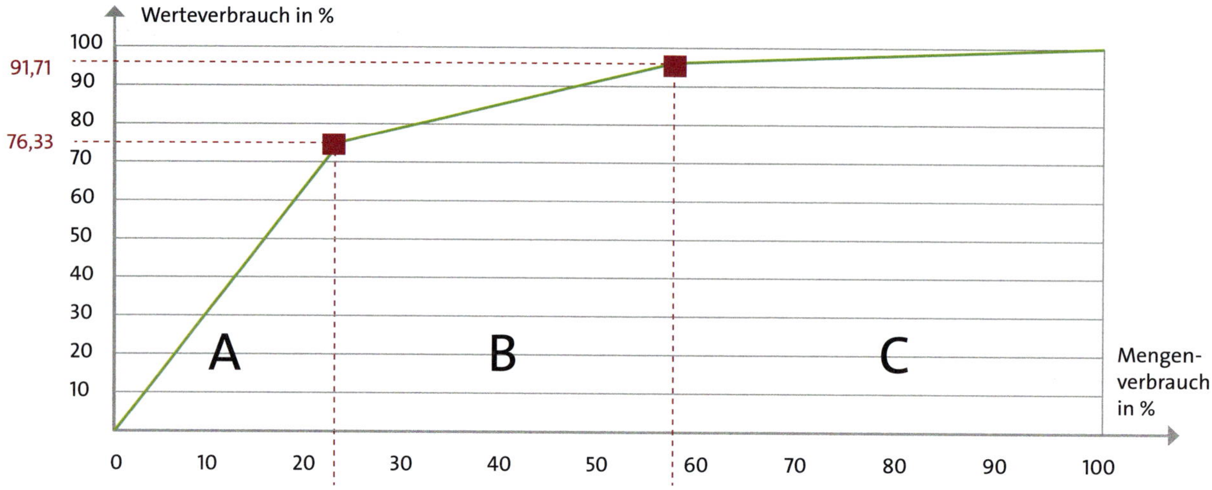

Je nach Einstufung in eine der drei Gruppen wird der mit der Beschaffungsplanung verbundene Arbeitsaufwand gestaltet.

Kategorie	Handlungsweise
A-Materialien	• intensive Beschaffungsmarktanalyse • gründliche Kostenanalyse • exakte Bedarfsermittlung • durchdachte Bestellvorbereitung • intensive Bestandsrechnung • genaue Bestandsüberwachung • strenge Handhabung der Sicherheits- und Meldebestände • geringe Bestellhäufigkeit
C-Materialien	• vereinfachte Bestellabwicklung • einfache Bestandsüberwachung • einfache Lagerbuchführung • verstärkte Automatisierung bei allen Vorgängen

Für alle **B-Materialien** muss entschieden werden, ob sie eher den A- oder eher den C-Materialien zuzuordnen sind. Diese Zuordnung kann je nach Unternehmen und Beschaffungs- und Produktionsabläufen variieren.

Situation 13 Tätigkeiten im Lager

Die Auszubildenden *Bettina Lorenz* und *Ralf Schuhmacher* erhalten von *Hans Peters* die folgende E-Mail.

Liebe Auszubildende!

In der nächsten Woche erwarten wir traditionsgemäß einige Schüler der 11. Jahrgangsstufe des Helmholtz Gymnasiums, die ein vierwöchiges Praktikum in unserem Betrieb beginnen. Unter anderem möchten sich unsere Praktikanten über unser modernes Lagersystem informieren. Die Führung durch das Lager werde ich persönlich übernehmen. Um den Praktikanten eine Orientierung über die Tätigkeiten im Lager zu verschaffen, bitte ich Sie, eine kurze Präsentation vorzubereiten.

Vielen Dank für die Mitarbeit bei der Betreuung der Praktikanten!

H. Peters

ARBEITSAUFTRAG ZUR SITUATION

A1 Bearbeiten Sie den Auftrag von *Herrn Peters* in Gruppen- oder Partnerarbeit. Informieren Sie sich vorher über die Tätigkeiten und Arbeitsabläufe im Lager. → M1

M1 Tätigkeiten und Abläufe im Lager

Eingangskontrolle
Bei der Eingangskontrolle handelt es sich um eine Schnittstelle zwischen den Unternehmensbereichen Beschaffung und Lager. Nachdem das Material als einwandfrei befunden und angenommen wurde, wird es eingelagert.

Einlagerung der Ware
Bei der Einlagerung sind verschiedene Eigenschaften des Materials zu berücksichtigen. Dazu gehören Art, Wert, Gewicht und Gängigkeit des einzulagernden Gutes. Ähnliche Materialgruppen werden in unmittelbarer Nähe eingelagert. Wertvolles Material muss so gelagert werden, dass es in Sichtweite bleibt, um das Diebstahlrisiko zu verringern. Unter Umständen muss es sogar verschlossen gelagert werden. Gleiches gilt übrigens per Gesetz auch für bestimmte Arzneimittel. Schwere Materialien werden in Bodennähe gelagert, leichtere Materialien höher. Material, das im Produktionsprozess oft benötigt wird, sollte im vorderen Lagerbereich platziert sein, seltener benötigtes weiter hinten.

Um die Materialausgabe zu erleichtern, können je nach Bedarf schon bei der Einlagerung verschiedene Systeme berücksichtigt werden:

- **Fifo** (First in – first out): Älteres Material steht vorn im Regal, sodass es auch zuerst ausgelagert werden kann. Diese Methode dient insbesondere dem Schutz vor Verderb des Materials.
- **Lifo** (Last in – first out): Neu eingelagertes Material wird zuerst entnommen. Dies ist möglich bei Gütern, deren Qualität sich durch Alterungsprozesse nicht verändert (z. B. Kohle).
- **Hifo** (Highest in – first out): Die Materialien mit den höchsten Anschaffungskosten werden buchhalterisch zuerst für die Produktion entnommen. Ziel dieser Methode ist es, den Endbestand mit den niedrigsten Wertansätzen zu versehen.

Pflege und Manipulation
Sowohl im Werkstofflager als auch im Fertigwarenlager sind, abhängig vom eingelagerten Lagergut, während der Lagerung verschiedene Arbeiten notwendig, um den Wert des Lagergutes zu erhalten oder noch zu steigern. Besondere Materialien haben besondere Anforderungen: So muss z. B. Holz regelmäßig gewässert werden oder bei Papier muss auf eine absolut trockene und dunkle Lagerung geachtet werden. Generell gilt, dass das Lager sauber zu halten ist und die Lagergüter regelmäßig zu reinigen sind. Manche Güter müssen darüber hinaus behandelt werden: Silber muss z. B. regelmäßig poliert und Pflanzen müssen gewässert werden. Im Fertigwarenlager, in dem die produzierten Waren lagern, werden die fertigen Erzeugnisse zudem sortiert, gemischt, evtl. zu Sortimenten zusammengefasst und für den Verkauf vorverpackt.

Kommissionierung
Kommissionierung bedeutet die Zusammenstellung von fertigen Erzeugnissen entsprechend eines Kundenauftrages. Die Bestellung des Kunden wird zusammengestellt und je nach Umfang auf einer Palette bereitgestellt oder als Paket verpackt. Dies kann entweder manuell oder automatisch vorgenommen werden. Bei der manuellen Kommissionierung lassen sich zwei verschiedene Kommissionierungssysteme unterscheiden, nämlich die serielle und die parallele Kommissionierung. Bei der **seriellen Kommissionierung** bearbeitet ein Lagerarbeiter einen Kundenauftrag alleine. Er folgt den einzelnen Posten auf dem Auftrag und durchläuft dabei möglicherweise das komplette Lager. Um unnötige Wege im Lager zu vermeiden, sollten die einzelnen Produkte auf dem Kundenauftrag entsprechend der Warenverteilung im Lager sortiert sein. Bei der **parallelen Kommissionierung** arbeiten mehrere Kommissionierer an demselben Auftrag, wobei jeder von ihnen die Auftragsposten eines anderen festgelegten Lagerbereiches zusammenpackt.

Auslagerung
Bevor ein Auftrag an den Kunden verschickt wird, durchläuft er die Ausgangskontrolle. Dabei ist zu überprüfen, ob die gepackten Erzeugnisse in Art und Menge mit dem Auftrag des Kunden übereinstimmen und den Qualitätsanforderungen genügen. Mit einer gut durchgeführten Ausgangskontrolle lässt sich die Reklamationshäufigkeit gering halten und die Kundenzufriedenheit lässt sich deutlich steigern. Zuletzt wird der Kundenauftrag sachgerecht für den Versand verpackt und zum Kunden geschickt.

Kernwissen zu Kapitel 2.2

VOLKSWIRTSCHAFTLICHE PRODUKTIONSFAKTOREN		
Arbeit	**Boden**	**Kapital**
• Wissen/Bildung	• Umwelt • Anbauboden • Abbauboden • Standortboden	• Sachkapital • materiell: Maschinen • immateriell: Patente • Finanzkapital: Geld, Wertpapiere

BETRIEBSWIRTSCHAFTLICHE PRODUKTIONSFAKTOREN			
Menschliche Arbeit	**Betriebsmittel**	**Werkstoffe**	**Dispositiver Faktor**
• geistige Arbeit • körperliche Arbeit	• Gebäude • Maschinen	• Roh-/Hilfs-/Betriebsstoffe • Vorprodukte	• Leitung • Planung • Organisation

ÖKONOMISCHES PRINZIP	
Minimalprinzip	**Maximalprinzip**
• Ziel: gegeben • Mittel: zu minimieren	• Ziel: zu maximieren • Mittel: gegeben

BESCHAFFUNGSPROZESS		
Planung	**Durchführung**	**Kontrolle**

OPTIMALE BESTELLMENGE

Kombination aus Anzahl von Bestellungen und jeweiliger Bestellmenge, bei der die Summe aus Bestellkosten und Lagerkosten minimal ist

ABC-ANALYSE

Einteilung aller Beschaffungsgüter in A-, B- und C-Güter, um Disposition und Lagerung optimieren zu können. Kriterien: Mengenanteil und Wertanteil

TÄTIGKEITEN IM LAGER				
Wareneingangskontrolle	Einlagerung	Warenpflege und Manipulation	Kommissionierung	Auslagerung

ÜBUNGEN ZU KAPITEL 2.2

Ü1 **Zur Herstellung von Fahrrädern können unterschiedlich qualifizierte und unterschiedlich leistungsfähige Maschinen eingesetzt werden.**
In welcher Zeile entspricht die Kombination von Arbeitsleistung und Maschinenleistung dem Minimalkostenprinzip?

	Arbeitszeit in Stunden	Arbeitskosten je Stunde	Maschinenkosten		Gesamtkosten
			Laufzeit in Stunden	Euro je Stunde	
1	1	16,50	1,5	18,50	
2	1,5	15,50	1	30,00	
3	2	12,00	1	21,50	
4	2	11,00	2	12,00	
5	2,5	9,50	3	16,00	
6					

Ü2 **Ein Hersteller von Smartphones kauft Halbleiterelektronik-Module aus Silizium. In einer Bedarfsermittlung ist festgestellt worden, dass der jährliche Verbrauch 200 000 Module beträgt. Der Einstandspreis pro Modul beträgt 14,80 Euro. Bestellfixe Kosten fallen in Höhe von 700 Euro an. Die Lagerkosten betragen 20 % des durchschnittlichen Lagerbestandes.**

a) Ermitteln Sie die optimale Anzahl an Bestellungen tabellarisch (für 1, 15, 20, 22, 25 Bestellungen).

b) Wie hoch ist hiermit die optimale Bestellmenge?

Ü3 **Die optimale Bestellmenge ist nicht nur von Bestell- und Lagerkosten abhängig. Diskutieren Sie in der Klasse, welche weiteren Kriterien bei der Durchführung von Beschaffungen zu beachten sind.** ▼

Ü4 Ordnen Sie die beschriebenen Tätigkeiten a) bis f) den folgenden Phasen des Beschaffungsvorgangs bei den *Fly Bike Werken* zu:

1. Feststellung des Bedarfs und Meldung an die Einkaufsabteilung
2. Erstellung eines Bestellvorgangs
3. Auslösen der Bestellung
4. Annahme der Bestellung durch den Lieferanten
5. Terminüberwachung
6. Kontrolle des Wareneingangs
7. Erfassung des Wareneingangs
8. Kontrolle der Eingangsrechnung
9. Erfassung der Eingangsrechnung

a) *Frau Nemitz-Müller* überprüft mittels Liste Bestellrückstände. ☐

b) *Frau Nemitz-Müller* entdeckt Fehler in der Eingangsrechnung. ☐

c) Die Lieferung wird per E-Mail bestätigt. ☐

d) Die Bestellmenge wird berechnet. ☐

e) Die Unversehrtheit der Ware wird geprüft. ☐

f) *Frau Nemitz-Müller* aktualisiert die „Liste offener Bestellungen". ☐

Ü5 Die *Fly Bike Werke GmbH* bereitet einen Unternehmenszusammenschluss mit der Wheel AG vor. Hierzu ist der Einsatz verschiedener Produktionsfaktoren notwendig. Welche der folgenden Tätigkeiten zählen nicht zum dispositiven Faktor? ☐ ☐

1. Die Geschäftsleitung benennt ein abteilungsübergreifendes Projektteam, das alle Maßnahmen für den Zusammenschluss vorbereiten und koordinieren soll.
2. Die Projektgruppe listet für alle Unternehmensbereiche die notwendigen Maßnahmen mit einem konkreten Zeitplan auf.
3. Mitarbeiter der Arbeitsgruppe erstellen notwendige Arbeits-, Informations- und Schulungsunterlagen.
4. Die Projektmanager des Projektteams kontrolliert die inhaltliche und zeitliche Einhaltung der beschlossenen Maßnahmen.
5. Mitarbeiter kümmern sich um die Verteilung der anfallenden Arbeits- und Informationsunterlagen.

2.3 Eigenfertigung oder Fremdbezug (Make-or-buy)

Situation 14 Quantitative Entscheidung zu Eigenfertigung oder Fremdbezug

Der Leiter des Einkaufs in der *Fly Bike Werke GmbH, Oliver Thüne*, zeigt der Auszubildenden *Bettina Lorenz* die folgenden Schriftstücke und bittet sie, die Aufgabe für ihn zu übernehmen.

Lieber Herr Thüne,

vor Kurzem ging das beigefügte Schreiben der DAX AG ein. Da unser anderer Lieferant, die Tamino Inc., die Vorder- und Hinterräder noch teurer anbietet, bitte ich zu überprüfen, ob es nicht günstiger ist, sie zukünftig selber herzustellen. Ich habe bereits Angebote für die benötigten Komponenten einholen lassen (ebenfalls anbei). Bitte machen Sie einen begründeten Entscheidungsvorschlag. Neben den Materialkosten, die aus dem Angebot hervorgehen, ist mit Fertigungskosten in Höhe von 2,30 Euro pro Rad zu rechnen. Außerdem sind fixe Kosten in Höhe von 50 000 Euro zu berücksichtigen.

Hans Peters

DAX AG
DÜSSELDORF

DAX AG • Rudolf-Diesel-Str. 25 • 47424 Düsseldorf

Fly Bike Werke GmbH
Rostocker Str. 334
26121 Oldenburg

Ihr Zeichen, Ihre Nachricht vom	Unser Zeichen, Unsere Nachricht vom	Telefon, Name	Datum
	sas	0211 - 8017326 Herr Sachse	13.05.2015

Preisänderung

Sehr geehrter Herr Thüne,
bedauerlicherweise müssen wir Ihnen mitteilen, dass wir die Preise für unsere Vorder- und Hinterräder aufgrund der gestiegenen Lohnkosten auf je 22,95 Euro erhöhen müssen. Wir hoffen weiterhin auf gute Zusammenarbeit und sagen Ihnen schon jetzt höchste Qualitätsstandards zu.

DAX AG
i. A.

P. Sachse

P. Sachse

Preise der benötigten Komponenten			
Anzahl	**Komponente**	**Einzelpreis**	**Gesamtpreis**
1	Felge	4,70 €	
1	Nabe	1,95 €	
36	Speiche	0,11 €	
1	Schlauch	0,95 €	
1	Mantel	3,35 €	
1	Fertigungskosten		
Summe der variablen Kosten pro Rad			

ARBEITSAUFTRÄGE ZUR SITUATION

A1 Unterstützen Sie *Bettina Lorenz* bei der Entscheidung, indem Sie einen Kostenvergleich für die Entscheidung zwischen Eigenfertigung und Fremdbezug durchführen. Nutzen Sie dazu die Preisinformationen zu den benötigten Komponenten, um die variablen Kosten pro Rad zu berechnen.

A2 Führen Sie den Kostenvergleich zur Berechnung der kritischen Menge in → **M1** durch. Dort finden Sie auch genaue Informationen zu den Kostenarten.

A3 Stellen Sie die beiden Kostenverläufe grafisch in → **M2** dar. Vergleichen Sie das Ergebnis der rechnerischen Lösung mit Ihrer Grafik und formulieren Sie eine Handlungsempfehlung für *Herrn Thüne*.

A4 Ergänzen Sie den abschließenden Lückentext → **M3** zum Thema „Make-or-buy".

M1 Rechnerische Ermittlung der kritischen Menge

Um eine rechnerisch begründete Aussage zur Frage „Eigenfertigung oder Fremdbezug?" treffen zu können, muss ein Kostenvergleich zwischen beiden Alternativen durchgeführt werden.
Dabei stehen auf der einen Seite die Anschaffungskosten pro Stück beim Fremdbezug.
Auf der anderen Seite stehen alle Kosten, die durch die Eigenfertigung entstehen. Darunter fallen zum einen die Fixkosten, also die Kosten, die auf jeden Fall entstehen, unabhängig von der herzustellenden Menge (z. B. Anschaffungskosten für eine Maschine, zum anderen die variablen Kosten, also die Kosten, die abhängig von der Produktionsmenge sind (z. B. Fertigungsmaterial). Die kritische Menge ist der Wert x, der entsteht, wenn die beiden Kosten gleichgesetzt werden:

Kosten des Fremdbezuges	=	Kosten der Eigenfertigung
$K_{var} \cdot x$		$K_{fix} + K_{var} \cdot x$

M2 Grafische Darstellung der kritischen Menge

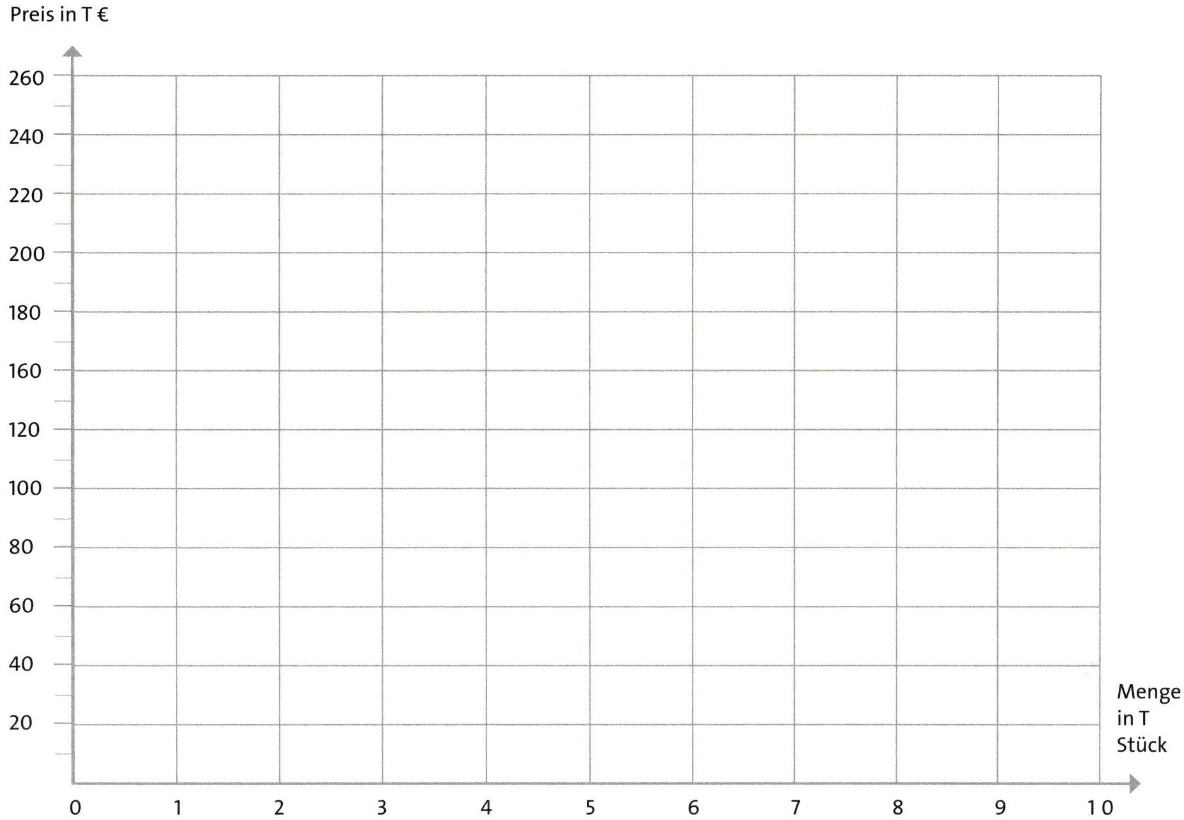

M3 Zusammenfassende Erklärung zu Make-or-buy (Lückentext)

Lösungen: wachsender, gleichen, günstiger, höher, kritische, Fremdbezug, Eigenfertigung

Bei der Entscheidung zwischen .... und Fremdbezug sind in erster Linie die Kosten zu berücksichtigen. Aus kostenrechnerischer Sicht lässt sich sagen, dass die Eigenfertigung umso .... ist, je größer die benötigte Menge des Materials ist, da die fertigungsbezogenen Fixkosten ihre Bedeutung mit .... Menge verlieren. Entsprechend ist es wichtig, die .... Menge zu bestimmen, bei der Eigenfertigung und Fremdbezug die .... Kosten verursachen.

In der Grafik (**M2**) können Sie erkennen, dass bei einer Stückzahl, die kleiner als die kritische Menge ist, die Kosten der Eigenfertigung .... sind als die Kosten des Fremdbezugs. Bei einer Stückzahl oberhalb der kritischen Menge ist der .... teurer.

Situation 15 Qualitative Entscheidung zu Eigenfertigung oder Fremdbezug

Bettina Lorenz hat nun rechnerisch und grafisch ermittelt, ab welcher Menge sich die Eigenfertigung der Vorder- und Hinterräder für die *Fly Bike Werke* lohnt. Sie teilt *Herrn Thüne* ihre Ergebnisse mit und fragt, ob die Entscheidung damit gefällt ist. *Herr Thüne* weist sie darauf hin, dass es weitere Kriterien gibt, die zur Entscheidung genutzt werden können, und listet sie auf dem nebenstehenden Zettel auf. Um die Entscheidung möglichst objektiv zu fällen, bittet er *Bettina Lorenz*, mit den vorgegebenen Kriterien eine Nutzwertanalyse durchzufuhren.

Qualitative Kriterien zur Make-or-buy-Entscheidung:
- Preis
- Qualität der Ware
- Einflussnahme auf die Produktionsgestaltung
- Termintreue
- Verantwortung gegenüber den Mitarbeitern

ARBEITSAUFTRÄGE ZUR SITUATION

A1 Lesen Sie den Text → **M1** zum Ablauf der Nutzwertanalyse.

A2 Führen Sie die Nutzwertanalyse in der Vorlage → **M2** durch und entscheiden Sie sich für eine der beiden Alternativen.

A3 Vergleichen Sie Ihr Ergebnis mit dem Ihres Nachbarn. Wo liegen die Unterschiede und wie kommen sie zustande?

A4 Begründen Sie, ob die Nutzwertanalyse eine objektives Instrument zur Entscheidungsfindung ist.

M1 Ablauf der Nutzwertanalyse

1. Zuerst werden die Kriterien für die Nutzwertanalyse festgelegt.
2. Danach werden die Kriterien gewichtet. Entscheidend hierbei ist die Bedeutung, die Sie dem einzelnen Kriterium zuordnen. Die Summe aller Gewichtungsfaktoren muss 100 ergeben.
3. Jetzt ordnen Sie für die Eigenfertigung und den Fremdbezug jedem Kriterium Punkte zu. Ausgangspunkt hierbei ist die Normalpunktzahl 5. Sie ist immer dann zu vergeben, wenn keine Informationen vorliegen bzw. sich im Rahmen der Geschäftsbeziehungen keine Besonderheiten ergeben. Bei positiven Beobachtungen erfolgt eine Aufwertung bis zur maximalen Punktzahl 9, bei negativen Beobachtungen eine Abwertung bis zur minimalen Punktzahl 1.
4. Die Punkte werden nun mit dem zuvor festgelegten Gewichtungsfaktor multipliziert.
5. Die daraus entstandenen Werte für jede Alternative werden addiert.
6. Die Entscheidungsalternative mit dem höchsten Endwert wird ausgewählt.

M2 Nutzwertanalyse zur qualitativen Entscheidung zwischen Eigenfertigung und Fremdbezug

Kriterien	Gewichtungsfaktor	Eigenfertigung		Fremdbezug	
		Punkte	Punkte · Faktor	Punkte	Punkte · Faktor
Preis					
Qualität der Ware					
Einflussnahme auf die Produktgestaltung					
Termintreue					
Verantwortung gegenüber den Mitarbeitern					
Gesamtwert	100				

Kernwissen zu Kapitel 2.3

EIGENFERTIGUNG ODER FREMDBEZUG			
Eigenfertigung (make)		**Zukauf (buy)**	
oder (or)			
Vorteile • Unabhängigkeit von Zulieferern • Ausnutzen eigener Kapazitäten • Eigene Vorstellungen können besser berücksichtigt werden. • Quälitätssicherung • usw.	Nachteile • evtl. Investitionen sowie Kosten für Wartung und Instandhaltung • Abschreibungen • kalkulatorische Zinsen • Liquidität	Vorteile • evtl. geringere Kosten (siehe Nachteile „Eigenfertigung“) • Teilnahme am/Nutzung des Know-how des Lieferanten • Flexibilität bei großer Stückzahl	Nachteile Abhängigkeit aufgrund von • Lieferzeitschwankungen • Qualitätsschwankungen • Preisschwankungen • langfristigen Lieferverträgen

ÜBUNGEN ZU KAPITEL 2.3

Ü1 **Ein Produzent von Schreibgeräten steht nach einer Preiserhöhung des bisherigen Lieferanten vor der Frage, ob die Federn der Füllhalter zukünftig nicht selbst hergestellt werden sollten. Der Bezugspreis der Federn beträgt zukünftig 5 Euro pro Stück. An Fertigungskosten sind 1,70 Euro zu berücksichtigen, an Materialkosten 1,40 Euro. An Fixkosten fallen 25 000 Euro an.**

a) Berechnen Sie, ob sich eine Umstellung auf Eigenfertigung lohnt, wenn jährlich 10 000 Stück produziert werden.

b) Ermitteln Sie rechnerisch und grafisch, ab welcher Produktionsmenge sich eine Umstellung auf Eigenfertigung lohnt.

Ü2 **Die *Fly Bike Werke* stehen vor einer Make-or-buy-Entscheidung. Welcher Gesichtspunkt spricht für die Eigenfertigung? Kreuzen Sie an.**

a) die Abnahme des Fixkostenanteils je Stück mit steigender Ausbringungsmenge ☐

b) komplette Kapazitätsauslastung bei den *Fly Bike Werken* ☐

c) Zinserhöhungen auf Fremdkapital ☐

d) spezifische Fachkenntnisse zur Herstellung erforderlich ☐

Ü3 **Welche Gesichtspunkte in Ü2 sprechen für Fremdbezug? Begründen Sie.**

2.4 Angebote einholen, bewerten und vergleichen

Situation 16 Das ist ein Angebot!

Ein Lieferant der *Fly Bike Werke*, die DAX AG, hat ihre Preise für Kettenschaltungen auf 40 Euro pro Stück erhöht. Die neuen Preise entsprechen bei Weitem nicht mehr den geplanten Einstandspreisen. *Frau Nemitz-Müller,* die Disponentin der *Fly Bike Werke,* möchte deshalb Angebote von anderen Lieferanten einholen.

Herr Schneider, Mitarbeiter im Lager, hat davon erfahren und teilt *Frau Nemitz-Müller* mit: „Ich kenne ein Unternehmen, das Kettenschaltungen herstellt, mit dem wir aber noch nie gearbeitet haben. Mein Schwager sitzt dort im Verkauf und sagt, dass er uns die Schaltungen für 35 Euro pro Stück liefern kann. Klingt doch super. Sollen wir da nicht bestellen?" *Frau Nemitz-Müller* lehnt ab mit der Begründung, dass das so einfach ja nun wirklich nicht gehe. Sie fragt dann noch, ob das ein Scherz sei. Außerdem sei das kein vollständiges Angebot.

ARBEITSAUFTRÄGE ZUR SITUATION

A1 In → **M1** finden Sie die Mindestbestandteile, die ein Angebot enthalten muss, um dem möglichen Käufer die Informationen zu geben, die er zum Abschluss eines Kaufvertrages benötigt. Überlegen Sie gemeinsam mit einem Partner, welche Informationen dies sein müssten.

A2 Wenn Sie die Möglichkeit haben, recherchieren Sie online, um alle in → **M1** aufgelisteten Bestandteile zu erklären. Falls dies nicht möglich sein sollte, klären Sie wiederum mit einem Partner so viele Begriffe wie möglich. Vervollständigen Sie Ihre Ergebnisse danach mit der Klasse.

A3 *Frau Nemitz-Müller* zweifelt die Ernsthaftigkeit und die Gültigkeit des Angebotes an. In → **M2** sind die Begriffe Angebot und Anfrage erklärt. Prüfen Sie anhand dieser Erklärungen, ob die Angaben von *Herrn Schneider* einem rechtsverbindlichen Angebot entsprechen.

M1 Inhalte des Angebots

Ein Angebot sollte so formuliert sein, dass der Empfänger keine weiteren Fragen stellen muss. Alle für die Entscheidung notwendigen Angaben müssen enthalten und klar formuliert sein. Die wesentlichen Bestandteile eines Angebotes sind:

- Art der Ware
- Beschaffenheit und Güte
- Menge
- Preis pro Einheit
- Lieferungsbedingungen
- Zahlungsbedingungen
- Leistungsort
- Gerichtsstand

M2 Begriffe Anfrage und Angebot

Eine schriftliche, (fern)mündliche oder elektronische **Anfrage** fordert einen möglichen Lieferanten auf, ein Angebot abzugeben. Anfragen sind immer **unverbindlich**, eine rechtliche Bindung an eine Anfrage kann nicht bestehen. Nur aufgrund einer Anfrage kann kein Vertrag zustande kommen.

Bestandteile von Anfragen sind eine exakte Warenbezeichnung bzw. -beschreibung, ggf. zu erfüllende Normen oder andere technische Spezifikationen, die vermutlich zu erwartende Bezugsmenge, der gewünschte Liefertermin und der Lieferort. Natürlich können weitere Bestandteile in der Anfrage enthalten sein, wenn sie dem möglichen Lieferanten helfen, ein genaues Angebot zu erstellen.

Ein **Angebot** ist, solange es nicht explizit durch die sogenannten „Freizeichnungsklauseln" (z. B. freibleibend, ohne Obligo, solange der Vorrat reicht) ausgeschlossen wird, verbindlich innerhalb der gesetzlichen Fristen (§ 147 BGB).

§ 147 Annahmefrist

(1) Der einem Anwesenden gemachte Antrag kann nur sofort angenommen werden. Dies gilt auch von einem mittels Fernsprechers oder einer sonstigen technischen Einrichtung von Person zu Person gemachten Antrag.

(2) Der einem Abwesenden gemachte Antrag kann nur bis zu dem Zeitpunkt angenommen werden, in welchem der Antragende den Eingang der Antwort unter regelmäßigen Umständen erwarten darf.

Situation 17 Quantitativer Angebotsvergleich

Frau Nemitz-Müller hat in den letzten Tagen die folgenden Angebote von Herstellern von Kettenschaltungen erhalten. Sie möchte nun herausfinden, welches Angebot unter quantitativen Gesichtspunkten das beste ist. Sie bittet die Auszubildende *Bettina Lorenz*, sie dabei zu unterstützen.

Angebot 1:

Die Tamino Inc., Japan, bietet Kettenschaltungen zum Listenpreis von 30,00 Euro an. Bei einer Bestellung bis 1 000 Schaltungen bietet dieser Hersteller 10 % Mengenrabatt. Bei einer Bestellung über 1 000 Schaltungen erhöht sich der Rabatt auf 12 %. Geliefert wird frei Hafen Hamburg. Der deutsche Zoll erhebt einen Einfuhrzoll in Höhe von 5 % auf den Rechnungsbetrag. Die Transportkosten einer Spedition vom Freihafen zur Fabrik betragen 3 000,00 Euro. Der Anbieter gewährt Skonto in Höhe von 2 % auf den Rechnungsbetrag, wenn die Zahlung innerhalb von 8 Tagen erfolgt.

Angebot 2:

Der deutsche Hersteller Fox KG bietet Kettenschaltungen zum Listenpreis von 38,00 Euro an. Fahrradhersteller erhalten grundsätzlich 20 % Herstellerrabatt und 3 % Skonto bei Zahlung innerhalb von 10 Tagen nach Rechnungseingang. Verpackungskosten betragen 5,00 Euro je 100 Kettenschaltungen. Bei Lieferung frei Empfängerbahnhof entstehen Transportkosten (Rollgeld Abfuhr) in Höhe von 250 Euro.

Angebot 3:

Der italienische Produzent Tutto Bici S.A. bietet Kettenschaltungen zum Preis von 31,00 Euro an. Bei der gegebenen Absatzmenge gewährt er 5 % Mengenrabatt und 2 % Skonto bei Zahlung innerhalb von 8 Tagen. Die Schaltungen befinden sich in einem Auslieferungslager in Deutschland. Für die Anlieferung an den Produktionsort des Herstellers berechnet er eine Frachtpauschale in Höhe von 2 % auf den Zieleinkaufspreis.

ARBEITSAUFTRAG ZUR SITUATION

A1 Ermitteln Sie den preisgünstigsten Anbieter für 1100 Kettenschaltungen. Nutzen Sie dazu → **M1**.

M1 Tabelle zum quantitativen Angebotsvergleich

	A		B	C	D	E	F	G
1	Artikel							
2	Menge							
3	Lieferant							
4			%	Betrag	%	Betrag	%	Betrag
5	Listen-einkaufs-preis	Einzelpreis						
6		Gesamtpreis						
7	– Lieferantenrabatt							
8	= Zieleinkaufspreis (= Warennettowert)							
9	– Lieferantenkonto							
10	= Bareinkaufspreis							
11	+ Bezugskosten							
12	= Bezugspreis/ Einstandspreis							
13	+ sonstige Kosten (z. B. Spedition, Zoll, Verpackung, Transport)							
14	= Summe							
15	günstigster Lieferant							
16	Datum							
17	Sachbearbeiter							

M2 Begriffe zum Angebotsvergleich

Ein **Rabatt** ist ein Nachlass vom Listenpreis oder ein Sonderpreis aus einem bestimmten Grund (z. B. Mengenrabatt, Kundenrabatt, Sonderpreis wegen eines Ausverkaufs). Ein hoher Rabatt ist ein Kaufanreiz.

Der **Skonto** ist ein Preisnachlass auf den Rechnungsbetrag bei Zahlung innerhalb einer bestimmten Frist. Zahlt man später und nimmt das Skonto nicht in Anspruch, ist dies mit einem teuren Lieferantenkredit gleichzusetzen.

Bezugskosten sind Kosten, die beim Bezug von Waren anfallen. Verschiedene standardisierte Textbestandteile – die sogenannten Incoterms – regeln die Kosten- und Risikoübernahme zwischen Käufer und Verkäufer.

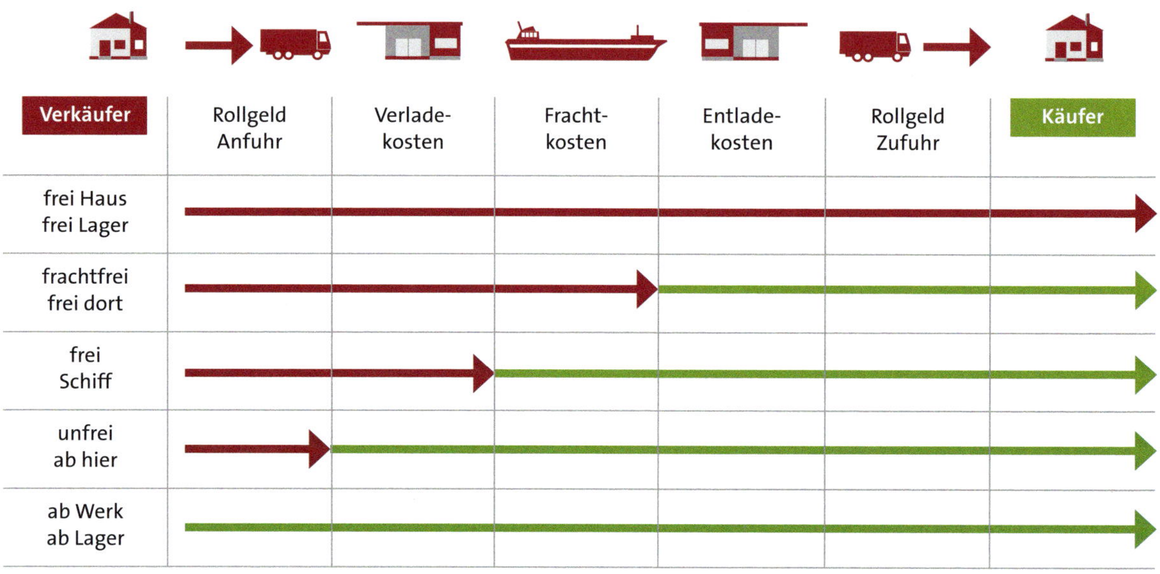

Situation 18 Qualitativer Angebotsvergleich

Auf der Suche nach einem neuen Lieferanten für Kettenschaltungen führt *Frau Nemitz-Müller* nach dem quantitativen Angebotsvergleich für die drei Lieferanten Tamino Inc., Fox KG und Tutto Bici S.A. nun auch einen qualitativen Angebotsvergleich durch. Dazu hat sie zunächst die relevanten Informationen aus der Lieferantendatei ausgedruckt:

Lieferant	Besondere Vorkommnisse
Tamino Inc.	Es lagen insgesamt vier Bestellungen vor. Bei der Bestellung vom 29.01.2015 konnte der Termin trotz vorliegender Auftragsbestätigung und mehrfacher Mahnung nicht eingehalten werden. Es musste ein Deckungskauf bei einem anderen Lieferanten vorgenommen werden, um unseren eigenen Lieferverpflichtungen nachkommen zu können. Im Gegenzug gewährte uns der Lieferant bei der folgenden Bestellung einen Sonderrabatt. Bei den anderen Bestellungen gab es keine besonderen Vorkommnisse.

In der letzten Ausgabe der Fachzeitschrift „Bike & More“ fand *Frau Nemitz-Müller* zudem den folgenden Artikel:

Qualitätszertifizierung bei Fox

IEGBURG - Die Fox KG, mittelständischer Zulieferer der Zweiradindustrie, ist seit Längerem um Qualitätssicherung bemüht – und das mit Erfolg: Die Qualitätssicherungsmaßnahmen des Unternehmens wurden jetzt durch das Zertifikat eines unabhängigen Prüfers nach DIN ISO 9000 ff. belohnt.

„Auch unsere Kunden werden zunehmend zu qualitätsbewussten Einkäufern und verlangen die Einhaltung höchster Qualitätsanforderungen – und das zu Recht. Sie wollen nach Möglichkeit schon im Vorfeld sichergehen, dass sie qualitativ hochwertige Produkte fertigen können“, so der Geschäftsführer der Fox KG, Hartmut Lindenbaum.

„Um uns als Zulieferer auch längerfristig behaupten zu können, war die Zertifizierung nach der ISO-9000-Norm nur die logische Konsequenz. Qualitätssicherung kostet zwar viel Geld, ist in Zeiten eines verschärften Wettbewerbes aber absolut notwendig.“

Damit demonstriert die Fox KG einmal mehr ihre Bemühungen, als ernst zu nehmender Mitbewerber wahrgenommen zu werden. Vor allem im Segment Kettenschaltungen, die höchste Qualitätsansprüche erfüllen müssen, will die Fox KG auch in diesem Jahr ihre Marktanteile ausbauen. Das Qualitätszertifikat dürfte hierfür ein Schritt in die richtige Richtung sein.

ARBEITSAUFTRÄGE ZUR SITUATION

A1 Füllen Sie unter Berücksichtigung der vorliegenden Informationen die Tabelle zum qualitativen Angebotsvergleich für die drei Lieferanten Tamino Inc., Fox KG und Tutto Bici S.A. aus → **M1**. Nutzen Sie dazu auch die Ergebnisse des quantitativen Angebotsvergleichs. Beachten Sie ggf. auch die Hinweise zum Ablauf einer Nutzwertanalyse auf S. 80.

M1 Tabelle zum qualitativen Angebotsvergleich

Kriterien	Gewichtungsfaktor	Leistung des Lieferanten		Leistung des Lieferanten		Leistung des Lieferanten	
		Punkte	Punkte · Faktor	Punkte	Punkte · Faktor	Punkte	Punkte · Faktor
Preis							
Qualität der Ware							
Lieferfrist							
Termintreue							
Verhalten bei Reklamation							
Gesamtwert							

Kernwissen zu Kapitel 2.4

INHALTE DES ANGEBOTS		
Die gesetzlichen Regelungen gelten dann, wenn im Angebot bzw. im Kaufvertrag keine davon abweichende Vereinbarung getroffen wurde.		
BESTIMMUNGEN IN KAUFVERTRÄGEN		
Vertragsinhalte	**Gesetzliche Regelungen**	**Vertragliche Regelungen**
Art, Güte und Beschaffenheit des Kaufgegenstandes	§ 243 BGB und § 360 HGB: Es ist eine der Gattung nach bestimmte Ware mittlerer Art und Güte zu liefern.	Benennung durch Artikelnummer und handelsübliche Bezeichnung, Festlegung durch Muster, Proben, Normen, Typen, Waren- und Gütezeichen, Abbildungen usw.
Mengenangabe	Handelsbräuche oder das Reingewicht nach § 380 HGB	Angabe in gesetzlichen Maßeinheiten und handelsüblichen Bezeichnungen
Preisangabe	Preis bezogen auf das Nettogewicht	im Normalfall Angabe des Preises pro Einheit einschließlich der Verkaufsverpackung
Preisnachlässe	keine	z. B. Rabatte, Skonti, Boni, Gewichtsabzüge
Kosten der Versandverpackung	§ 448 BGB: Der Käufer trägt die Kosten der Versandverpackung, der Verkäufer die Kosten der Verkaufsverpackung. § 380 HGB: Das Nettogewicht ist in Rechnung zu stellen.	Mögliche Vereinbarungen können sein: „Verpackung frei", „Verpackung leihweise", „brutto für netto" usw.
Kosten des Transports	§ 448 BGB: Der Verkäufer trägt die Kosten der Übergabe, der Käufer die Kosten der Versendung und der Abnahme.	Mögliche Vereinbarungen können sein: „ab Werk", „unfrei", „frachtfrei", „frei Haus", „Frachtbasis", „Frachtparität".
Lieferzeit	§ 271 BGB: Der Käufer kann sofortige Lieferung verlangen, der Verkäufer kann sofort liefern.	Es können Sofortlieferung, Lieferung innerhalb einer bestimmten Frist, Lieferung zu einem fixen Termin oder Lieferung auf Abruf ausgehandelt werden.
Zahlungszeit	§ 271 BGB: Der Verkäufer kann sofortige Zahlung verlangen.	Es können Vorauszahlungen, Anzahlungen, Zahlung Zug um Zug, Zahlung nach Kauf oder Ratenkauf vereinbart werden.
Eigentumsvorbehalt	§ 449 BGB: Der Verkäufer bleibt bei ausdrücklicher Vereinbarung bis zur vollständigen Begleichung des Kaufpreises Eigentümer der Ware.	einfacher Eigentumsvorbehalt verlängerter Eigentumsvorbehalt erweiterter Eigentumsvorbehalt nachgeschalteter Eigentumsvorbehalt
Erfüllungsort	§ 269 BGB: Der Erfüllungsort für Warenschulden ist der Wohn- oder Geschäftssitz des Verkäufers, für Geldschulden der des Käufers.	Für die Lieferung und Zahlung kann der Sitz des Verkäufers, des Käufers oder ein anderer Ort vereinbart werden.
Gerichtsstand	Der Gerichtsstand ist der Wohnsitz des jeweils Beklagten.	Abweichungen von den gesetzlichen Regelungen sind nur bei Kaufleuten möglich, die einen Gerichtsstand vereinbaren können.

ANGEBOTSVERGLEICH	
Quantitativer Angebotsvergleich	**Qualitativer Angebotsvergleich**
• Ziel: Ermittlung des preisgünstigsten Angebots • Kriterien: Bezugspreis/Einstandspreis • Vorgehen: Bezugskalkulation	• Ziel: Entscheidung für ein Angebot aufgrund zusätzlicher Kriterien – das günstigste Angebot muss nicht das beste sein! • Kriterien: z. B. Qualität, Umweltverträglichkeit, Serviceleistungen • Vorgehen: Nutzwertanalyse

ÜBUNGEN ZU KAPITEL 2.4

Ü1 **Ordnen Sie die Begriffe des Kalkulationsschemas den folgenden Beschreibungen zu.**

	Preisnachlass für den Rechnungsausgleich innerhalb einer vorgegebenen Frist
	Kosten des Materials (der Ware) bis zum Eingang im Betrieb
	Preis des Lieferers laut Katalog
	Preis, der bei Ausnutzung der Zahlungsfrist für das Material (die Ware) an den Lieferer gezahlt werden muss, wenn kein Einkaufsmittler beauftragt wurde
	Kosten der Lieferung, die der Käufer zu tragen hat (z. B. Verpackungskosten, Transportkosten, Zölle, Versicherungen usw.). Dabei ist es ohne Bedeutung, wer diese Kosten in Rechnung stellt.
	Preis, der bei Zahlung innerhalb der Skontofrist für das Material (die Ware) an den Lieferer gezahlt werden muss, wenn kein Einkaufsmittler beauftragt wurde
	Preisnachlass aus besonderem Anlass oder im Rahmen üblicher Vertragsvereinbarungen

1 = Listeneinkaufspreis, 2 = Lieferantenrabatt, 3 = Zieleinkaufspreis, 4 = Liefererskonto, 5 = Bareinkaufspreis, 6 = Bezugskosten, 7 = Einstandspreis/Bezugspreis

Ü2 **Da in der *Fly Bike Werke GmbH* die Materialkosten ca. 50 % der Gesamtkosten ausmachen, will man sich im Einkauf stärker auf die Beschaffungsmarktforschung konzentrieren, um die Kosten der Materialbeschaffung zu senken.**

a) Es soll ein neuer Lieferant für Fahrradbeleuchtung gesucht werden. Auf welche Informationsquellen kann man bei der Suche zurückgreifen?

b) Erläutern Sie, welche Informationen benötigt werden, um für einen möglichen Lieferanten eine Bewertung durchführen zu können.

Ü3 **Sie sind im Einkauf der Firma Kneitlinger Werbeartikel und Geschenkartikel GmbH & Co. KG tätig. Ihnen liegen zwei Angebote für Geschenkpapier vor:**

Angebot 1:	Angebot 2:
4 Rollen Geschenkpapier Marienkäfer Länge: 100 m, Breite: 70 cm Einzelpreis: 55,50 € Lieferantenrabatt: 8 % Versandkosten: 12,30 € Lieferzeit: 8 Werktage	8 Rollen Geschenkpapier Marienkäfer Länge: 50 m, Breite: 70 cm Einzelpreis: 28,50 € Lieferantenrabatt: 10 % Versandkosten: 9,80 € Lieferzeit: 5 Werktage

a) Wählen Sie das für Sie günstigere Angebot. Begründen Sie Ihre Entscheidung.

b) Nennen Sie zusätzlich drei weitere Kriterien neben dem Preis und der Lieferzeit, die bei der Auswahl eines Lieferanten entscheidend sind.

Ü4 Herr Köhler, Einkäufer der Technologies GmbH, benötigt kurzfristig 120 elektronische Bauteile zum 03.01.2015. Ihm liegen folgende Angebote vor:

- Angebot 1: Electronics KG, Listeneinkaufspreis 12,20 Euro, 3 % Rabatt ab 100 Stück
- Angebot 2: Unix GmbH, Listeneinkaufspreis 12,00 Euro, 2 % Rabatt ab 150 Stück
- Angebot 3: Schneider & Co. KG, Listeneinkaufspreis 11,80 Euro, 2 % Rabatt
- Angebot 4: Kinsel OHG, Listeneinkaufspreis 11,50 Euro, 2 % Rabatt ab 200 Stück, Lieferung frühestens am 07.03.

Zusatzinformationen
Die Zahlungsbedingungen der einzelnen Lieferanten lauten:

Electronics KG	2 % 10 Tage	30 Tage netto
UNIX GmbH	2 % 20 Tage	30 Tage netto
Schneider & Co. KG	1 % 7 Tage	30 Tage netto
Kinsel OHG	1 % 10 Tage	30 Tage netto

Bei allen Lieferanten entstehen Frachtkosten in Höhe von 30,00 €, die Schneider & Co. KG berechnet zusätzlich 45,00 € für die Verpackung. sagt die Lieferung für den 07.03.2015 verbindlich zu. Die anderen drei Anbieter behalten sich einen Spielraum beim Liefertermin von bis zu 10 Tagen vor. Mit der Electronics KG werden schon seit Jahren Geschäfte abgeschlossen. Bei der UNIX GmbH gab es schon dreimal Lieferungsverzüge und zweimal Beanstandungen bei der Qualität der gelieferten Ware. Mit der Schneider & Co. KG und der Kinsel OHG gab es bisher noch keine Geschäftsbeziehungen.

a) Für welches Angebot würden Sie sich unter rein preislichen Aspekten entscheiden?

b) Welche weiteren Aspekte müssen bei einer Entscheidung für oder gegen ein Angebot noch berücksichtigt werden?

2.5 Einen Kaufvertrag rechtsgültig abschließen

Situation 19 Wer kann Verträge abschließen?

Bettina unterhält sich in der Berufsschule mit ihrer Freundin Tüley und berichtet von ihrem derzeitigen Einsatz im Einkauf der *Fly Bike Werke*: „Wir möchten bei der Fox KG 500 Kettenschaltungen bestellen. Ich hatte um ein Angebot gebeten und habe dann eins vom Azubi Klaus Müller bekommen. Den kenne ich, der ist noch gar nicht volljährig. Kann doch nicht sein, dass der für das Unternehmen Verträge abschließt? Außerdem sind wir da schon ewig Kunden, zahlen unsere Rechnungen immer pünktlich – und er schreibt plötzlich was von wegen Eigentumsvorbehalt. Jetzt mal unabhängig von der großen Bestellmenge – das ist doch ein offener Zweifel an unserer Zahlungsmoral! Ist aber eigentlich auch egal, das ganze Angebot gilt sicher sowieso nicht, weil Klaus nicht volljährig ist. Oder was meinst du?"

ARBEITSAUFTRÄGE ZUR SITUATION

A1 Beurteilen Sie mithilfe der Informationen in → **M1** und → **M2**, ob *Bettina* hinsichtlich ihrer Bedenken wegen des Alters von Klaus Müller recht hat.

A2 In dem Angebot, von dem *Bettina* erzählt, geht es um 500 Kettenschaltungen. Informieren Sie sich mithilfe von → **M3** zum Thema Besitz und Eigentum. Überlegen Sie sich dann gemeinsam mit einem Partner, ob hier ein Eigentumsvorbehalt notwendig ist, ob *Bettina* sich zu Recht ärgert und wie man eine gute Lösung finden könnte.

M1 Rechtsfähigkeit

Rechtsfähigkeit ist die Fähigkeit einer Person, Träger von Rechten und Pflichten zu sein. Rechte können z. B. Eigentum oder Wahlrecht sein. Pflichten sind z. B. Steuer-, Wehr- und Schulpflicht.
Die Rechtssubjekte werden folgendermaßen eingeteilt:

Rechtssubjekte		
Natürliche Personen (alle Menschen)	**Juristische Personen** (gegründete Einrichtungen)	
	des öffentlichen Rechts	**des privaten Rechts**
	z. B. Bund, Länder, Gemeinden, ARD, ZDF	z. B. Aktiengesellschaften, eingetragene Vereine
Beginn und Ende der Rechtsfähigkeit (der Eigenschaft, Träger von Rechten und Pflichten zu sein)		
durch Geburt bzw. Tod	durch ein Gesetz oder einen Verwaltungsakt bzw. dessen Aufhebung	durch Eintragung in ein bzw. Austragung aus einem Register

Erläuterung zu öffentlichem und privatem Recht:

Öffentliches Recht	Privates Recht
• regelt die Rechtsbeziehungen zwischen dem Staat und seinen Bürgern • gilt für alle gleich • ist zwingendes Recht, der Einzelne muss sich unterordnen • Strafrecht, Steuerrecht, Verkehrsrecht u. a.	• regelt die Rechtsbeziehungen zwischen den Bürgern • gilt meist nur für einen kleineren Beteiligtenkreis • ist nachgiebiges Recht, gesetzliche Bestimmungen können vertraglich abgeändert werden • BGB, HGB, Arbeitsrecht, Urheberrecht u. a.

M2 Willenserklärungen und wer sie gültig abgibt (Geschäftsfähigkeit)

Eine Willenserklärung ist eine Aussage, die bewusst eine rechtliche Folge mit sich bringt. „Ich habe Durst" ist keine Willenserklärung. „Ich kaufe diese Flasche Cola" am Kiosk ist eine Willenserklärung, da sie zum Abschluss eines Kaufvertrages für das Getränk führt.
Natürlich macht es rechtlich einen Unterschied, ob eine Willenserklärung von einem vierjährigen Kind oder von einem Erwachsenen abgegeben wird:

Geschäftsfähigkeit ist die Fähigkeit, selbst rechtsgültige Willenserklärungen abzugeben und Verträge abzuschließen.			
Geschäftsunfähigkeit	**Beschränkte Geschäftsfähigkeit**	**Unbeschränkte Geschäftsfähigkeit**	
• natürliche Personen bis zum 7. Geburtstag • dauernd Geisteskranke	• natürliche Personen vom 7. bis zum 18. Geburtstag • Betreute mit Vormund	**natürliche Personen** ab dem 18. Geburtstag	**juristische Personen** ab Eintragung durch Vorstand o. Ä.
Willenserklärungen sind ungültig. Der gesetzliche Vertreter entscheidet und handelt.	Rechtsgeschäfte sind nur mit Zustimmung des gesetzlichen Vertreters gültig.	**Rechtsgeschäfte** können selbstständig und rechtsgültig abgeschlossen werden.	
	Zustimmung durch **Einwilligung** (vorher) oder **Genehmigung** (nachher)		
	Solange keine Zustimmung vorliegt, ist das Rechtsgeschäft **schwebend unwirksam.**		
Ausnahme: Botengänge, bei denen etwas für den gesetzlichen Vertreter erledigt wird	**Ausnahmen:** • **Taschengeldparagraph** • **nur rechtlicher Vorteil** • **erlaubtes Dienst- oder Arbeitsverhältnis** • **genehmigter Betrieb eines Erwerbsgeschäfts**	**Ausnahmen:** • **dauernd Geisteskranke** (siehe Geschäftsunfähigkeit) • **Betreute** (siehe beschränkte Geschäftsfähigkeit)	

M3 Rechtsobjekte: Besitz und Eigentum

Als **Eigentum** bezeichnet man die **rechtliche Verfügbarkeit** über eine Sache, also ein Rechtsobjekt. Man spricht von Eigentum, wenn einem eine Sache „gehört“, z. B. eine Eigentumswohnung, ein Auto oder ein Buch. Man kann über diese Sache frei entscheiden, sie nutzen oder anderen die Nutzung erlauben. Im Fall der Wohnung könnte man sie sogar vermieten.

Als **Besitz** bezeichnet man die **tatsächliche Herrschaft** über eine Sache. Das heißt, die Sache liegt vor und kann genutzt werden. Beispielsweise kann der Besitz eines Autos sich auf das eigene Auto beziehen, mit dem man fährt (hier sind Eigentümer und Besitzer die gleiche Person), oder auf ein gemietetes Auto (jetzt sind Eigentümer und Besitzer verschiedene Personen; der Vermieter ist der Eigentümer, der Mieter, der mit dem Auto fährt, ist der Besitzer).

Der **Besitz** kann durch eine einfache Übergabe wechseln. Eine **Eigentumsübertragung** kann je nach Rechtsobjekt folgende Formen annehmen:

Regelform:

Eigentumsübertragung durch Rechtsgeschäft

Einigung + Übergabe

Sonderform:

Eigentumsübertragung durch Grundbuch (nur bei Immobilien)

Einigung + Eintragung im Grundbuch

Sonderform:

Eigentumsübertragung durch Gesetz

Gesetz oder Gerichtsbeschluss + Aneignung

Eigentumsvorbehalt

Der Eigentumsvorbehalt soll den Lieferanten von Sachen (z. B. Rohstoffe oder Handelswaren) vor dem Verlust seines Eigentums schützen, wenn die Zahlung des Käufers ausbleibt. Die verkaufte Sache bleibt durch den Eigentumsvorbehalt so lange Eigentum des Verkäufers, bis die Zahlung komplett erfolgt ist.

Situation 20 Einen Kaufvertrag rechtsgültig abschließen

Die *Fly Bike Werke* haben sich dazu entschlossen, zukünftig Kettenschaltungen bei der Fox KG zu beziehen. Ein Angebot mit folgenden Informationen liegt vor:

> Angebot Nr. 153–67, Listenpreis 38 Euro, 20 % Rabatt für Fahrradhersteller, 3 % Skonto in 10 Tagen nach Rechnungseingang, Verpackung: 5 Euro je 100 Kettenschaltungen, bei Lieferung frei Empfängerbahnhof Transportkosten i. H. v. 250 Euro

Frau Nemitz-Müller bestellt daraufhin per E-Mail mit dem folgenden Text:

> Sehr geehrte Damen und Herren,
>
> vielen Dank für Ihr Angebot Nr. 153–67. Gerne bestellen wir zu den von Ihnen genannten Konditionen 200 Kettenschaltungen wie angegeben zum Preis von 37 Euro.
>
> Bitte liefern Sie frei Empfängerbahnhof zum nächstmöglichen Zeitpunkt.
>
> Mit freundlichen Grüßen
>
> Ann-Kathrin Nemitz-Müller

ARBEITSAUFTRÄGE ZUR SITUATION

A1 Entscheiden Sie, ob zwischen der Fox KG und den *Fly Bike Werken* ein gültiger Kaufvertrag zustande gekommen ist. Begründen Sie mithilfe von → **M1** und → **M2**.

A2 Welche Vorgehensweise(n) wären möglich, um hier doch noch einen gültigen Kaufvertrag abzuschließen? Beachten Sie auch eventuell einzuhaltende Formvorschriften (→ **M2**).

A3 Würde sich Ihre Beurteilung der Ausgangssituation ändern, wenn die Bestellung zwar den richtigen Preis von 38 Euro aufweisen würde, die Bestellmenge allerdings nicht mit 200 Stück – wie die Fox KG aufgrund vorhergehender Gespräche erwartet hatte –, sondern mit 20 000 Stück angegeben wäre? Nutzen Sie zur Begründung zusätzlich → **M3**.

M1 Wie entsteht ein gültiger Kaufvertrag?

Ein Kaufvertrag kommt, wie jeder andere Vertrag, durch zwei übereinstimmende Willenserklärungen zustande. Rein rechtlich wird hierbei die erste Willenserklärung **Antrag** genannt, die zweite – übereinstimmende – **Annahme**. Die beiden häufigsten Möglichkeiten für das Zustandekommen eines Kaufvertrages sind:

1. Angebot des Verkäufers (Antrag) und Bestellung des Käufers (Annahme)
2. Bestellung des Käufers (Antrag) und Bestellbestätigung des Verkäufers (Annahme)

Weitere Varianten sind:

Antrag (= 1. Willenserklärung) durch	Annahme (= 2. Willenserklärung) durch
• (verbindliches) Angebot des Lieferanten	• Bestellung (schriftlich/mündlich) des Kunden
• Bestellung des Kunden	• Auftragsbestätigung des Lieferanten
• Bestellung des Kunden	• unverzügliche Auslieferung durch den Lieferanten
• Bestellung des Kunden (über ein übliches Material, in üblichen Mengen und zu üblichen Preisen)	• Schweigen des Lieferanten (sofern zum Kunden dauerhafte Geschäftsbeziehungen bestehen)
• unverlangte Lieferung (über ein übliches Material) durch den Lieferanten	• Schweigen des Kunden (sofern zum Lieferanten dauerhafte Geschäftsbeziehungen bestehen) oder Verbrauch des gelieferten Materials

Folgendes gilt es dabei zu beachten:

- Eine Annahme, die nicht dem Antrag entspricht, gilt als neuer Antrag und benötigt zum Zustandekommen des Kaufvertrages eine erneute, jetzt übereinstimmende, Annahme.
- Eine Preisauszeichnung im Geschäft ist kein verbindliches Angebot. Gleiches gilt für Prospekte, Schaufenster und Anzeigen. Die Bestellung bzw. die Willenserklärung des Käufers ist der Antrag. Eine Zustimmung des Verkäufers muss dann noch erfolgen.

M2 Formvorschriften für Verträge

Grundsätzlich sind Kaufverträge an keine bestimmte Form gebunden, also formfrei. Ein Verkauf eines gebrauchten Pkws oder Smartphones ist also völlig unkompliziert ohne schriftlichen Kaufvertrag möglich, solange sich die Vertragspartner einig sind. Für manche Verträge gibt es Formvorschriften, die eingehalten werden müssen, damit der Vertrag überhaupt zustande kommt.

Schriftform
Manche Vertragsarten, wie z. B. die Bürgschaft oder der Mietvertrag, müssen schriftlich abgeschlossen werden. Der schriftliche Vertrag gibt beiden Vertragspartnern zusätzliche Sicherheit und dient bei Rechtsstreitigkeiten als Beweisstück.

Notarielle Beurkundung
Eine notarielle Beurkundung muss bei Immobilienkäufen und z. B. Schenkungen erfolgen. Die Vertragspartner erscheinen gemeinsam beim Notar. Dieser liest ihnen den Vertrag komplett vor und klärt alle noch offenen Fragen. Wenn sich die Vertragspartner absolut einig und im Klaren über alle vertraglichen Konsequenzen sind, unterschreiben sie im Beisein des Notars den Vertrag. Der Notar bestätigt den Vertragsinhalt und die Unterschrift der Vertragspartner durch seine Unterschrift.

Öffentliche Beglaubigung
Eine öffentliche Beglaubigung erfolgt ebenfalls durch den Notar, der durch seine Unterschrift die Gültigkeit einer geleisteten Unterschrift oder die Übereinstimmung eines kopierten Dokuments mit dem Original bestätigt. Die öffentliche Beglaubigung bezieht sich im Gegensatz zur notariellen Beurkundung nur auf die Unterschrift, nicht auf den Inhalt. Sie muss z. B. im Rahmen eines Antrags auf Eintragung in ein öffentliches Register (Grundbuch, Handelsregister, Vereinsregister) erfolgen.

M3 Nichtigkeit und Anfechtbarkeit

Nicht immer sind abgeschlossene Verträge rechtswirksam. Der Gesetzgeber unterscheidet in diesem Fall zwischen nichtigen und anfechtbaren Rechtsgeschäften: Nichtige Rechtsgeschäfte sind von Anfang an unwirksam. Anfechtbare Rechtsgeschäfte sind so lange wirksam, bis sie erfolgreich angefochten werden. Dies trifft auf folgende Situationen zu:

Nichtige Rechtsgeschäfte	Anfechtbare Rechtsgeschäfte
• Willenserklärungen von Geschäftsunfähigen • Verträge, die gegen gesetzliche Formvorschriften verstoßen • Verträge, die gegen ein Gesetz verstoßen • Willenserklärungen, die zum Scherz abgegeben wurden • Willenserklärungen, die nur zum Schein abgegeben wurden • Verträge, die unter Ausnutzen einer Zwangslage oder der Unkenntnis die andere Partei erheblich benachteiligen (sittenwidrige Verträge, z. B. Wucher) • Willenserklärungen, die im Zustand der Bewusstseinstrübung abgegeben wurden	• Verträge, die auf einem Irrtum basieren – Erklärungsirrtum (Tippfehler, Verwechslung) – Übermittlungsirrtum (Telefonleitungsstörung beim Telefonat, unlesbarer Text) – Irrtum über wesentliche Eigenschaften einer Person oder Sache (Fehlen der üblicherweise vorauszusetzenden Eigenschaften des Vertragsobjektes oder des Vertragspartners) • Willenserklärungen, die durch arglistige Täuschung zustande kamen • Willenserklärungen, die durch widerrechtliche Drohung zustande kamen

Kernwissen zu Kapitel 2.5

(KAUF)VERTRÄGE GÜLTIG ABSCHLIESSEN	
Zur Prüfung der Gültigkeit eines Kaufvertrages sind folgende Sachverhalte abzuklären:	
Rechtsfähigkeit	natürliche/juristische Personen von Geburt bis Tod bzw. von Eintragung bis Löschung aus entsprechendem Register
Geschäftsfähigkeit	• geschäftsunfähig • beschränkt geschäftsfähig • unbeschränkt geschäftsfähig
Willenserklärungen	mindestens zwei übereinstimmende Willenserklärungen zum Vertragsgegenstand
Besitz & Eigentum	Verkäufer muss Eigentümer des entsprechenden Rechtsobjektes sein. Eigentumsübergang durch • Einigung und Übergabe (bewegliche Sachen) • Einigung und Eintragung im Grundbuch (Immobilien)
Formvorschriften	• formfrei • schriftlich • notarielle Beurkundung • öffentliche Beglaubigung
Anfechtbarkeit	• Irrtümer (Erklärung, Übermittlung, wesentliche Eigenschaft) • arglistige Täuschung • widerrechtliche Drohung
Das Zustandekommen von Verträgen wurde für den Kaufvertrag erarbeitet, gilt aber auch für andere Vertragsarten.	

ÜBUNGEN ZU KAPITEL 2.5

Ü1 Die 17-jährige *Bettina Lorenz*, die kaufmännische Auszubildende, die das Angebot erstellt und gefaxt hatte, hat Urlaub eingereicht und plant mit ihrem Freund einen Urlaub in Italien. Im Reisebüro bucht sie eine Reise für 890 Euro pro Person. Ist ein gültiger Kaufvertrag zustande gekommen? Begründen Sie!

Ü2 Die *Fly Bike Werke* benötigen eine neue Lagerhalle und können ein ideal gelegenes Grundstück kostengünstig kaufen. *Herr Peters* trifft sich mit dem Eigentümer des Grundstücks und schließt den Vertrag per Handschlag ab. Ist ein Kaufvertrag zustande gekommen? Begründen Sie!

Ü3 Kann der beschränkt Geschäftsfähige in folgenden Fällen nur mit einer Zustimmung des gesetzlichen Vertreters Geschäfte abschließen? Begründen Sie anhand des Gesetzes.

	ja	nein
a Ein Jugendlicher erwirbt von seinem Taschengeld eine DVD.		
b Ein Jugendlicher nimmt eine Schenkung an, die ihn zu nichts verpflichtet.		
c In einem Kreditinstitut fragt ein Jugendlicher nach einem Darlehen für ein Schlagzeug.		
d Ein Jugendlicher möchte von seinem Taschengeld an einem Tauchkurs teilnehmen.		
e In seinem Ausbildungsbetrieb verkauft ein Jugendlicher einer Kundin Waren im Wert von 1500,00 €.		

Ü4 Geben Sie an, ob es sich um natürliche oder juristische Personen des öffentlichen oder des privaten Rechts handelt:

a) Kegelklub
b) Siemens AG
c) Ärztekammer Westfalen-Lippe
d) Bundesversicherungsanstalt für Angestellte
e) Mitteldeutscher Rundfunk
f) Evangelische Kirche Hessen/Nassau
g) AOK
h) Bergbauberufsgenossenschaft

Ü5 Bestimmen Sie, wer in den folgenden Fällen Eigentümer und wer Besitzer ist.

	Eigentümer	Besitzer
a Karin wohnt in einer Wohngemeinschaft zur Untermiete.		
b Der Sachbearbeiter des Einkaufs darf mit dem Firmenwagen des Prokuristen fahren.		
c Zwei zehnjährige Jungen finden eine Geldbörse, ohne sie zum Fundbüro zu bringen.		
d Peter verleiht sein Fahrrad an Andreas.		
e Andreas verkauft Peters Fahrrad an seinen Kumpel Bernd.		
f Der Hausmeister wohnt zur Miete in dem Zwölffamilienhaus des Unternehmers.		
g Ede verkauft gestohlene Ware an einen Kunden, der die Ware sofort bezahlt und mitnimmt.		
h Ein Möbelhaus liefert der Familie Baumann eine neue Schrankwand. Die Bezahlung erfolgt vereinbarungsgemäß eine Woche später.		

Ü6 Begründen Sie, warum die folgenden Rechtsgeschäfte anfechtbar bzw. nichtig sind.

Anfechtbares Rechtsgeschäft	Aus welchem Grund ist das Rechtsgeschäft anfechtbar?
a Ein Verkäufer verkauft versehentlich einen Laminatboden für 8,60 €/m² statt für 18,60 €/m².	
b Eine Auszubildende notiert bei der Entgegennahme einer Bestellung eine falsche Bestellmenge.	
c Eine Verkäuferin verkauft unabsichtlich eine Imitation als echten Goldschmuck.	

Nichtiges Rechtsgeschäft	Aus welchem Grund ist das Rechtsgeschäft nichtig?
a Ein Sechsjähriger kauft nach der Schule einen Schokoriegel.	
b Ein stark angetrunkener Kunde kauft eine Digitalkamera.	
c Eine Dreizehnjährige kauft ohne Wissen ihrer Eltern ein Handy für 100,00 €.	

Ü7 Entscheiden Sie, ob folgende Rechtsgeschäfte gültig, nichtig oder anfechtbar sind, und begründen Sie kurz!

Rechtsgeschäft	Entscheidung und Begründung
1 Klaus Ziegler sagt während eines Verkaufsgesprächs zu einem Kunden: „Diese Bohrmaschine von Posch bekommen Sie bei uns wirklich für einen Appel und ein Ei.“ Der Kunde möchte daraufhin mit einem Apfel und einem Ei bezahlen.	
2 Die vierjährige Lucca verkauft ihren Puppenwagen für 5,00 €.	

Rechtsgeschäft	Entscheidung und Begründung
3 Regina Pech kauft einen Gebrauchtwagen. Bei der ersten Inspektion stellt die Werkstatt fest, dass es sich um einen Unfallwagen handelt. Im schriftlichen Kaufvertrag wurde das Fahrzeug als unfallfrei erklärt.	
4 Kunde Maus kauft einen PC ohne schriftlichen Vertrag. Nach drei Monaten stellt sich heraus, dass er für seine Zwecke einen viel zu kleinen Arbeitsspeicher gewählt hat.	
5 Der Verkäufer Ziegler versendet an einen Kunden ein schriftliches Angebot für Schlagbohrmaschinen. Versehentlich schreibt er als Angebotspreis 255,99 € statt 299,55 €.	

2.6 Umgang mit Kaufvertragsstörungen

Situation 21 Mangelhafte Lieferung

Bettina arbeitet zurzeit in der Abteilung Einkauf der *Fly Bike Werke GmbH* und bearbeitet die Bestellung von Rücklichtern bei der Union Elektro AG. In diesem Zusammenhang landen der folgende Lieferschein (Auszug) und der dazugehörige Prüfbericht der Wareneingangskontrolle auf ihrem Schreibtisch.

				Lieferschein Nr. 2398	
Kunden-Nr.	Bestellung	Bestelldatum	Auftragsbestätigung	Lieferdatum	
2-012	70	22.03.2015	2398	27.03.2015	
Pos.-Nr.	Artikel-Nr.	Artikelbezeichnung		Menge	Einheit
1	55-00	Komponentenset Beleuchtung		1000	Stück
Versandart:	Wir bestätigen die ordnungsgemäße Lieferung/Datum			Name	
Selbstabholer	*siehe Prüfbericht*	27. 03. 2015			

Prüfbericht

Fly Bike Werke GmbH

Lieferant: **Union Elektro AG**		
Prüfbericht	Prüfdatum	Lieferdatum
75	27.03.2015	27.03.2015
Artikel-Nr.	Artikelbezeichnung	Liefermenge
55-00	Komponentenset Beleuchtung	1000 Stück
Bestell-Nr.		Verpackungseinheiten
70		20 Kartons
Prüfergebnis: Es wurden 10 Kartons geöffnet und überprüft. Sämtliche geprüften Rücklichter weisen Risse im Gehäuse auf. Es ist zu vermuten, dass die gesamte Lieferung für die Produktion nicht geeignet ist.		
Datum	Unterschrift	
27.03.2015	*Wolf*	

ARBEITSAUFTRÄGE ZUR SITUATION

A1 In welchem Teil des Verpflichtungsgeschäftes liegt hier ein Problem vor? → **M1**

A2 Beschreiben Sie das Problem genau, indem Sie die Begriffe aus → **M2** und → **M3** verwenden.

A3 Welches Recht bzw. welche Rechte würden Sie in dem vorliegenden Fall für die *Fly Bike Werke GmbH* auswählen (→ **M4**)? Begründen Sie Ihre Entscheidung.

A4 Wann würden die Rechte der *Fly Bike Werke GmbH* verjähren? → **M5**

A5 Wenn die Lichter nicht defekt wären, sich die *Fly Bike Werke GmbH* aber einfach umentschieden hätte, hätte sie in dem Fall ein Recht auf Umtausch? → **M6**

M1 Verpflichtungs- und Erfüllungsgeschäft

Jeder Kaufvertrag besteht aus zwei Teilen: dem Verpflichtungs- und dem Erfüllungsgeschäft. Beim **Verpflichtungsgeschäft** verpflichten sich die Vertragspartner zu bestimmten Leistungen. Der Verkäufer verpflichtet sich, die Ware rechtzeitig in vereinbarter Qualität zu liefern und das Geld anzunehmen. Der Käufer verpflichtet sich zur rechtzeitigen Zahlung des vereinbarten Kaufpreises und zur Annahme der Ware. Im Rahmen des **Erfüllungsgeschäftes** werden die zuvor eingegangenen Pflichten erfüllt: Der Verkäufer liefert die Ware und nimmt das Geld an. Der Käufer zahlt und nimmt die Ware an. Verpflichtungs- und Erfüllungsgeschäft können fast gleichzeitig stattfinden, wie z. B. im Supermarkt an der Kasse. Sie können zeitlich aber auch weiter auseinanderliegen, wenn bestellt wird und anschließend eine Lieferung, ggf. sogar erst eine Teillieferung, erfolgt.

M2 Kaufvertragsstörungen

Wenn das Verpflichtungs- und das Erfüllungsgeschäft reibungslos ablaufen, ist der Kaufvertrag damit komplett abgewickelt. Tauchen Probleme auf, spricht man von Kaufvertragsstörungen:

Pflichten des	
Verkäufers	**Käufers**
aus dem Verpflichtungsgeschäft	
1. Lieferung mangelfreier Ware 2. rechtzeitige Lieferung 3. Annahme des Geldes	1. rechtzeitige Zahlung des Kaufpreises 2. Annahme der Ware
mögliche Störungen	
1. Lieferung mangelhafter Ware (mangelhafte Lieferung) 2. keine rechtzeitige Lieferung (Lieferungsverzug) 3. Verweigerung der Geldannahme (Annahmeverzug)	1. keine rechtzeitige Zahlung des Kaufpreises (Zahlungsverzug) 2. Verweigerung der Warenannahme (Annahmeverzug)

M3 Mängelarten

Sachmängel (nach § 434 BGB) können sein:
- **Falschlieferung:** Es wird eine andere Ware geliefert als bestellt.
- **Minderlieferung:** Es wird eine zu geringe Menge geliefert.
- **fehlerhafte Ware:** Die Ware entspricht nicht den vertraglichen Vereinbarungen und eignet sich nicht für die gewöhnliche oder im Vertrag festgesetzte Verwendung.
- **Ware ungleich Werbung:** Der Ware fehlt eine in der Werbung angepriesene Eigenschaft.
- **Montagemangel:** mangelhaft durchgeführte Montage des Verkäufers
- **mangelhafte Montageanleitung:** sog. IKEA-Klausel

Ein **Rechtsmangel** (nach § 435 BGB) kann sein:
- **Verkäufer ist nicht Eigentümer der Sache**: Es handelt sich um eine gestohlene Sache.
- **Ware ist mit Pfandrecht belastet**: Jemand hat einen Anspruch auf die Ware.

M4 Gewährleistungsrechte des Käufers

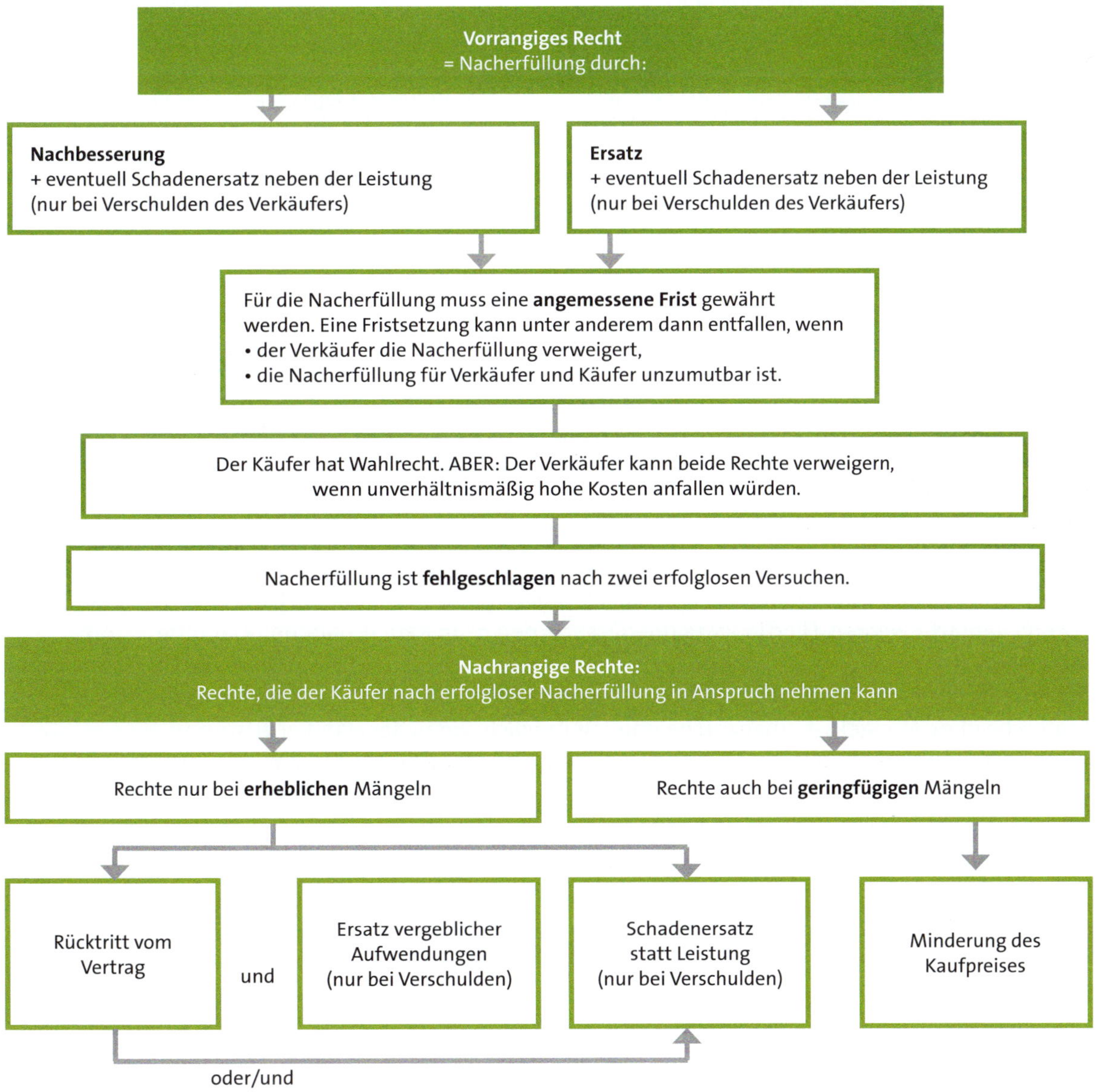

M5 Gewährleistungsfristen

Der Kaufvertrag verpflichtet den Verkäufer, dem Kunden eine mangelfreie Ware zu übergeben. Man spricht hier von der gesetzlichen Gewährleistungspflicht. Tut er dies nicht, stehen dem Kunden verschiedene Ansprüche (Gewährleistungsrechte) zu.

Der Käufer kann seine Gewährleistungsansprüche nur innerhalb einer bestimmten Frist nach Übergabe der Kaufsache einfordern. Dabei ist zu unterscheiden, ob es sich um einen Verbrauchsgüterkauf oder einen Handelskauf handelt.

Von einem **Verbrauchsgüterkauf** spricht man, wenn der Kaufvertrag über eine bewegliche Sache zwischen einem Kaufmann (Verkäufer) und einer Privatperson (Käufer) zustande kommt, z. B. beim Einkauf eines Smartphones zum privaten Gebrauch.

Ein **zweiseitiges Handelsgeschäft** liegt vor, wenn Käufer und Verkäufer Kaufleute sind. Also z. B. wenn die *Fly Bike Werke GmbH* Rücklichter bei der Union Elektro AG kauft.

Allgemeine Gewährleistungsfristen für Verbrauchsgüterkauf und zweiseitiges Handelsgeschäft		**Beginn der Verjährung**
1 Jahr	für den Kauf gebrauchter Sachen (nur beim Verbrauchsgüterkauf)	mit Beginn der Auslieferung/Übergabe
2 Jahre	regelmäßige kaufrechtliche Verjährungsfrist für Mängel	
3 Jahre	bei arglistig verschwiegenen Mängeln	am Ende des Jahres, in dem der Mangel erkannt wurde
5 Jahre	bei Bauwerksmängeln	mit Auslieferung/Übergabe
30 Jahre	dingliches Herausgaberecht eines Dritten, im Grundbuch verankertes Recht	mit der Entstehung des Anspruchs

M6 Gewährleistung, Garantie, Umtausch

Jeder Käufer hat beim Kauf ein gesetzliches **Gewährleistungsrecht** (s. o.). Es kann nicht zum Nachteil des Verbrauchers eingeschränkt werden. In den ersten sechs Monaten muss der Verkäufer nachweisen, dass der Mangel nicht schon bei Erhalt der Ware vorgelegen hat. Danach ist der Verbraucher in der Beweispflicht. Dies nennt sich „Beweislastumkehr“.
Nicht gesetzlich geregelt ist die **Garantie**: Ob und unter welchen Bedingungen eine Garantie angeboten wird, bestimmt der Verkäufer. Auf das gesetzliche Gewährleistungsrecht hat dies keinen Einfluss. Garantien können kostenlos oder kostenpflichtig sein und müssen stets beim Garantiegeber geltend gemacht werden. Hierfür ist es unerlässlich, den beim Kauf erhaltenen Garantievertrag vorzulegen.
Ein gesetzlich verbrieftes Recht auf **Umtausch** gibt es nicht! Umtausch, also die Rückgabe der Kaufsache ohne Mängel, ist Kulanzsache und nur möglich, wenn der Händler zustimmt. Rein rechtlich gilt beim Kauf im Geschäft: Gekauft ist gekauft. Um zufriedene Kunden zu haben, die auch beim nächsten Kauf wieder das Geschäft nutzen, bieten Einzelhändler oft großzügige Umtauschmöglichkeiten.
Im Onlinehandel dagegen hat der Kunde ein gesetzliches 14-tägiges Widerrufsrecht ohne Angabe von Gründen.

Situation 22 Lieferungsverzug

Die *Fly Bike Werke GmbH* möchte ihre treuen Kunden im Rahmen einer Weihnachtsaktion mit einer Armbanduhr überraschen. Hierzu hat sie bei der Firma Terochron bereits am 14. November die benötigte Menge bestellt und um unverzügliche Lieferung gebeten. Terochron antwortete zwei Tage später (16. November) und sagte eine Lieferung „unverzüglich ab Lager“ zu.

Bis zum heutigen Tag (21. November) ist die Ware weder geliefert worden, noch hat die *Fly Bike Werke GmbH* Informationen zum Verbleib der Uhren erhalten.

ARBEITSAUFTRÄGE ZUR SITUATION

A1 Klären Sie für die Situation mithilfe der Übersicht → **M1**, ob es sich hier um einen Lieferungsverzug handelt. Falls Sie unsicher sind, nehmen Sie → **M2** zur Hilfe.

A2 Wie gehen Sie vor? Entwerfen Sie ein Schreiben an die Terochron GmbH.

A3 Sollte es zu weiteren Verzögerungen kommen – wie ist Ihre Strategie? Stimmen Sie sich mit einem Partner ab.

M1 Lieferungsverzug (Voraussetzungen und Rechte)

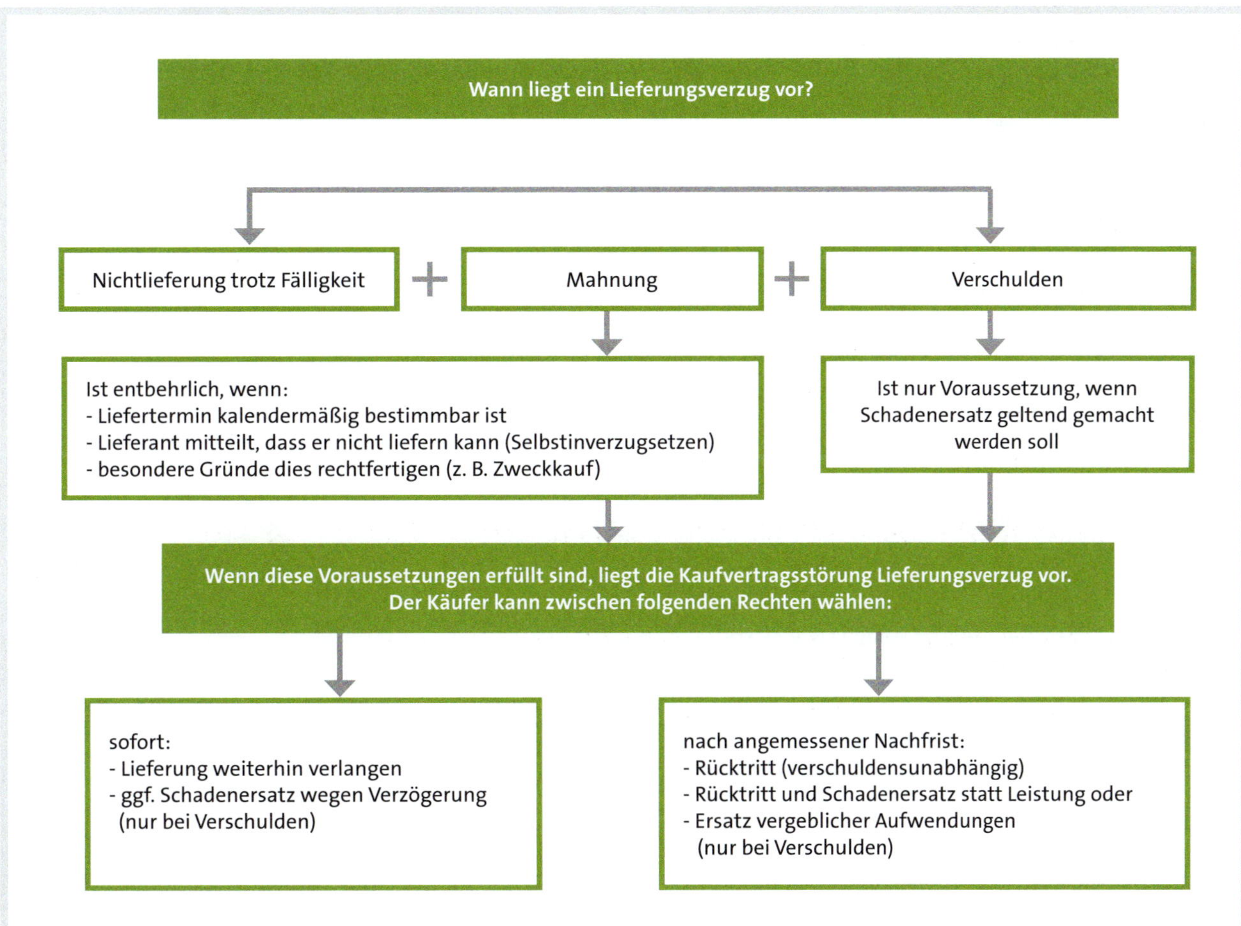

M2 Kaufvertragsarten nach Lieferzeit

Kauvertragsart	Beschreibung	Beispiel
Tageskauf (Sofortkauf)	Die Lieferung der Ware erfolgt unmittelbar nach dem Kaufvertragsschluss.	Waren werden an der Kasse gekauft und bezahlt und können direkt nebenan im Lager abgeholt werden
Terminkauf	Für die Lieferung wird ein späterer Termin innerhalb einer bestimmten Frist vereinbart.	„Lieferung innerhalb von 6 Wochen"
Fixkauf	Der Lieferzeitpunkt ist kalendermäßig genau (fix) bestimmt. Die Einhaltung ist für den Käufer von besonderer Bedeutung.	„Lieferung des Weihnachtsbaums am 23. Dezember fix"
Kauf auf Abruf	Der Käufer bestimmt den genauen Liefertermin für die gesamte Lieferung oder Teilmengen innerhalb einer vereinbarten Frist.	Eine Bestellung von 10.000 Stück, die Lieferung soll auf Abruf im Jahr 2015 erfolgen.

Kernwissen zu Kapitel 2.6

KAUFVERTRAGSSTÖRUNGEN ENTSTEHEN AUF KÄUFER- UND VERKÄUFERSEITE:		
Kaufvertragsstörungen auf Verkäuferseite	**Voraussetzung**	**Rechte (Auszug)**
Mangelhafte Lieferung	Mängel prüfen	Nacherfüllung/Ersatz, Rücktritt, Schadenersatz, Minderung
Lieferungsverzug	Fälligkeit prüfen	Auf Lieferung bestehen, Schadenersatz wegen Verzögerung, Rücktritt, Ersatz vergeblicher Leistungen
Kaufvertragsstörungen auf Käuferseite		
Zahlungsverzug	Fälligkeit prüfen	Erfüllung und Verzugsschaden, Rücktritt, Schadenersatz
Annahmeverzug	Fälligkeit prüfen	Selbsthilfeverkauf, öffentliche Versteigerung, freihändiger Verkauf

ÜBUNGEN ZU KAPITEL 2.6

Ü1 Ordnen Sie den verschiedenen Situationen die dazugehörige Mängelart zu.

Situation	Mängelart
a Bei der Kontrolle der Lieferung wird festgestellt, dass statt Stahlrohr mit 10 mm Durchmesser nur Stahlrohr mit 8 mm Durchmesser geliefert wurde.	
b Der *Fly Bike Werke GmbH* werden statt 10 Paletten Verpackungsmaterial lediglich 5 Paletten geliefert.	
c Anstelle von Stahlrohr erhält die *Fly Bike Werke GmbH* Aluminiumrohr.	
d Bei der Anlieferung von Schutzblechen sind deutlich sichtbare Beulen zu erkennen.	
e Statt schwarzer Satteltaschen werden braune Satteltaschen geliefert.	
f Die *Fly Bike Werke GmbH* erhält eine Lieferung defekter Dynamos.	

Ü2 Die Kundin Claudia Heland kauft an einem Samstag einen DVD-Player. Der Händler vermerkt auf dem Kassenzettel „Reklamationen ausgeschlossen“. Die Kundin nimmt den DVD-Player trotzdem entgegen und freut sich auf ein gemütliches Wochenende mit tollen Filmen. Bei der Benutzung des Gerätes stellt Claudia Heland fest, dass es defekt ist. Am kommenden Montag steht die Kundin aufgebracht im Warenhaus und verlangt den Umtausch dieses Players. Der Verkäufer bietet ihr zwar einen Kaffee an, aber keinen Umtausch. Er verweist auf den Vermerk auf dem Kassenzettel. Beurteilen Sie die rechtliche Situation.

Ü3 Unterscheiden Sie den Verbrauchsgüterkauf vom zweiseitigen Handelskauf.

Ü4 Die Kundin Miriam Fuchs hat am 20. Oktober 2012 eine Waschmaschine gekauft, die am gleichen Tag angeliefert wurde. Der Verkäufer Bau verschwieg arglistig einen Mangel an dieser Maschine. Miriam Fuchs entdeckt den Mangel am 20. Dezember 2015 und macht selbstverständlich Gewährleistungsansprüche geltend.
Wie ist die Rechtslage für Frau Fuchs?

Ü5 Definieren Sie folgende Begriffe:

a offener Mangel
b versteckter Mangel
c arglistig verschwiegener Mangel

Ü6 Laut Kaufvertrag vom 21. August 2015 soll der Verkäufer Otfried Knapp an den Käufer Christian Schmied 20 Fahrräder liefern. Lieferbedingungen: schnellstmöglich. Am 16. September 2015 ist die Lieferung noch immer nicht eingetroffen. Christian Schmied ist ärgerlich, weil er die Fahrräder drigend benötigt. Er möchte allerdings auch nicht auf einen anderen Lieferanten ausweichen. Welche Rechte kann er geltend machen und welche Vorraussetzungen muss er dabei beachten?

Ü7 Der Autohändler Reichert verkauft an den Kunden Strunz einen Neuwagen. Nach mehreren Wochen stellt Herr Strunz erhebliche Mängel fest. Durch diese Mängel ist Herrn Strunz ein Schaden in Höhe von 220 Euro entstanden. Unter welchen Vorraussetzungen kann Herr Strunz das Recht „Schadenersatz statt Leistung“ geltend machen?

2.7 Hat es sich gelohnt? Wirtschaftlichkeitskennzahlen berechnen

Situation 23 Lohnt sich das Geschäft?

Hans Peters, Geschäftsführer der *Fly Bike Werke*, bereitet ein Strategiemeeting mit den beiden Gesellschaftern *Jan Ullmann* und *Björn Ries* vor.

Hierzu hat er neben den aktuellen Zahlen aus der Finanzbuchhaltung auch zusätzliche Informationen zusammengetragen, um die folgenden Fragen, die er seitens der Gesellschafter erwartet, beantworten zu können:

- Wie hat sich das Eigenkapital des Unternehmens in den letzten beiden Jahren verzinst? Wie hat sich das gesamte im Unternehmen arbeitende Kapital verzinst?
- Lohnt es sich, die Gewinne erneut im Unternehmen anzulegen, oder sollte nach alternativen Anlagemöglichkeiten gesucht werden?
- Haben sich die Investitionen der letzten Jahre in der Produktivität bemerkbar gemacht?
- Wie hat sich die Arbeitsproduktivität pro Mitarbeiter und pro Stunde entwickelt?
- Arbeitet das Unternehmen wirtschaftlich?

	Vorjahr	Berichtsjahr
Umsatzerlöse (Euro)	5.800.000	6.850.000
Kosten (Euro)	5.400.000	6.000.000
Eigenkapital (Euro)	700.000	850.000
Fremdkapital (Euro)	1.350.000	1.552.000
Fremdkapitalzinsen (Euro)	67.500	77.600
Gewinn (Euro)	400.000,00	850.000
Ausbringungsmenge (St.)	20.000	23.000
Beschäftigte	40	45
Arbeitsstunden	70.400	79.200

ARBEITSAUFTRÄGE ZUR SITUATION

A1 Bereiten Sie das Treffen vor, indem Sie anhand der vorliegenden Zahlen die Kennzahlen (**M1–M3**) berechnen. Nutzen Sie hierzu die Vorlage **→ M4**.

A2 Suchen Sie mit einem Partner geeignete Antworten auf die in der Situation gestellten Fragen. Nutzen Sie die von Ihnen berechneten Werte als Grundlage für Ihre Überlegungen.

M1 Wirtschaftlichkeit

Die Wirtschaftlichkeit ist das Verhältnis vom Ertrag zum Aufwand. Sie zeigt an, wie effizient ein Unternehmen ist. Je höher die Wirtschaftlichkeit, desto besser für das Unternehmen.

Beispiel	Ein Unternehmen erzielt im Geschäftsjahr 2015 Erträge (= Umsatzerlöse) i. H. v. 2.000.000 Euro. Diesen Erlösen stehen Kosten (für Personal, Material, Energie und sonstiges) in Höhe von 1.600.000 Euro gegenüber.
Berechnung	Die Wirtschaftlichkeit beträgt $\frac{2.000.000 \text{ Euro}}{1.600.000 \text{ Euro}} = 1{,}25$ 1,25 > 1 — Das heißt, das Unternehmen arbeitet wirtschaftlich.
Interpretation	Erzielt ein Konkurrent einen Umsatz in Höhe von 2 Mio. Euro mit einem Aufwand von nur 1.000.000 Euro, ist die Wirtschaftlichkeit für dieses Unternehmen 2 $\left(\frac{2.000.000 \text{ Euro}}{1.000.000 \text{ Euro}}\right)$. Der Konkurrent würde also wirtschaftlicher arbeiten. Eine Aussage zur Wirtschaftlichkeit eines Unternehmens hat – wie bei allen betrieblichen Kennzahlen – die größte Aussagekraft, wenn man die Zahlen entweder innerhalb eines Unternehmens im Zeitverlauf vergleicht oder wenn man die Zahlen mit denen der Mitbewerber vergleicht.

M2 Produktivität

Produktivität ist das Verhältnis zwischen Output und Input, z. B. Arbeitsproduktivität: pro Arbeitsstunde (Input) werden drei Fahrräder produziert (Output). Neben der Arbeitsproduktivität pro Stunde kann auch die Arbeitsproduktivität pro Kopf oder die Kapitalproduktivität berechnet werden. Hierbei gilt wie bei der Wirtschaftlichkeit: Je höher die Zahl, desto besser.

Beispiel	Ein Unternehmen mit 30 Arbeitern stellt jährlich 12.000 Fahrräder her.
Berechnung	$\frac{12.000 \text{ Fahrräder}}{30 \text{ Arbeiter}} = 400$ Fahrräder/Arbeiter im Jahr
Interpretation	Hat ein Konkurrent eine **Arbeitsproduktivität** von 370, ist dies schlechter.

Interessant: Die Produktivität kann steigen (z. B. Arbeitsproduktivität: es werden mehr Produkte pro Mitarbeiter produziert), gleichzeitig sinkt die Wirtschaftlichkeit (weil z. B. die Produktpreise fallen oder die Arbeitskosten steigen).

M3 Rentabilität

Die Rentabilität zeigt die Verzinsung des eingesetzten Kapitals und wird in Prozent angegeben. Eine Beurteilung, ob eine Investition erfolgreich war, kann sinnvollerweise erfolgen, indem man sie mit der Verzinsung einer Alternativinvestition vergleicht.

Beispiel	Ein Unternehmen erwirtschaftet einen Gewinn von 1,3 Mio. Euro. Hierzu hat der Unternehmer 25 Mio. Euro Eigenkapital im Unternehmen investiert.
Berechnung	$\frac{1.300.000 \cdot 100}{25.000.000} = 5{,}2\,\%$
Interpretation	Die **Eigenkapitalrentabilität** beträgt 5,2 %. Auf dem Sparbuch hätte der Unternehmer für sein Eigenkapital 0,7 % Zinsen erhalten. Eine wesentlich riskantere Anlagemöglichkeit hätte u. U. 8 % Verzinsung gebracht.

M4 Vorlage zur Berechnung der Kennzahlen

Kennzahl	Formel	Vorjahr	Berichtsjahr
Wirtschaftlichkeit	$\frac{\text{Umsatzerlöse}}{\text{Kosten}}$		
Arbeitsproduktivität pro Stunde	$\frac{\text{Ausbringungsmenge}}{\text{Arbeitsstunden}}$		
Arbeitsproduktivität pro Kopf	$\frac{\text{Ausbringungsmenge}}{\text{Beschäftigte}}$		
Eigenkapitel-rentabilität in %	$\frac{\text{Gewinn} \cdot 100}{\text{durchschnittl. eingesetztes Eigenkapital}}$		
Gesamtkapital-rentabilität in %	$\frac{(\text{Gewinn} + \text{Fremdkapitalzinsen}) \cdot 100}{\text{durchschnittl. eingesetztes Eigenkapital}}$		

Kernwissen zu Kapitel 2.7

WIRTSCHAFTLICHE KENNZAHLEN

Controlling ist die Planung, Steuerung und Kontrolle aller Unternehmensbereiche. Um hier sinnvolle Entscheidungen treffen zu können, werden neben anderen Auswertungen auch die Wirtschaftlichkeitskennzahlen genutzt:

- Wirtschaftlichkeit
- Arbeitsproduktivität pro Stunde
- Arbeitsproduktivität pro Kopf
- Eigenkapitelrentabilität
- Gesamtkapitalrentabilität

Die Zahlen sind im Gesamtzusammenhang zu sehen. Die isolierte Betrachtung einer Zahl ist nicht ausreichend.

ÜBUNG ZU KAPITEL 2.7

Ü1 **Die Möbelfabrik Meyer OHG, die sich auf die Fertigung von Büromöbeln spezialisiert hat, stellt auf 5000 m² Produktionsfläche mit 10 Mitarbeitern 1200 Schreibtische her. Das Konkurrenzunternehmen Hein AG fertigt mit 3500 m² Produktionsfläche und 12 Mitarbeitern im gleichen Zeitraum 1000 Schreibtische.**

a) Berechnen Sie die Produktivität beider Betriebe je m² Fläche und je Mitarbeiter.

b) Bestimmen Sie die Rentabilität des Eigenkapitals beider Fabriken, wenn die Meyer OHG mit einem Eigenkapital von 10 Mio. Euro und die Hein AG mit einem Eigenkapital von 8 Mio. Euro arbeitet und in beiden Betrieben durchschnittlich 100 Euro Gewinn pro Schreibtisch erzielt werden.

c) Schreiben Sie zu jeder Kennzahl, die Sie berechnet haben (Produktivität je m² und Mitarbeiter, Eigenkapitalrentabilität) einen Satz, der das Ergebnis beschreibt und bewertet.

KAPITEL

3

Das Unternehmen in der Welt der Märkte

3.1 Mein Ausbildungsbetrieb und sein Umfeld

- Das Unternehmen und seine Mitbewerber innerhalb der gewerblich-technischen Branche
- Marktformen im Markformenschema

3.2 Fallbeispiel: Ein Produkt vermarkten

- Entwicklung eines Marketingkonzepts am Beispiel eines ausgewählten Produkts
- Maßnahmen der Produkt- und Sortimentspolitik
- Unterscheidung von Vertriebswegen
- Kalkulation von Verkaufspreisen
- Kommunikationspolitische Instrumente
- Marketingmix

3.3 Mit dem richtigen Marketingmix zum Erfolg

- Effizienz eines Marketingkonzepts

3.4 Mit mir nicht! – Verbraucherschutz

- Maßnahmen zum Verbraucherschutz

3.1 Mein Ausbildungsbetrieb und sein Umfeld

Situation 24 Den Markt untersuchen

Die *Fly Bike Werke GmbH* möchte auch in Zukunft erfolgreich im Wettbewerb bestehen. Deshalb lässt der Geschäftsführer *Hans Peters* die Märkte, auf denen die *Fly Bike Werke GmbH* als Anbieter auftritt, regelmäßig analysieren. Eben hat *Herr Peters* die Ergebnisse der jüngsten Marktanalyse erhalten:

mafo4u Marktforschungsinstitut

Ergebnisse der Marktanalyse (Kundenanalyse und Konkurrenzanalyse)

Auftraggeber: Fly Bike Werke GmbH
Gegenstand der Analyse: Analysiert wurde, wie die Zielgruppe die Kriterien „hohe Liefergeschwindigkeit“ und „Vollständigkeit des Sortiments“ für die Fly Bike Werke und ihre Mitbewerber bewertet.
Methode: Befragung. Die Befragten wurden gebeten, die Fly Bike Werke und ihre Mitbewerber anhand der Kriterien „hohe Liefergeschwindigkeit“ und „Vollständigkeit des Sortiments“ zu bewerten. Grundlage für die Bewertung war eine vierstufige Skala von „trifft gar nicht zu“ bis „trifft voll und ganz zu“.

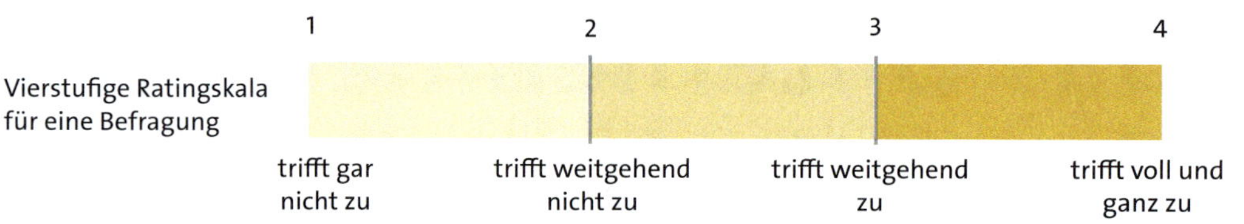

Die Zielgruppenbefragung ergab folgendes Bild:

Wettbewerbsposition der Fly Bike Werke GmbH

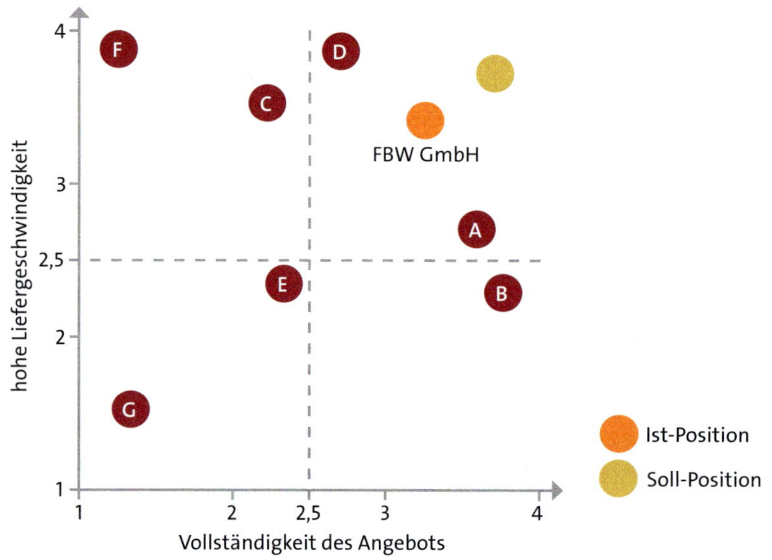

ARBEITSAUFTRÄGE ZUR SITUATION

A1 Die *Fly Bike Werke GmbH* möchte sich als Fahrradhersteller am Markt positionieren, der fast alle Fahrradtypen in sehr kurzer Zeit produzieren und liefern kann. Entscheiden Sie, inwiefern diese Zielsetzung erreicht wurde. → **M1**

A2 Lesen Sie den Text → **M2**. Entscheiden Sie dann, welche Erhebungsmethode das Marktforschungsinstitut mafo4u in Situation 24 angewendet hat.

A3 Um eine Befragung durchzuführen, ist es sinnvoll, zunächst die Zielgruppe zu bestimmen. Erläutern Sie, wie eine solche Zielgruppe bestimmt werden kann. → **M2**

A4 Märkte lassen sich nach der Anzahl der auf dem Markt aktiven Anbieter und Nachfrager unterscheiden. Erläutern Sie die Marktformen Monopol, Oligopol und Polypol. Nennen Sie für jede dieser drei Marktformen ein eigenes Beispiel. → **M3**

A5 Beschreiben Sie, in welche Marktform die Produkte der *Fly Bike Werke* einzuordnen sind.

M1 Erläuterung zum Positionierungsmodell in Situation 24

Das **Positionierungsmodell** zeigt, wie die *Fly Bike Werke* und ihre Hauptmitbewerber (A–G) bei der Befragung abgeschnitten haben:

- Die *Fly Bike Werke GmbH* befindet sich im Positionierungsmodell oben rechts. Das bedeutet, dass sie bezüglich beider Kriterien (Vollständigkeit des Sortiments und hohe Liefergeschwindigkeit) gut abgeschnitten hat. Sie hat damit eine Alleinstellung im Markt. Das ist sehr positiv.
- Die Konkurrenten **A** und **B** haben bezüglich der Vollständigkeit ihres Sortiments eine besonders gute Bewertung erhalten. Besser als die der *Fly Bike Werke*. Bezüglich der Liefergeschwindigkeit ist die Bewertung aber nur mittelmäßig.
- **C** und **D** werden als Lieferanten wahrgenommen, die besonders schnell liefern. Die Vollständigkeit ihres Sortiments wird aber nur mittelmäßig bewertet.
- Wettbewerber **E** wird für beide Kriterien nur mittelmäßig bewertet.
- **F** punktet in der Wahrnehmung der Kunden mit besonders schneller Lieferung.
- **G** wird bezüglich beider Kriterien schlecht bewertet.

Neben der **Ist-Position** der *Fly Bike Werke* wird im Positionierungsmodell auch die **Soll-Position** dargestellt. Durch die Aktivitäten der Kunden und der Konkurrenz kann sich die Position jederzeit verändern. Das Unternehmen sollte sie deshalb konsequent beobachten. Natürlich kann das Unternehmen die Positionierung mithilfe von Marketinginstrumenten auch selbst aktiv steuern.

M2 Die Analyse des Marktes

Betriebswirtschaftliche Entscheidungen in Unternehmen basieren auf den Marktdaten über **Kunden** und **Mitbewerber**. Wollen Unternehmen die eigene **Wettbewerbssituation** erkennen, müssen sie Marktdaten erheben, und zwar exakt, aktuell, zielorientiert und zuverlässig. Man unterscheidet folgende Methoden: Bei der **Marktanalyse** werden die Marktdaten zu einem bestimmten Zeitpunkt erhoben. Bei der **Marktbeobachtung** betrachtet man die Marktdaten über einen bestimmten ▼

Zeitraum. Aus den gewonnenen Daten kann eine Aussage über die zukünftige Marktentwicklung getroffen werden, die sogenannte **Marktprognose**.

Kundenorientierung hilft dabei, bereits vorhandene Kunden an das Unternehmen zu binden und neue Kundengruppen zu erschließen. Nur wenn das Unternehmen seine Aktivitäten konsequent am Kunden orientiert, sodass der sich verstanden fühlt, kann es langfristig erfolgreich sein. Deshalb führt das Unternehmen eine **Kundenanalyse** durch, um herauszufinden, wer die Kunden genau sind und wie diese sich verhalten.

Bevor ein Unternehmen eine Kundenanalyse durchführen kann, muss zunächst klar sein, wer zur **Zielgruppe** gehört, an wen sich das Angebot also genau richtet. Dazu unterteilt man die große Menge der potenziellen Kunden nach Merkmalen wie Alter, Geschlecht, Einkommen usw. in unterschiedliche Kundentypen.

Einteilungskriterium	Merkmale
geografisch	Stadt, Land, Region, Großstadt, Dorf
demografisch	Alter, Beruf, Geschlecht, Einkommen, Nationalität
sozial-psychologisch	Lebensstil, politische Einstellung, Kontaktfähigkeit, Einstellung zum Umweltschutz
verhaltensbezogen	Freizeitgestaltung, Urlaubsgestaltung, Fernsehgewohnheiten, Kaufmotive, Markentreue

Eine besonders wichtige Kundengruppe für ein Unternehmen sind die Kunden, die einen verhältnismäßig großen Teil des Umsatzes ausmachen. Man nennt sie Schlüsselkunden oder **Key-Account-Kunden**. Manche Unternehmen sind sogar abhängig von einem einzigen Kunden.

Die **Konkurrenzanalyse** (→ Situation 24) hat das Ziel, die Position des eigenen Unternehmens im Vergleich zur Konkurrenz zu bestimmen. Durch eine Analyse der eigenen Stärken und Schwächen sowie der der Konkurrenz wird es möglich, passende Strategien zu entwickeln. Die Konkurrenzanalyse kann zu einer Vielzahl von Inhalten stattfinden. Typische Analyseinhalte sind z. B. der Marktanteil, das Image, das Verhalten bei Preisänderungen und mögliche Unternehmenszusammenschlüsse.

M3 Marktformen

Je nachdem, wie viele Anbieter und Nachfrager es auf einem Markt gibt, unterscheidet man verschiedene **Marktformen**. Für die Intensität des Wettbewerbs auf einem Markt spielt die Marktform eine große Rolle. Gibt es nur einen Anbieter oder einen Nachfrager, der den Markt beherrscht, so wird der Wettbewerb eingeschränkt oder im Extremfall sogar ausgeschaltet.

Nachfrager Anbieter	einer	wenige	viele
einer	**zweiseitiges Monopol** z. B. ein Hersteller von Panzern – Bundeswehr als einziger Abnehmer	**beschränktes Angebotsmonopol** z. B. ein Hersteller eines speziellen Medikamentes – wenige Nachfrager, da seltenes Krankheitsbild	**(Angebots-)Monopol** z. B. ein Wasserwerk – viele Konsumenten
wenige	**beschränktes Nachfragemonopol** z. B. viele Straßenbauunternehmen – Staat als einziger Nachfrager	**zweiseitiges Oligopol** z. B. wenige Eisenbahnhersteller – wenige Abnehmer	**(Angebots-)Oligopol** z. B. wenige Autohersteller – viele Konsumenten
viele	**Nachfragemonopol** z. B. ein Hersteller von Polizeiuniformen – Staat als einziger Nachfrager	**Nachfrageoligopol** z. B. viele Landwirte – wenige Molkereien	**Polypol (vollständige Konkurrenz)** z. B. viele Blumenhändler – viele Konsumenten

Situation 25 Der EU-Binnenmarkt

Bettina Lorenz liest in der Oldenburger Zeitung folgenden Artikel:

33 Jahre Fly Bike Werke GmbH

Wertarbeit und Globalisierung als Erfolgsrezept

Oldenburg. Die Fahrräder der Fly Bike Werke GmbH sind Welträder. Die Federgabeln kommen aus den USA, die Schaltungen und die Bremssysteme aus Japan. Die Sättel werden in Italien hergestellt und die Rahmen in Deutschland. Die Globalisierung macht die Fly Bike Werke erfolgreich. Das Geschäft boomt. Die Kunden der Fly Bike Werke sitzen in Deutschland, Österreich, der Schweiz, den Niederlanden und in Belgien.

Mehr als 15 000 Räder bauen die Mitarbeiter der Fly Bike im Jahr zusammen, Tendenz steigend. In Oldenburg werden Cityräder, Trekkingräder, Mountainbikes, Rennräder und Kinderräder gefertigt. „Der internationale Handel macht uns konkurrenzfähig, auch wenn der Verwaltungsaufwand mit den Zollbehörden groß ist. Auf dem Europäischen Binnenmarkt genießen wir als Unternehmen die Freiheit des Waren- und des Zahlungsverkehrs“, so Hans Peters, Geschäftsführer der Fly Bike Werke GmbH. Die Kostenvorteile für das Oldenburger Unternehmen sind immens. „Wir sind nicht in der Lage, die qualitativ hochwertigen Teile selbst herzustellen oder in Deutschland zu einem solchen Preis zu beziehen.“ Sella, ein Traditionsunternehmen aus Italien, stellt seit fast 60 Jahren Sättel her. Jährlich verlassen bis zu 14 Millionen Sättel die Produktionsstätte in der Provinz Vicenza in mehr als 30 Länder, ein paar Tausend davon gehen nach Oldenburg. Der Spezialisierungsprozess ist in den letzten Jahren vorangeschritten. Ein Grund dafür ist die gewaltige Effizienzsteigerung im Transportwesen und in der Informationsverarbeitung. Man denke nur daran, dass ein internationales Telefongespräch noch vor 20 Jahren ein gravierender Kostenfaktor für ein Unternehmen war, während die heutigen Kosten fast zu vernachlässigen sind. (...)

ARBEITSAUFTRÄGE ZUR SITUATION

A1 Beschreiben Sie zwei Gründe, warum die *Fly Bike Werke* die Einzelteile für ihre Fahrräder nicht nur in Deutschland, sondern auch auf dem internationalen Markt einkaufen.

A2 Warum hat der internationale Handel in den letzten 25 Jahren stark an Bedeutung gewonnen? Erläutern Sie zwei Gründe.

A3 Die Freiheiten des EU-Binnenmarktes sind auch für die *Fly Bike Werke* von Bedeutung. Beschreiben Sie für jede der einzelnen Freiheiten einen Vorteil aus Sicht der *Fly Bike Werke*. → **M1**

A4 Fragen Sie in Ihrem Ausbildungsbetrieb nach: Gibt es Zulieferer aus dem Ausland? In welchen Ländern werden Ihre Produkte und Dienstleistungen verkauft? Erstellen Sie eine Übersicht über Beschaffungs- und Absatzmärkte Ihres Ausbildungsbetriebs.

M1 Die vier Freiheiten des EU-Binnenmarktes

Binnenmarkt heißt, dass wir in den Mitgliedsstaaten der EU kaufen, arbeiten und investieren können, wo und wie wir wollen. Der Markt ist gekennzeichnet durch die vier Grundfreiheiten:

1. Freier Personenverkehr: Jeder EU-Bürger darf sich überall in der EU aufhalten und dort arbeiten. Die Anerkennung von Schulabschlüssen ist in den EU-Richtlinien erfasst.

Beispiel: Jan hat eine Ausbildung in den Niederlanden gemacht. Diese kann er sich in Deutschland anerkennen lassen und sich damit bei einem deutschen Unternehmen bewerben.

2. Freier Dienstleistungsverkehr: Jedes Unternehmen darf seine Dienstleistung auch im EU-Ausland anbieten.

Beispiel: Ein deutscher Busunternehmer darf auch von einer französischen Reisegruppe für eine Tour in Spanien gebucht werden.

3. Freier Warenverkehr: Eine Ware, die in einem EU-Land legal auf den Markt gebracht wurde, darf auch in jedem anderen EU-Land verkauft werden. Es gibt keine Grenzkontrollen. Normen und Vorschriften für bestimmte Waren werden harmonisiert und gegenseitig anerkannt.

Beispiel: Nach Deutschland darf auch Bier eingeführt werden, das nicht dem deutschen Reinheitsgebot entspricht.

4. Freier Kapitalverkehr: Jeder kann in der EU sein Geld anlegen oder sich Geld leihen, wo er möchte.

Beispiel: Ein deutsches Unternehmen nimmt einen Kredit bei einer italienischen Bank auf, da die Konditionen dort günstiger sind.

Situation 26 Das Wettbewerbsprinzip – Es klappt nicht immer

Ralf Schumacher hat vor Kurzem seine Führerscheinprüfung bestanden. Ab und zu darf er mit dem Auto seiner Eltern zur Arbeit fahren. Das Benzin muss er allerdings von seinem Geld bezahlen. Ein befreundeter Azubi zeigt ihm die nebenstehende App auf seinem Smartphone: „Du musst dir unbedingt diese App zulegen. Da kannst du dann immer sehen, wo du am günstigsten tanken kannst."

ARBEITSAUFTRÄGE ZUR SITUATION

A1 Erläutern Sie kurz das Wettbewerbsprinzip in der Marktwirtschaft. **→ M1**

A2 Beschreiben Sie, warum sich die Anbieter auf einem oligopolistischen Markt oftmals solidarisch verhalten, indem sie ihre Preise aufeinander abstimmen. **→ M2**

A3 Erläutern Sie die Aufgaben des Bundeskartellamtes in Bonn. **→ M3**

A4 Seit August 2013 gibt es die Markttransparenzstelle für Kraftstoffe (MTS-K). Erläutern Sie, welche Aufgabe diese Stelle übernimmt und welche Ziele sie mit ihrer Arbeit verfolgt. **→ M4**

A5 Recherchieren Sie auf den Internetseiten des Bundeskartellamtes. (www.bundeskartellamt.de) Berichten Sie über eine von Ihnen ausgewählte Entscheidung des Bundeskartellamtes zur Erhaltung des Wettbewerbs in Deutschland.

M1 Das Wettbewerbsprinzip in der Marktwirtschaft – Es klappt nicht immer!

Im Mittelpunkt der Marktwirtschaft steht der Wettbewerb, der wie ein Motor die Wirtschaft antreibt. Nachfrager haben einen höchstmöglichen Grad an **Konsumfreiheit**, jeder kann weitestgehend konsumieren, was er möchte. Anbieter haben einen höchstmöglichen Grad an **Produktionsfreiheit**, jeder kann weitestgehend produzieren, was er möchte. Der Wettbewerb motiviert die Unternehmen, die Qualität ihrer Leistungen und Produkte zu verbessern oder günstiger zu produzieren. Das führt zu technischem Fortschritt. Auf diese Weise werden Arbeitsplätze und Einkommen und damit der **Wohlstand** gesichert.

Grundsätzlich greift der Staat **nur dann regulierend** in die Märkte ein, wenn der Wettbewerb gefährdet ist. Staatliche Eingriffe mit dem Ziel, **Wettbewerbsbeschränkungen** zu verhindern, bezeichnet man als Wettbewerbspolitik. Grundlage der Wettbewerbspolitik ist das **Gesetz gegen Wettbewerbsbeschränkungen (GWB)**.

M2 Das Oligopol

Beim Oligopol stehen wenige Anbieter einer Vielzahl von Nachfragern gegenüber. Jeder einzelne Oligopolist besitzt einen großen **Marktanteil**. Die Nachfrager sind aufgrund der geringen Anzahl von Anbietern in der Lage, Preise zu vergleichen und ihre Kaufentscheidung entsprechend zu steuern. Deshalb hat eine Aktion eines Oligopolisten spürbare Auswirkungen auf seine Konkurrenten. Senkt ein Oligopolist z. B. merklich seine Preise, führt das tendenziell dazu, dass seine Konkurrenten weniger verkaufen. Die anderen Anbieter müssen ihre Preise anpassen, wenn sie ihren Marktanteil nicht verlieren wollen. In einer derartigen **ruinösen Konkurrenz**, bei der die Unternehmen im Preiskampf schließlich in die Insolvenz getrieben werden können, funktioniert der Markt nicht mehr. Um ruinöse Konkurrenz zu vermeiden, stimmen sich Unternehmen auf oligopolistischen Märkten häufig miteinander ab, sie verhalten sich solidarisch. Soll ein neuer Preis am Markt durchgesetzt werden, gehen die Oligopolisten friedlich im **Gleichschritt**. Ein Unternehmen übernimmt die **Preisführerschaft**, an der sich die anderen Anbieter orientieren. Um den Wettbewerb aufrechtzuerhalten, greift der Staat regulierend ein.

M3 Das Bundeskartellamt – Der Hüter des Wettbewerbs

Das Bundeskartellamt in Bonn beobachtet die Wettbewerbssituation in Deutschland. Das Kartellamt wird daher auch als der **„Hüter des Wettbewerbs"** bezeichnet. Das Kartellamt prüft und bekämpft Absprachen zwischen Unternehmen (Kartelle) und den **Missbrauch von Marktmacht** einzelner Unternehmen. Das **Gesetz gegen Wettbewerbsbeschränkungen (GWB)** dient als gesetzliche Grundlage. Das Bundeskartellamt untersucht den Markt außerdem hinsichtlich der Möglichkeit, ob neue Unternehmen auf den betreffenden Markt kommen können. Haben neue Unternehmen keinen Zugang zu den Beschaffungs- und Absatzmärkten, so spricht man von der Entwicklung sogenannter **Marktzutrittsschranken**, die langfristig den Wettbewerb auf einem Markt zum Erliegen bringen. Das ist beispielweise der Fall, wenn Zulieferer sich aufgrund von Absprachen weigern, ein neues Unternehmen mit Produkten zu beliefern.

M4 Die Markttransparenzstelle für Kraftstoffe

Die **Markttransparenzstelle für Kraftstoffe (MTS-K)** ist eine Abteilung des **Bundeskartellamtes**. Seit dem 31. August 2013 sind die öffentlichen Tankstellen verpflichtet, Preisänderungen bei den gängigen Kraftstoffsorten unmittelbar, d. h. innerhalb von 5 Minuten, elektronisch an die Markttransparenzstelle für Kraftstoffe zu melden. Die MTS-K gibt die eingegangenen Preise als Information für alle Verbraucher weiter. Insbesondere Verbraucher-Informationsdienste nutzen diesen Service und stellen die Informationen auf ihren Plattformen im Internet und über Smartphone-Apps zur Verfügung. Autofahrer können so die aktuellen Kraftstoffpreise und die günstigste Tankstelle in ihrer Nähe oder auf einer geplanten Reiseroute auswählen. Wenn Verbraucher einen guten Überblick über die Preise haben, stärkt das den Wettbewerb. Durch die Verpflichtung, die Preise zu melden, sollen außerdem die Eingriffsmöglichkeiten des Bundeskartellamts verbessert werden. Unzulässige Strategien wie **Preisabsprachen** oder **Ausnutzung von Marktmacht**, die gegen das Kartellrecht verstoßen, können so durch die Behörde besser aufgedeckt oder sogar verhindert werden. Gerade auf dem Markt für Kraftstoffe wurde in der Vergangenheit häufig gegen das Gesetz verstoßen.

Kernwissen zu Kapitel 3.1

MARKT UND MARKTTEILNEHMER		
Anbieter	**Markt**	**Nachfrager**
Verkäufer von Produkten und Dienstleistungen	Ort, an dem Angebot und Nachfrage aufeinandertreffen	Käufer von Produkten und Dienstleistungen
Bestimmungsfaktoren des Angebots • Preis • Bedarf • Einkommen • Qualität		Bestimmungsfaktoren der Nachfrage • Preis • Gewinnstreben • Kosten • Konkurrenz

BRANCHE

Unternehmen, die ähnliche Produkte herstellen oder mit ähnlichen Produkten und Dienstleistungen handeln, werden zu Branchen (Wirtschaftszweigen) zusammengefasst (Lebensmittelbranche, Automobilbranche, Baubranche usw.).

MARKTFORSCHUNG

Geplante und systematische Beschaffung von Informationen zu den Märkten, auf denen das Unternehmen Produkte und Dienstleistungen kauft (Beschaffungsmarkt) und verkauft (Absatzmarkt). Ziel der Absatzmarktforschung ist es, die Stellung des Unternehmens im Vergleich zu anderen am Markt befindlichen Wettbewerbern zu bestimmen (Wettbewerbsposition).

Marktanalyse	Marktbeobachtung	Marktprognose
Beschreibung der Situation eines Marktes zu einem bestimmten Zeitpunkt	Beschreibung der Entwicklung eines Marktes über einen längeren Zeitraum	Vorhersage der voraussichtlichen Entwicklung eines Marktes

MARKTFORMEN

Polypol	Oligopol	Monopol
viele Anbieter, viele Nachfrager	wenige Anbieter, viele Nachfrager	ein Anbieter, viele Nachfrager

Der **Wettbewerb** ist ein zentrales Element der Marktwirtschaft. Ein funktionsfähiger Wettbewerb erfüllt verschiedene Funktionen:

Steuerungsfunktion Die Anbieter bieten die Produkte an, die den Präferenzen (Vorlieben) der Nachfrager entsprechen.

Allokationsfunktion Die Anbieter setzen die Produktionsfaktoren (Arbeit, Boden, Kapital) so ein, dass die größtmögliche Effizienz gewährleistet ist.

Innovationsfunktion Die Anbieter sind bestrebt, den technischen Fortschritt voranzutreiben, um neuere, bessere und kostengünstigere Produkte anzubieten.

Verteilungsfunktion Durch den Wettbewerb auf den Märkten werden leistungsgerechte Einkommen bezahlt.

Kontrollfunktion Durch den Wettbewerb wird wirtschaftliche Macht kontrolliert und begrenzt, sodass es kaum zu einer Monopolstellung eines Anbieters kommen kann.

ÜBUNGEN ZU KAPITEL 3.1

Ü1 Analysieren Sie die Grafik und beantworten Sie folgende Fragen.

a) Entscheiden Sie, zu welcher der genannten Branchen Ihr Ausbildungsbetrieb gehört.

b) Entscheiden Sie, durch welche Marktform der Markt für Maler- und Lackierarbeiten gekennzeichnet ist. Begründen Sie Ihre Antwort.

c) Wie viele Beschäftige gibt es im Bauhauptgewerbe?

d) Wie viele Unternehmen in Deutschland zählen zum Handwerk für den privaten Bedarf?

e) Nennen Sie drei Beispiele für Berufe im Handwerk für den privaten Bedarf.

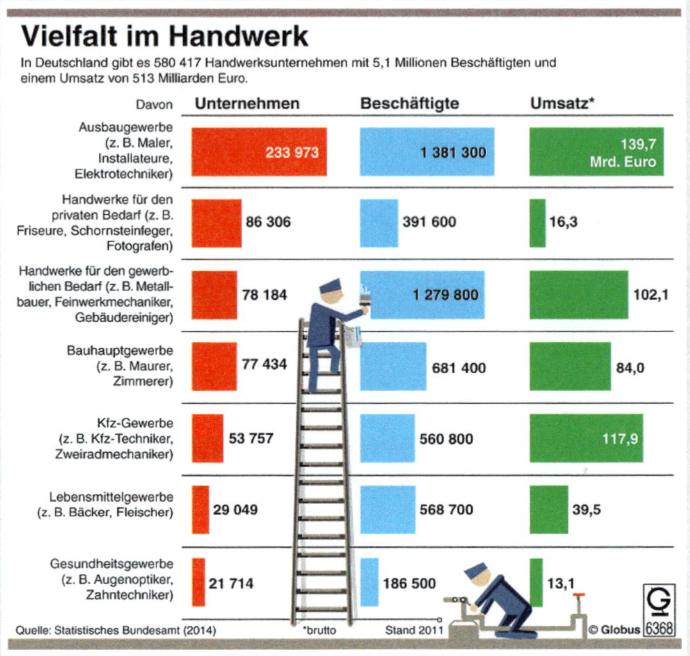

Ü2 Entscheiden Sie für die beschriebenen Beispiele, ob es sich um eine

1. Marktanalyse,
2. Marktbeobachtung oder
3. Marktprognose handelt.

a) Ein Einzelhändler befragt seine Kunden einmalig zu ihrer Kundenzufriedenheit bezüglich der Serviceleistungen. ☐

b) Ein Einzelhändler befragt seine Kunden über einen Zeitraum von drei Jahren nach ihrem Wohnort, indem er an der Kasse die Postleitzahl abfragt. Ziel der Abfrage ist die gezielte Verteilung von Werbeprospekten. ☐

c) Aufgrund der demografischen Entwicklung sagt ein Marktforschungsinstitut vorher, dass der Absatz für Schulranzen in den kommenden fünf Jahren um 10 % zurückgehen wird. ☐

Ü3 Entscheiden Sie, welche Marktform auf den Märkten der beschriebenen Produkte vorliegt:

a) Markt für Telekommunikationsverträge

b) Markt für medizinische Fachgeräte

c) Markt für Zustellung von Briefen

d) Markt für Lebensmittel

e) Markt für den Bau von Straßen

f) Markt für Kerosin (Treibstoff für Flugzeuge)

3.2 Fallbeispiel: Ein Produkt vermarkten

Situation 27 Entwicklung eines Marketingkonzeptes

Die Junior Company ist Teil des Ausbildungskonzepts der *Fly Bike Werke GmbH*. Die Auszubildenden arbeiten für einen bestimmten Zeitraum eigenständig im Team zusammen und lösen herausfordernde Aufgaben. In der Junior Company finden sich alle Abteilungen der *Fly Bike Werke* wieder. Die Auszubildenden erhalten sowohl Einblicke in den kaufmännischen Bereich mit den Schwerpunkten Einkauf, Personal, Rechnungswesen und Vertrieb als auch in den gewerblichen Bereich mit den Schwerpunkten Konstruktion, Fertigung und Qualitätsüberwachung. Heute erhalten die Auszubildenden der *Fly Bike Werke GmbH* von der Geschäftsführung einen Auftrag:

Liebes Team,

nach einer ausführlichen Marktanalyse hat sich die Fly Bike Werke GmbH entschieden, als Anbieter in einem neuen Marktsegment aufzutreten: Wir wollen sogenannte Singlespeed-Fahrräder anbieten. Ziel dieser Strategie ist es, eine neue Zielgruppe zu erschließen und damit neue Kunden zu gewinnen. Zur Information hänge ich Ihnen einen Zeitungsartikel an.

Randnotiz von der Eurobike

Singlespeed – Mit nur einem Gang zum Erfolg?

Unternehmer brauchen Ideen! Innovationen müssen her! Erst der technische Fortschritt bringt uns weiter. In der Fahrradbranche breitet sich gerade scheinbar ein technischer Rückschritt aus. Singlespeed-Räder sind angesagt. Am Anfang dieses Trends standen amerikanische Fahrradkuriere, die nach schnellen, robusten Rädern suchten und schließlich auf Bahnräder, die als Rennräder für Bahnrennen genutzt werden, mit einem Starrgang ohne Schaltung, ohne Schutzbleche und ohne weitere Technik stießen. Alles, was starkem Verschleiß unterliegt, wurde einfach weggelassen. Heute hat sich die Idee der Fahrradkuriere zum Lifestyle-Produkt entwickelt. Aus dem Straßenbild der Großstädte sind Singlespeed-Räder nicht mehr wegzudenken. Purismus, Design und Hochwertigkeit stehen im Vordergrund. Das Besondere: Kaum ein Singlespeed-Rad gleicht dem anderen. Individuell, einzigartig soll es sein. Der Besitzer will es selbst designen. Die ersten Onlineshops haben reagiert. Mithilfe eines Onlinekonfigurators können die Kunden sich ihr Wunschfahrrad selbst zusammenstellen und gestalten.

ARBEITSAUFTRAG ZUR SITUATION

A1 **Entwickeln Sie im Team eine Marketingkonzeption, die die Marketingziele, die Marketingstrategie und sämtliche Entscheidungen für einen geeigneten Marketingmix enthält.** Präsentieren Sie Ihre Ergebnisse. Sämtliche Informationen entnehmen Sie bitte den Materialien → **M1–M6**.

M1 Marketing

Der **Begriff des Marketings** kommt aus dem Englischen und heißt wörtlich „Markt machen". Der Kerngedanke des Marketings ist, dass sämtliche unternehmerische Aktivitäten an den Bedürfnissen des Marktes, also der Kunden, ausgerichtet werden. Voraussetzung ist, dass das Unternehmen seine Kunden genau beobachtet und sich in ihre Lage versetzt. Der Leitgedanke des Marketings lautet daher: „Der Kunde ist König."

Erfolgreiches Marketing beginnt immer mit der Formulierung von **Marketingzielen**. Nur wenn die Ziele klar sind, kann festgelegt werden, auf welchem Weg sie zu erreichen sind (**Marketingstrategie**). Steht der Weg fest, müssen die Instrumente ausgewählt werden, um das Ziel zu erreichen (**Marketingmix**).

Bestandteile einer Marketingkonzeption		
Marketingziele	Wo möchten wir hin?	Ziele festlegen
Marketingstrategie	Wie gelangen wir ans Ziel?	Weg festlegen
Marketingmix	Was müssen wir dafür einsetzen?	Werkzeuge/Instrumente auswählen

Marketingziele
Langfristig strebt das Unternehmen im Wesentlichen einen höheren Marktanteil und eine damit verbundene Umsatzsteigerung an. Das kann beispielsweise erreicht werden durch

- eine Erhöhung der Markentreue bei den bestehenden Kunden,
- die Gewinnung von Neukunden innerhalb der bestehenden Zielgruppe,
- die Erschließung neuer Zielgruppen (z. B. designbewusste Männer im Alter von 25–39 Jahren),
- die Erschließung neuer Absatzgebiete (z. B. Verkauf in einem bisher nicht belieferten Land).

Dabei ist insbesondere die **Kundenzufriedenheit** ein Schlüsselfaktor. Sie stellt sich dann ein, wenn Leistungsanforderungen, die Kunden an ein Unternehmen stellen, erfüllt sind:

Kundenzufriedenheit als strategisches Marketingziel	
Liefertreue	Die Auftragserfüllung findet zu dem Termin statt, der vom Auftragnehmer zugesagt und bestätigt wurde.
Lieferzeit	Die Zeitspanne zwischen dem Datum der Auftragserteilung und der Auftragserfüllung ist im Wettbewerbsvergleich konkurrenzfähig und entspricht den Kundenerwartungen.
Lieferfähigkeit	Der vom Kunden gewünschte Termin für die Bereitstellung einer Leistung kann vom Auftragnehmer gehalten werden.
Lieferqualität	Die vom Kunden gewünschte Qualität einer Leistung wird vom Auftraggeber fehlerfrei ausgeführt.
Flexibilität	Änderungen von Kundenwünschen in Bezug auf Leistungsmengen, -ausstattungen, -termine usw. können vom Auftraggeber berücksichtigt werden.
Informationsbereitschaft	In allen Phasen der Auftragsabwicklung ist der Auftragnehmer in der Lage, dem Kunden Auskunft über seinen Auftrag zu geben. ▶

Marketingstrategie
Hat ein Unternehmen seine Ziele klar gesteckt, so kann festgelegt werden, **wie** diese Ziele erreicht werden sollen (Marketingstrategie). Dazu befasst sich das Unternehmen mit den folgenden Fragen:
- Auf welchen Absatzmärkten wollen wir die Produkte verkaufen?
- Welche Zielgruppe wollen wir bedienen?
- Wodurch wollen wir uns von der Konkurrenz unterscheiden?

Marketingmix
Hat das Unternehmen festgelegt, mit welcher Strategie die Ziele erreicht werden sollen, muss es entscheiden, mit welchen Instrumenten die Strategie umgesetzt werden kann. Dem Unternehmen stehen dafür die Instrumente des **Marketingmix** zur Verfügung:
1. **Produkt- und Sortimentspolitik**
2. **Preispolitik**
3. **Distributionspolitik**
4. **Kommunikationspolitik**

M2 Produkt- und Sortimentspolitik

Die Produkt- und Sortimentspolitik ist das zentrale Instrument einer erfolgreichen Absatzpolitik. Mit diesem absatzpolitischen Instrument werden die Leistungen geplant, die am Markt angeboten werden sollen. Dabei geht es sowohl um das einzelne Produkt als auch um das optimale Zusammenspiel aller angebotenen Einzelleistungen.

Im Rahmen der **Produktpolitik** versucht man, neue Produkte zu entwickeln und vorhandene Produkte zu optimieren. Kunden erwarten von einem Produkt einen bestimmten Nutzen. Sie wollen mit dem Produkt bestimmte Bedürfnisse befriedigen. Der Nutzen kann in Grund- und Zusatznutzen gegliedert werden:

- Der **Grundnutzen** bezieht sich auf die Produkteigenschaften, die objektiv messbar sind. Ein Grundnutzen wird wie selbstverständlich von einem Produkt erwartet. *Beispiel: Der Grundnutzen eines Fahrrades besteht darin, dass das Fahrrad durch Pedalantrieb fährt und man sich damit fortbewegen kann.*
- Der **Zusatznutzen** bezieht sich auf Produkteigenschaften, die nicht objektiv messbar sind und damit vom Kunden sehr unterschiedlich wahrgenommen werden. Er entsteht im Kopf des Kunden. *Beispiel: Bei einem Fahrrad kann dieser Zusatznutzen im Komfort, Design oder auch Image liegen*

Speziell durch das Schaffen von Zusatznutzen lassen sich am Markt häufig höhere Preise erzielen. Bei Markenartikeln und auch bei Trendartikeln ist das oft der Fall, da meist ein bestimmtes Image mit dem Produkt verbunden wird.

Die Gesamteinheiten der in einem **Unternehmen angebotenen Leistungen** bezeichnet man als **Sortiment**. Im Industrieunternehmen spricht man meist von Produkten, während man im Handel eher von Artikeln oder Waren spricht. Durch die Veränderung des Sortiments kann ein Unternehmen für Kunden attraktiver werden und sich Wettbewerbsvorteile gegenüber der Konkurrenz erarbeiten.

M3 Preispolitik

Preisgestaltung
Der Gestaltung der Preise kommt im Unternehmen eine besondere Bedeutung zu. Der Preis trägt bei vielen Kunden maßgeblich zur Kaufentscheidung bei. Ein Unternehmen kann sich bei der Gestaltung der Preise grundsätzlich an den drei folgenden Größen orientieren: **Kosten**, **Kunden**, **Konkurrenz**.

Kostenorientierte Preisgestaltung

Die kostenorientierte Preisgestaltung geht von den Kosten im Unternehmen aus. Der Verkaufspreis wird so festgelegt, dass das Unternehmen seine **Kosten** deckt und darüber hinaus den gewünschten **Gewinn** erzielt. Die kostenorientierte Preisbildung setzt damit eine **Preisuntergrenze**. Langfristig muss jedes Unternehmen die Kosten decken, um am Markt bestehen zu können. Die kostenorientierte Preisgestaltung ist mit erheblichen Risiken verbunden: Der auf Kostenbasis kalkulierte Preis lässt sich auf Käufermärkten mit starker Konkurrenz nicht immer durchsetzen.

Nachfrageorientierte (kundenorientierte) Preisgestaltung

Die nachfrageorientierte Preisgestaltung richtet sich danach, was die Kunden zu zahlen bereit sind. Die meisten Märkte sind Polypole, auf denen die Kunden aufgrund der hohen Anzahl an Anbietern wählerisch und preisbewusst handeln.

Konkurrenzorientierte Preisgestaltung

Bei der konkurrenzorientierten Preisgestaltung richtet sich das Unternehmen nach den Preisen der Konkurrenz. Insbesondere auf oligopolistischen Märkten (Märkte, auf denen es nur wenige Anbieter und eine Vielzahl von Nachfragern gibt) ist diese Art der Preisfestsetzung üblich. Ein oligopolistischer Markt ist beispielsweise der Markt für Treibstoffe.

Preisstrategien
Unter einer Preisstrategie versteht man die **langfristige Ausrichtung der Preisgestaltung**. Preisstrategien sind damit weitestgehend unabhängig von kurzfristigen Entscheidungen des Tagesgeschäfts (z. B. Sonderangebote).

Penetration-Strategie

Mit der Penetration-Strategie möchte das Unternehmen einen hohen Marktanteil erreichen. Die Produkte werden zu einem besonders niedrigen Preis angeboten. Das Unternehmen versucht, die **Kostenführerschaft** zu übernehmen und zukünftige Konkurrenten davon abzuschrecken, in diesen Markt einzutreten. Mit der Zeit kann der Einführungspreis schrittweise erhöht werden, was mit einer Qualitätssteigerung der Produkte verbunden werden kann. Wird die Penetration-Strategie langfristig eingesetzt, so spricht man von einer **Niedrigpreisstrategie**.

Skimming-Strategie

Bei der Skimming-Strategie (to skim (engl.): abschöpfen) verlangt das Unternehmen in der Einführungsphase eines Produktes einen hohen Preis und schöpft damit große Gewinnspannen ab. Insbesondere bei Produktneuheiten sind die Kunden bereit, einen entsprechend hohen Preis zu zahlen. Das Unternehmen versucht, die **Preisführerschaft** zu übernehmen. Mit zunehmender Markterschließung kann der Einführungspreis schrittweise gesenkt werden, um weitere Kunden zu gewinnen. Wird die Skimming-Strategie langfristig eingesetzt, so spricht man von einer **Hochpreisstrategie**.

Neben dem eigentlichen Preis spielen Preisnachlässe, Lieferbedingungen und Zahlungsbedingungen eine besondere Rolle. Mit diesen sogenannten **Konditionen** und weiteren **Serviceleistungen** kann ein Unternehmen sich von der Konkurrenz abheben.

M4 Distributionspolitik

Im Rahmen der Distributionspolitik trifft das Unternehmen die Entscheidung, wie der Kunde das Produkt bzw. die Dienstleistung erhält. Das Unternehmen muss beispielweise entscheiden, ob die Produkte direkt an den Kunden oder indirekt über einen Händler an den Kunden verkauft werden sollen. Außerdem muss entschieden werden, welche Transportmittel zum Vertrieb des Produktes genutzt werden (Bahn, Lkw, Flugzeug).

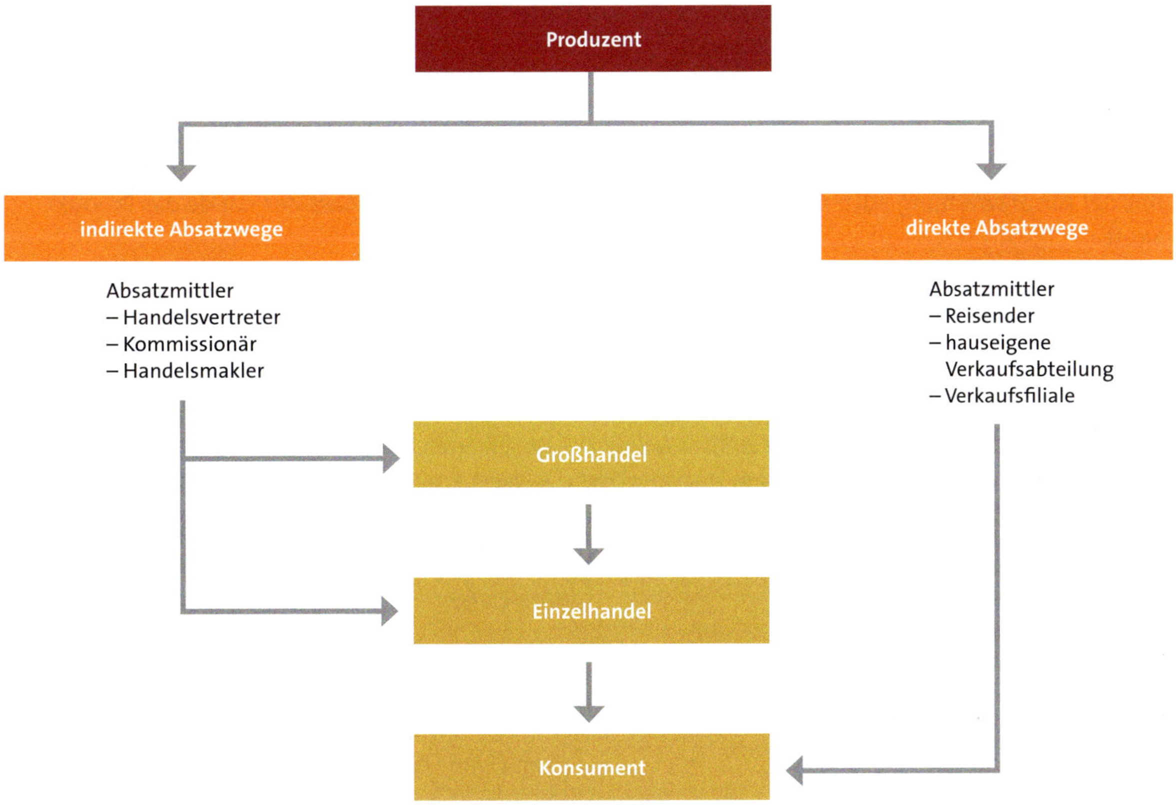

Verkauf über das Internet
Beim **E-Commerce** (Abkürzung für Electronic Commerce (engl.): elektronischer Handel) stehen sich Käufer und Verkäufer nicht direkt gegenüber, sondern handeln auf elektronischem Weg miteinander. Für das Unternehmen hat das folgende Vorteile:
- relativ kostengünstige weltweite Präsenz
- unbegrenzte Öffnungszeiten: 24 Stunden am Tag, 7 Tage in der Woche
- Erschließung neuer Absatzmärkte
- Präsentation erklärungsbedürftiger Güter durch Grafiken, Texte und Videos möglich
- schnelle Reaktionsmöglichkeit auf Kundenwünsche
- Nutzung von Preisvorteilen, da kein Zwischenhandel stattfindet

M5 Kommunikationspolitik

Mit der Kommunikationspolitik tritt das Unternehmen mit den Kunden in Kontakt, es kommuniziert mit ihnen. Durch die Kommunikation mit dem Kunden möchte das Unternehmen seine Produkte bekannt machen und ihren Absatz fördern. Auch der Aufbau eines positiven Images ist Ziel der Kommunikationspolitik. Im Wesentlichen stehen dem Unternehmen die folgenden drei Instrumente zur Verfügung:

1. Absatzwerbung
2. Verkaufsförderung (Salespromotion)
3. Öffentlichkeitsarbeit (Public Relations)

1. Absatzwerbung

Mit der Absatzwerbung möchte das Unternehmen gezielt Einfluss auf das Kaufverhalten des Kunden nehmen. Durch die Werbung erhält der Kunde meist Informationen zum Produkt. Manchmal werden mit der Absatzwerbung auch nur Emotionen geweckt. Ziel ist letztlich, dass der Kunde das Produkt kauft.

Viele Unternehmen schalten zur Gestaltung und Umsetzung der Absatzwerbung professionelle Werbeagenturen ein.

Das zentrale Element der Absatzwerbung ist die **Werbebotschaft**. Der Inhalt dieser Botschaft soll den Kunden zur Kaufentscheidung bringen. Die Botschaft kann durch gesprochene oder geschriebene Texte, durch Bilder oder Filme dargestellt werden. Die Werbebotschaft wird durch das **Werbemittel** transportiert. Über einen **Werbeträger** transportiert das Werbemittel die Werbebotschaft zum Kunden.

Werbemittel	**Werbeträger**
Inserat	Tageszeitung, Fachzeitschrift
Werbespot	Fernsehen, Radio
Plakat	Litfaßsäule
Homepage, E-Mail	Internet

Für die Gestaltung einer Absatzwerbung ist die **AIDA-Formel** ein grobes Orientierungsraster:

A	Attention	Aufmerksamkeit erzeugen
I	Interest	Interesse wecken
D	Desire	Verlangen/Besitzwunsch wecken
A	Action	Kaufentscheidung auslösen

Die folgenden **Grundsätze der Werbung** sind zu beachten:

Werbegrundsätze	
Wirksamkeit	Werbung muss zielgruppengerecht entwickelt werden, um einen möglichst großen Erfolg zu erzielen. Streuverluste sind zu vermeiden.
Wahrheit und Klarheit	Werbung darf keine falschen oder irreführenden Angaben zu den angepriesenen Leistungen machen. Zwar sollen die Waren im positiven Licht erscheinen, dies darf aber nur in sachlich einwandfreiem Rahmen geschehen.
Wirtschaftlichkeit	Werbung muss immer in einem wirtschaftlichen Verhältnis zu dem erzielten Erfolg stehen. Das heißt, der zusätzliche Erfolg (z. B. Umsatzwachstum) muss deutlich höher sein als die Werbekosten.
gesellschaftliche Akzeptanz	Werbung sollte gesellschaftliche Wertvorstellungen nicht missachten oder Minderheiten zwecks Effekthascherei missbrauchen (Moral). Auch das Beachten von Gesetzen gehört natürlich dazu.

Erstellung eines Werbeplans
Der Werbeplan listet die Details der Absatzwerbung auf.

Werbeziel	Das Unternehmen muss das Ziel der Werbemaßnahme festlegen. Ziele können sein: • Einführung eines neuen Produkts (Einführungswerbung) • Erhöhung des Marktanteils (Expansionswerbung) • Erhalt des Bekanntheitsgrades (Erinnerungswerbung) • Neutralisierung der Werbemaßnahme der Konkurrenz • Auslösung einer Verhaltensänderung
Werbegegenstand	Das Unternehmen muss festlegen, wofür geworben werden soll. Das kann ein einzelner Artikel, eine Warengruppe oder auch das gesamte Sortiment sein.
Werbeetat	Das Unternehmen muss festlegen, welche finanziellen Mittel für die Werbung zur Verfügung stehen.
Werbebotschaft	Das Unternehmen muss festlegen, welche Botschaft man der Zielgruppe vermitteln will. Die Botschaft soll ein gewünschtes Verhalten auslösen, meistens den Kauf eines Produktes.
Werbemittel	Das Unternehmen muss festlegen, auf welche Weise die Werbung dem Kunden vorgestellt werden soll. Werbemittel können sein: Plakat, Inserat, Schaufensterdekoration, Hörspot, Film, Bannerwerbung, Bandenwerbung.
Werbeträger	Der Werbeträger transportiert die Werbebotschaft mithilfe des Werbemittels. Werbeträger können sein: Zeitung, Plakatwand, Litfaßsäule, Radiosendung, Werbefernsehen, Banner im Sportstadion, Internet.
Streukreis	Das Unternehmen muss die Zielgruppe, die umworben werden soll, festlegen.
Streugebiet	Das Unternehmen muss den geografischen Raum, in dem die Werbung erscheinen soll, festlegen.
Streuzeit	Das Unternehmen muss Beginn und Dauer der Werbung festlegen. Der richtige Zeitpunkt der Werbung ist maßgeblich für den Erfolg der Werbung. ▼

2. Verkaufsförderung (Salespromotion)
Im Gegensatz zur langfristig angelegten Absatzwerbung, ist die Verkaufsförderung eher kurzfristig ausgerichtet. Besonderes Kennzeichen der Verkaufsförderung ist die möglichst direkte Kommunikation mit dem Kunden, wobei der schnelle Absatzerfolg gesucht wird. Häufig werden Maßnahmen der Verkaufsförderung auch durch die Produkthersteller, insbesondere von Markenartikeln, durchgeführt. Aber auch größere Handelsorganisationen und der Einzelhandel greifen auf die verschiedenen Möglichkeiten der Verkaufsförderung zurück.

Je nachdem, wer durch die Aktion angesprochen wird, unterscheidet man drei **Arten der Verkaufsförderung:**

Kundenpromotion	Händlerpromotion	Mitarbeiterpromotion
Angesprochen werden Kunden bzw. Endverbraucher, um den Absatz kurzfristig zu steigern.	Am Verkauf beteiligte Personen (Einzelhändler, Verkäufer) erhalten Unterstützungsmaßnahmen, um die Waren bevorzugt zu empfehlen und zu verkaufen.	Zielgruppe ist der eigene Vertrieb, z. B. Außendienstmitarbeiter bzw. Reisende.
• Produktvorführungen, Verkostungen • Aktionen mit Prominenten • Gewinnspiele, Gutscheine, Preisausschreiben • Tag der offenen Tür, Jubiläumsveranstaltungen	• Schulungen • Prämiensysteme • Informations- und Werbematerial • Verkaufsdisplays	• Schulungen • Prämien • Prospekte

Vorteile der Verkaufsförderung:
- gezielte Kundenauswahl
- direkte Ansprache
- schnelle Wirkung
- subtile Form der Beeinflussung durch direkten Kontakt

Nachteile der Verkaufsförderung:
- geringe Streubreite
- nicht bei allen Waren und Zielgruppen einsetzbar
- hoher Arbeitsaufwand, hohe Kosten

3. Öffentlichkeitsarbeit (Public Relations)
Unter Öffentlichkeitsarbeit (Public Relations) versteht man Kommunikationsmaßnahmen, die Informationen zur Imagepflege des Unternehmens transportieren und nicht direkt auf eine Absatzerhöhung ausgerichtet sind. Diese Art der Kommunikation ist nicht auf bestimmte Warengruppen oder Artikel bezogen. Im Mittelpunkt steht **das Unternehmen als Ganzes**. Die Öffentlichkeitsarbeit hat damit eine eher indirekte Wirkung auf den Unternehmenserfolg.

Maßnahmen der Öffentlichkeitsarbeit können z. B. sein:
- Betriebsbesichtigungen
- Unterstützung gemeinnütziger Einrichtungen (z. B. Kindergärten, Seniorenwohnheime, Krankenhäuser, Umweltschutzorganisationen)
- Umweltschutzmaßnahmen
- Kundenzeitschriften
- Informationsmaterial für Schulen

Unabhängig von der konkreten Maßnahme soll die Öffentlichkeitsarbeit bei **allen Marktpartnern** ein positives Bild vom Unternehmen bewirken.

M6 Die Kalkulation des Verkaufspreises

Für jedes Produkt muss das Unternehmen einen Verkaufspreis kalkulieren, zu dem das Produkt bzw. die Dienstleistung verkauft werden soll. Das Unternehmen möchte dabei zunächst die **Kosten decken**, die das Produkt verursacht (**Stückkosten**). Grundsätzlich können Kosten nach zwei Kriterien unterschieden werden:

Nach Veränderung bei Auslastung der Produktionskapazitäten (Beschäftigung)	Nach Möglichkeit der Zuordnung zum Produkt (Kostenträger)
• **Fixe Kosten** sind Kosten, die unabhängig von der Auslastung der Produktionskapazitäten in gleicher Höhe anfallen (Miete, Gehälter der Verwaltung, Kreditzinsen). • **Variable Kosten** sind Kosten, deren Höhe sich je nach Auslastung der Produktionskapazitäten verändern (Rohstoffe, Fertigungslöhne).	• **Einzelkosten** sind Kosten, die man einem Produkt direkt zuordnen kann (Materialkosten, Fertigungslöhne). • **Gemeinkosten** sind Kosten, die man einem Produkt nicht direkt zuordnen kann (Gehälter der Verwaltung, Mieten, Zinsen).

In einem **Einproduktbetrieb** lassen sich die Stückkosten und damit auch der Verkaufspreis einfach mit der **Divisionskalkulation** berechnen. Man dividiert die Gesamtkosten durch die hergestellte Menge und erhält dann die Kosten pro Stück.

Fly Bike Werke GmbH

Beispiel: Die *Fly Bike Werke GmbH* stellte zu Beginn ihrer Geschäftstätigkeit als Einproduktunternehmen ausschließlich ein Trekkingrad, nämlich das Modell Light, her. Dabei entstanden in einer Abrechnungsperiode bei einer Produktionsmenge von 3 000 Stück folgende Kosten:

	Kostenarten	€
	Fertigungsmaterial (laut Komponentenliste) Menge: 3.000 Stück à 116,00 €	348.000,00
+	sonstige Hilfs- und Betriebsstoffe	34.800,00
+	Personalkosten	139.200,00
+	Abschreibungen	52.200,00
+	sonstige Kosten	17.400,00
=	Herstellkosten der Fertigung	591.600,00
	Herstellkosten je Stück (3.000 Stück)	197,20

Die meisten Betriebe erstellen und verkaufen aber nicht nur ein Produkt, sondern mehrere unterschiedliche Produkte oder Dienstleistungen. Zur Berechnung der Stückkosten und des Verkaufspreises wenden diese Betriebe die **Zuschlagskalkulation** an. Die Vorgehensweise ist bei allen Unternehmen, unabhängig davon, ob es sich um ein Industrieunternehmen, einen Handwerksbetrieb oder einen Händler handelt, ähnlich: Die **Einzelkosten** werden dem Produkt direkt zugeordnet. Die **Gemeinkosten** werden in Form eines **Zuschlags** (in Prozent von den Einzelkosten) erfasst.

Beispiel Zuschlagskalkulation im Industriebetrieb

	Kosten	Erläuterung	Beispiel *Fly Bike Werke*		
	Material-einzelkosten	Materialkosten, die bei der Fertigung des Produkts anfallen und dem Produkt direkt zugeordnet werden können	Rahmen, Gabel, Pedalen, Lenkrad, Speichen gemäß Stücklisten		100,00 €
+	**Material-gemeinkosten**	Zuschlag für Materialkosten, die bei der Fertigung anfallen, dem Produkt aber nicht direkt zugeordnet werden können	Verpackung, Fracht, Lagerung, Löhne Lager, Versicherungen	33 %	33,00 €
=	**Materialkosten**				133,00 €
	Fertigungs-einzelkosten	Löhne für Mitarbeiter in der Fertigung, die der Fertigung des Produktes direkt zugeordnet werden können	Löhne der Mitarbeiter in der Fertigung gemäß Arbeitsplan und Lohnschein		57,00 €
+	**Fertigungs-gemeinkosten**	Zuschlag für Löhne und Gehälter, die in der Fertigung anfallen, dem Produkt aber nicht direkt zugerechnet werden können	Löhne und Gehälter von Konstrukteuren und Meistern, Abschreibungen, Energie	120 %	68,40 €
=	**Fertigungs-kosten**				125,40 €
=	**Herstellkosten**		Materialkosten + Fertigungskosten		258,40 €
+	**Verwaltungsge-meinkosten**	Zuschlag für Kosten der Verwaltung, die dem Produkt nicht direkt zugeordnet werden können	Gehälter der Geschäftsführung, Löhne der Verwaltungsangestellten, Büromaterial	12 %	31,01 €
+	**Vertriebs-gemeinkosten**	Zuschlag für Kosten des Vertriebs, die dem Produkt nicht direkt zugeordnet werden können	Lagerkosten für fertige Fahrräder, Versandkosten, Werbung	5 %	12,92 €
=	**Selbstkosten**	gesamte Kosten, die für das Produkt anfallen (Stückkosten)			302,33 €
+	**Gewinnzuschlag**			50 %	151,17 €
=	**Barverkaufspreis**				453,50 €
+	**Kundenskonto**	Preisnachlass, der dem Kunden für eine vorzeitige Zahlung des Rechnungsbetrags gewährt werden soll	Kunde darf 2 % vom Zielverkaufspreis abziehen, wenn er innerhalb von 14 Tagen zahlt.	2 %	9,26 €
=	**Zielverkaufspreis**				462,79 €

=	**Kundenrabatt**	Rabatt, der dem Kunden aus unterschiedlichen Gründen gewährt werden soll	Stammkunden wird ein Treuerabatt in Höhe von 10 % auf den Nettoverkaufspreis gewährt.	10 %	51,42 €
=	**Nettoverkaufspreis**	Listenverkaufspreis netto			514,21 €
+	**Umsatzsteuer**	gesetzlich vorgeschriebene Steuer, die für nahezu alle Produkte und Dienstleistungen auf den Nettoverkaufspreis erhoben wird; Normalsatz 19 %, ermäßigter Satz 7 %		19 %	97,70 €
=	**Bruttoverkaufspreis**	Listenverkaufspreis brutto			611,91 €

Kernwissen zu Kapitel 3.2

MARKETING

Ausrichtung sämtlicher unternehmerischer Aktivitäten am Marktgeschehen, sodass die Produkte des Unternehmens den Bedürfnissen des Kunden entsprechen. Dabei gilt es, Marktveränderungen zu beobachten und auf diese unternehmerisch zu reagieren.

PREISSTRATEGIEN

Penetration-Strategie	Niedrigpreisstrategie	Skimming-Strategie	Hochpreisstrategie

MARKETINGMIX

Zielgerichtete und aufeinander abgestimmte Planung der absatzpolitischen Instrumente mit dem Ziel, ein Produkt erfolgreich zu vermarkten.

Produktpolitik	Das Unternehmen wählt die Produkte aus, die am Markt angeboten werden sollen. Die Produktauswahl und die Gestaltung des gesamten Sortiments werden kontinuierlich an die Wünsche der Kunden angepasst.
Preispolitik	Das Unternehmen legt die grundsätzliche Preisstrategie und für jedes Produkt den Preis fest. Die Preisgestaltung erfolgt in Abhängigkeit von den Kosten, der Marktform, den Kunden und der Konkurrenz des Unternehmens.
Distributionspolitik	Das Unternehmen bestimmt, auf welchem logistischen Weg das Produkt vom Hersteller zum Endverbraucher gelangt.
Kommunikationspolitik	Das Unternehmen legt fest, wie die Produkte und das Unternehmen beim Kunden bekannt gemacht werden sollen. Durch die Kommunikation sollen Informationen übermittelt, ein positives Image erzeugt und der Kunde zum Kauf des Produktes bewegt werden.

Absatzwerbung	**Verkaufsförderung**	**Öffentlichkeitsarbeit**
Maßnahmen, die darauf abzielen, das Produkt beim Kunden bekannt zu machen und das beworbene Produkt zu verkaufen	Maßnahmen, die am Ort des Verkaufs darauf abzielen, den Verkauf des Produktes zu fördern.	Maßnahmen, die darauf abzielen, das Image des Unternehmens in der Öffentlichkeit positiv zu beeinflussen

Werbemittel	Werbeträger
Durch das Werbemittel wird die Werbebotschaft transportiert. (Beispiele: Anzeige, Werbefilm, Hörspot, Warenprobe)	Über den Werbeträger wird die Werbebotschaft, die das Werbemittel transportiert, an die jeweilige Zielgruppe herangetragen. (Beispiele: Zeitung, Zeitschrift, Litfaßsäule, Plakatwand, Hörfunk, Fernsehen, Verkehrsmittel)

WERBEGRUNDSÄTZE	
Wirksamkeit	Das Werbeziel soll erreicht werden.
Wahrheit	Die Werbung darf keine irreführenden Inhalte übermitteln, sondern sollte sachlich richtig informieren. Sie darf nicht gegen das Gesetz gegen unlauteren Wettbewerb verstoßen.
Klarheit	Die Werbebotschaft soll für die Zielgruppe klar und leicht verständlich sein.
Wirtschaftlichkeit	Das Werbeziel soll mit möglichst geringem Aufwand erreicht werden.

ÜBUNGEN ZU KAPITEL 3.2

Ü1 Ordnen Sie die Begriffe aus der Werbeplanung den Erläuterungen zu.
1 Streuzeit, 2 Streugebiet, 3 Werbeetat, 4 Zielgruppe, 5 Werbemittel

a) Geldbetrag, der für die Werbung eingesetzt werden soll. ❑

b) Gruppe von Personen, die von der Werbung angesprochen werden soll. ❑

c) Geografisch abgegrenzter Raum, in dem geworben werden soll. ❑

d) Medium (Anzeige, Film etc.), mit dem die Werbebotschaft transportiert werden soll. ❑

e) Zeitraum, in dem die Werbung erfolgen soll. ❑

Ü2 Entscheiden Sie für folgende Produkte, ob eher eine Hochpreisstrategie oder eher eine Niedrigpreisstrategie verfolgt wird:

a) iPhone®

b) No-Name-Cola

c) Porsche® Cayenne®

d) Reinigung von Oberhemden

e) Nespresso® Kaffeekapseln

Ü3 Wählen Sie aus dem Absatzprogramm Ihres Ausbildungsbetriebs ein Produkt oder eine Dienstleistung aus und beschreiben Sie eine mögliche Maßnahme der

a) Absatzwerbung,

b) Salespromotion,

c) Public Relations.

Ü4 Sammeln Sie Beispiele für Werbungen (Zeitungsausschnitte, Fotos von Plakaten, Werbespots usw.) und stellen Sie diese Ihrer Klasse vor. Erläutern Sie, welche Zielgruppe mit der Werbung angesprochen werden sollte. Entscheiden Sie gemeinsam, ob das dem jeweiligen Unternehmen Ihrer Meinung nach gelungen ist.

Ü5 Die *Fly Bike Werke* produzieren ein Fahrrad und kalkulieren mit folgenden Werten:

- Materialeinzelkosten 92,00 €
- Fertigungseinzelkosten 55,00 €
- Materialgemeinkostenzuschlag 30 %
- Fertigungsgemeinkostenzuschlag 105 %
- Verwaltungsgemeinkostenzuschlag 20 %
- Vertriebsgemeinkostenzuschlag 5 %

Die *Fly Bike Werke GmbH* kalkuliert mit einem Gewinnzuschlag von 45 %. Den Kunden werden 2 % Skonto und 15 % Rabatt gewährt. Der Umsatzsteuersatz beträgt 19 %.

a) Ermitteln Sie den Bruttoverkaufspreis für das Produkt.

b) Welchen Bruttoverkaufspreis sollte die *Fly Bike Werke GmbH* festlegen, wenn sie bei der Preisfestlegung grundsätzlich Schwellenpreise (199 Euro, 299 Euro, 349 Euro usw.) ansetzt?

c) Berechnen Sie, wie hoch der Gewinn ist, wenn Sie den von Ihnen gewählten Schwellenpreis ansetzen.

Ü6 Ordnen Sie für die folgenden Beispiele zu, ob es sich um einen direkten oder indirekten Absatzweg handelt:

a) Ein Haushaltsgerätehersteller vertreibt seine Produkte ausschließlich über angestellte Reisende des Unternehmens.

b) Eine Versicherung vertreibt ihre Produkte über freiberufliche Versicherungsmakler. Die Makler erhalten bei Abschluss eine Provision von der Versicherung.

c) Ein Unternehmen der Lebensmittelindustrie vertreibt seine Produkte über einen Lebensmittelgroßhändler.

d) Ein kleines Start-up-Unternehmen bietet seine Produkte im Internet an und versendet die Ware an die Kunden.

3.3 Mit dem richtigen Marketingmix zum Erfolg

Situation 28 Hat sich die Biking-Tour gelohnt?

Als Verkaufsförderungsaktion veranstaltet die *Fly Bike Werke GmbH* jedes Jahr in verschiedenen Städten die sogenannte „Biking-Tour“. Die Veranstaltungsreihe bietet die Möglichkeit, mit den Kunden direkt in Kontakt zu treten. Ziel der Maßnahme ist es, kurzfristig den Umsatz zu steigern und langfristig die Kunden ans Unternehmen zu binden.

Biking-Tour

der Fly Bike Werke GmbH ein voller Erfolg

Die Kunden starten gut ausgerüstet in die neue Saison

Von Aurora Fessler

Oldenburg. Die Biking-Tour der Fly Bike Werke GmbH endete wie in jedem Frühjahr in Oldenburg.

Am Samstag wurde im Einkaufszentrum die letzte Etappe der Biking-Tour veranstaltet. Die Besucher konnten dabei Tipps zur Fahrradsicherung bekommen und sich über die neuesten Modelle der Fahrradmarke informieren. Besondere Highlights der Biking-Tour waren wie in jedem Jahr viele prominente Radsportler und die Gewinntombola. Der Geschäftsführer Hans Peters: „Wir freuen uns, den Kunden Freude am Radsport zu vermitteln. Wir hoffen, dass wir diese beliebte Aktion auch im nächsten Jahr fortsetzen können. Schließlich kostet die Aktion so einiges.“

Die Besucher waren wie im Vorjahr sehr zufrieden mit der Veranstaltung. Dies lässt für die Fly Bike Werke auf gute Umsätze hoffen und für alle Teilnehmer und Besucher im nächsten Jahr auf eine Fortsetzung.

Fly Bike Werke GmbH

Zusammengefasste Kostenaufstellung für die Biking-Tour des Vorjahres	**€**
Wareneinsatz (u. a. Tombola)	178.500,00
Personalkosten	160.000,00
Energie und Heizung	8.000,00
Messezelt Miete	10.100,00
Messezelt Auf- und Abbau	80.000,00
Kosten für Verkaufsförderungsaktionen	3.000,00
Security/Bewachung	4.000,00
Zusammengefasste Kostenaufstellung für die Biking-Tour des aktuellen Jahres	**€**
Wareneinsatz (u. a. Tombola)	181.200,00
Personalkosten	160.000,00
Energie und Heizung	8.500,00
Messezelt Miete	10.200,00
Messezelt Auf- und Abbau	88.000,00
Kosten für Verkaufsförderungsaktionen	27.000,00
Security/Bewachung	4.200,00

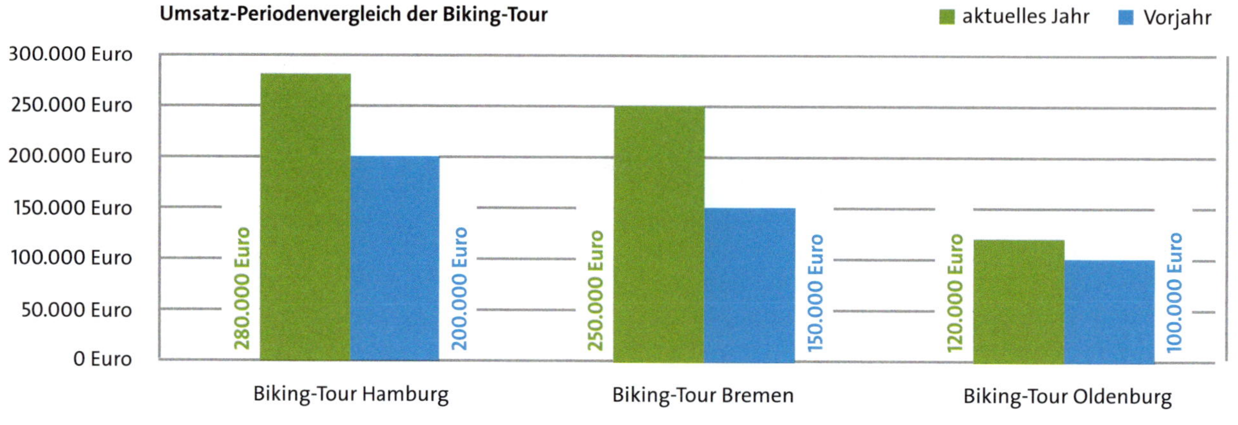

ARBEITSAUFTRÄGE ZUR SITUATION

A1 Lesen Sie die Information → **M1** und führen Sie für die gesamte Biking-Tour eine Werbeerfolgskontrolle durch. Tragen Sie Ihre Daten in die Tabelle → **M2** ein.

a) Wie hoch ist der Werbeerfolg in Euro?

b) Wie hoch ist die Werberendite?

A2 Warum ist trotz der berechneten Rendite keine genaue Aussage über den Erfolg der Maßnahme möglich?

A3 Beschreiben Sie weitere Kriterien, mit denen der Erfolg einer Werbemaßnahme gemessen werden kann.

M1 Absatzcontrolling

Das Absatzcontrolling ist ein Teil des betrieblichen Controllings, das Zahlenmaterial aus dem Absatzbereich des Unternehmens aufbereitet und an die Unternehmensführung weitergibt. Auf der Grundlage der Daten können absatzpolitische Entscheidungen getroffen werden. In der Regel wird im Controlling mit **Kennzahlen** gearbeitet, um die vorgegebenen Ziele und Ergebnisse messbar zu machen.

Zwei Kennzahlen, mit denen man den **ökonomischen** Erfolg einer Werbemaßnahme messen kann, sind der Werbeerfolg und die Werberendite.

Werbeerfolg = Umsatz nach der Werbemaßnahme – Umsatz vor der Werbemaßnahme

$$\textbf{Werberendite in \%} = \frac{\text{Werbeerfolg} \cdot 100}{\text{Werbekosten}}$$

Die Werbung ist erfolgreich, wenn die Werberendite > 100 % ist. Die durch die Werbung entstandenen Kosten werden dann komplett durch den Umsatzzuwachs gedeckt und darüber hinaus wird noch ein Gewinn erwirtschaftet.

Über den ökonomischen Erfolg hinaus kann das Unternehmen auch überprüfen, ob durch die Werbemaßnahme weitere Ziele erreicht worden sind. Der **Aufmerksamkeitsgrad** zeigt an, wie hoch der Anteil derjenigen innerhalb der Zielgruppe ist, die sich von der Werbung angesprochen gefühlt haben. Der **Erinnerungserfolg** misst die Zahl derjenigen innerhalb der Zielgruppe, die sich auch nach Ablauf eines bestimmten Zeitraums noch an die Werbung erinnern. Die **Auftragseingangsquote** zeigt an, wie viele der Aufträge in Zusammenhang mit einer Werbemaßnahme eingehen, und setzt sie ins Verhältnis zu den gesamten Aufträgen des Unternehmens.

M2 Ermittlung der Werberendite

Werbeerfolgskontrolle der Verkaufsförderungsmaßnahme Biking-Tour				Veränderung gegenüber dem Vorjahr in € (+/–)	Veränderung gegenüber dem Vorjahr in % (+/–)
Umsatz Biking-Tour Vorjahr in €		Umsatz Biking-Tour aktuelles Jahr in €			
– Gesamtkosten Vorjahr (ohne Verkaufsförderung) in €		– Gesamtkosten aktuelles Jahr (ohne Verkaufsförderung) in €			
– Kosten für Verkaufsförderung Vorjahr in €	3.000	– Kosten für Verkaufsförderung aktuelles Jahr in €	27.000	+ 24.000	
= Ergebnis Vorjahr in €		= Ergebnis aktuelles Jahr in €			
Werberendite in % = $\frac{\text{Veränderung des Umsatzes} \cdot 100}{\text{zusätzliche Kosten der Verkaufsförderung}}$					

Kernwissen zu Kapitel 3.3

SALESPROMOTION (VERKAUFSFÖRDERUNG)	
Kundenpromotion	**Händlerpromotion**
Um den Absatz kurzfristig zu steigern, werden Kunden bzw. Endverbraucher durch verschiedene Maßnahmen angesprochen.	Damit Waren bevorzugt empfohlen bzw. verkauft werden, erhalten die am Kauf beteiligten Personen (Einzelhändler, Verkäufer) Unterstützungsmaßnahmen.
Beispiele: Produktvorführungen, Verkostungen, Aktionen mit Prominenten, Gewinnspiele, Gutscheine, Preisausschreiben	Beispiele: Schulungen, Prämiensysteme Informations- und Werbematerial, Verkaufsdisplays (Aufsteller für den Handel)

ÖKONOMISCHE WERBEERFOLGSKONTROLLE	
Werbeerfolg	**Werberendite**
zeigt den Umsatzzuwachs nach der Werbemaßnahme im Vergleich zum Umsatz vor der Werbemaßnahme	zeigt an, inwiefern der Werbeerfolg sich gelohnt hat, d. h., ob und in welchem Maß der Werbeerfolg die Kosten der Werbemaßnahme übersteigt

AUSSERÖKONOMISCHE WERBEERFOLGSKONTROLLE		
Aufmerksamkeitsgrad	Erinnerungserfolg	Auftragseingangsquote

ÜBUNG ZU KAPITEL 3.3

Ü1 **Ein großes Pharmaunternehmen, die Health Care AG, möchte eine Werbung für ein neues Nahrungsergänzungsmittel durchführen. Zielgruppe für dieses Produkt sind Frauen im Alter von 30 bis 50 Jahren. Die geplante Werbung soll zunächst nur auf Printmedien beschränkt bleiben. Zur Auswahl stehen die folgenden Zeitschriften, die nach der Reichweite in der Zielgruppe sortiert sind.**

▶

ZIELGRUPPE: HEALTH CARE AG, POTENZIAL: 24,5 %, 7.332 FÄLLE, 15,94 MIO.

	„Medien Werbeträger“	Format	Farbe	EW	Schaltkosten in €	Tausendkontaktpreis (TKP)	Reichweite in der ZG in %	Reichweite in der ZG in Mio.	Anteil der Zielpersonen in %	Verbreitete Auflage in der ZG
1	Brigitte	1/1 S.	4c	14-tgl.	48.076	45,35	7,2	1,06	30,8	215.069
2	freundin	1/1 S.	4c	14-tgl.	35.200	47,57	5,0	0,74	28,6	146.492
3	tina	1/1 S.	4c	wö.	28.941	40,20	4,9	0,72	24,4	114.144
4	FÜR SIE	1/1 S.	4c	14-tgl.	27.500	39,28	4,8	0,70	29,7	137.197
5	Mein schöner Garten	1/1 S.	4c	mtl.	21.601	31,77	4,6	0,68	28,8	108.029
6	Gala	1/1 S.	4c	wö.	21.400	35,08	4,1	0,61	29,7	94.788
7	SCHÖNER WOHNEN	1/1 S.	4c	mtl.	28.525	47,54	4,1	0,60	30,7	74.144
8	PETRA	1/1 S.	4c	mtl.	22.250	60,14	2,5	0,37	31,1	86.736
9	Eltern	1/1 S.	4c	mtl.	29.908	80,83	2,5	0,37	29,8	98.441
10	frau aktuell	1/1 S.	4c	wö.	5.890	17,85	2,2	0,33	25,2	61.319

Verbraucheranalyse 2008/3 – Klassik

Erläuterungen zur Rangreihe

1/1 S.	ganzseitige Anzeige
4c	Anzeige vierfarbig
EW	Erscheinungsweise (wöchentlich, 14-täglich, monatlich)
Schaltkosten in €	Kosten für eine einmalige Schaltung in dem Titel
TKP	Tausenderkontaktpreis; gibt an, wie viel Euro man aufwenden muss, um tausend Zielpersonen zu erreichen
Reichweite in der ZG in %	gibt an, wie viel Prozent der Zielgruppe mit einer Schaltung in dem Titel durchschnittlich erreicht werden
Reichweite in der ZG in Mio.	gibt an, wie viele Zielpersonen mit einer Schaltung in dem Titel durchschnittlich erreicht werden
Anteil der ZG in %	gibt an, wie viel Prozent der Personen, die bei einer einmaligen Schaltung in dem Titel insgesamt erreicht werden, zur Zielgruppe gehören
verbreitete Auflage in der ZG	gibt an, wie viele Exemplare einer Ausgabe im Durchschnitt auf die Zielgruppe entfallen, also von Zielpersonen gekauft werden oder unentgeltlich an Zielpersonen abgegeben werden, z. B. zu Werbezwecken

ZG = Zielgruppe

a) Wie kann es sein, dass bei einer einmaligen Schaltung in der Zeitschrift „Brigitte“ 1,06 Mio. Zielpersonen erreicht werden, obwohl in der Zielgruppe im Durchschnitt nur 215.069 Exemplare von jeder Ausgabe verkauft werden?
b) Wie ist die Tatsache zu beurteilen, dass bei der „Brigitte“ der Anteil der Zielpersonen an den insgesamt pro Schaltung erreichten Personen nur 30,8 % beträgt?
c) Wie viele Personen werden bei einer Schaltung in der „Brigitte“ insgesamt erreicht?
d) Damit möglichst viele Zielpersonen erreicht werden, sollen nur Titel berücksichtigt werden, die in der Zielgruppe mindestens eine Reichweite von 2,5 % haben. Bei der Auswahl soll strikt das Prinzip der Wirtschaftlichkeit berücksichtigt werden. Geben Sie fünf Titel an, die Sie der Vertriebsleiterin empfehlen würden, und begründen Sie Ihre Auswahl.

3.4 Mit mir nicht! – Verbraucherschutz

Situation 29 Rückruf eines fehlerhaften Produktes

Fahrräder spielen für *Bettina Lorenz* nicht nur in der Ausbildung zur Zweiradmechanikerin die Hauptrolle. Auch privat fährt sie begeistert Fahrrad. Vor ein paar Wochen hat sie sich einen neuen Fahrradhelm gekauft. In einer Fachzeitschrift liest sie folgende Information:

Fahrradhelm „Fun“ der Firma Ovax ist nicht stoßfest

Aufgrund eines Herstellungsfehlers ist die Stoßdämpfung in einigen kritischen Bereichen der Helme (Belüftungsöffnungen, Nieten, Kunststoffeinsatz) nicht ausreichend. Das kann bei einem eventuellen Sturz zu ernsthaften Verletzungen führen. Außerdem entsprechen die Helme nicht der europäischen Norm EN 1150, die Schutz- und Warnkleidung für den nicht professionellen Bereich regelt. Vom Rückruf betroffen ist der Helm mit der Artikelnummer B78.654.0099, Farbe matt black. Weitere Informationen erhalten Sie auf der Website von Ovax oder bei der Hotline unter 070-1296-0.

ARBEITSAUFTRÄGE ZUR SITUATION

A1 Erläutern Sie, welche gesetzliche Regelung die Firma Ovax veranlasst haben könnte, den Helm zurückzurufen. → **M1**

A2 Erläutern Sie, warum der Gesetzgeber zahlreiche Gesetze und Regelungen geschaffen hat, um den Verbraucher als Konsumenten von Sachgütern und Dienstleistungen zu schützen. → **M1**

A3 Erläutern Sie kurz die Aufgaben der Verbraucherzentralen und der Stiftung Warentest. → **M2** Informieren Sie sich ausführlicher auch auf den Internetseiten: www.test.de und www.verbaucherzentrale.de.

M1 Verbraucherschutz

Als Verbraucherschutz bezeichnet man sämtliche Maßnahmen und Regelungen, die den Verbraucher als Konsumenten von Sachgütern und Dienstleistungen schützen sollen. Aufgrund geringerer Kenntnisse zu den Themen Gesundheit, Technik und Wirtschaft sind die Verbraucher den Herstellern und Händlern von Sachgütern und Dienstleistungen meistens unterlegen. Die Maßnahmen des Verbraucherschutzes sollen dieses Ungleichgewicht aufheben.

Verbraucherschutzbestimmungen

Der Verbraucherschutz ist in Deutschland nicht in einem Verbraucherschutzgesetz geregelt. Die Regelungen sind stattdessen in einer Vielzahl von Einzelgesetzen verstreut. Grundsätzlich lassen sich zwei große Bereiche unterscheiden:

Gesundheitlicher und technischer Verbraucherschutz
Dem Verbraucher dürfen beispielsweise nur Lebensmittel, Kosmetika, Arzneimittel, Medizinprodukte, Haushaltsgeräte und Spielzeug verkauft werden, die gesundheitlich und gebrauchstechnisch unbedenklich sind. Jeder kann bei den zuständigen Behörden Informationen zu Lebensmitteln und Gegenständen des täglichen Bedarfs erfragen.
Beispiel Produkthaftungsgesetz (ProdHaftG): Erleidet jemand durch ein fehlerhaftes Produkt einen gesundheitlichen Schaden, so ist der Hersteller dafür haftbar. Das Gleiche gilt für Sachschäden, sofern die beschädigte Sache für private Zwecke verwendet wurde.

Wirtschaftlicher Verbraucherschutz
Der Verbraucher soll vor Täuschung und Benachteiligung beim Kauf von Konsumgütern oder beim Abschluss von Verträgen geschützt werden. Diese Regelungen betreffen insbesondere den Markt für Finanzdienstleistungen und Vertragsabschlüsse über das Internet.
Beispiel Fernabsatzgesetz: Bei Verträgen, die ausschließlich durch die Nutzung von Fernkommunikationsmitteln (z. B. Brief, E-Mail, Telefongespräch, Katalog) zustande kommen, hat der Verbraucher das Recht, die Ware innerhalb von zwei Wochen ohne Angabe von Gründen zurückzuschicken. Beträgt der Warenwert mehr als 40 Euro, so erfolgt die Rücksendung auf Kosten des Verkäufers.

Aus Unternehmersicht sind insbesondere Handels- und Dienstleistungsbetriebe vom Verbraucherschutz „betroffen", da dort Produkte und Dienstleistungen für den Endverbraucher angeboten werden. Doch auch Industriebetriebe als Hersteller der Produkte können haftbar gemacht werden und müssen sich mit diesem Thema auseinandersetzen.

M2 Wer informiert den Verbraucher? – Verbraucherzentralen und Stiftung Warentest

Ziel der Arbeit der **Verbraucherzentralen** ist es, Verbraucher in Fragen des privaten Konsums zu informieren, zu beraten und zu unterstützen. Durch Beratung und den Verkauf von Ratgebern verschaffen die Verbraucherzentralen dem Konsumenten Überblick bei unübersichtlichen Angeboten. Sie erläutern auch Gesundheits- oder Umweltaspekte und können damit die Kaufentscheidungen beeinflussen. Die Arbeit der Verbraucherzentralen wird durch öffentliche Mittel gefördert.

Die **Stiftung Warentest** untersucht im staatlichen Auftrag Waren und Dienstleistungen. Nach aufwendigen Preis- und Qualitätsvergleichen vergibt sie die Noten „sehr gut" bis „mangelhaft". Die Ergebnisse werden in den Zeitschriften „Test" und „Finanztest" veröffentlicht. Die Arbeit der Stiftung Warentest wird durch Steuergelder gefördert.

Kernwissen zu Kapitel 3.4

VERBRAUCHERSCHUTZ

Durch den Verbraucherschutz wird der Kunde in seiner Rolle als Konsument geschützt. In der Regel ist der Konsument dem Hersteller oder Händler wegen mangelnder Fachkenntnis und Information unterlegen. Durch die Bestimmungen des Verbraucherschutzes soll dieses Ungleichgewicht aufgehoben werden. Die Bestimmungen sind nicht etwa in einem Verbraucherschutzgesetz, sondern in einer **Vielzahl von Gesetzen** verankert.

PRODUKTHAFTUNGSGESETZ

Durch das **Produkthaftungsgesetz** wird geregelt, dass der Hersteller für einen gesundheitlichen Schaden, der durch ein fehlerhaftes Produkt verursacht wird, haftbar gemacht werden kann.

VERBRAUCHERKREDITE

Für **Verbraucherkredite** und **Teilzahlungsgeschäfte** sieht das BGB besondere Regelungen zu Form, Inhalt, Widerruf und Kündigung vor.

FERNABSATZGESETZ

Dem **Fernabsatzgesetz** unterliegen Geschäfte, bei denen sich die Vertragspartner nicht körperlich gegenüberstehen (Internethandel, Versandhandel, Teleshopping). Der Verbraucher hat das Recht, die Ware innerhalb von 14 Tagen ohne Angabe von Gründen zurückzuschicken.

PREISANGABENVERORDNUNG

Durch die **Preisangabenverordnung** ist der Verkäufer verpflichtet, jede Ware mit dem Endpreis auszuzeichnen. Für Waren, die in einer unüblichen Mengeneinheit verkauft werden, muss der Grundpreis (€/kg oder €/100 g) ersichtlich sein. **Mogelpackungen**, die mehr Inhalt vortäuschen als tatsächlich vorhanden ist, sind verboten.

ÜBUNGEN ZU KAPITEL 3.4

Ü1 Welche der folgenden Formulierungen gehört nicht zum Verbraucherschutz? ☐

1. „Sie haben das Recht, die Ware innerhalb von 14 Tagen ohne Angabe von Gründen zurückzugeben."
2. „Der effektive Jahreszins des Kredits beträgt 3,75 %."
3. „Der Preis pro Kilogramm der Ware beträgt 27,99 Euro."
4. „Aufgrund eines Produktionsfehlers rufen wir das Produkt zurück."
5. „Bei Überweisung des Rechnungsbetrags innerhalb von 14 Tagen gewähren wir Ihnen 2 % Skonto."

Ü2 Gemäß Fernabsatzgesetz hat der Verbraucher bei einem Kauf im Internet ein gesetzliches Widerrufsrecht. Welche Frist muss er für den Widerruf einhalten? ☐

1. 10 Tage
2. 14 Tage
3. 30 Tage
4. unbefristet

KAPITEL

4

Meine Rolle in der Arbeitswelt

4.1 Mein Ausbildungsbetrieb unter der Lupe

- Organisationsstruktur des Ausbildungsbetriebs
- Meine Rolle als Mitarbeiter

4.2 Situationsgerechte Kundenkommunikation und Umgang mit Konflikten

- Situationsgerechte Kommunikation
- Konfliktfähigkeit

4.3 Lernen im dualen System der Berufsausbildung

- Rechte und Pflichten im dualen System der Berufsausbildung
- Ausbildungspläne im Zusammenhang mit Ausbildungsordnung und Ausbildungsrahmenplan

4.4 In die Zukunft investieren

- Berufliche Aus- und Weiterbildung
- Lebenslanges Lernen
- Vereinbarkeit von Familie und Beruf

4.5 Vom Brutto zum Netto: die Entgeltabrechnung

- Lohn- und Gehaltsabrechnung

4.6 Lebensrisiken und Sicherheit

- Grenzen der Sozialversicherung
- Gesetzliche und private Vorsorge

4.1 Mein Ausbildungsbetrieb unter der Lupe

Situation 30 So läuft es bei den Fly Bike Werken

Bettina Lorenz hat die erste Woche ihrer Ausbildung nun schon hinter sich und die *Fly Bike Werke* etwas besser kennengelernt. Zu Beginn der zweiten Ausbildungswoche erhält Sie von *Frau Linden*, der Personalverantwortlichen, per E-Mail diesen Arbeitsauftrag.

Bettina Lorenz, Auszubildende Zweiradmechanikerin im 1. Jahr bei den Fly Bike Werken

Linden, Veruschka

Von:	Linden, Veruschka
Gesendet:	Montag, 21. September 2015 14:24
An:	Lorenz, Bettina
Betreff:	Die Fly Bike Werke unter der Lupe
Angefügt:	Fragen aus den Abteilungen

Liebe Frau Lorenz,

nach der ersten Vorstellungsrunde in den Abteilungen unseres Hauses habe ich einige Fragen an Sie, die Sie sicher schon beantworten können.

1. Wann wurde die Fly Bike Werke GmbH gegründet?
2. Wer hat sie gegründet?
3. Wie viele Mitarbeiter hat das Unternehmen?
4. Wie heißt der Geschäftsführer?
5. Wie hoch war der Umsatz im Berichtsjahr?
6. Wie lautet der Name des Unternehmens (Firma)?
7. Wie lautet der Handelsregistereintrag?
8. Wem gehört das Unternehmen?

Nutzen Sie neben dem ausgehändigten Organigramm auch die weiteren Unterlagen über unser Unternehmen.

Auch die Kollegen aus den verschiedenen Abteilungen haben Fragen zusammengestellt. Diese sind als Datei angehängt.

Schicken Sie Ihre Antworten bitte per Mail an mich zurück.

Ich wünsche viel Erfolg bei der Recherche.

Mit besten Grüßen

Veruschka Linden
Personalsachbearbeiterin

Verwaltungsabteilung Fly Bike Werke GmbH
Tel.: +49 441 885 111
E-Mail: veruschka.linden@flybike-werke.de
http://www.flybike-werke.de

Handelsregistereintrag: Oldenburg, HRB 2134
Geschäftsführung: Hans Peters

ARBEITSAUFTRÄGE ZUR SITUATION

A1 Unterstützen Sie *Bettina Lorenz* bei ihrem Auftrag und beantworten Sie – z. B. in Partnerarbeit oder im Team – die Fragen aus der E-Mail sowie aus der Anlage ➜ **M1**.

A2 Beantworten Sie dann – alleine oder mit einem Auszubildenden desselben Betriebes – die Fragen 1. bis 8. aus der Mail für Ihren Ausbildungsbetrieb. Die Beantwortung der Fragen kann als Grundlage für ein Klassengespräch über Ihre Ausbildungsbetriebe dienen.

A3 Erstellen Sie – ausgehend vom Organigramm der *Fly Bike Werke* auf (➜ Seite 11) – ein Organigramm für Ihren Ausbildungsbetrieb. Lesen Sie hierzu den Informationstext ➜ **M2**. Er wird Ihnen helfen, das passende Organisationsmodell für Ihren Betrieb auszuwählen.
Falls Sie Ihren Betrieb in keiner der Organisationsformen finden, nehmen Sie denjenigen, der am ähnlichsten ist, und tragen Sie die Unterschiede in Ihr Organigramm ein.

A4 Untersuchen Sie nun die Arbeitsabläufe (Ablauforganisation) in Ihrem Betrieb:

a) Zeichnen Sie für den Prozess „Abwicklung eines Kundenauftrags“ in das in **A3** erstellte Organigramm alle erforderlichen Kommunikationswege ein. Vergleichen Sie Ihr Arbeitsergebnis dann mit dem eines Auszubildenden aus einem anderen Betrieb. Wo liegen Gemeinsamkeiten, wo Unterschiede?

b) Lesen Sie die Information ➜ **M3** zum Thema Schnittstellen und identifizieren Sie dann die für Ihren Ausbildungsbetrieb kritischen Schnittstellen.

M1 Fragen aus den Abteilungen

Fragen aus der Produktion

P1. Wie ist unser Produktionsprogramm zusammengesetzt?
P2. Aus bis zu wie vielen Einzelteilen besteht ein Fahrrad der Fly Bike Werke bei Vollausstattung?
P3. Welche Vorprodukte/Fremdbauteile werden in unserer Produktion gebraucht?
P4. Welche Rohstoffe und Hilfsstoffe werden verwendet?
P5. Wer leitet den Produktionsbereich?

Fragen aus dem Bereich Einkauf/Logistik

E1. Welche drei Teilehersteller beliefern die Fly Bike Werke?
E2. Wie hoch waren Materialaufwand und Wareneinsatz im Berichtsjahr und im Vorjahr?
E3. Welche Handelswaren und Dienstleistungen bieten wir an?
E4. Wer leitet den Versand?

Fragen aus dem Vertrieb

V1. Wer gehört zu unseren Kunden in Deutschland?
V2. In welche Länder werden unsere Produkte sonst noch geliefert?
V3. Welchen Jahresbonus gewähren wir unseren Kunden bei einer Abnahme von mindestens 5 000 Fahrrädern?
V4. Welchen Rabatt gewähren wir bei einer Abnahme von 125 Fahrrädern?
V5. Was verstehen wir unter „Private Label“?
V6. Wer leitet die Vertriebsabteilung?

M2 Aufbauorganisation und Organisationsmodelle

Die betriebliche Organisation ist ein System, das den Aufbau und die Abläufe in einem Betrieb darstellt. Im Rahmen der Aufbauorganisation werden die hierarchischen Strukturen, die Regeln und die Weisungsbefugnisse, also wer gibt wem Anweisungen, abgebildet.

Um einen Betrieb zu organisieren, ist es wichtig, dass **Stellen** und **Abteilungen** gebildet werden. Hierzu werden die auszuführenden Aufgaben analysiert und nach Anspruch, Umfang und Inhalt zu **Stellen** zusammengefasst. Man unterscheidet dabei zwischen **Instanzen** (Entscheidungs- und Weisungsbefugnis), **Stabsstellen** (nur beratende Tätigkeit, keine direkt untergeordneten Mitarbeiter) und **ausführenden Stellen** (Bearbeitung der Aufgaben). Wenn die Besetzung einer Stelle erfolgen soll, kann anhand der Stellenbeschreibung ein geeigneter Bewerber gefunden werden.

Man unterscheidet verschiedene Formen von Aufbauorganisationen:

Einliniensystem
(Jede Stelle kann Anweisungen nur von einer übergeordneten Instanz erhalten.)

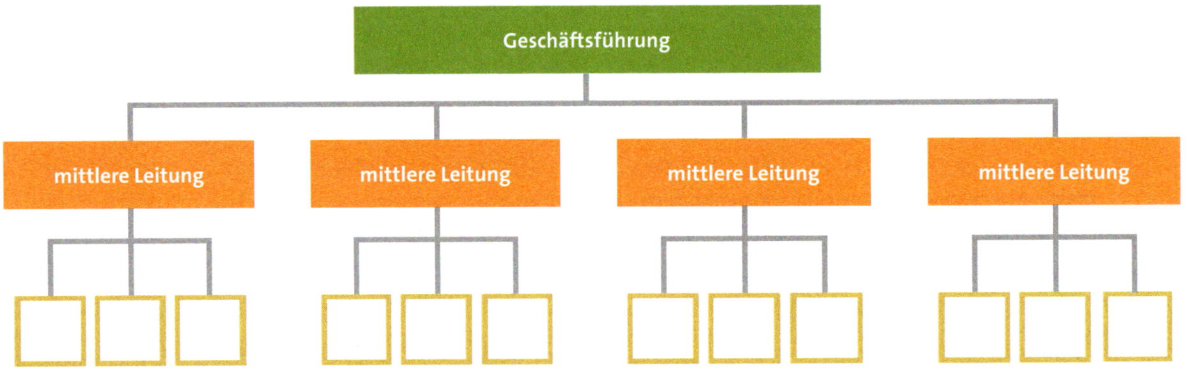

Stabliniensystem
(wie das Einliniensystem mit Stabsstellen, die eine beratende Funktion übernehmen)

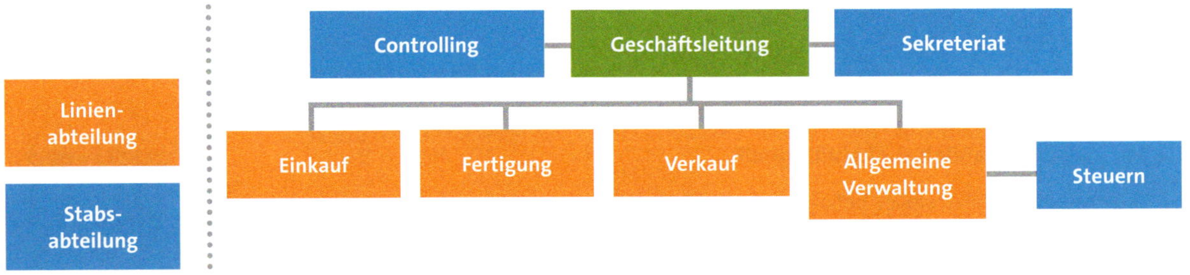

Spartenorganisation
(Bei sehr unterschiedlichen Produkten werden Sparten gebildet, die für eine Produktart arbeiten.)

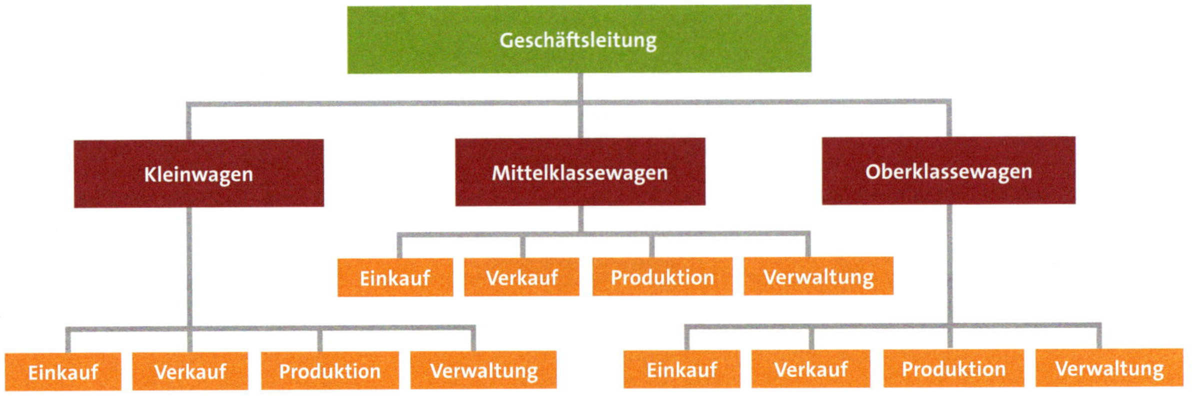

M3 Ablauforganisation und Schnittstellen

Unter Ablauforganisation versteht man die **Organisation** häufig **wiederkehrender Arbeitsabläufe**. Da diese sich selbst innerhalb einer Branche von Betrieb zu Betrieb stark unterscheiden, wird die Ablauforganisation stets individuell auf die eigenen Bedürfnisse zugeschnitten.

Eine gut strukturierte Ablauforganisation
- minimiert die Kommunikationswege,
- optimiert den Einsatz von Arbeitsmaterialien und Arbeitskräften,
- minimiert die Zeiten und Wege des innerbetrieblichen Transports.

Schnittstellen entstehen, wenn im Ablauf eines Prozesses z. B. Informationen von einem Arbeitsplatz an den anderen übergeben werden. Dort befinden sich aufgrund des Übergangs von Wissen, Material und Informationen von einer Stelle zur nächsten **Schwachstellen** im Geschäftsablauf.
Trotz der Schnittstelle sollte der Prozess störungsfrei (kein Verlust von Material, Information oder Zeit) laufen. Insofern stehen dem Schnittstellenmanagement vor allem zwei Optionen zur Verfügung:
- Veränderungen der Aufbauorganisation, um Schnittstellen zu vermeiden
- Verbesserung des Ablaufs, um den Informations- und Kommunikationsfluss nicht zu behindern

Situation 31 Nur nicht aus der Rolle fallen? Meine Stellung im Unternehmen

Bettina und *Ralf* sind auf dem Weg von der Berufsschule zu den *Fly Bike Werken* und vergleichen ihre Erfahrungen in der Schule und im Betrieb. Dabei stellen sie fest, dass sie sich an beiden Orten eigentlich ganz gut eingelebt haben, aber manchmal unsicher sind, was von ihnen erwartet wird. Manchmal haben Sie die Rolle des Azubis, der noch lernen muss, oder die Rolle des Mitarbeiters, von dem eigenverantwortliche Arbeit und selbstbewusstes Auftreten erwartet wird. In der Berufsschule nehmen Sie nicht länger die klassische Schülerrolle ein, sondern dort wird Eigeninitiative und Verantwortung für den eigenen Lernprozess vorausgesetzt. Sie werden mit **Sie** angeredet und Lehrer sprechen von **Erwachsenenbildung**. *Ralf* bemerkt abschließend: „An manchen Tagen fühle ich mich wirklich orientierungslos."

Ralf, Auszubildender Industriemechaniker im 2. Jahr bei den Fly Bike Werken

ARBEITSAUFTRÄGE ZUR SITUATION

A1 Betrachten Sie das Schaubild → **M1** und ergänzen Sie konkrete Beziehungen aus Ihrer beruflichen Umgebung. Beziehen Sie auch Ihr privates Umfeld ein.
Finden Sie Dinge/Situationen, die sich für Sie privat seit dem Beginn der Ausbildung geändert haben.

A2 Lesen Sie die Definition zur **Rolle** → **M2**. Beschreiben Sie nun für jeden Akteur aus dem Schaubild → **M1** seine Rolle.

A3 Die Rolle, die Sie im Unternehmen einnehmen, ist geprägt von den Erwartungen, die Ihr betriebliches (und ggf. privates) Umfeld an Sie hat. Wie füllen Sie diese Rolle aus? Vervollständigen Sie dazu die Tabelle → **M3** für sich persönlich. Vergleichen Sie dann Ihr Ergebnis mit dem eines Partners und diskutieren Sie die Unterschiede:
- Warum verhalten Sie sich in bestimmten Situationen unterschiedlich?
- Welche Reaktionen ruft Ihr Verhalten hervor?

Bereiten Sie sich darauf vor, Ihrer Klasse hiervon zu berichten.

M1 Der Auszubildende und sein Umfeld

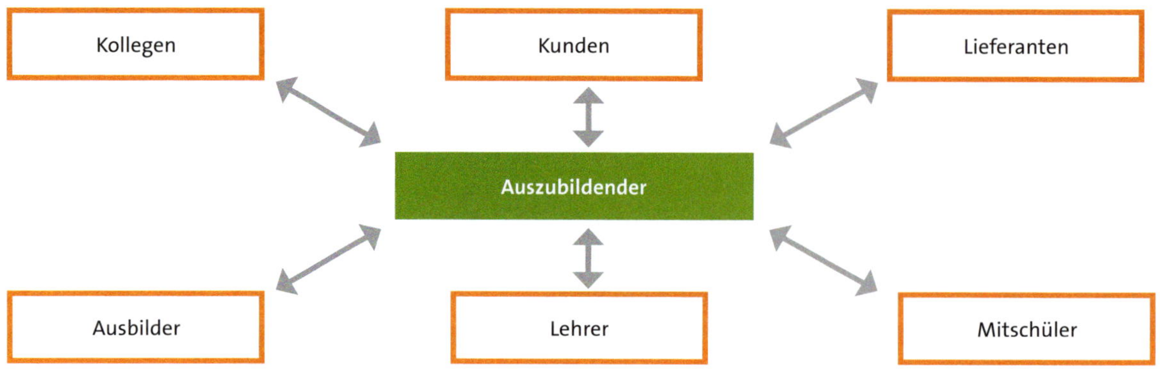

M2 Definition „Rolle“

Mit **Rolle** bezeichnet man eine zeitlich beschränkte Funktion einer Person innerhalb einer Organisation. Eine **Rolle** wird definiert durch Aufgaben, Befugnisse und Verantwortungen. Innerhalb dieser Rahmenbedingungen wird die Rolle durch ihren Inhaber geprägt und ausgestaltet.

M3 Was ist meine persönliche Rolle?

Meine Rolle als Auszubildender im Betrieb und beim Kunden	
Wie sehe ich mich? Wie werde ich gesehen? Wie möchte ich gesehen werden? (durch Kollegen, bei den Chefs, bei Kunden)	
Was brauche ich, um akzeptiert zu werden? (fachlich und persönlich)	
Mein Auftritt im Betrieb und beim Kunden	
Welche Spielregeln gibt es für das alltägliche Miteinander?	
Das äußere Bild spricht Bände – wie trete ich auf? (Sprache, Körpersprache, Kleidung, Haare, Handyverhalten)	
Umgang mit schwierigen Situationen	
Wenn meine Motivation sinkt – was treibt mich an?	
Umgang mit Problemen und Störungen – wie sieht mein typisches Verhalten aus?	
Wie spreche ich die Situation klärend an?	

Situation 32 Ausbildungsbedingungen bei den Fly Bike Werken

Bettina und *Ralf* finden folgende E-Mail in ihrem Postfach:

Ganser, Sabine

Von:	Ganser, Sabine
An:	Auszubildende
Gesendet:	Donnerstag, den 24. September 2015 09:45
Betreff:	Einladung vom Betriebsrat

Liebe Auszubildende,

auch der Betriebsrat möchte dazu beitragen, dass eure Ausbildung bei den Fly Bike Werken erfolgreich und spannend verläuft. Andererseits erwarten wir von euch vollen Einsatz – sowohl hier im Betrieb als auch in der Berufsschule.

Um die Rahmenbedingungen zu besprechen und neue Konzepte mit euch zu planen, laden wir euch herzlich ein.

Termin: 01.10.2015, 10 Uhr
Ort: Raum A110
Berufsschulbefreiung erfolgt nach Absprache durch Vorlage der Einladung.

Tagesordnung
1. Einrichtung eines Paten-Programms für Auszubildende im ersten Ausbildungsjahr
2. 2-tägiger Ausflug aller Auszubildenden zur Branchenmesse *Bike 2015*
3. Umgang mit Fehlstunden in der Berufsschule

Die Teilnahme ist für alle Auszubildenden verpflichtend.

Viele Grüße

Sabine Ganser
Betriebsrätin

ARBEITSAUFTRÄGE ZUR SITUATION

Die folgenden Arbeitsaufträge sollen die Besprechung mit dem Betriebsrat (→ Kapitel 5.3 und 5.4) im Rollenspiel vorbereiten. Dazu bilden Sie in der Klasse drei Gruppen. Jede Gruppe kann einen Tagesordnungspunkt bearbeiten. Hierzu geht jede Gruppe folgendermaßen vor:

A1 Bereiten Sie die Besprechung vor, indem Sie Rollenkarten **→ M1** für die vier am Gespräch beteiligten Personen anfertigen:
- Auszubildende
- Betriebsrat
- Geschäftsführung
- Ausbilder

Die Rollenkarte des Auszubildenden liegt Ihnen in **→ M1** für die drei Gruppen je ausformuliert als Beispiel vor. Sollten Sie weitere Gedanken oder Ideen hierzu haben, können Sie die Karte natürlich ergänzen.
Als weiteren Impuls für die Ausgestaltung der einzelnen Rollen finden Sie in **→ M2** einige Gedanken, die sich die Beteiligten zu den entsprechenden Themen gemacht haben. Nehmen Sie diese als Grundlage und ergänzen Sie sie.

A2 Verteilen Sie die Rollen und simulieren Sie die Besprechung im Rollenspiel. Die nicht direkt am Rollenspiel beteiligten Schüler beobachten die Situation und reflektieren später die ausgehandelten Ergebnisse.

M1 Vorlage Rollenkarten

Rollenkarte

Auszubildende(r) für Punkt 1

„Bloß keine zusätzlichen Termine!"
„Super, das kann mir nur helfen."
„Was sollen die schon machen können?"
„Meinen Paten suche ich mir aber selber aus."
„Wie soll mir denn bitte ein anderer Azubi helfen? Hat der selber denn einen Plan?"

Rollenkarte

Auszubildende(r) für Punkt 2

„Messe klingt spannend – aber ich muss doch nichts bezahlen?"
„Was sind meine Aufgaben da?"
„Hoffentlich spricht mich da keiner an – was soll ich denn sagen?"
„Nur Rumstehen – da geh ich ja noch lieber zur Schule!"

Rollenkarte

Auszubildende(r) für Punkt 3

„Die sollen sich wegen ein paar kleiner Verspätungen mal nicht so anstellen!"
„Schule – da gehe ich zur Entspannung hin!"
„Betrieb ist doch viel wichtiger."
„Wenn im Betrieb zu viel los ist, gehe ich halt nicht zur Schule."

M2 Mögliche Gedanken zu den Themen der Versammlung

- „Ich will, dass meine Firma ein gutes Image hat."
- „Mitarbeiter werden hier individuell gefördert und gefordert."
- „Zusätzliche Kosten für die Ausbildung müssen sich auch im Ergebnis niederschlagen."
- „Arbeitszufriedenheit führt zur Identifikation mit dem Unternehmen."
- „Mitarbeiterentwicklung funktioniert für mich nur, wenn der Mitarbeiter einbezogen wird."
- „Die theoretische Ausbildung in der Schule ist für die Abschlussprüfung wichtig!"
- „Alle Ausbildungsziele schaffen wir nicht, wir wählen aus."
- „Ich werde auch an meinen Zahlen gemessen."
- „Ziel der Mitarbeiterentwicklung ist Teamfähigkeit, nicht Konkurrenz."
- „Der Erfolg von Fortbildungen muss sich im betrieblichen Alltag erkennen lassen."
- „Ohne Unterstützung durch den Unternehmer (Zeit, Geld, Ressourcen ...) komme ich mit meinen Auszubildenden auch nicht weiter."
- „Meine Ausbildung soll auf meine Bedürfnisse zugeschnitten sein."
- „Was kommt nach der Ausbildung und wer unterstützt mich dabei?"
- „Die Auszubildenden wachsen bei gemeinsamen Unternehmungen zusammen. Das ist mir das Geld wert."

Kernwissen zu Kapitel 4.1

BETRIEBLICHE ORGANISATIONSFORMEN

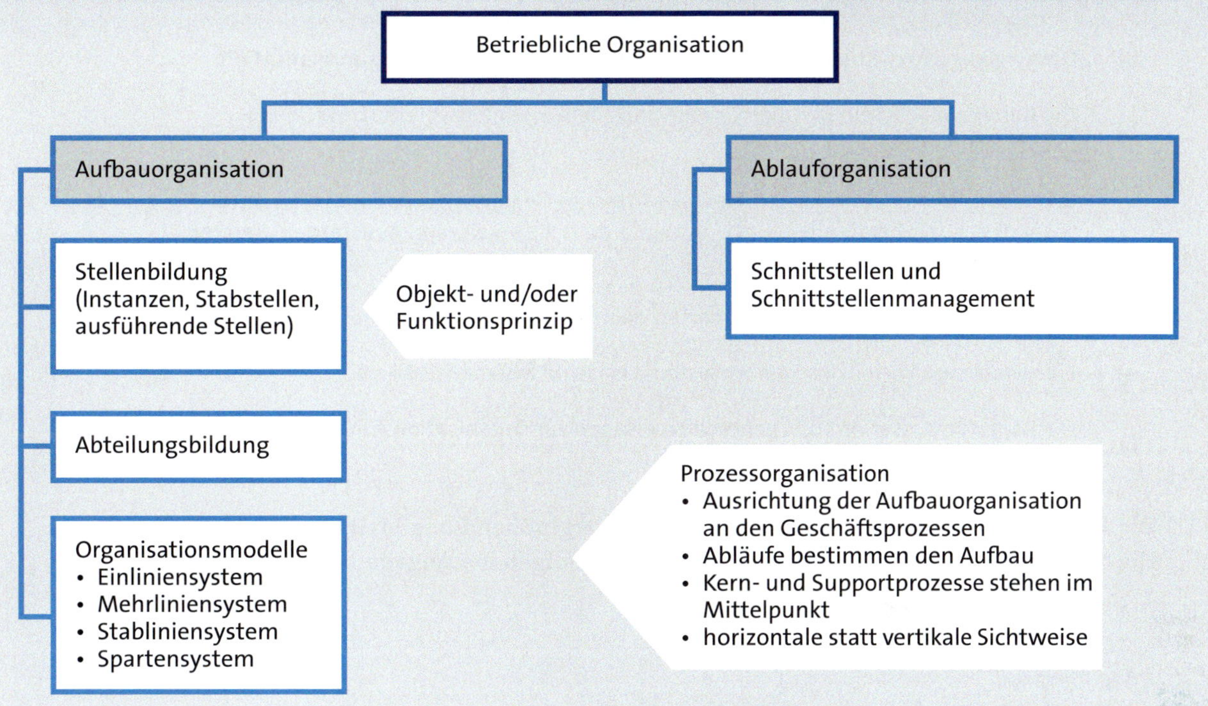

ÜBUNGEN ZU KAPITEL 4.1

Ü1 **Durch die nachstehende Beschreibung soll der organisatorische Aufbau eines Unternehmens zum Ausdruck kommen.**
Entwerfen Sie ein Schaubild, aus dem die Leitungszusammenhänge und der Aufbau des Unternehmens hervorgehen. Nur bei Stabsstellen und Bereichsleitern sind die Namen der leitenden Personen einzusetzen.

a) Verkaufsleiter ist Herr Brandt, die zwei anderen Bereiche werden von Herrn Fritz und Herrn Lehmann geleitet.

b) Der Verwaltungsbereich gliedert sich in die Abteilungen Rechnungswesen, Personalwesen und Anlagenverwaltung.

c) Herr Dr. Schneider ist der Syndicus (Rechtsanwalt im Angestelltenverhältnis).

d) Meister Lange verwaltet das Lager, er untersteht dem Einkaufsleiter.

e) Der Verkaufsbereich gliedert sich in die Abteilungen Inland und Ausland.

f) Am 1. Januar nächsten Jahres tritt Herr Ed Vaupel in das Unternehmen ein. Er soll als Berater der Geschäftsleitung eine Organisationsabteilung aufbauen.

g) Der Einkauf gliedert sich in die Gruppen Textil und Hartwaren.

h) Herr Krause und Herr Schultze sind die beiden Gruppenleiter im Textileinkauf (Herr Krause: Meterware; Herr Schultze: Konfektion).

i) Herr Bossert ist Geschäftsführer.

Ü2 Kennzeichnen Sie die richtigen Aussagen mit einem „R“, die falschen Aussagen mit einem „F“.

a)	Das Organigramm ist das wichtigste Darstellungsmittel einer Aufbauorganisation.	
b)	Die Bundeswehr ist ein Beispiel für eine nach dem Einliniensystem strukturierte Organisationseinheit.	
c)	Beim Mehrliniensystem werden den Instanzen im Gegensatz zum Einliniensystem Stabsstellen mit beratender Funktion zugeordnet. Beispiele sind Assistenten, Berater oder wissenschaftliche Mitarbeiter.	
d)	Beim Spartensystem werden die Sparten nach dem Objektprinzip geordnet.	
e)	Ein erheblicher Vorteil des Spartensystems ist seine Übersichtlichkeit.	
f)	Die Ablauforganisation trifft generelle Aussagen zur Organisation von Arbeitsabläufen.	

Ü3 Die Aufbauorganisation der Braunschweiger Papiergroßhandlung Maier GmbH ist in drei Hierarchiestufen gegliedert. Erstellen Sie nach den folgenden Angaben ein Organigramm.

Die Papiergroßhandlung beschäftigt:
- 2 Geschäftsführer,
- 1 Sekretärin,
- 5 Abteilungsleiter,
- 13 Sachbearbeiter,
- 2 Reisende,
- 6 Arbeiter.

Gehandelt werden 4 verschiedene Warengruppen (WG):
- WG 1: Kopierpapiere,
- WG 2: Feinpapiere,
- WG 3: Druckpapiere,
- WG 4: Folien.

- Den Geschäftsführern Michael Stellter und Bernd Krause, wird das Geschäftsführersekretariat mit Frau Müller zugeordnet.
- Die Abteilung Einkauf, die von Frau Seiters geleitet wird, beschäftigt 2 Sachbearbeiter: Herrn Willer, der den Einkauf von Kopierpapieren und Feinpapieren abwickelt, und Frau Kresser, die Druckpapiere und Folien beschafft.
- Die Abteilung Verkauf, geleitet von Herrn Schlichtig, ist nach Regionen organisiert. 4 Sachbearbeiter sind jeweils für alle Kunden ihres Verkaufsgebietes zuständig: Region Nord: Frau Kränzel, Region West: Frau Lichert, Region Ost: Herr Kraus und Region Süd: Herr Krabbe. Ebenfalls dem Verkaufsleiter, Herrn Schlichtig, direkt unterstellt sind die Reisenden Herr Schreier (Bezirke Nord und West) sowie Herr Käufers (Bezirke Ost und Süd).
- In der Abteilung Lager, die von Herrn Jacobs geleitet wird, werden drei Lagerarbeiter (die Herren Esser, Weidner und Schumacher) und drei Kraftfahrer (die Herren Meisner, Woller und Abel) beschäftigt.
- Im Rechnungswesen, Leiter Herr Krommes, sind die Aufgabengebiete wie folgt verteilt: Finanzbuchhaltung und Jahresabschluss (Frau Maler), Debitoren- und Kreditorenbuchhaltung einschließlich Mahnwesen (Frau Allers), Kosten- und Leistungsrechnung (Herr Reiners).
- In der Abteilung Allgemeine Verwaltung/Personal, geleitet von Frau Miro, befindet sich die Poststelle, die von Frau Flechters besetzt ist. Herr Probst ist für die Datenverarbeitung in allen Unternehmensbereichen zuständig. Frau Klose erstellt die Lohn- und Gehaltsabrechnungen für alle Mitarbeiter und Herr Richmann erledigt die allgemeine Personalverwaltung.

4.2 Situationsgerechte Kundenkommunikation und Umgang mit Konflikten

Situation 33 Alltag in der Qualitätssicherung

Ralf Schumacher lernt zurzeit die Abteilung Qualitätssicherung kennen, die *Kai Schimanski* leitet.

Herr Schimanski arbeitet als Qualitätsbeauftragter eng mit den Kunden der *Fly Bike Werke GmbH* zusammen, die ihm bei Fertigungsfehlern oder Fertigungstoleranzen sofort Bericht erstatten. Er nimmt dann umgehend Kontakt mit den Kollegen der Produktion oder den Zulieferern auf, je nachdem ob Nachbesserungen oder Neukonstruktionen erforderlich sind.

Dazu nutzt *Kai Schimanski* unterschiedliche Kommunikationswege, die ihm, je nach Fall, sinnvoll erscheinen.

Zur Einarbeitung darf *Ralf Schumacher* im Auftrag von *Kai Schimanski* seine ersten eigenen Vorgänge bearbeiten. *Kai Schimanski* ist dabei als Verantwortlicher immer für ihn und ggf. für Kunden ansprechbar.

VORGANG 1

Von:	Rosenheim, Dirk
Gesendet:	Donnerstag, 09. April 2015 14:10
An:	Schimanski, Kai
Betreff:	Beschwerde

Sehr geehrter Herr Schimanski,

das kann ja wohl nicht wahr sein! Ich bin wirklich sauer!

Bei der letzten Lieferung des Mountainbikes 302 Constitution lässt sich die Schaltung leider nicht zufriedenstellend genau justieren – wir gehen hier in Reklamationen unter – und das während der Saison.
Es handelt sich dabei übrigens ausschließlich um Schaltungen von Tamino.

Mit freundlichen Grüßen

Dirk Rosenheim

Radbauer GmbH
Telefon: +49 3210 654321
Fax: + 49 3210 6543211
E-Mail: dirk.rosenheim@radbauer.de

VORGANG 2

Auf dem Anrufbeantworter ruft *Ralf Schumacher* folgende Nachricht ab:

*„Hallo **Kai**, hier ist **David** aus der Konstruktion. Ich habe auf der Messe Bikeworld Toon van Erp kennengelernt. Er ist der Ansprechpartner bei Europarad N. V. – er plant eine sogenannte High-End-Cityfahrradlinie. Die Räder müssen extrem robust sein, weil sie als Leihräder eingesetzt werden sollen. Er bat um einen gemeinsamen Termin bei uns im Hause, um unsere Fertigung zu besichtigen und unser Qualitätsmanagement kennenzulernen.*

Kannst du bitte mit ihm einen Termin ausmachen? Herr van Erp spricht übrigens sehr gut deutsch und kann Termine in Absprache mit uns einrichten. Ich kann, genau wie du, immer an Dienstagen vormittags und Donnerstagen nachmittags Termine einrichten. Danke und bis später!“

VORGANG 3

AWB Aluminiumwerke AG, Bonn

AWB Aluminiumwerke · Sankt-Augustiner-Straße 30 · 53225 Bonn

Sankt-Augustiner-Straße 30
53225 Bonn
Tel.: 0228-46477-0
Fax: 0228-46477-11
E-Mail: awb-mail@aluminiumwerke.de

Fly Bike Werke GmbH
Rostocker Straße 334
26121 Oldenburg

Falschlieferung:
Statt Rundrohr 45 x 2,45 wurde 45 x 2,25 geliefert.
Bitte wegen des hohen Auftragsvolumens keine E-Mail, sondern einen Brief schreiben. Danke! K.S.

Rechnung-Nr.: 511 Rechnungsdatum: 19.08.2015

Artikel-Nr.	Artikelbezeichnung für Aluminiumrohre	Menge in Metern	Einzelpreis in €	Gesamtpreis in €
40045225	Rundrohr 45 x 2,25	500	10,11	5 055,00
40025200	Rundrohr 25 x 2,00	500	4,49	2 245,00
		Rechnungsbetrag[1]:		7 300,00

Bankverbindung: SEB, BLZ 380 101 11, Konto 77998246
Lieferung frei Lager Oldenburg, Zahlung innerhalb von 30 Tagen ohne Abzug

ARBEITSAUFTRÄGE ZUR SITUATION

A1 Übernehmen Sie in der Rolle von *Ralf Schumacher* die Kommunikation mit den jeweiligen Ansprechpartnern.

a) Suchen Sie die entsprechenden Adressen bzw. Telefonnummern aus den Stammdaten der *Fly Bike Werke GmbH* heraus.

b) Bereiten Sie in Stichpunkten vor, was Sie den jeweiligen Ansprechpartnern inhaltlich mitteilen werden.

A2 Entscheiden Sie über den besten Kommunikationsweg für den entsprechenden Fall. Nutzen Sie zur Vorbereitung eines Telefonats die Tipps in → **M1**, für einen Geschäftsbrief die Vorlage → **M2** und für eine E-Mail die Vorlage → **M3**.

A3 Notieren Sie den Text für einen Anruf in wörtlicher Rede. Lesen Sie den Text Ihren Mitschülern laut vor. Sprechen Sie dabei so, wie Sie es am Telefon tun würden.

M1 Tipps zum Telefonieren

- Informieren Sie sich über die Handhabung des Telefons bzw. der Telefonanlage und üben Sie deren Gebrauch.
- Legen Sie sich eine Liste der wichtigsten innerbetrieblichen Rufnummern und Durchwahlen mit den dazugehörigen Namen der Abteilungen und Mitarbeiter an.
- Informationen über die tägliche Arbeitszeit Ihrer Kollegen können nützlich sein, damit Sie den Anrufer bei einer Weiterleitung an einem anderen Apparat nicht unnötig warten lassen müssen.
- Eine ausreichende Anzahl von Notizzetteln und Stiften hilft Ihnen, den Namen des Gesprächspartners und Informationen aus dem Telefongespräch direkt festzuhalten, ohne dass wichtige Punkte vergessen werden können.
- Ein jederzeit griffbereiter Kalender hat sich als hilfreich erwiesen, wenn Fragen von Gesprächspartnern hinsichtlich bestimmter Termine, z. B. zum Eintreffen einer bestellten Ware, erfolgen.
- Nennen Sie, wenn Sie den Hörer abgenommen haben, zunächst den Namen Ihres Unternehmens, danach Ihren Namen.
- Bleiben Sie bei allen Telefongesprächen stets freundlich und sachlich.
- Ein Lächeln beim Telefonieren ist für Ihren Gesprächspartner zwar nicht sichtbar, aber er kann es „hören“.
- Hören Sie den Gesprächspartnern aufmerksam zu und wiederholen Sie das Wichtigste.
- Falls Sie anstelle des Gesprächspartners seinen Anrufbeantworter (AB) erreichen, nennen Sie Ihre eigene Telefonnummer möglichst zu Beginn, damit derjenige, der den AB abhört, sie sofort notieren kann.
- Betrachten Sie das Telefon nicht als lästigen Störenfried, sondern als zusätzliche Möglichkeit, Kontakt zu Ihren Gesprächspartnern aufzubauen.

M2 Geschäftsbriefe nach DIN 5008

Die Schreib- und Gestaltungsregeln für Geschäftsbriefe sind in der Norm DIN 5008 festgelegt. Sie regelt verbindlich, wie ein Geschäftsbrief auszusehen und was in welchen Zeilen zu stehen hat.

Das Anschriftenfeld besteht aus 9 Zeilen:
1.–3. Zusatz- und Vermerkzone, z. B. Info für die Post, Einschreiben
4. Empfängerbezeichnung/Anrede, z. B. Firmenbezeichnung oder Frau/Herr
5. Empfänger: Vor- und Nachname, ggf. mit akademischem Grad oder Titel
6. Postfach oder Straße mit Hausnummer
7. Postleitzahl und Bestimmungsort
8. Bestimmungsland
9. Leerzeile

Die **Bezugszeile** dient der Orientierung des Briefempfängers und des Absenders:
1. Kurzzeichen für Namen werden kleingeschrieben.
2. Für das Datum existieren zwei mögliche Schreibweisen:
   a) Jahr-Monat-Tag, z. B. 2012-07-18
   b) Tag. Monat. Jahr, z. B. 18.07.2012

Betreff
Stichwortartige Inhaltsangabe des ganzen Briefes: Sie dient dazu, dem Leser auf den ersten Blick eine Orientierung zu geben. Der Betreff wird ohne Schlusspunkt geschrieben, er kann z. B. durch Fettdruck hervorgehoben werden.

Unterschrift
Für die Unterschrift werden in der Regel 3 Zeilen reserviert.
Ist der Unterzeichner (wie im Beispiel) nicht Inhaber des Unternehmens, so gibt ein Kürzel vor der Unterschrift die entsprechende Vollmacht des Unterzeichners an:
ppa. (per Prokura) = Prokura
i. V. (in Vertretung) = Handlungsvollmacht
i. A. (im Auftrag) = Einzelvollmacht

Briefkopf (Kopfzeile)
Für den Namen des Absenders bzw. seine Firmenbezeichnung und das Firmenlogo kann man den gesamten oberen Bereich des Geschäftsbriefes nutzen.

Fly Bike Werke GmbH
Rostocker Straße 334
26121 Oldenburg
Telefon: 0441 885-0
Telefax: 0441 885-9211
E-Mail: mail@flybike-werke.de
www.flybike-werke.de

FBW GmbH Rostocker Straße 334 26121 Oldenburg

Hofkauf AG
Emdenerstraße 4
50735 Köln

Ihr Zeichen, Ihre Nachricht vom	Unser Zeichen, unsere Nachricht vom	Telefon 0441 885	Datum
ms	ea/sbz	-36	15. 11. 2015

Anrede
Ist der Empfänger bekannt, so wird dieser mit seinem Namen angesprochen. Ansonsten formuliert man allgemein (z. B.: Sehr geehrte Damen und Herren). Nach der Anrede steht ein Komma.

Gruß
Der Geschäftsbrief wird mit einem Gruß abgeschlossen.
Üblich ist: „Mit freundlichen Grüßen" oder „Mit freundlichem Gruß". Als distanzierte Grußformel, meist im Rahmen von Mahnungen eingesetzt, gilt die Formulierung „Hochachtungsvoll".

Wiederholung der Firma

maschinenschriftliche Namenswiederholung des Briefverfassers

Anlagenvermerk
Wenn dem Brief etwas beigefügt ist, wird ein Anlagenvermerk gemacht und die beigefügte Unterlage aufgezählt. Aus Platzgründen kann der Anlagenvermerk auch rechts neben dem Gruß stehen.

Fly Bike Werke GmbH
Rostocker Str. 334
26121 Oldenburg
www.flybike.de
mail@flybike.de

Bankkonten
Landessparkasse Oldenburg
BLZ 280 501 00
Kto.-Nr. 112326444
IBAN DE86 2805 0100 0112 3264 44
BIC BRLADE21LZO

Geschäftsführer
Hans Peters

Handelsregister
Amtsgericht Oldenburg
HR Oldenburg B 2134
Steuer Nr. 112/8870/0057
USt-Id.-Nr. DE236667691

M3 Geschäftliche E-Mail- Korrespondenz

Soll eine E-Mail als Ersatz für einen Geschäftsbrief geschickt werden, orientieren Sie sich ebenfalls an den Richtlinien der DIN 5008:

- **Anschrift, Verteiler und Betreff** sind deshalb vorgegebene Zeilen des E-Mail-Kopfes.
- **Die Betreffzeile** sollte immer ausgefüllt werden. Informieren Sie dort in Stichworten aussagekräftig über den Inhalt Ihrer E-Mail. Der Betreff hat eine zentrale Bedeutung für die Bearbeitung und Verwaltung von E-Mails und ist daher auch dringend zu empfehlen.
- **Die Anrede** ist ein fester Bestandteil. Sie beginnt ganz oben im Textfeld und wird durch eine Leerzeile vom Text getrennt.
- **Der Text** wird mit einfachem Zeilenabstand als Fließtext ohne Worttrennungen erfasst. Absätze werden durch eine Leerzeile erzeugt.
- **Der Abschluss** einer E-Mail enthält mit einer Zeile Abstand zum Text den Gruß sowie Kommunikations- und Firmenangaben. Zwingend sollte er auch Ihre E-Mail- und/oder Internet-Adresse enthalten. Er wird häufig als elektronischer Textbaustein eingefügt.

(Quelle: nach DIN Deutsches Institut für Normung e.V.: Der Geschäftsbrief, Gestaltung von Schriftstücken nach DIN 5008, DIN 5009 u.a., Beuth Verlag GmbH, 2014)

Muster einer Geschäfts-E-Mail

An:	christian.fritz@f-offline.com
Cc:	daniela.durch@abc.com
Betreff:	Kapitel 4.2 zu Wirtschaft und Betrieb

Sehr geehrter Herr Fritz,

für die rechtzeitige Zusendung des Manuskripts zum Thema „Geschäftliche E-Mail-Korrespondenz" bedanke ich mich sehr herzlich. Zur Veranschaulichung des Sachverhalts schlage ich Ihnen vor, ein Muster zur Darstellung der Richtlinien aus der DIN 5008 abzubilden. Gern lasse ich Ihnen die Darstellung nach Aufbau zur Kontrolle zukommen.

Wie schon besprochen, habe ich eine Kurzfassung zur geschäftlichen E-Mail-Korrespondenz auch im Kernwissen verankert.

Mit freundlichen Grüßen

Elisabeth Berten
Cornelsen Schulverlage GmbH, Mecklenburgische Straße 53, 14197 Berlin
E-Mail: elisabeth.berten@cornelsen.de
http://www.cornelsen-schulverlage.de

M4 Das Gespräch mit Kunden

Bei einem Gespräch, z.B. einem Kundengespräch, ist die Sprache (**verbale** Kommunikation) von enormer Bedeutung. Unterstützt wird durch die nonverbale Kommunikation. Zu der **nonverbalen** Kommunikation zählt vor allem die Körpersprache der Gesprächsteilnehmer. Beide Kommunikationsformen zusammen entscheiden darüber, ob das Gespräch als angenehm empfunden wird oder gestört wird. Zu **Störungen** kann es kommen, wenn

- die Gesprächspartner verschiedene Ansichten haben und sich nicht einigen können,
- das Gespräch ständig von Dritten gestört wird,
- der Kunde seine Wünsche beschreibt und sein Gegenüber nicht „richtig" zuhört,
- Argumente angeführt werden, die der Gesprächspartner nicht versteht.

Bei jedem Gespräch ist das **„Wie"** ein wichtiges Instrument für den Erfolg. Im Folgenden werden die Grundfehler des Sprechens (**Gesprächsstörer**) ▼

aufgeführt und anschließend die Bausteine der Sprache (**Gesprächsförderer**) dargestellt.

Gesprächsstörer hemmen den Gesprächsverlauf und wirken sich negativ auf die Gesprächsatmosphäre aus. Beispiele: Der Sprecher

- spricht undeutlich und/oder zu leise,
- macht zu wenig Pausen,
- spricht viel zu schnell,
- benutzt Füllwörter wie „ähm" und „und so weiter",
- benutzt zu viele Fachbegriffe,
- spricht in langatmigen Sätzen,
- versucht zu überreden.

Gesprächsförderer wirken vertrauensbildend und erhöhen die Glaubwürdigkeit:

- Sprechen Sie den Kunden direkt im Sie-Stil an. Statt „Ich gebe Ihnen die Beschreibung" besser „Sie erhalten von mir die Beschreibung".
- Sprechen Sie nicht monoton und abgehackt. Ihre Sprache soll beim Kunden Interesse wecken und ihn von Ihren Ausführungen überzeugen.
- Sprechen Sie laut und deutlich, damit der Kunde ohne Anstrengung zuhören kann.
- Legen Sie während des Gesprächs wirkungsvolle Pausen ein, damit Ihr Gegenüber Ihre Aussagen überdenken kann. Pausen dienen außerdem dazu, Ihrem Gesprächspartner die Gelegenheit zu geben, eine Frage zu stellen oder selbst etwas zu sagen.
- Sprechen Sie abwechslungsreich und verständlich. Benutzen Sie nur Fachbegriffe, die Ihr Gesprächspartner auch versteht. Reduzieren Sie fremdsprachliche Begriffe. Ihr Kunde wird es Ihnen danken.
- Formulieren Sie kurze, knappe Sätze. Langatmige Sätze wirken ermüdend.

Bedenken Sie immer, dass die Gesamtwirkung Ihrer Sprache wesentlich von Ihrer Fähigkeit abhängt, sich in Ihren Gesprächspartner hineinzuversetzen (Empathie) und ihm aktiv zuzuhören.

Aktives Zuhören ist eine Kunst, die leider immer mehr verloren geht. Gerade beim Kundengespräch ist das Zuhören aber außerordentlich wichtig. Zuhören ist eine aktive Tätigkeit. Schauen Sie Ihren Kunden während des Verkaufsgesprächs an. Sie benötigen den Blickkontakt, um dem Kunden Ihr Interesse zu signalisieren. Durch die Körpersprache Ihres Kunden (Kopfnicken, Lächeln) erfahren Sie, ob die Beratung für ihn positiv verläuft. Aber auch durch verbale Bestätigungen wie „ja", „so" oder „hmm" und gezieltes Nachfragen erkennen Sie das Interesse des Kunden. Fassen Sie anschließend das Gehörte zusammen, um festzustellen, ob Sie Ihren Gesprächspartner richtig verstanden haben. So können Sie erste Missverständnisse vermeiden.

M5 Strategien zur Konfliktlösung

Konflikte sind Bestandteile des Zusammenlebens und treten auch im Rahmen der Teamarbeit immer wieder auf. Sie entstehen, wenn zwei Parteien unterschiedliche Interessen oder Standpunkte gleichzeitig durchsetzen wollen und eng miteinander verbunden sind. Menschen nutzen im Umgang mit Konflikten unterschiedliche Mechanismen und Strategien. Einige denken lösungsorientiert, während andere mit Abwehr, Aggression oder Resignation auf konfliktbeladene Situationen reagieren. Es lassen sich konfliktverschärfende Verhaltensmuster von konstruktiven Konfliktlösungsstrategien unterscheiden.

Konfliktverschärfende Verhaltensmuster

- **Idealisierung der eigenen Person:** Der Betroffene hat stets recht und kann alles.
- **Verallgemeinerung und Projektion**: Der Betroffene versucht, anderen die Schuld zuzuweisen oder eigene Fehler auf andere zu projizieren.
- **Ersatzbefriedigung**: Unbefriedigte Bedürfnisse werden umgewandelt und durch Ersatzhandlungen ausgetauscht.
- **Resignation:** Betroffene richten die aufgestaute Energie nicht nach außen (z. B. durch agressives Verhalten), sondern gegen sich selbst. Dieses Verhalten zeigen besonders häufig Menschen mit einem geringen Selbstwertgefühl.

- **Verwendung von Killerphrasen:** Hierunter versteht man Aussagen, die der gegnerischen Konfliktpartei signalisieren: „SO GEHT ES NICHT!" Sie wirken demotivierend und verschlechtern häufig das Betriebsklima. Gebräuchliche Killerphrasen sind z. B. „Sie denken wohl, Sie haben die Weisheit mit Löffeln gefressen?" oder „Das funktioniert eh nicht!".

Konstruktive Konfliktlösungsstrategien
Hierbei folgen auf die zunächst empfundene Frustration
- das Erkennen des Konflikts,
- die Suche nach einer Aussprache und
- die Aussprache selbst, die zu einem möglichen Kompromiss oder Konsens führt.

Ziel eines solchen Gesprächs ist die gemeinsame Verarbeitung eines Konfliktes sowie eine Kompromisslösung oder Konsensfindung. Voraussetzung ist hierbei, dass
- der Konflikt erkannt ist,
- die Beteiligten zu einem Gespräch bereit sind,
- die Beteiligten Einfluss auf die Problemlösung haben und
- eine eventuelle Mittlerperson von allen Beteiligten akzeptiert wird.

Man unterscheidet Konfliktgespräche im Team umgangssprachlich in „4-Augen-Gespräche" und „6-Augen-Gespräche". Während das „4-Augen-Gespräch" von den beiden beteiligten Personen alleine geführt wird, ist beim „6-Augen-Gespräch" eine weitere (neutrale) Person anwesend, die eine Mittlerrolle einnimmt. Eine solche Mittlerperson hat folgende Aufgaben:
- Sie soll die eigenen Wahrnehmungen schildern, ohne Partei zu ergreifen, z. B.: „Ich stelle fest, dass dieser Aspekt für Partei A von großer Bedeutung ist."
- Sie soll methodische Hilfestellungen geben, z. B.: „Welche Reaktion hätten Sie von Ihrem Gegenüber erwartet?"
- Sie darf und soll den Konflikt der beteiligten Parteien nicht lösen. Die Konfliktparteien müssen selber einen Lösungsweg finden.

Kernwissen zu Kapitel 4.2

TIPPS BEIM EINSATZ VON KOMMUNIKATIONSFORMEN

Telefon
- Telefonanlage kennenlernen, sich vertraut machen
- Telefonnummern bereitlegen bzw. speichern
- Zettel und Stift bereithalten
- Kalender bereithalten
- Namen des Unternehmens, dann eigenen Namen nennen
- immer freundlich und sachlich bleiben

Geschäftsbriefen
- Schreib- und Gestaltungsregeln nach DIN 5008
- Zeilenabstand streng beachten
- Brieftext kurz halten
- Brieftext durch Absätze übersichtlich gliedern
- Brieftext mit Dank für das erhaltene Schreiben beginnen

E-Mails
- Ersatz für Geschäftsbrief, Anschrift, Verteiler und Betreff als E-Mail-Kopf
- Betreffzeile stichwortartig und aussagekräftig ausfüllen
- Anrede verwenden und mit Leerzeile vom Text trennen
- Text mit einfachem Zeilenabstand, Leerzeile zwischen Absätzen
- Grußformel mit Leerzeile vom Text trennen
- eigene E-Mail- und/oder Internet-Adresse als Abschluss

KOMMUNIKATIONSHILFEN AUF DER VERHALTENSEBENE

In Gesprächen
- der nonverbalen Kommunikation Beachtung schenken
- die Wirkung der Sprache im Auge behalten
- Gesprächsstörer vermeiden
- Gesprächsförderer einsetzen
- durch aktives Zuhören dem Partner Wertschätzung zeigen

Bei Konflikten
- konfliktverschärfende Verhaltensmuster vermeiden
- konstruktive Konfliktlösungsstrategien anwenden
- durch rechtzeitige Konfliktgespräche Verhärtung der Fronten vermeiden
- ggf. eine Mittlerperson mit einbeziehen

ÜBUNGEN ZU KAPITEL 4.2

Ü1 Entscheiden Sie, ob es sich in den nachfolgenden Fällen um Gesprächsförderer oder Gesprächsstörer handelt.

a) „Dass Sie sich für diese Ware entschieden haben, kann ich nur bekräftigen."

b) „Sagen Sie mal, wer ist denn hier nun der Kompetentere. Sie oder ich?"

c) „Nun entscheiden Sie sich doch für das Produkt. Es ist wirklich toll und auch noch preiswert."

d) „Dieses Produkt ist einfach in der Handhabung und sicher im Umgang."

Ü2 Folgende Übung zum „aktiven Zuhören" wird in Partnerarbeit durchgeführt.

a) Wechseln Sie nach einem Durchgang die Rollen (aktiver Zuhörer/Sprecher).

b) Nach jedem Durchgang erfolgt eine Auswertung.

Rollenkarte „aktiver Zuhörer"

Sie haben die Aufgabe, Ihrem Partner aktiv zuzuhören!
Beachten Sie folgende Punkte:
- *Sie zeigen Interesse, indem Sie bei Ihrem Partner nachfragen.*
- *Sie haben ständigen Blickkontakt.*
- *Sie fassen am Ende die wichtigsten Punkte zusammen und teilen diese Ihrem Partner mit.*

Rollenkarte „Sprecher"

Sie haben die Aufgabe, in vier Minuten zu Ihrem Partner über ein von Ihnen ausgesuchtes Thema zu sprechen.
Mögliche Themen:
- *Wochenendunternehmungen*
- *Hobbys*
- *Sportvereine (Fußball, Basketball)*

(Natürlich sind auch andere Themen möglich!)

Ü3 Führen Sie mit wechselnden Teilnehmern folgende Rollenspiele durch.

1. Situation

Sie möchten beim Einwohnermeldeamt Ihren neuen Personalausweis abholen. Nach einer Stunde Wartezeit ruft die Verwaltungsangestellte Sie herein. Die Gebühr für den Ausweis ist ohne Ihr Wissen teurer geworden, daher haben Sie nicht genug Geld dabei.

Rolle I: verzagter Azubi (m/w)
Rolle II: Verwaltungsangestellte(r)

Ziel: Versuchen Sie, eine praktikable Lösung der Situation zu finden.

2. Situation

Vor Ihrer Stammdiskothek steht ein neuer Sicherheitsbeauftragter, der Sie nicht kennt. Er hat die Anweisung, niemanden hereinzulassen, der behauptet, Stammgast zu sein.

Rolle I: überraschter Stammgast (m/w)
Rolle II: Sicherheitsbeauftragte(r)

Ziel: Versuchen Sie, eine praktikable Lösung der Situation zu finden.

3. Situation

Als Ihnen im italienischen Eissalon Ihr Eisbecher „Magnum" serviert wird, stolpert der Servierer und das Eis landet auf Ihrer Hose.

Rolle I: bestürzter Gast (m/w)
Rolle II: Servierer(in) im Eissalon

Ziel: Versuchen Sie, eine praktikable Lösung der Situation zu finden.

4. Situation

Im Parkhaus warten Sie schon einige Minuten auf einen Parkplatz, der Ihnen dann, obwohl Sie den Blinker gesetzt haben, von einer selbstbewussten Sportwagenfahrerin weggeschnappt wird.

Rolle I: ehrlicher „Einparker" (m/w)
Rolle II: Sportwagenfahrerin

Ziel: Versuchen Sie, eine praktikable Lösung der Situation zu finden.

4.3 Lernen im dualen System der Berufsausbildung

Situation 34 Der Ausbildungsvertrag und seine Vertragspartner

Bettina Lorenz hat zum 01. August dieses Jahres ihre Berufsausbildung als Zweiradmechatronikerin bei der *Fly Bike Werke GmbH* begonnen. Ihr Ausbilder ist der für die Ausbildung der gewerblichen Auszubildenden zuständige Industriemeister *Markus Beck*. Er weiß aus langjähriger Erfahrung, wie verwirrend die ersten Tage in der Ausbildung sind. All die vielen fremden Menschen, die ungewohnt langen Arbeitszeiten und das Erleben komplexer Vorgänge im Betrieb. Und dann ist da auch noch die Berufsschule, die Bettina zweimal in der Woche besucht.

Herr Beck hat *Bettina* daher den Auftrag erteilt, sich zunächst einmal mit zentralen Fragen rund um ihre Berufsausbildung auseinanderzusetzen und sich einen ersten Überblick zu verschaffen.

ARBEITSAUFTRÄGE ZUR SITUATION

A1 Formulieren Sie Fragen zum Inhalt und Ablauf Ihrer eigenen Berufsausbildung.

A2 Geben Sie sodann Antworten auf Ihre Fragen. Nutzen Sie dazu den nachfolgenden Informationstext ➜ **M1**. Informationen finden Sie auch bei der Oldenburgischen Industrie- und Handelskammer ➜ **www.ihk-oldenburg.de**, Suchbegriff: Berufsbildung von A bis Z. Ziehen Sie auch Ihren eigenen Ausbildungsvertrag zur Rate und nutzen Sie das Informationsangebot der für Ihren Ausbildungsbetrieb zuständigen Kammer.

M1 Grundsätzliches zur Ausbildung im dualen System

Der Beginn der Berufsausbildung bringt für jeden Auszubildenden eine Vielzahl gewichtiger Veränderungen mit sich. Man ist plötzlich fast ein „richtiger" Arbeitnehmer, verdient eigenes Geld, muss sich aber auch in einer völlig neuen Umgebung, dem ausbildenden Betrieb, zurechtfinden. Man begegnet täglich vielen neuen und häufig sehr verschiedenen Menschen, deren Wünsche und Erwartungen zu erfüllen sind.

Dabei hat Deutschland ein ganz besonderes System der Berufsausbildung: das **duale System**. Dual, weil der ausbildende Betrieb – kurz: der **Ausbildende** – und die **Berufsschule** als zwei eigenständige, aber eng verwobene Orte der Ausbildung nebeneinanderstehen. Hinzu können noch weitere Lernorte, z. B. **überbetriebliche Ausbildungsstätten** der Handwerkskammern (kurz: ÜBS) oder Auslandsniederlassungen der ausbildenden Betriebe, kommen.

In den Betrieben sind Handwerks- oder Industriemeister und speziell geschulte Mitarbeiter, die **Ausbilder**, für die Betreuung und Unterweisung der Auszubildenden verantwortlich. In besonderen Lehrwerkstätten, aber auch im ganz normalen Betriebsablauf, sollen die Auszubildenden alle praktischen Fertigkeiten und Fähigkeiten erwerben, die sie für die Ausübung ihres Ausbildungsberufes benötigen werden. In den Berufsschulen unterrichten Lehrer die fachtheoretischen Inhalte des Ausbildungsberufes. Aber auch allgemeinbildende, berufsfeldübergreifende Fächer stehen auf dem Stundenplan.

Die Berufsausbildung ist vom **Gesetzgeber geregelt** und die Berufsabschlüsse sind einheitlich anerkannt. Die Industrie- und Handelskammern, die Handwerkskammern sowie die Kammern der freien Berufe (z. B. Ärzte, Apotheker, Rechtsanwälte, Architekten u. a.) haben die Aufgabe, die ordnungsgemäße Berufsausbildung zu überwachen, Ausbildende und Auszubildende zu beraten und die Zwischen- und Abschlussprüfungen abzunehmen. Auf ihren Websites informieren sie u. a. über gesetzliche Vorgaben der Berufsausbildung.

So dürfen nach dem Berufsbildungsgesetz (kurz: BBiG) nur solche Betriebe ausbilden, die nach Art und Einrichtung für die Berufsausbildung geeignet sind. Außerdem muss die Zahl der Auszubildenden in einem angemessenen Verhältnis zur der Zahl der Ausbildungsplätze und beschäftigten Fachkräfte stehen. Ein Ausbilder muss zudem **persönlich** und **fachlich** geeignet sein. Persönlich nicht geeignet ist, wer Kinder und Jugendliche nicht beschäftigen darf oder wer wiederholt oder schwer gegen Vorschriften des BBiG verstoßen hat. Fachlich nicht geeignet ist, wer nicht die zu vermittelnden Fachkenntnisse oder die erforderlichen pädagogischen Kenntnisse besitzt. Diese muss der Ausbilder, z. B. im Rahmen seiner Meisterprüfung, nachweisen.

Eine Berufsausbildung im dualen System dauert üblicherweise drei oder dreieinhalb Jahre. Es gibt aber auch Ausbildungen, die nur auf zwei Jahre angelegt sind. Eine **Verkürzung** der regulären Ausbildungsdauer um bis zu einem Jahr ist möglich, z. B. durch Anrechnung des vorherigen Besuches einer berufsbildenden Schule. In jedem Fall endet die Berufsausbildung mit dem Bestehen der Abschlussprüfung. Bei Vorliegen bestimmter Voraussetzungen, z. B. guter betrieblicher und schulischer Leistungen, kann die Abschlussprüfung auch um ein halbes Jahr vorgezogen werden.

Der Ausbildende (Betrieb) und ein Auszubildender können den Ausbildungsvertrag zwar grundsätzlich auch mündlich oder „per Handschlag“ abschließen, der Ausbildungsvertrag muss aber durch den ausbildenden Betrieb schriftlich niedergelegt werden und Folgendes beinhalten:

- die Vertragsparteien (Ausbildender und Auszubildender)
- die Berufsbezeichnung, die sachliche und zeitliche Gliederung und das Ziel der Ausbildung
- Beginn und Dauer der Ausbildung
- den Ort der Berufsausbildung sowie Ausbildungsmaßnahmen außerhalb der Ausbildungsstätte
- die Dauer der regelmäßigen täglichen Ausbildungszeit sowie die Dauer der Probezeit
- die Zahlung und die Höhe der Ausbildungsvergütung sowie die Dauer des Urlaubs
- die Voraussetzungen, unter denen der Berufsausbildungsvertrag beendet werden kann

Außerdem kann der Ausbildungsvertrag noch Hinweise auf gültige Tarifverträge sowie Betriebs- oder Dienstvereinbarungen enthalten.

Innerhalb der **Probezeit** (Dauer ein bis vier Monate) kann der Ausbildungsvertrag von beiden Seiten jederzeit und ohne Grund fristlos gekündigt werden. Danach ist eine **Kündigung** durch den ausbildenden Betrieb nur noch aus wichtigem Grund und ohne Einhaltung einer Frist möglich. Der Auszubildende kann ebenfalls aus wichtigem Grund fristlos kündigen. Außerdem kann er mit einer Frist von vier Wochen kündigen, wenn er die Berufsausbildung gänzlich aufgeben oder in einen anderen Ausbildungsberuf wechseln will. Die Kündigung muss aber in jedem Fall schriftlich und ggf. unter Angabe der Gründe erfolgen. Wollen der Auszubildende und der ausbildende Betrieb das Ausbildungsverhältnis im Einvernehmen vorzeitig beenden, können sie miteinander einen Aufhebungsvertrag schließen. Dieser erneute Vertrag beendet den zuvor geschlossenen Ausbildungsvertrag zu einem von den Vertragspartnern vereinbarten Termin und ohne dass ein Grund angegeben werden muss.

Situation 35 „Ausbildungsfremde“ Tätigkeiten

Bettina Lorenz, die erst vor wenigen Wochen ihre Ausbildung zur Zweiradmechatronikerin bei den *Fly Bike Werken* begonnen hat, sitzt in der Mittagspause, als sie im Oldenburger Anzeiger auf folgenden Zeitungsartikel aufmerksam wird:

Koch-Azubis besonders unzufrieden

BERLIN

Wie zufrieden junge Menschen mit ihrer Berufsausbildung sind, hängt offensichtlich sehr stark von ihrem Ausbildungsberuf ab. Auszubildende Bankkaufleute und Industriemechaniker bewerten ihre Ausbildung in der Regel sehr gut. Wer Koch oder Hotelfachmann lernt, ist dagegen am häufigsten unzufrieden, wie der jüngste Ausbildungsreport des DGB berichtet. Entsprechend hoch ist bei angehenden Köchen die Abbrecherquote: fast 50 Prozent.

Weiterhin hat der DGB ermittelt, dass mehr als jeder zehnte Azubi (11,7 %) ausbildungsfremde Tätigkeiten wahrnehmen muss, sogar jeder Dritte muss regelmäßig Überstunden machen. 13,2 Prozent der noch jugendlichen Azubis müssen mehr als 40 Stunden in der Woche arbeiten, was gegen das Jugendarbeitsschutzgesetz verstößt.

(Autorentext, nach DGB-Ausbildungsreport 2014)

„Sag mal,“ spricht sie ihren Azubi-Kollegen *Ralf*, der schon im zweiten Lehrjahr ist, an, „du lernst doch Industriemechaniker. Wie findest du denn deine Ausbildung?“

„Oh, klasse. Ist echt mein Ding“, antwortet ihr *Ralf*. „In der Schule machen wir zwar viel Mathe und Physik, aber das braucht man auch. Und hier im Betrieb, also in der Fertigung und in der Lehrwerkstatt, lerne ich wirklich eine Menge. Außerdem ist der *Beck*, unser Ausbildungsmeister, schwer in Ordnung und weiß wirklich viel. Den kannst du alles fragen.“

Bettina: „Musstest du auch schon mal ‚ausbildungsfremde Tätigkeiten‘ erledigen? Ich weiß eigentlich gar nicht so genau, was das ist.“

„Na ja“, entgegnet ihr *Ralf*. „Das wäre z. B., wenn dich der *Beck* den Rasen bei sich zu Hause mähen lassen würde. Oder wenn du ständig Kaffee kochen oder Brötchen holen müsstest.“

„Ach so, verstehe. Und wie ist das mit Überstunden? Müssen wir Azubis eigentlich auch Überstunden machen?“, fragt *Bettina*.

„Hm, weiß ich auch nicht so genau. Frag doch mal den *Thomas Preis* vom Betriebsrat. Der kann dir das bestimmt sagen“, entgegnet ihr *Ralf* daraufhin.

ARBEITSAUFTRÄGE ZUR SITUATION

A1 Lesen Sie zunächst den nachstehenden Informationstext → **M1**. Lösen Sie dann schriftlich folgende Aufgaben:

a) Beschreiben Sie fünf für Ihren Ausbildungsberuf typische Fertigkeiten und Kenntnisse, die sie gemäß Ihres Ausbildungsberufsbildes erlernen sollen!

b) Mussten Sie schon einmal ausbildungsfremde Tätigkeiten wahrnehmen? Wenn ja, welche waren das? Wenn nicht, erdenken Sie drei mögliche Beispiele für ausbildungsfremde Tätigkeiten.

c) Überprüfen Sie Ihren betrieblichen Ausbildungsplan. (Sprechen Sie Ihren Ausbilder darauf an, wenn er Ihnen noch nicht ausgehändigt wurde!) Enthält dieser alle zu vermittelnden Fertigkeiten und Kenntnisse, die der Ausbildungsrahmenplan für Ihren Beruf vorsieht?

d) Wie unterscheidet sich der Unterricht in der Berufsschule von dem Unterricht an einer allgemeinbildenden Schule?

e) Deutschland hat eine im internationalen Vergleich sehr geringe Jugendarbeitslosigkeit. Welche Zusammenhänge mit dem System der dualen Ausbildung erkennen Sie?

f) Wie viele Stunden beträgt Ihre tägliche bzw. wöchentliche Arbeitszeit insgesamt und im Betrieb? Vergleichen Sie diese mit der Arbeitszeit Ihrer Mitauszubildenden. Was stellen Sie fest?

g) Müssen auch Auszubildende Überstunden leisten?

h) Wen können Sie um Rat fragen, wenn Sie glauben, nicht ordnungsgemäß ausgebildet zu werden?

A2 Der Zeitungsartikel hat *Bettina* neugierig gemacht. Sie versteht nicht, warum so viele Auszubildende unzufrieden sind, und möchte mehr über die Gründe wissen. Was kann sie tun?

A3 Auf welche Weise und unter welchen Bedingungen kann ein Auszubildender sein Ausbildungsverhältnis auch vor dem Abschluss der Ausbildung beenden?

M1 Informationen zur Ausbildung im dualen System

Grundsätzlich muss ein Auszubildender im Rahmen seiner betrieblichen Ausbildung nur solche Tätigkeiten ausführen, die das jeweilige **Ausbildungsberufsbild** als zu erlernende Kenntnisse und Fertigkeiten festlegt. Gleichzeitig ist der ausbildende Betrieb verpflichtet, diese Kenntnisse und Fertigkeiten auch tatsächlich zu vermitteln.

Das Ausbildungsberufsbild ist Teil der **Ausbildungsordnung** („Verordnung über die Berufsausbildung ..., z. B. zum Zweiradmechatroniker/zur Zweiradmechatronikerin vom 13.06.2014"). Diese legt für jeden Ausbildungsberuf – bundeseinheitlich und verbindlich – die genaue **Bezeichnung** des Ausbildungsberufes, die **Dauer** der Ausbildung, das **Berufsbild**, die sachliche und zeitliche **Gliederung** der im Betrieb zu vermittelnden Fertigkeiten und Kenntnisse (**Ausbildungsrahmenplan**) sowie die Art und den Umfang der abzulegenden **Prüfungen** (Zwischen- und Abschlussprüfung) fest.

Es ist Aufgabe jedes einzelnen Ausbildungsbetriebes, die für alle Betriebe in Deutschland geltenden Vorgaben des jeweiligen Ausbildungsrahmenplanes in einen konkreten **betrieblichen Ausbildungsplan** umzusetzen. Hier ist festzulegen, welche Fertigkeiten und Kenntnisse der/dem Auszubildenden in welchem Zeitraum und in welchem Bereich des Betriebes vermittelt werden sollen.

Die am **Lernort Berufsschule** zu vermittelnden Inhalte sind in den für ganz Deutschland gültigen **Rahmenlehrplänen** geregelt. Die einzelnen Bundesländer übernehmen diese oder setzen sie in eigenen Lehr- oder Bildungsplänen um.

Auf diese Weise soll beiden Vertragspartnern – also dem ausbildenden Betrieb sowie der/dem Auszubildenden – verlässliche **Sicherheit** über die Inhalte und den korrekten Ablauf der Berufsausbildung gegeben werden. Außerdem kann sich ein späterer **Arbeitgeber** darauf verlassen, dass ein ausgebildeter Bewerber die gesuchten Fertigkeiten und Kenntnisse auch tatsächlich erworben hat und anwenden kann.

Die Dauer der **regelmäßigen Arbeitszeit**, die ein volljähriger Auszubildender zu leisten hat, richtet sich dagegen zunächst nach dem für alle Arbeitnehmer gültigen **Arbeitszeitgesetz** (ArbZG). Dieses legt eine wöchentliche Höchstarbeitszeit von 48 Stunden im Durchschnitt (sechs Werktage zu je acht Arbeitsstunden) fest. Nach mehr als sechs Stunden Arbeitszeit ist eine mindestens 30-minütige Pause vorgeschrieben.

Tarifverträge, Betriebsvereinbarungen oder individuell zwischen dem ausbildenden Betrieb und dem Auszubildenden geschlossene Vereinbarungen (= **Ausbildungsvertrag**) sehen allerdings häufig kürzere Arbeitszeiten bzw. längere Pausen vor. Der Besuch des **Berufsschulunterrichtes**, allerdings ohne Pausenzeiten, sowie der Arbeitsweg zwischen der Berufsschule und dem Betrieb sind als Arbeitszeit anzurechnen.

Über die vereinbarte Arbeitszeit hinausgehend geleistete **Mehrarbeit** („Überstunden“) muss durch Freizeit oder in Geld vergütet werden. Ein generelles Verbot der Mehrarbeit gibt es für Auszubildende allerdings nicht.

Situation 36 Rechte und Pflichten während der Berufsausbildung

Die Frage, ob sie als Auszubildende auch Überstunden leisten muss, hat *Bettina* neugierig gemacht. Sie sucht ihren Kollegen *Thomas Preis*, der Mitglied des Betriebsrates ist, auf und lässt sich von ihm über ihre Rechte und Pflichten als Auszubildende informieren.
Zum Abschluss des Gespräches gibt ihr der Kollege Auszüge aus dem für ihre Berufsausbildung gültigen Berufsbildungsgesetz (kurz: BBiG) und rät ihr, sich doch selbst eine Übersicht über ihre Rechte und Pflichten als Auszubildende anzufertigen.

ARBEITSAUFTRÄGE ZUR SITUATION

A1 Unterstützen Sie *Bettina* bei ihrer Aufgabe! Lesen Sie zunächst die nachstehenden Auszüge aus dem **Berufsbildungsgesetz** → **M1**.
Fertigen Sie dann eine **Übersicht** nach dem Muster → **M2** an.

A2 Betrachten Sie die Situation in der Karikatur. Nehmen Sie Stellung dazu und nutzen Sie entsprechende Paragrafen aus dem BBiG.

A3 Studieren Sie anschließend aufmerksam Ihren eigenen **Ausbildungsvertrag** (Vorder- **und** Rückseite). Welche weiteren Rechte oder Pflichten werden dort angesprochen? Ergänzen Sie Ihre Übersicht!

M1 Auszüge aus dem Berufsbildungsgesetz (BBiG)

§ 13: Verhalten während der Berufsausbildung
Auszubildende haben sich zu bemühen, die berufliche Handlungsfähigkeit zu erwerben, die zum Erreichen des Ausbildungsziels erforderlich ist. Sie sind insbesondere verpflichtet,
1. die ihnen im Rahmen ihrer Berufsausbildung aufgetragenen Aufgaben sorgfältig auszuführen,
2. an Ausbildungsmaßnahmen teilzunehmen, für die sie nach § 15 freigestellt werden,
3. den Weisungen zu folgen, die ihnen im Rahmen der Berufsausbildung von Ausbildenden, von Ausbildern oder Ausbilderinnen oder von anderen weisungsberechtigten Personen erteilt werden,
4. die für die Ausbildungsstätte geltende Ordnung zu beachten,
5. Werkzeuge, Maschinen und sonstige Einrichtungen pfleglich zu behandeln,
6. über Betriebs- und Geschäftsgeheimnisse Stillschweigen zu wahren.

§ 14: Berufsausbildung
(1) Ausbildende haben
1. dafür zu sorgen, dass den Auszubildenden die berufliche Handlungsfähigkeit vermittelt wird, die zum Erreichen des Ausbildungsziels erforderlich ist, und die Berufsausbildung in einer durch ihren Zweck gebotenen Form planmäßig, zeitlich und sachlich gegliedert so durchzuführen, dass das Ausbildungsziel in der vorgesehenen Ausbildungszeit erreicht werden kann,
2. selbst auszubilden oder einen Ausbilder oder eine Ausbilderin ausdrücklich damit zu beauftragen,
3. Auszubildenden kostenlos die Ausbildungsmittel, insbesondere Werkzeuge und Werkstoffe zur Verfügung zu stellen, die zur Berufsausbildung und zum Ablegen von Zwischen- und Abschlussprüfungen, auch soweit solche nach Beendigung des Berufsausbildungsverhältnisses stattfinden, erforderlich sind,
4. Auszubildende zum Besuch der Berufsschule sowie zum Führen von schriftlichen Ausbildungsnachweisen anzuhalten, soweit solche im Rahmen der Berufsausbildung verlangt werden, und diese durchzusehen,
5. dafür zu sorgen, dass Auszubildende charakterlich gefördert sowie sittlich und körperlich nicht gefährdet werden.

(2) Auszubildenden dürfen nur Aufgaben übertragen werden, die dem Ausbildungszweck dienen und ihren körperlichen Kräften angemessen sind.

§ 15: Freistellung
Ausbildende haben Auszubildende für die Teilnahme am Berufsschulunterricht und an Prüfungen freizustellen. Das Gleiche gilt, wenn Ausbildungsmaßnahmen außerhalb der Ausbildungsstätte durchzuführen sind.

(1) Ausbildende haben den Auszubildenden bei Beendigung des Berufsausbildungsverhältnisses ein schriftliches Zeugnis auszustellen. Die elektronische Form ist ausgeschlossen. Haben Ausbildende die Berufsausbildung nicht selbst durchgeführt, so soll auch der Ausbilder oder die Ausbilderin das Zeugnis unterschreiben.

(2) Das Zeugnis muss Angaben enthalten über Art, Dauer und Ziel der Berufsausbildung sowie über die erworbenen beruflichen Fertigkeiten, Kenntnisse und Fähigkeiten der Auszubildenden. Auf Verlangen Auszubildender sind auch Angaben über Verhalten und Leistung aufzunehmen.

M2 Rechte und Pflichten in der Ausbildung

Als Auszubildende/-r habe ich das Recht, ...	*Als Auszubildende/-r habe ich die Pflicht, ...*
... alle Fertigkeiten und Kenntnisse zu erlernen, die zum Erreichen meines Ausbildungszieles notwendig sind.	*... alle mir im Rahmen meiner Berufsausbildung übertragenen Verrichtungen und Aufgaben sorgfältig auszuführen.*
usw.	*usw.*

Situation 37 Besonderer Schutz für jugendliche Auszubildende

In der Berufsschule kommt das Thema „Rechte und Pflichten als Azubi“ zwischen *Bettina* und ihren Mitschülern erneut zur Sprache. Sabine, auch Auszubildende Zweiradmechatronikerin, muss samstags immer noch im Verkauf mithelfen. „Da komme ich oft auf eine 46-Stunden-Woche“, stöhnt Sabine, „auch wenn sie mir dafür ein bisschen Geld geben. Aber was soll ich machen. Ich will ja keinen Ärger haben!“

„Sag mal“, entgegnet ihr Mitschüler Roman daraufhin, „du bist doch erst 17, oder? Dann dürfen die das doch gar nicht. Da gilt für dich doch noch das Jugendarbeiterschutzgesetz.“

„Jugendarbeiterschutzgesetz? So etwas gibt es?“, fragt Sabine nach. „Wisst ihr was?“, schaltet sich *Bettina* ein, „ich frage mal bei unserem Betriebsrat nach. Der kennt sich da echt super aus.“

Und tatsächlich fragt *Bettina* ihren Kollegen *Thomas Preis* nach dem Gesetz, von dem Roman sprach.

Herr Preis zeigt sich ganz begeistert von *Bettinas* Interesse für arbeitsrechtliche Fragen: „Also genau genommen heißt es **Jugendarbeitsschutzgesetz**, und es geht darin um Schutzrechte für jugendliche Arbeitnehmer.

Ich habe eine Idee: Wie wäre es, wenn du für deine Mitschüler einen Informationstext formulierst? Den können wir übrigens auch hier bei uns im Betrieb gut gebrauchen. Wir hängen ihn dann an unser Schwarzes Brett. Das wollte ich immer mal gemacht haben.

Denk dir dafür zu jedem wichtigen Paragrafen eine Frage aus. Dann gibst du mit deinen eigenen Worten die richtige Antwort. Das wird von den Kollegen bestimmt besser verstanden als der schnöde Gesetzestext.“

„Klar“, sagt *Bettina* begeistert, „ich will es versuchen!“

ARBEITSAUFTRÄGE ZUR SITUATION

A1 Helfen Sie *Bettina* bei ihrer Aufgabe! Lesen Sie die nachstehenden Auszüge aus dem **Jugendarbeitsschutzgesetz** (**→ M1**). Formulieren Sie dann zu jedem Paragraphen eine Frage und eine Antwort nach dem dargestellten Muster. **→ M2**

A2 Stellen Sie anschließend Ihrer Mitschülerin/Ihrem Mitschüler die von Ihnen formulierten Fragen und kontrollieren Sie die gegebenen Antworten.

A3 Erstellen Sie zum Abschluss im Team ein Plakat zum Thema „Jugendliche Arbeitnehmer genießen besonderen Schutz“.

A4 Vergleichen Sie Sabines Situation mit dem Schaubild „Überstunden pro Woche“. In welche Gruppe ordnen Sie Sabine ein?

Überstunden pro Woche

36,6 % aller befragten Auszubildenden gaben an, regelmäßig Überstunden machen zu müssen. Davon wöchentliche Überstunden:

Quelle: DGB-Bundesvorstand: Ausbildungsreport 2014, S. 29
(Befragung 18 357 Auszubildenden von September 2013–April 2014)

M1 Auszüge aus dem Jugendarbeitsschutzgesetz (JArbSchG)

§ 1 Geltungsbereich

(1) Dieses Gesetz gilt für die Beschäftigung von Personen, die noch nicht 18 Jahre alt sind,
1. in der Berufsausbildung,
2. als Arbeitnehmer oder Heimarbeiter,
3. mit sonstigen Dienstleistungen, die der Arbeitsleistung von Arbeitnehmern oder Heimarbeitern ähnlich sind,
4. in einem der Berufsausbildung ähnlichen Arbeitsverhältnis. [...]

§ 8 Dauer der Arbeitszeit

(1) Jugendliche dürfen nicht mehr als acht Stunden täglich und nicht mehr als 40 Stunden wöchentlich beschäftigt werden. [...]
(2a) Wenn an einzelnen Werktagen die Arbeitszeit auf weniger als acht Stunden verkürzt ist, können Jugendliche an den übrigen Werktagen derselben Woche achteinhalb Stunden beschäftigt werden.
(3) In der Landwirtschaft dürfen Jugendliche über 16 Jahre während der Erntezeit nicht mehr als neun Stunden täglich und nicht mehr als 85 Stunden in der Doppelwoche beschäftigt werden.

§ 9 Berufsschule

(1) Der Arbeitgeber hat den Jugendlichen für die Teilnahme am Berufsschulunterricht freizustellen. Er darf den Jugendlichen nicht beschäftigen
1. vor einem vor 9 Uhr beginnenden Unterricht; dies gilt auch für Personen, die über 18 Jahre alt und noch berufsschulpflichtig sind,
2. an einem Berufsschultag mit mehr als fünf Unterrichtsstunden von mindestens je 45 Minuten, einmal in der Woche,
3. in Berufsschulwochen mit einem planmäßigen Blockunterricht von mindestens 25 Stunden an mindestens fünf Tagen; zusätzliche betriebliche Ausbildungsveranstaltungen bis zu zwei Stunden wöchentlich sind zulässig.
(2) Auf die Arbeitszeit werden angerechnet
1. Berufsschultage nach Absatz 1 Nr. 2 mit acht Stunden,
2. Berufsschulwochen nach Absatz 1 Nr. 3 mit 40 Stunden,
3. im Übrigen die Unterrichtszeit einschließlich der Pausen.
(3) Ein Entgeltausfall darf durch den Besuch der Berufsschule nicht eintreten.

§ 11 Ruhepausen, Aufenthaltsräume

(1) Jugendlichen müssen im Voraus feststehende Ruhepausen von angemessener Dauer gewährt werden. Die Ruhepausen müssen mindestens betragen
1. 30 Minuten bei einer Arbeitszeit von mehr als viereinhalb bis zu sechs Stunden,
2. 60 Minuten bei einer Arbeitszeit von mehr als sechs Stunden.
3. Als Ruhepause gilt nur eine Arbeitsunterbrechung von mindestens 15 Minuten.
(2) Die Ruhepausen müssen in angemessener zeitlicher Lage gewährt werden, frühestens eine Stunde nach Beginn und spätestens eine Stunde vor Ende der Arbeitszeit. Länger als viereinhalb Stunden hintereinander dürfen Jugendliche nicht ohne Ruhepause beschäftigt werden.

§ 14 Nachtruhe

(1) Jugendliche dürfen nur in der Zeit von 6 bis 20 Uhr beschäftigt werden. [...]
(4) An dem einem Berufsschultag unmittelbar vorangehenden Tag dürfen Jugendliche auch nach Absatz 2 Nr. 1 bis 3 nicht nach 20 Uhr beschäftigt werden, wenn der Berufsschulunterricht am Berufsschultag vor 9 Uhr beginnt.

§ 15 Fünf-Tage-Woche

Jugendliche dürfen nur an fünf Tagen in der Woche beschäftigt werden. Die beiden wöchentlichen Ruhetage sollen nach Möglichkeit aufeinander folgen.

§ 19 Urlaub

(1) Der Arbeitgeber hat Jugendlichen für jedes Kalenderjahr einen bezahlten Erholungsurlaub zu gewähren.
(2) Der Urlaub beträgt jährlich
1. mindestens 30 Werktage, wenn der Jugendliche zu Beginn des Kalenderjahres noch nicht 16 Jahre alt ist,
2. mindestens 27 Werktage, wenn der Jugendliche zu Beginn des Kalenderjahres noch nicht 17 Jahre alt ist,
3. mindestens 25 Werktage, wenn der Jugendliche zu Beginn des Kalenderjahres noch nicht 18 Jahre alt ist.
(3) Der Urlaub soll Berufsschülern in der Zeit der Berufsschulferien gegeben werden. [...]

§ 22 Gefährliche Arbeiten

(1) Jugendliche dürfen nicht beschäftigt werden
1. mit Arbeiten, die ihre physische oder psychische Leistungsfähigkeit übersteigen,
2. mit Arbeiten, bei denen sie sittlichen Gefahren ausgesetzt sind,
3. mit Arbeiten, die mit Unfallgefahren verbunden sind, von denen anzunehmen ist, dass Jugendliche sie wegen mangelnden Sicherheitsbewusstseins oder mangelnder Erfahrung nicht erkennen oder nicht abwenden können,
4. mit Arbeiten, bei denen ihre Gesundheit durch außergewöhnliche Hitze oder Kälte oder starke Nässe gefährdet wird,
5. mit Arbeiten, bei denen sie schädlichen Einwirkungen von Lärm, Erschütterungen oder Strahlen ausgesetzt sind,
6. mit Arbeiten, bei denen sie schädlichen Einwirkungen von Gefahrstoffen im Sinne des Chemikaliengesetzes ausgesetzt sind,
7. mit Arbeiten, bei denen sie schädlichen Einwirkungen von biologischen Arbeitsstoffen […] ausgesetzt sind.

(2) Absatz 1 Nr. 3 bis 7 gilt nicht für die Beschäftigung Jugendlicher, soweit
1. dies zur Erreichung ihres Ausbildungszieles erforderlich ist,
2. ihr Schutz durch die Aufsicht eines Fachkundigen gewährleistet ist und
3. der Luftgrenzwert bei gefährlichen Stoffen (Absatz 1 Nr. 6) unterschritten wird.

§ 32 Erstuntersuchung

(1) Ein Jugendlicher, der in das Berufsleben eintritt, darf nur beschäftigt werden, wenn
1. er innerhalb der letzten vierzehn Monate von einem Arzt untersucht worden ist (Erstuntersuchung) und
2. dem Arbeitgeber eine von diesem Arzt ausgestellte Bescheinigung vorliegt. […]

§ 33 Erste Nachuntersuchung

(1) Ein Jahr nach Aufnahme der ersten Beschäftigung hat sich der Arbeitgeber die Bescheinigung eines Arztes darüber vorlegen zu lassen, dass der Jugendliche nachuntersucht worden ist (erste Nachuntersuchung). Die Nachuntersuchung darf nicht länger als drei Monate zurückliegen. […]
(3) Der Jugendliche darf nach Ablauf von 14 Monaten nach Aufnahme der ersten Beschäftigung nicht weiterbeschäftigt werden, solange er die Bescheinigung nicht vorgelegt hat.

M2 Fragen und Antworten zum Jugendarbeitsschutz (Muster)

zu § 1 JArbSchG: Geltungsbereich	
Meine Frage:	Gilt das JArbSchG auch für jugendliche Azubis und Praktikanten?
Antwort:	Ja, auch in der Ausbildung oder in einem Praktikum tätige Jugendliche sind geschützt.

4.4 In die Zukunft investieren

Situation 38 Lebensplanung

Stellen Sie sich vor, Ihre Lebenszeit sei ein Ziffernblatt mit zwölf Stunden. Wie spät ist es in Ihrem Leben? Denken Sie einige Minuten über diese Frage nach und zeichnen Sie dann den Stunden- und den Minutenzeiger der Uhr entsprechend ein.

ARBEITSAUFTRÄGE ZUR SITUATION

A1 Beschreiben Sie nun, was dieser Lebenszeitpunkt für Sie persönlich bedeutet. Notieren Sie Ihre Antwort.

....

....

....

A2 Vervollständigen Sie dann die folgenden Sätze:

- Jetzt ist genau der richtige Zeitpunkt, um ....
- Jetzt ist es noch viel zu früh, um ....
- In zwei Stunden möchte ich ....
- In vier Stunden möchte ich ....
- In sechs Stunden möchte ich ....
- Folgendes möchte ich auf jeden Fall bis .... Uhr erledigt haben: ....
- Bis 12 Uhr möchte ich auf jeden Fall noch ....

A3 Welche Ihrer Lebensziele erscheinen Ihnen so schwierig zu erreichen, dass sie eine sorgfältige Planung notwendig machen?

A4 Welche Schwierigkeiten stehen der Erreichung Ihrer Ziele dabei im Wege? Was können Sie tun, um diese Schwierigkeiten auszuräumen?

A5 Diskutieren Sie Ihre Antworten mit Ihren Mitschülern!

Situation 39 Lebensziele und Work-Life-Balance

Nicht jedes Ziel im Leben ist uns gleich wichtig. Wirklich wichtige Ziele werden wir aber nur erreichen können, wenn wir den Weg zu ihrer Erreichung planen.

ARBEITSAUFTRÄGE ZUR SITUATION

A1 Beantworten Sie zunächst für sich allein die unten stehenden Fragen. Fertigen Sie damit Ihren persönlichen Planer als Wandplakat an.
Nutzen Sie dazu die Darstellung eines sog. Lebensbaums (→ **M1**) mit den genannten Zielen.

a) Was gibt Ihnen Stärke und Halt im Leben (= **die Wurzeln Ihres Lebensbaums**)?

b) Welche **Lebensziele** haben Sie (= die Äste Ihres Lebensbaumes)? Unterscheiden Sie dabei in:

- **Ausbildungsziele:**
  Möchten Sie in einem bestimmten Fach der Berufsschule bessere Zensuren erhalten?
  Möchten Sie noch bestimmte praktische Fertigkeiten und Kenntnisse erlernen?
  Möchten Sie Ihre Berufsausbildung mit einer bestimmten Note abschließen?
  Möchten Sie sich gleich danach oder erst später fortbilden und einen höheren Abschluss – z. B. den Meistertitel – erreichen?
  Möchten Sie studieren?
- **Familienziele:**
  Möchten Sie weiter zusammen mit Eltern und Geschwistern leben?
  Möchten Sie lieber allein, in einer Wohngemeinschaft oder zusammen mit einem Lebenspartner leben?
- **Berufliche Ziele:**
  Welche Art von Arbeitsplatz möchten Sie haben?
  Wo möchten Sie arbeiten und zusammen mit wem?
  Wie hoch soll Ihr Einkommen sein?
  Wie wichtig ist Ihnen das mit Ihrem Beruf verbundene Ansehen (= Prestige)?
- **Freizeitziele:**
  Möchten Sie mehr Freizeit haben? Möchten Sie mit einem bestimmten Hobby beginnen?
  Möchten Sie mehr aufregende Dinge erleben?
- **Persönlichkeitsziele:**
  Möchten Sie genauer herausfinden, was Sie wirklich wollen?
  Möchten Sie durchsetzungsfähiger, spontaner, humorvoller oder ausgeglichener werden?
  Welche anderen persönlichen Fähigkeiten möchten sie erwerben?
  Möchten Sie unabhängiger von der Meinung anderer werden?
- **Langfristige Lebensziele:**
  Möchten Sie eine Familie gründen?
  Möchten Sie ein eigenes Haus besitzen?
  Möchten Sie eine Zeit lang im Ausland leben oder sogar ganz auswandern?
  Möchten Sie eine besondere Tat vollbringen, von der andere noch lange reden werden?
  Was könnte das sein?

A2 Betrachten Sie nochmals Ihren Lebensbaum! Wirkt dieser stark und gleichmäßig gewachsen, stimmt Ihre **Work-Life-Balance**? (→ **M2**) Wenn nicht, was können Sie tun, um zu mehr Ausgewogenheit zu gelangen?

M1 Meine Lebensziele

Familienziele

....

....

....

....

Berufliche Ziele

....

....

....

....

Persönlichkeitsziele

....

....

....

....

Ausbildungsziele

....

....

....

....

Freizeitziele

....

....

....

....

Die Wurzeln meines Lebensbaums

....

....

....

....

M2 Work-Life-Balance

So wie ein Baum stark und gleichmäßig gewachsen sein muss, um allen Stürmen trotzen zu können, sollte auch Ihr Lebensbaum stark und ausgeglichen sein. Man spricht in diesem Zusammenhang von der „**Work-Life-Balance**“, also der Ausgewogenheit von beruflichen und sonstigen Lebenszielen. Nur wenn diese Balance stimmt, können Stürme des Lebens, z. B. der Tod eines geliebten Menschen, der Verlust des Arbeitsplatzes o. Ä., den Baum Ihres Lebens nicht zum Umstürzen bringen.

Situation 40 Lebenslanges Lernen

„Mit 16 in die Lehre, mit 19 ausgelernt und dann auf einer guten Arbeitsstelle beginnen. Jeden Monat kommt genug Geld aufs Konto und das am liebsten bis zur Rente ..."

Geht eine solche Erwerbsplanung noch auf? Lesen Sie, was wir an Meinungen dazu eingeholt haben.

B: *„Wer ständig den Beruf wechselt, taugt wohl nicht viel!"*

A: *„Gute Verdienstmöglichkeiten, Aufstiegschancen und ein sicherer Arbeitsplatz sind für mich das Wichtigste bei der Berufswahl!"*

D: *„Die besten Berufsberater sind immer noch die Eltern. Nur sie kennen die Begabungen ihrer Kinder wirklich!"*

Ich:

C: *„Allzu viel Planung macht das Leben doch nur schrecklich langweilig. Ich will vor allem meinen Spaß!"*

B: *„Dem Tapferen hilft das Glück!"*

ARBEITSAUFTRÄGE ZUR SITUATION

A1 Beurteilen Sie die genannten Aussagen in den Sprechblasen aus Ihrer ganz persönlichen Perspektive. Schreiben Sie auch Ihre eigene Meinung in die leere Sprechblase.

A2 Lesen Sie zum Konzept des **lebenslangen Lernens** den nachstehenden Informationstext → **M1**. Recherchieren Sie die Ihnen unbekannten Begriffe (z. B. „Globalisierung" oder „Wissensgesellschaft") und beantworten Sie dann schriftlich folgende Leitfragen:

a) Was genau bedeutet die Formulierung „lebenslanges Lernen im Sinne lebensbegleitenden Lernens"? Finden Sie hierzu eigene Beispiele.

b) Welche konkreten Lebens- und Arbeitschancen kann Ihnen lebenslanges Lernen bieten? Nennen Sie jeweils mindestens drei Beispiele.

c) Warum ist lebenslanges Lernen auch für die deutsche Gesellschaft als Ganzes äußerst wichtig?

d) Recherchieren Sie, welche konkreten beruflichen Weiterbildungsangebote für Ihren Ausbildungsberuf existieren. Welche Angebote zu deren Finanzierung gibt es? Informieren Sie sich z. B. in der Förderdatenbank des Bundesministeriums für Bildung und Forschung (→ www.bmbf.de) oder bei der für Sie zuständigen Kammer.

M1 Lebenslanges Lernen sichert die Zukunftschancen

Lernen hört nach Schule, Ausbildung oder Studium nicht auf, denn Lernen ist das wesentliche Werkzeug zum Erlangen von Bildung und damit für die Gestaltung individueller Lebens- und Arbeitschancen. **Lebenslanges Lernen** trägt auch dazu bei, dass die Gesellschaft insgesamt den Herausforderungen begegnen kann, die mit dem demografischen Wandel einhergehen. Durch entsprechende Rahmenbedingungen sorgt die Politik dafür, dass lebenslanges Lernen für alle Bürgerinnen und Bürger attraktiv ist und dass die Bereitschaft zur Weiterbildung steigt.

Das Lernen im Lebenslauf gehört zu den großen politischen und gesellschaftlichen Herausforderungen in Deutschland. Die Verwirklichung des Lernens im Lebenslauf ist entscheidend für die Perspektive des Einzelnen, den Erfolg der Wirtschaft und die Zukunft der Gesellschaft. Dieser Herausforderung zu begegnen, gehört zu den vorrangigen bildungspolitischen Aufgaben. Daher ist eine Konzeption zum Lernen im Lebenslauf dem Ziel verpflichtet, Deutschlands wichtigste Ressource „Bildung" stärker für wirtschaftliche Dynamik und persönliche Aufstiegschancen zu erschließen.

Dabei soll das lebenslange Lernen als lebensbegleitendes Lernen verstanden werden. Die Idee vom lebensbegleitenden Lernen weitet den bisherigen Blick: Bildung ist im Sinne lebensbegleitenden Lernens kein Prozess, der in einer bestimmten Lebensphase begonnen und abgeschlossen wird. Lebenslanges Lernen tritt damit an die Stelle von Bildungszeiten, die auf bestimmte Lernzeiten wie Schulabschluss, Gesellenbrief oder Hochschulzeugnis beschränkt waren.

Die Globalisierung und die Wissensgesellschaft stellen die Menschen vor große Herausforderungen, die durch den demografischen Wandel noch verstärkt werden. Wissen-, sowie die Fähigkeit, das erworbene Wissen anzuwenden, müssen durch Lernen im Lebenslauf ständig angepasst und erweitert werden. Nur so können persönliche Orientierung, gesellschaftliche Teilhabe und Beschäftigungsfähigkeit erhalten und verbessert werden.

[...]

Insbesondere mit der Aufstiegsfortbildung – z. B. zum Fachwirt, Meister oder Techniker – eröffnen sich Wege zu verantwortungsvolleren Positionen. Allein 2011 haben über 160.000 Personen staatliche Förderung für die Teilnahme an Aufstiegsmöglichkeiten (sog. „Meister-BAföG") in Anspruch genommen – und noch deutlich mehr Personen könnten diese Chance ergreifen.

(Quelle: http://www.bmbf.de/de/lebenslangeslernen.php)

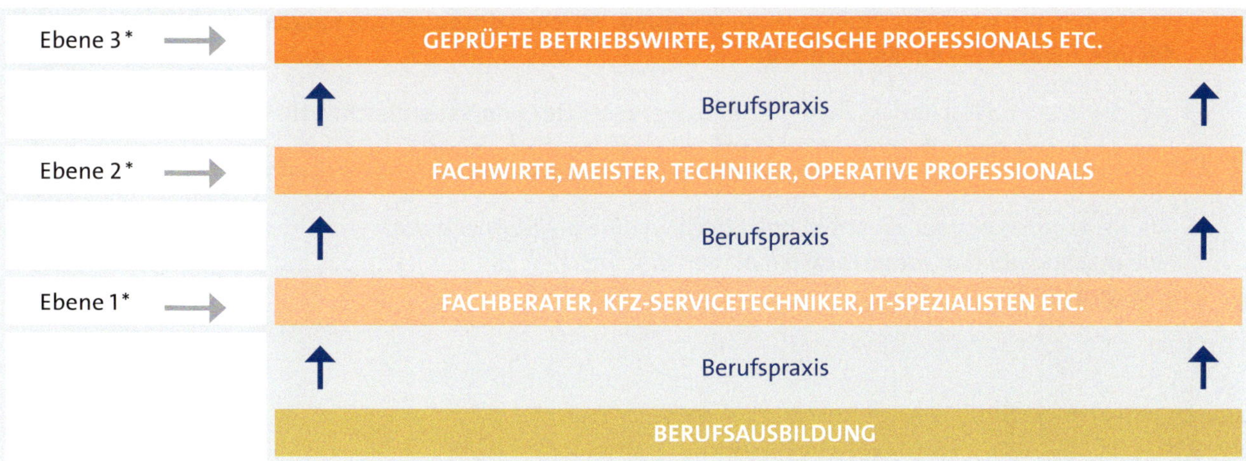

*(*Anm. des Autors: Ebene 1: Anpassungsfortbildung; Ebenen 2 und 3: Aufstiegsfortbildung)*

Situation 41 Elternzeit und Elterngeld – Brücken zwischen Familie und Beruf

Die beiden Auszubildenden *Bettina Lorenz* und *Ralf Schumacher* machen zusammen Mittagspause. *Bettina* berichtet von einer schwangeren Mitschülerin aus der Berufsschule: „Du kennst doch Michelle. Sie hat mir erzählt, dass sie von ihrem Freund ein Baby bekommt. Die beiden sind total happy. Michelle ist jetzt im letzten Ausbildungsjahr und der Mutterschutz beginnt zum Glück erst nach ihrer Prüfung. Sie wohnt mit ihrem Freund zusammen und der hat einen unbefristeten Arbeitsvertrag als Industriekaufmann. Deshalb passt das auch mit dem Geld, wenn Michelle nach ihrer Ausbildung erst einmal aussetzt. Sie will Elternzeit nehmen und das Elterngeld hilft auch total. Wenn sein Chef mitmacht, will ihr Freund auch Elternzeit nehmen.

Also wenn ich mal ein Kind bekomme, dann möchte ich die ersten drei Jahre auf jeden Fall zu Hause bleiben. Wie willst du das denn demnächst mal regeln?"

Ralf hat sich mit dem Thema bislang nicht beschäftigt und wundert sich, wie leicht *Bettina* mit den Begriffen um sich wirft: Mutterschutz, Elternzeit, Elterngeld ...

ARBEITSAUFTRÄGE ZUR SITUATION

A1 Wie ist Ihr eigener Informationsstand zum Thema Elternzeit? Überprüfen Sie Ihr Wissen mithilfe des Lückentextes → **M1**. Wenn Sie noch Informationen benötigen, erarbeiten Sie sich diese aus dem Text → **M2**.

A2 Der Staat unterstützt durch ein Elterngeld (→ **M3**) junge Eltern, die auf Erwerbseinkommen verzichten, um vorrangig ihre Kinder zu betreuen. Welche Konsequenzen hat diese Unterstützung für Ihre zukünftige Familienplanung?

A3 Welche Vor- und Nachteile sehen Sie darin, wenn Mutter und Vater gleichzeitig Elternzeit nehmen?

A4 Sammeln Sie Gründe, die für eine Teilzeitbeschäftigung während der Elternzeit sprechen.

A5 Als Sie geboren wurden, konnten Ihre Eltern weder von Elternzeit noch von Elterngeld profitieren. Wie mussten damals junge Familien planen und welchen Einfluss hatte das auf die Rollen von Vater und Mutter?

M1 Das gilt für Mutterschutz und Elternzeit

Im Rahmen der Schwangerschaft haben die werdenden Eltern eine Fülle von Entscheidungen zu treffen. Vor allem die Absprachen zur Betreuung des Kindes über den .... hinaus bergen viele Möglichkeiten und Spielräume:

.... Wochen nach der Geburt endet der Mutterschutz. Derjenige, der ab jetzt den Säugling betreut, muss rechtzeitig, nämlich .... nach der Geburt, seine .... beim Arbeitgeber anmelden.

Dann können pro Elternteil bis zu .... Jahre Elternzeit gewählt werden. Während dieser Zeit ist eine Teilzeitbeschäftigung im maximalen Umfang von .... Wochenstunden erlaubt.

Ein besonderer .... verhindert, dass Eltern kurz vor oder während der Elternzeit ihre Arbeit verlieren.

Wenn der Arbeitgeber zustimmt, ist es möglich, bis zu 12 Monate Elternzeit auf die Zeit zwischen dem .... und .... Geburtstag des Kindes, z. B. während des ersten Schuljahres, zu legen.

Oft werden .... und .... fälschlicherweise gleichgesetzt. Während es bei der .... um den Schutz von jungen Eltern und die Möglichkeit der persönlichen Betreuung ohne Bedenken wegen des möglichen Verlustes des Arbeitsplatzes geht, wird durch das 2007 eingeführte .... eine finanzielle Unterstützung des Staates an die Eltern geleistet, sodass das fehlende Einkommen teilweise aufgefangen werden kann.

M2 Die Elternzeit

Ein Anspruch auf Elternzeit besteht für jeden Elternteil zur Betreuung und Erziehung seines Kindes bis zur Vollendung dessen dritten Lebensjahres. Die Elternzeit ist ein Anspruch des Arbeitnehmers oder der Arbeitnehmerin gegenüber dem Arbeitgeber. Während der Elternzeit bleibt das Arbeitsverhältnis bestehen und nach Ablauf der Elternzeit besteht ein Anspruch auf Rückkehr zur früheren Arbeitszeit. Die Elternzeit der Mutter kann erst nach Ablauf der Mutterschutzfrist begonnen werden.

1. Gemeinsame Elternzeit
Beide Elternteile können auch gleichzeitig bis zu drei Jahre Elternzeit in Anspruch nehmen.

2. Flexible 24 Monate
Eine Übertragung von bis zu 24 Monaten kann auf die Zeit zwischen dem dritten und achten Geburtstag des Kindes, z. B. während des ersten Schuljahres, erfolgen.

3. Anmeldefristen
Arbeitnehmerin und Arbeitnehmer müssen ihre Elternzeit, die vor dem dritten Geburtstag genommen wird, spätestens sieben Wochen vor deren Beginn schriftlich von der Arbeitgeberseite verlangen. Bei Elternzeit zwischen dem dritten und achten Lebensjahr verlängert sich die Frist auf 13 Wochen.

Um die Elternzeit flexibel zu gestalten und gleichzeitig die notwendige Planungssicherheit für die Arbeitgeberseite zu gewährleisten, müssen sich die Eltern festlegen, für welchen Zeitraum innerhalb der ersten zwei Jahre Elternzeit genommen wird.

4. Zulässige Teilzeitarbeit während der Elternzeit
Während der Elternzeit ist eine Teilzeiterwerbstätigkeit von bis zu 30 Wochenstunden zulässig. Bei gleichzeitiger Elternzeit können die Eltern somit insgesamt 60 Wochenstunden (30 + 30) erwerbstätig sein. Damit besteht die Möglichkeit, auch während der Elternzeit das Familieneinkommen in einem gewissen Umfang zu sichern. Es wird empfohlen, den Wunsch nach Teilzeitarbeit während der Elternzeit bereits bei der Anmeldung zu nennen. So lässt sich einer möglichen Ablehnung durch den Arbeitsgeber „wegen betrieblicher Gründe" vorbeugen.

5. Anspruch auf Verringerung der Arbeitszeit
Unter bestimmten Voraussetzungen besteht ein Rechtsanspruch auf Verringerung der Arbeitszeit in der Elternzeit im Rahmen von 15 bis 30 Wochenstunden. Der Rechtsanspruch gilt in allen Betrieben mit mehr als 15 Beschäftigten. Ein Rechtsanspruch auf Verringerung der Arbeitszeit besteht nicht, wenn dringende betriebliche Gründe dem entgegenstehen. Im gegenseitigen Einvernehmen können der Arbeitgeber und die Arbeitnehmerin bzw. der Arbeitnehmer außerhalb des Rechtsanspruchs eine Teilzeit mit weniger als 15 Wochenstunden vereinbaren. Es besteht ein Rückkehranspruch zur vorherigen Arbeitszeit nach Ende der Elternzeit.

6. Kündigungsschutz in der Elternzeit
Ab dem Zeitpunkt, ab dem die Elternzeit angemeldet worden ist, frühestens jedoch acht Wochen vor Beginn der Elternzeit sowie während der Elternzeit, darf die Arbeitgeberin bzw. der Arbeitgeber das Arbeitsverhältnis nicht kündigen. Nur in besonderen Fällen kann ausnahmsweise eine Kündigung für zulässig erklärt werden. Die Klärung der Zulässigkeit erfolgt durch die für den Arbeitsschutz zuständige oberste Landesbehörde oder einer von ihr bestimmten Stelle.

7. Vorzeitige Beendigung der Elternzeit zur Inanspruchnahme des Mutterschutzes
Arbeitnehmerinnen können die angemeldete Elternzeit vorzeitig – ohne Zustimmung des Arbeitgebers – beenden, um die gesetzlichen Mutterschutzfristen nach § 3 Absatz 2 und § 6 Absatz 1 Mutterschutzgesetz und die damit verbundenen Rechte in Anspruch zu nehmen. In diesem Fall sollte dem Arbeitgeber die Beendigung der Elternzeit rechtzeitig mitgeteilt werden. Eine rückwirkende Beendigung der Elternzeit ist nicht vorgesehen. Die Elternzeit kann also frühestens enden, wenn die Mitteilung dem Arbeitgeber zugegangen ist.

Flexibilisierung der Elternzeit in Planung
Begleitend zur Erweiterung des Elterngeldes um ein ElterngeldPlus sollen Eltern künftig die Möglichkeit bekommen, die Elternzeit flexibler aufzuteilen. Mütter und Väter können dann 24 statt bisher 12 Monate auf den Zeitraum zwischen drittem und achtem Lebensjahr übertragen.

(Autorentext nach: Bundesministerium für Familie, Senioren, Frauen und Jugend: **http://www.bmfsfj.de/BMFSFJ familie, did=16318.html***)*

M3 Auszug aus dem Bundeselterngeld- und Elternzeitgesetz – BEEG

Für alle Geburten ab dem 01. Juli 2015 gilt eine neue Regelung, die jungen Eltern gleichzeitig Zeit für das Kind geben und Chancen im Job ermöglichen soll: das **ElterngeldPlus**.

Es kann alleine oder kombiniert mit dem bisherigen Elterngeld beantragt werden. Folgende Regelungen gelten:

Elterngeld
- In den ersten 14 Monaten nach der Geburt eines Kindes, wenn alles noch neu und jeder Tag anders ist, können Eltern sich ihrem Kind widmen und erhalten 65 bis 100 Prozent ihres Gehaltes vor der Geburt. Dabei stehen monatlich mindestens 300 Euro und höchstens 1800 Euro zur Verfügung.
- Müttern und Vätern stehen zwölf Monatsbeträge zur Verfügung, die sie untereinander aufteilen können. Wenn beide Eltern das Elterngeld nutzen und ihr Erwerbseinkommen wegfällt, wird für zwei zusätzliche Monate (Partnermonate) Elterngeld gezahlt.

- Möchte nur ein Elternteil das Elterngeld in Anspruch nehmen, wird mindestens für zwei und höchstens für zwölf Monate gezahlt.
- Eine Teilzeittätigkeit mit bis zu 30 Wochenstunden ist auch mit dem Elterngeld möglich.

ElterngeldPlus

- Das ElterngeldPlus richtet sich an Eltern, die früher in den Beruf zurückkehren möchten.
- Es berechnet sich wie das Elterngeld, beträgt aber maximal die Hälfte des Elterngeldbetrags, der Eltern ohne Teilzeiteinkommen nach der Geburt zustünde.
- Dafür wird für den doppelten Zeitraum gezahlt: ein Elterngeldmonat = zwei Elterngeld-Plus-Monate.
- Damit profitieren Eltern vom ElterngeldPlus auch über den 14. Lebensmonat des Kindes hinaus und gewinnen mehr Zeit für sich und ihr Kind.

Partnerschaftsbonus

- Eine partnerschaftliche Aufteilung von Familie und Beruf wird mit vier zusätzlichen Elterngeld-Plus-Monaten pro Elternteil unterstützt, wenn beide Eltern vier Monate gleichzeitig 25 bis 30 Wochenstunden arbeiten.
- In gleicher Weise werden auch Alleinerziehende gefördert: Arbeiten sie für mindestens vier Monate in Teilzeit zwischen 25 und 30 Wochenstunden, erhalten sie ebenfalls vier zusätzliche Elterngeld-Plus-Monate.

(Quelle: Bundesministerium für Familie, Senioren, Frauen und Jugend (2015): **http://www.elterngeld-plus.de/fileadmin/templates/pdf/broschuere_elterngeldplus.pdf**)

M4 Elterngeldbezüge nach Geschlecht

Jahr	Anzahl der Geburten	davon bezogen Elterngeld (Angaben in %)	
		Mütter	Väter
2009	665 126	96,3	23,6
2010	652 003	96,2	25,3
2011	662 685	95,4	27,3

Für Kinder, die 2011 geboren wurden, erhielten Väter im Durchschnitt 1108 Euro und Mütter 683 Euro Elterngeld.

Quelle: Statistisches Bundesamt: Statistisches Jahrbuch Deutschland 2013, S. 61

Situation 42 Wiedereinstieg in den Beruf

Die Vertriebsmitarbeiterin *Silvia Dogan* hat vor sechs Wochen eine Tochter bekommen und rechtzeitig eine zweijährige Elternzeit beantragt. Wenn die Tochter ein Jahr alt ist, möchte *Frau Dogan* bereits in Teilzeit zurück an ihren Arbeitsplatz. Bei einem gemeinsamen Frühstück mit ihren Kollegen gewinnt sie den Eindruck, dass die geplante Rückkehr in Gefahr ist. Die Kollegen sprechen von Umsatzeinbußen, den Schwierigkeiten mit Teilzeitbeschäftigten, gerade auch im Vertrieb, sowie einer neuen, sehr engagierten Kollegin, die während ihrer Elternzeit eingestellt wurde. *Frau Dogan* will nichts verpassen und wendet sich mit ihren Sorgen an den Betriebsrat, *Herrn Preis*. Der soll sie beim kommenden Gespräch mit dem Geschäftsführer *Herrn Peters* unterstützen.

ARBEITSAUFTRAG ZUR SITUATION

A1 Bereiten Sie in der Klasse das Gespräch zwischen *Frau Dogan*, *Herrn Peters* und dem Betriebsratsmitglied *Herrn Preis* vor. Bilden Sie dazu drei Gruppen, die jeweils eine Rolle vertreten. Jede Gruppe bereitet entsprechend der Übersicht → **M1** Argumente für ihre Rolle vor. Nutzen Sie hierzu die Materialen → **M2** und → **M3** und notieren Sie sich Stichwörter für die verschiedenen Positionen.

M1 Interessen der Gesprächsteilnehmer

Herr Peters:

„Frau Dogan hat früher gute Arbeit geleistet, aber jetzt, mit Kind? Da muss sie sicher oft zu Hause bleiben. Vielleicht wäre ein Kollege ohne Kinder besser geeignet... Und was mache ich mit Frau Hansen, die wir für zwei Jahre als Ersatz eingestellt haben?"

Frau Dogan:

„Ich möchte nach einem Jahr auf jeden Fall wieder arbeiten. Meine Tochter ist dann betreut. Leider passen die Öffnungszeiten der Krippe nicht zu einer vollen Stelle, also bräuchte ich schon eine Teilzeitstelle. Ich sehe da kein Problem!"

Herr Preis:

„Natürlich vertrete ich die Belange aller Angestellten. Sowohl die Rückkehr auf eine gleichwertige Stelle als auch eine Teilzeitbeschäftigung sind ihr gutes Recht. Aber warum hat sie nicht sofort bei der Elternzeit den Wunsch auf spätere Teilzeit mit eingebracht?"

M2 Tipps für die Rückkehr nach der Elternzeit

Die Rückkehr an den Arbeitsplatz nach dem Ende der Elternzeit bringt nicht nur im privaten Bereich viele Veränderungen mit sich, sondern birgt auch am Arbeitsplatz viel Konfliktpotenzial.

Eine unkomplizierte Rückkehr sollte daher von langer Hand vorbereitet werden. So ist es in jedem Fall ratsam, eine Teilzeitarbeit während der Elternzeit dem Unternehmen bei Anmeldung der Elternzeit zu signalisieren.

Beschäftigte haben nach dem Ende der Elternzeit einen gesetzlichen Anspruch auf die Rückkehr an den Arbeitsplatz zu den gleichen Bedingungen wie zuvor. Allerdings stand das Geschäft während der eigenen Abwesenheit vom Arbeitsplatz natürlich nicht still.

Deshalb empfiehlt es sich, auch während der Elternzeit Kontakt zum Unternehmen zu halten, um zum einen auf dem neuesten Stand zu bleiben und sich zum anderen immer wieder ins Gedächtnis der Kollegen zu bringen.

Idealerweise werden die Rückkehr und ihre Modalitäten schon während der Schwangerschaft mit dem Arbeitgeber geklärt. Wenn dies nicht möglich sein sollte, weil sich die Rahmenbedingungen im privaten Bereich ändern (andere Betreuung als erwartet, Kind oft krank, veränderte Arbeitszeiten des Partners), sollte dies dem Arbeitgeber im eigenen Interesse schnellstmöglich mitgeteilt werden.

Gemeinsame Planung und regelmäßige Kommunikation sind hier unabdingbar.

Zwar besteht der Anspruch auf eine Rückkehr an den Arbeitsplatz, doch kann nicht verbindlich davon ausgegangen werden, dass genau die entsprechende Stelle für den Zeitraum der Elternzeit freigehalten wird. Eine vergleichbare Beschäftigung auf dem gleichen Lohnniveau ist absolut vertretbar und erleichtert beiden Seiten den Wiedereinstieg.

M3 Auszug aus dem Teilzeit- und Befristungsgesetz (TzBfG)

Zweiter Abschnitt: Teilzeitarbeit

§ 8 Verringerung der Arbeitszeit

(1) Ein Arbeitnehmer, dessen Arbeitsverhältnis länger als sechs Monate bestanden hat, kann verlangen, dass seine vertraglich vereinbarte Arbeitszeit verringert wird.

(2) Der Arbeitnehmer muss die Verringerung seiner Arbeitszeit und den Umfang der Verringerung spätestens drei Monate vor deren Beginn geltend machen. Er soll dabei die gewünschte Verteilung der Arbeitszeit angeben.

(3) Der Arbeitgeber hat mit dem Arbeitnehmer die gewünschte Verringerung der Arbeitszeit mit dem Ziel zu erörtern, zu einer Vereinbarung zu gelangen. Er hat mit dem Arbeitnehmer Einvernehmen über die von ihm festzulegende Verteilung der Arbeitszeit zu erzielen.

(4) Der Arbeitgeber hat der Verringerung der Arbeitszeit zuzustimmen und ihre Verteilung entsprechend den Wünschen des Arbeitnehmers festzulegen, soweit betriebliche Gründe nicht entgegenstehen. Ein betrieblicher Grund liegt insbesondere vor, wenn die Verringerung der Arbeitszeit die Organisation, den Arbeitsablauf oder die Sicherheit im Betrieb wesentlich beeinträchtigt oder unverhältnismäßige Kosten verursacht. […]

(5) Die Entscheidung über die Verringerung der Arbeitszeit und ihre Verteilung hat der Arbeitgeber dem Arbeitnehmer spätestens einen Monat vor dem gewünschten Beginn der Verringerung schriftlich mitzuteilen. Haben sich Arbeitgeber und Arbeitnehmer nicht nach Absatz 3 Satz 1 über die Verringerung der Arbeitszeit geeinigt und hat der Arbeitgeber die Arbeitszeitverringerung nicht spätestens einen Monat vor deren gewünschtem Beginn schriftlich abgelehnt, verringert sich die Arbeitszeit in dem vom Arbeitnehmer gewünschten Umfang. Haben Arbeitgeber und Arbeitnehmer über die Verteilung der Arbeitszeit kein Einvernehmen nach Absatz 3 Satz 2 erzielt und hat der Arbeitgeber nicht spätestens einen Monat vor dem gewünschten Beginn der Arbeitszeitverringerung die gewünschte Verteilung der Arbeitszeit schriftlich abgelehnt, gilt die Verteilung der Arbeitszeit entsprechend den Wünschen des Arbeitnehmers als festgelegt. […]

(6) Der Arbeitnehmer kann eine erneute Verringerung der Arbeitszeit frühestens nach Ablauf von zwei Jahren verlangen, nachdem der Arbeitgeber einer Verringerung zugestimmt oder sie berechtigt abgelehnt hat. […]

(Quelle: Bundesministerium der Justiz und für Verbraucherschutz: **http://www.gesetze-im-internet.de/bundesrecht/tzbfg/gesamt.pdf***)*

Kernwissen zu Kapitel 4.4

WORK-LIFE-BALANCE

Der englische Begriff beschreibt die Ausgewogenheit (= Balance) von beruflichen und privaten Lebenszielen. Stimmt die – stets individuell zu bestimmende – Work-Life-Balance eines Menschen nicht und gewinnen Unzufriedenheit, Stress und Überlastung die Oberhand, sind häufig schwerwiegende körperliche und seelische Erkrankungen die Folge.

Die Work-Life-Balance zu finden und zu bewahren, ist gemeinsame Aufgabe und Verantwortung, sowohl des Arbeitgebers, als auch jedes einzelnen Arbeitnehmers.

LEBENSLANGES LERNEN

Lebenslanges Lernen im Sinne lebensbegleitenden Lernens, muss zur Selbstverständlichkeit für jedes Unternehmen und jeden Arbeitnehmer werden. Nur durch die beständige Weiterentwicklung bereits erworbener Fähigkeiten und Fertigkeiten können Arbeitnehmer und Unternehmen den sich ständig und immer schneller ändernden Anforderungen der Arbeitswelt auf Dauer gewachsen bleiben. Man unterscheidet verschiedene **Ebenen** der, auf die Berufserstausbildung folgenden, **Fortbildung**:

- **Anpassungsfortbildung:** Die erworbenen beruflichen Fähigkeiten und Fertigkeiten werden weiterentwickelt, ohne dass die Fortbildung auf die Übernahme von Führungsverantwortung im Betrieb abzielt, z. B. Fortbildung zum Fachberater.
- **Aufstiegsfortbildung:** Der Erwerb weiterer berufsspezifischer Fähigkeiten und Fertigkeiten soll zur Übernahme von Führungsverantwortung im Betrieb befähigen, z. B. Techniker- oder Meisterfortbildung.

Werden Fertigkeiten und Fähigkeiten für eine ganz andere als die zuvor ausgeübte oder erlernte Tätigkeit erworben, spricht man von einer **Umschulung**. Da der umzuschulende Arbeitnehmer bereits Fertigkeiten und Erfahrungen aus seiner vorigen Tätigkeit besitzt, kann die Qualifizierung zum neuen Berufsbild häufig verkürzt werden.

Die Berufsausbildungsvorbereitung, die Berufsausbildung, die berufliche Fortbildung und die Umschulung sind im **Berufsbildungsgesetz** (BBiG) §1 geregelt.

VEREINBARKEIT VON FAMILIE UND BERUF

Über den **Mutterschutz** hinaus, der jeder Mutter gesetzlich ab sechs Wochen vor dem errechneten Geburtstermin bis acht Wochen nach der Geburt zusteht, gilt es für alle Eltern, Arrangements zu treffen, um Kinderbetreuung einerseits und laufendes Einkommen andererseits abzudecken.

Der Staat stellt verschiedene Unterstützungen zur Verfügung:

- Im Rahmen der **Elternzeit** steht jeder Familie eine berufliche Auszeit oder eine Teilzeitbeschäftigung für die Dauer von bis zu drei Jahren (ggf. sogar gestaffelt) bis zum achten Geburtstag des Kindes zu.
- Mit dem **Elterngeld**, das die Familie zwischen 12 und 14 Monate (falls beide Eltern es beantragen) beziehen kann, unterstützt der Staat finanziell.

RÜCKKEHR IN DEN BERUF

Arbeitnehmer haben nach der Elternzeit einen gesetzlichen Anspruch auf die Rückkehr an den Arbeitsplatz zu den gleichen Bedingungen wie zuvor. Individuelle Absprachen und Änderungen zum Arbeitsverhältnis vor der Geburt (z. B. Teilzeitarbeit) sollten in beiderseitigem Interesse frühestmöglich abgesprochen und vertraglich fixiert werden.

Familien, deren Kind ab dem 01.07.2015 geboren wurde, können **ElterngeldPlus** beziehen, das die schrittweise Rückkehr in den Beruf erleichtert und finanziell attraktiver macht.

ÜBUNGEN ZU KAPITEL 4.4

Ü1 **Welche der folgenden Berufsqualifizierungen regelt das BBiG nicht?**

a) Ausbildung zum Koch
b) Fortbildung zum Küchenmeister
c) Schülerpraktikum in einer Hotelküche
d) Umschulung vom Koch zum Verkäufer im Lebensmitteleinzelhandel

Ü2 Berufsbildende Schulen und häufig auch größere Betriebe bieten unterschiedliche Arten der Berufsausbildungsvorbereitung an.

a) Beschreiben Sie Angebote der Berufsausbildungsvorbereitung anhand konkreter Beispiele.
b) Welche Ziele verfolgen diese Angebote und an welche Personen richten sie sich insbesondere?

Ü3 Welche Möglichkeiten der beruflichen Fortbildung bietet Ihr Ausbildungsberuf? Beschreiben Sie mindestens drei verschiedene Angebote und bewerten Sie deren Attraktivität.

Ü4 Bei beruflichen Qualifizierungen unterscheidet man zwischen der Berufsausbildung, der Fortbildung und der Umschulung. Ordnen Sie die nachfolgenden Beispiele zu.

Qualifizierungsmaßnahme	Ausbildung	Fortbildung	Umschulung
Ein Kfz-Mechatroniker besucht einen Lehrgang zur Fehlerdiagnose bei einem neu am Markt eingeführten Pkw-Modell.			
Ein Maurerlehrling erlernt an einem überbetrieblichen Lernort der Handwerkskammer das Errichten von Natursteinmauern.			
Ein gelernter Drucker wird nach einem Bandscheibenvorfall zum Kaufmann für Büromanagement qualifiziert.			
Eine Friseurgesellin besucht berufsbegleitend die Meisterschule der Friseurinnung.			
Eine Mitschülerin von *Bettina Lorenz* aus einem anderen Betrieb macht für zwei Wochen ein Praktikum in der Lehrwerkstatt der *Fly Bike Werke*, um das Elektroschweißen zu erlernen.			

Ü5 Erstellen Sie eine Übersicht mit jeweils zwei Vor- und Nachteilen zur Elternzeit für Väter.

Ü6 Informieren Sie sich mithilfe der Fachinformationen → M2 und → M3 und entscheiden Sie bei den folgenden Aussagen, ob sie wahr oder falsch sind. Begründen Sie Ihre Entscheidung.

	Aussage	Entscheidung (r) oder (f)	Begründung (mit Angabe des jeweiligen §)
a	Nur Angestellte bekommen Elterngeld.		
b	Kommen bei der Geburt Zwillinge zur Welt, so erhöht sich das zustehende Elterngeld um 400 Euro.		
c	Während der Elternzeit ist Erwerbstätigkeit grundsätzlich untersagt.		
d	Ein Teil des Anspruchs auf Elternzeit kann mit Zustimmung des Arbeitgebers auf die Zeit bis zur Vollendung des achten Lebensjahres des Kindes übertragen werden.		
e	Elternzeit können Vater und Mutter nur nacheinander nehmen.		
f	Väter erhalten mehr Elterngeld als Mütter.		

4.5 Vom Brutto zum Netto: die Entgeltabrechnung

Situation 43 Fehlerhafte Entgeltabrechnung bei den Fly Bike Werken

Hans Peters

Von:	Hans Peters
Gesendet:	16. Februar 2015 10:21
An:	Christoph Steffes
Betreff:	Überprüfung der aktuellen Entgeltabrechnungen
Angefügt:	Entgeltabrechnung, Stammdaten von Lars Baumann

Lieber Herr Steffes,

wir scheinen aktuell Probleme mit unserer Personalbuchhaltung zu haben. Die Krankenkassen einiger Mitarbeiter haben sich über fehlerhafte Sozialversicherungsbeiträge beschwert. Die steuerlichen Abzüge stimmen zwar bei den Mitarbeitern, aber offenbar sind für die Sozialversicherung veraltete Sätze verwandt worden. Um schnell Klarheit zu schaffen, prüfen Sie bitte exemplarisch die Entgeltabrechnung von Herrn Baumann.

Die aktuelle Entgeltabrechnung von Herrn Baumann zur Überprüfung des Nettoauszahlungsbetrags sowie seine Stammdaten finden Sie im Anhang dieser Nachricht.

Mit besten Grüßen

Hans Peters

Geschäftsführung Fly Bike Werke GmbH
E-Mail: hans.peters@flybike-werke.de

ARBEITSAUFTRÄGE ZUR SITUATION

A1 Nutzen Sie die in der E-Mail erwähnten Anlagen → **M1**, → **M2** und den Aufbau einer Entgeltabrechnung → **M3** und überprüfen Sie damit die Entgeltabrechnung von Herrn Baumann.

A2 Ermitteln Sie die steuerlichen Abzüge mit dem Lohn- und Einkommensteuerrechner des Ministeriums der Finanzen unter www.abgabenrechner.de

A3 Senden Sie Ihr Ergebnis der Überprüfung per Mail an *Herrn Steffes*.

A4 Errechnen Sie, wie viel Geld *Herr Baumann* monatlich aus „eigener Tasche" auf sein Vermögenssparkonto einzahlt. Lesen Sie dazu den Text → **M5**.

A5 Was steckt hinter folgender Aussage: „Wer besser verdient, muss sich nicht in vollem Umfang an der Finanzierung der gesetzlichen Krankenkasse beteiligen." Zur Information lesen Sie → **M6**.

M1 Entgeltabrechnung Lars Baumann

Fly Bike Werke GmbH

Personalnummer: 302	**Abrechnung:** Januar 2015		
	Lohnsteuermerkmale		
Lars Baumann	Steuerklasse	Kinderfreibetrag	Konf.
Zur Waldesruh 4	III	0	keine
26121 Oldenburg			

	EUR
Monatsentgelt	**2 187,00**
+ vermögenswirksame Leistungen (AG-Anteil)	26,00
= sozialversicherungspflichtiges Bruttoentgelt	2 213,00
– Steuerfreibetrag	0,00
= steuerpflichtiges Bruttoentgelt	2 213,00
– Lohnsteuer	58,00
– Solidaritätszuschlag	0,00
– Kirchensteuer	0,00
Summe steuerliche Abzüge	**58,00**
– Krankenversicherung	161,55
– Pflegeversicherung	26,00
– Rentenversicherung	206,92
– Arbeitslosenversicherung	33,20
Summe Sozialversicherungen	**427,67**
= Nettoentgelt	**1 727,33**
– VL-Sparbetrag (AG- + AN-Anteil)	40,00
Summe privater Abzüge	40,00
= Nettoauszahlungsbetrag	**1 687,33**

M2 Personalstammdaten Lars Baumann

Lars Baumann **Personalnummer: 302**

Geburtsdatum: 12.01.1990	Krankenkasse: Techniker Krankenkasse
Kinder: keine	Steuerklasse: III
Konfession: keine	Bruttogehalt: 2 187,00 €
VL-Arbeitgeber: 26,00 €	VL-Sparbetrag: 40,00 €

M3 Aufbau einer Entgeltabrechnung mit den Abrechnungsdaten ab 2015

Bruttomonatsentgelt	tarif- oder arbeitsvertraglich festgelegtes monatliches Entgelt
+ Sonderzahlungen, Prämien	tarif- oder arbeitsvertraglich festgelegte Vergütungen, die über das regelmäßige Bruttogehalt hinausgehen
+ vermögenswirksame Leistungen[1] des Arbeitgebers	freiwillige oder tarifvertragliche Zahlungen des Arbeitgebers zur Vermögensbildung des Arbeitnehmers
= sozialversicherungspflichtiges Bruttoentgelt	Entgelt, von dem die Sozialversicherungsbeiträge (KV, PV, RV, AV) berechnet werden
– Steuerfreibetrag (Monat)	Abzugsbetrag (nur) für das steuerpflichtige Bruttoentgelt
= steuerpflichtiges Bruttoentgelt	Entgelt, von dem die Steuern (LSt, SolZ, KiSt) berechnet werden
– Lohnsteuer (LSt)	Grundfreibetrag seit 2015: 8 472,00 €, darüber wird Lohnsteuer fällig
– Solidaritätszuschlag (SolZ)	bis 5,5 % der Lohnsteuer, bei ledigen Steuerpflichtigen ohne Kinderfreibeträge
– Kirchensteuer (KiSt)	8 % (Bayern, BaWü) oder 9 % (alle anderen Bundesländer) der Lohnsteuer, bei ledigen Kirchensteuerpflichtigen ohne Kinderfreibeträge
– Krankenversicherung (KV)	Allgemeiner Beitragssatz 2015: 14,6 % Arbeitnehmer: 7,30 % + Zusatzbeitrag, je nach Krankenkasse Arbeitgeber: 7,30 % Beitragsbemessungsgrenze[2]: 4 125 €
– Pflegeversicherung (PV)	Beitragssätze 2015 gesamt: 2,35 % Arbeitnehmer: 1,175 % (Kinderlose ab 23 Jahre zahlen einen Zuschlag von 0,25 %-Punkten) Arbeitgeber: 1,175 % Beitragsbemessungsgrenze[2]: 4 125 €
– Rentenversicherung (RV)	Beitragssätze 2015 gesamt: 18,7 % Arbeitnehmer: 9,35 % Arbeitgeber: 9,35 % Beitragsbemessungsgrenze[2]: 6 050 € (alte Bundesländer) 5 200 € (neue Bundesländer)
– Arbeitslosenversicherung (AV)	Beitragssätze 2015 gesamt: 3,0 % Arbeitnehmer: 1,5 % Arbeitgeber: 1,5 %
= Nettoentgelt	sozialversicherungspflichtiges Bruttoentgelt – gesetzliche Pflichtabgaben (Steuern und Arbeitnehmeranteile zur Sozialversicherung)
– vermögenswirksame Sparleistung	VL-Sparbeitrag des Arbeitgebers und des Arbeitnehmers
= Auszahlungsbetrag	Überweisungsbetrag an den Arbeitnehmer

[1] → M5 [2] → M6

M4 Steuerklassen zur Ermittlung der Lohnsteuer

STEUERKLASSE	ARBEITNEHMER
I	Gilt für ledige und geschiedene Arbeitnehmer sowie verwitwete Arbeitnehmer, sofern sie nicht in die Steuerklasse II oder III fallen.
II	Gilt für ledige, geschiedene und verwitwete Arbeitnehmer, denen der Entlastungsbetrag für Alleinerziehende zusteht. Der Entlastungsbetrag für Alleinerziehende steht grundsätzlich einem im Übrigen alleinstehenden Arbeitnehmer zu, in dessen Haushalt mindestens ein Kind mit Haupt- oder Nebenwohnung gemeldet ist, für das ihm ein Kinderfreibetrag zusteht oder für das er Kindergeld erhält.
III	Gilt für Verheiratete, wenn der Ehepartner keine Einkünfte erzielt oder der arbeitende Ehepartner die Steuerklasse V gewählt hat, sowie verwitwete Arbeitnehmer für das Kalenderjahr, das auf das Todesjahr des Ehepartners folgt.
IV	Gilt für Verheiratete, wenn beide Ehepartner Arbeitslohn beziehen und anstelle der Steuerklasse III + V die Steuerklassen IV + IV gewählt haben.
V	Gilt für Verheiratete, wenn der Ehepartner die Steuerklasse III gewählt hat.
VI	Gilt für Arbeitnehmer, die gleichzeitig von mehreren Arbeitgebern Arbeitslohn erhalten, für die Einbehaltung der Lohnsteuer aus dem zweiten und aus weiteren Dienstverhältnissen.

M5 Vermögenswirksame Leistungen

Vermögenswirksame Leistungen (VL) dienen der Vermögensbildung von Arbeitnehmern (gesetzliche Grundlage: Fünftes Vermögensbildungsgesetz). Abhängig von der Einkommenshöhe gewährt der Staat eine Sparzulage. Vielfach fördert auch der Arbeitgeber die Vermögensbildung, indem er zusätzlich zum Entgelt sog. vermögenswirksame Leistungen (VL) zahlt. Der Anspruch des Arbeitnehmers auf vermögenswirksame Leistungen wird in Tarifverträgen, Betriebsvereinbarungen oder dem Arbeitsvertrag geregelt. Damit ein Arbeitnehmer die VL erhält, muss er zunächst mit einem Anlageinstitut (z. B. Kreditinstitut oder Bausparkasse) einen vermögenswirksamen Sparvertrag abschließen. Eine Durchschrift des Sparvertrags reicht er dann in der Personalabteilung ein, damit diese den entsprechenden Betrag an das Anlageinstitut überweisen kann.

Der höchstmögliche Sparbetrag des Arbeitnehmers, der in der Entgeltabrechnung berücksichtigt werden kann beträgt 40,00 €. Genauso hoch ist auch der maximale Zuschuss, den ein Arbeitgeber gewährt. Zu beachten ist, dass der Arbeitgeberzuschuss zum Bruttoentgelt addiert wird und danach sowohl der Steuer- als auch der Sozialversicherungspflicht unterliegt. Dadurch reduziert sich der Arbeitgeberzuschuss anteilig um diese Abzüge.

M6 Grenzen zur Berechnung gesetzlicher Sozialversicherungsbeiträge

Das sozialversicherungspflichtige Bruttoentgelt wird zur Berechnung der Sozialversicherungsbeiträge herangezogen – aber nur bis zu einer bestimmten Grenze. Diese Grenze nennt man deshalb Beitragsbemessungsgrenze. Liegt das Bruttoentgelt eines Arbeitnehmers über der jeweiligen **Beitragsbemessungsgrenze**, so wird der Beitragssatz nur bis zu dieser Bemessungsgrenze erhoben. Das darüberliegende Entgelt bleibt beitragsfrei.

Arbeitnehmer, die gegen Entgelt oder zu ihrer Berufsausbildung beschäftigt sind, sind in der gesetzlichen Kranken-, Renten-, Arbeitslosen- und Pflegeversicherung pflichtversichert (→ Kapitel 4.6).
Ab einem gewissen Einkommen steht es dem Arbeitnehmer frei, die gesetzliche Kranken- und Pflegekasse zu verlassen und sich freiwillig zu versichern. Voraussetzung dafür ist, dass das Bruttoarbeitsentgelt über der sog. Versicherungspflichtgrenze liegt. Für die Renten- und Arbeitslosenversicherung ▼

besteht eine solche Möglichkeit nicht. Hier bleibt jeder abhängig Beschäftigte, unabhängig von seinem Verdienst, pflichtversichert.

Beitragsbemessungsgrenze und Versicherungspflichtgrenze werden jährlich vom Gesetzgeber festgelegt und unterscheiden sich nach Art der Versicherung und nach Region des Wohnsitzes (West- oder Ostdeutschland).

Genau wie die Steuerabzüge werden auch die vom Arbeitnehmer zu tragenden Sozialversicherungsbeiträge direkt vom Arbeitgeber einbehalten. Der Arbeitgeber führt die Arbeitnehmer- und Arbeitgeberanteile an die Krankenkasse des jeweiligen Arbeitnehmers bis zum drittletzten Bankarbeitstag des jeweiligen Monats ab. Die jeweilige Krankenkasse hat dann die Aufgabe, die verschiedenen Beiträge an die entsprechenden Sozialversicherungsträger zu überweisen.

Kernwissen zu Kapitel 4.5

BASIS FÜR DIE HÖHE DES BRUTTOENTGELTS

- Arbeitsvertrag
- Tarifvertrag
- Beschäftigungsgruppe
- Beschäftigungsdauer

BERECHNUNG DER GESETZLICHEN SOZIALVERSICHERUNGSABZÜGE

Grundwert bildet das sozialversicherungspflichtige Bruttoentgelt bis zu den Beitragsbemessungsgrenzen

- Bruttoentgelt
- Urlaubsgeld
- Weihnachtsgeld
- Prämien
- Fahrtkostenerstattung
- vermögenswirksame Leistungen
- evtl. Sachwerte (Dienstwagen)

Beitragssätze gesamt (Stand 2015): Arbeitgeber 19,325 % und Arbeitnehmer 19,325 % + individuelle Zusatzbeiträge bis maximal 1,15 % vom sozialversicherungspflichtigen Bruttoentgelt bis zu den jeweiligen Beitragsbemessungsgrenzen

Prozentuale Beiträge zur Sozialversicherung vom Grundwert

- Krankenversicherung (KV)
- Pflegeversicherung (PV)
- Rentenversicherung (RV)
- Arbeitslosenversicherung (AV)

Beitragssätze gesamt (Stand 2015): Arbeitgeber 19,325 % und Arbeitnehmer 19,325 % + individuelle Zusatzbeiträge bis maximal 1,15 % vom sozialversicherungspflichtigen Bruttoentgelt bis zu den jeweiligen Beitragsbemessungsgrenzen

Beitragsbemessungsgrenzen

Grenzen des sozialversicherungspflichtigen Bruttoentgelts, bis zu denen die Beitragssätze zu den jeweiligen Sozialversicherungen erhoben werden. Diese sind für KV und PV bzw. RV und AV jeweils gleich hoch. Der Gesetzgeber bestimmt sie jährlich neu.

Versicherungspflichtgrenze

Grenze des sozialversicherungspflichtigen Bruttoentgelts, ab der ein Arbeitnehmer die gesetzliche Kranken- und Pflegeversicherung verlassen und sich privat versichern kann. Sie gilt nur für die KV und PV.

GRUNDLAGE FÜR DIE BERECHNUNG DER STEUERLICHEN ABZÜGE LAUT LOHNSTEUERTABELLE

- steuerpflichtiges Bruttoentgelt (entspricht dem sozialversicherungspflichtigen Bruttoentgelt)
- Steuerklasse ergibt sich aus
  – Familienstand
  – Anzahl der Kinder

STEUERLICHE ABZÜGE

- Lohnsteuer (ab einem steuerfreien Grundbetrag), in Prozent vom steuerpflichtigen Bruttoentgelt
- Kirchensteuer, in Prozent von der zu zahlenden Lohnsteuer
- Solidaritätszuschlag, in Prozent von der Lohnsteuer

VERMÖGENSWIRKSAME LEISTUNGEN

- dienen der Vermögensbildung der Arbeitnehmer (Fünftes Vermögensbildungsgesetz)
- werden häufig vom Arbeitgeber bezuschusst (Tarif- oder Betriebsvereinbarungen)
- sind steuer- und sozialversicherungspflichtig
- Anspruch auf zusätzliche staatliche Sparförderung bis zu einer bestimmten Einkommensgrenze

ÜBUNGEN ZU KAPITEL 4.5

Ü1 Ermitteln Sie die passende Steuerklasse.

a) Ordnen Sie den folgenden Fällen die richtige Steuerklasse zu.
b) Welche Alternativen bestehen für Ehegatten bei der Steuerklassenwahl?

FALL	STEUERKLASSE
allein verdienender, verheirateter Angestellter mit einem Kind	
unverheiratete Frau, 34 Jahre alt, mit einem Kind (wohnt bei der Mutter)	
berufstätiger Ehemann mit Ehefrau in Steuerklasse V	
verheirateter Angestellter mit vier Kindern und nicht berufstätiger Ehefrau für seinen genehmigten Nebenjob	

Ü2 Lösen Sie die Aufgabe mit den Beitragssätzen des aktuellen Kalenderjahres unter Verwendung des Einkommensteuerrechners www.abgabenrechner.de.

Frau Maria Merzig, verheiratet, evangelisch, geboren am 17.04.1970, Steuerklasse IV, 1 Kinderfreibetrag, 2 Kinder, kein Steuerfreibetrag, wohnt und arbeitet in Berlin (West) und verdient im Monat 2 200,00 €.

Der Arbeitgeber zahlt zusätzlich 26,00 € vermögenswirksame Leistungen. Frau Merzig hat einen Bausparvertrag abgeschlossen, die monatliche Sparrate beträgt 40,00 €.

a) Erstellen Sie eine Entgeltabrechnung für den Monat Februar 2015 für Frau Merzig.
b) Wie hoch ist das Nettoentgelt von Maria Merzig in Prozent ihres Bruttoentgelts?
c) Ermitteln Sie die Summe der Kosten für den Arbeitgeber aufgrund dieser Entgeltabrechnung.
d) Warum ist der Arbeitgeberanteil zur Krankenversicherung bei vielen Versicherten geringer als der Arbeitnehmeranteil? In welchen Fällen gilt das auch für die Pflegeversicherung?
e) Geben Sie das Nettoentgelt von Frau Merzig in Prozent der Kosten des Arbeitgebers an.

Ü3 Ermitteln Sie für Herrn Werner Klausen, verheiratet, evangelisch, geboren am 17.04.1969, 2 Kinder (10 und 8 Jahre alt), alle notwendigen Daten für eine vollständige Entgeltabrechnung für den Abrechnungsmonat November 2015 (Erstellungsdatum = 30.11.2015).

Seine Ehefrau, römisch-katholisch, ist nicht berufstätig.

Daten für die Gehaltsabrechnung für Herrn Klausen, der in Bonn wohnt und arbeitet, sind:

Monatsentgelt	3 600,00 €
Steuerfreibetrag/Monat	300,00 €
vermögenswirksame Leistungen (VL) des Arbeitgebers	13,00 €
Überstundenvergütung	200,00 €
vermögenswirksame Sparrate des Arbeitnehmers	40,00 €
Einbehaltung Barvorschuss	400,00 €

a) Ergänzen Sie die fehlenden Ergebnisse.
- die Steuerklasse des Arbeitnehmers: ....
- die Anzahl der Kinderfreibeträge des Arbeitnehmers: ....

b) Erstellen Sie die Entgeltabrechnung mit den Beitragssätzen des aktuellen Kalenderjahres. Nutzen Sie den Einkommensteuerrechner → www.abgabenrechner.de.

ENTGELTABRECHNUNG WERNER KLAUSEN		BETRÄGE IN €
sozialversicherungspflichtiges Bruttoentgelt		
steuerpflichtiges Bruttoentgelt		
Lohnsteuer		
Solidaritätszuschlag		
Kirchensteuer		
Rentenversicherung	%	
Arbeitslosenversicherung	%	
Krankenversicherung	%	
Pflegeversicherung	%	
Summe gesetzliche Pflichtabgaben		
Nettoentgelt		
sonstige Abzüge		
Auszahlungsbetrag		

4.6 Lebensrisiken und Sicherheit

Situation 44 Altersvorsorge – eine Investition in die Zukunft

Ralf Schumacher bekommt per Hauspost einen Antrag zum Abschluss einer betrieblichen Altersversorgung zugestellt. Er ist zunächst verunsichert. Muss er die Vereinbarung unterschreiben? Zur Vorbereitung auf das Gespräch mit *Frau Linden* informiert er sich über die Möglichkeiten der Altersvorsorge.

Vereinbarung über die Umwandlung von Ausbildungsvergütung in Versicherungsschutz
– Direktversicherung –

Zwischen

der Firma (Arbeitgeber) FLY BIKE WERKE GMBH

und Herrn/Frau (Arbeitnehmer/-in) RALF SCHUMACHER

wird mit Wirkung vom 01.01.2015 vereinbart:

Der Anspruch des Mitarbeiters auf

☒ monatliches Entgelt ❑ Urlaubsgeld ❑ Sonderzahlungen

❑ Leistungen nach dem Tarifvertrag über vermögenswirksame Leistungen

wird in Höhe des Betrags von monatlich .... Euro,

in einen Anspruch auf Versicherungsschutz in Form von Beiträgen zu einer Versicherung gemäß dem Gesetz zur Verbesserung der betrieblichen Altersversorgung umgewandelt (**Entgeltumwandlung**).

Lieber Herr Schumacher,
falls Sie noch Fragen haben, können wir die gern im Gespräch klären.
Mit freundlichen Grüßen
V. Linden

ARBEITSAUFTRÄGE ZUR SITUATION

A1 Erläutern Sie, warum neben den gesetzlichen Sozialversicherungen für jeden Arbeitnehmer eine individuelle Vorsorge zur Absicherung verschiedener Lebensrisiken sinnvoll ist. Nennen Sie zwei Versicherungen, die aus Ihrer Sicht für *Ralf* wichtig sein könnten. → **M1**

A2 Erläutern Sie, warum *Ralf* sich insbesondere hinsichtlich seiner Altersvorsorge nicht mehr allein auf das staatliche System der sozialen Sicherung verlassen kann. → **M1**

A3 Aus welchen drei Bausteinen kann die Altersvorsorge eines Arbeitnehmers aufgebaut sein? → **M2**

A4 Unterscheiden Sie die zwei Methoden zur Finanzierung von Sozialversicherungen: das Umlageverfahren und das Kapitaldeckungsverfahren. → **M2**

A5 Fragen Sie in Ihrem Ausbildungsbetrieb nach: Möglichkeiten einer betrieblichen Altersvorsorge.

A6 Versetzen Sie sich in *Ralfs* Lage. Lohnt es sich, schon jetzt in die private Altersvorsorge zu investieren? Informieren Sie sich zusätzlich im Internet zum Thema „private Altersvorsorge“. Informationen erhalten Sie beispielsweise auf den Seiten der Verbraucherzentralen eines jeden Bundeslandes unter den Suchbegriffen „Finanzen“, „Altersvorsorge“, „Versicherungen“. (www.verbraucherzentralen.de)

A7 Welche Fragen haben Sie zur Altersvorsorge? Welche Fragen sollte sich *Ralf* notieren? Klären Sie Ihre Fragen im Plenum der Klasse.

M1 Gesetzliche und private Vorsorge

Mit dem in den Artikeln 20 und 28 des Grundgesetzes verankerten **Sozialstaatsprinzip**, verpflichtet sich der Staat u. a., für soziale Sicherheit und Gerechtigkeit innerhalb der Gesellschaft zu sorgen. Element dieses Prinzips ist z. B. eine **Sozialgesetzgebung**. Durch die **gesetzliche Sozialversicherung** wird eine **Grundversorgung** geschaffen, die der Schutzbedürftigkeit des Einzelnen bei Krankheit, Pflegebedürftigkeit, Arbeitslosigkeit, Invalidität, Ausscheiden aus dem Erwerbsleben und Unfall Rechnung trägt. Die Mitgliedschaft ist zwingend und staatlich geregelt.

Zusätzlich zu diesen Maßnahmen des Staates sind weitere **individuelle** Maßnahmen notwendig, um eine **ausreichende Versorgung** im Falle eintretender **Lebensrisiken** sicherzustellen. Der Versicherungsschutz beruht auf individuell abgeschlossenen Versicherungen. Jeder Einzelne kann über seine persönliche Gefahrenvorsorge zur Absicherung der Lebensrisiken bestimmen.

Der Rückgang der Geburtenrate, der spätere Eintritt ins Berufsleben aufgrund längerer Ausbildungszeiten, Möglichkeiten der Frühverrentung und die steigende Lebenserwartung führen dazu, dass **immer weniger Beitragszahler für immer mehr Rentenempfänger** aufkommen. Waren es im Jahr 1957 noch drei Arbeitnehmer, die einen Rentner finanzieren mussten, ist es im Jahr 2035 ein Arbeitnehmer, der einen Rentner finanzieren muss. Diese Entwicklung der **Alterspyramide** hat dazu geführt, dass die private Altersvorsorge notwendig ist, um die sog. **Rentenlücke** zu vermindern.

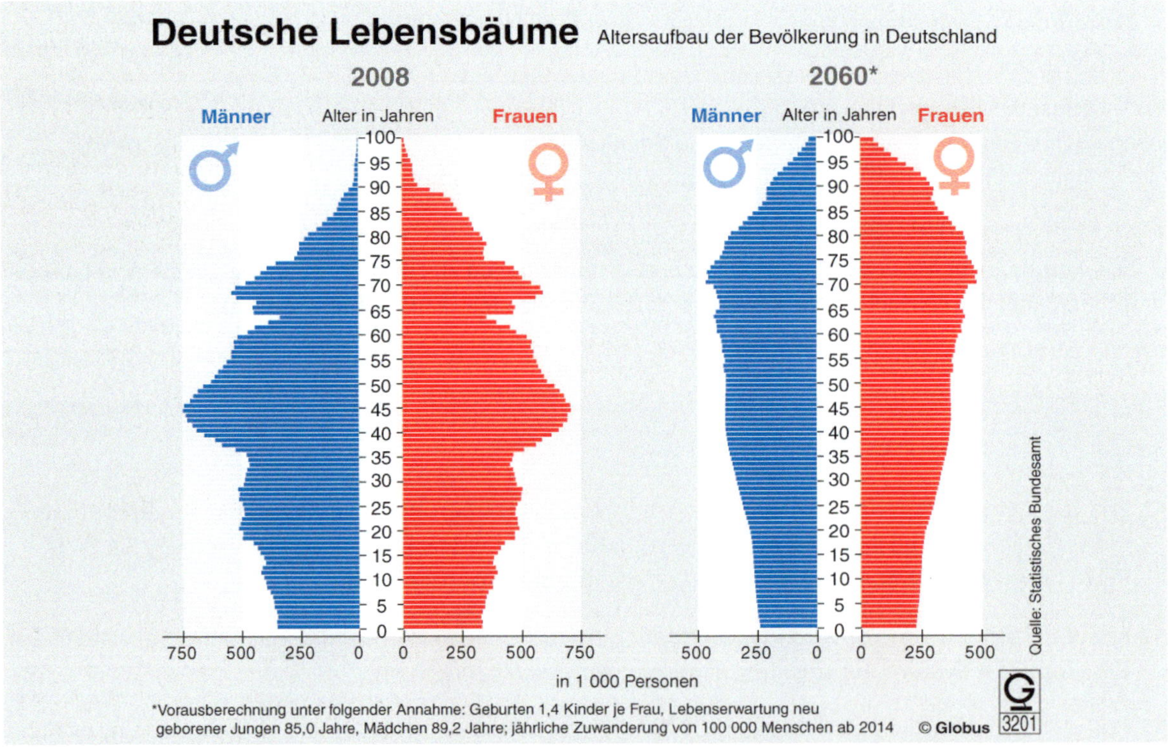

PRIVATE VERSICHERUNGEN IM ÜBERBLICK

Sachversicherungen	Personenversicherungen	Vermögensversicherungen
Hausrat-, Feuer-, Einbruch-, Sturm-, Glasversicherungen	Risikolebensversicherung, private Krankenversicherung, private Unfallversicherung	Berufsunfähigkeitsversicherung, private Haftpflichtversicherung, private Rentenversicherung, Rechtsschutzversicherung

Bei der Entscheidung, welche Versicherungen wichtig und sinnvoll sind, hat die **Risikovorsorge** (private Haftpflicht, Berufsunfähigkeitsversicherung) zunächst Vorrang.

M2 Altersvorsorge nach dem Altersvermögensgesetz

Mit dem **Altersvermögensgesetz (AVmG)** aus dem Jahr 2002 soll dem sinkenden Rentenniveau vorgebeugt werden. Danach wird in Deutschland unter bestimmten Voraussetzungen die private Altersvorsorge nach dem sogenannten **3-Schichten-Modell** gefördert. Neben der **gesetzlichen** Rentenversicherung sollte jeder Arbeitnehmer auch die **betriebliche** und **private** Altersvorsorge nutzen.

Die gesetzliche Altersvorsorge

Die gesetzliche Altersvorsorge erfolgt aufgrund der Sozialversicherungspflicht in der gesetzlichen Rentenversicherung (→ **M1**). Die Vorsorge ist nach dem **Umlageprinzip** aufgebaut. Die eingezahlten Beiträge der jungen Generation werden nicht gespart, sondern für die Rentenzahlungen der jeweils aktuellen Rentenempfänger verwendet. Man spricht deshalb auch vom sog. **Generationenvertrag.** Die Beitragszahler haben keinen Anspruch auf die Rückzahlung der eingezahlten Beiträge. Der Generationenvertrag beruht auf dem **Solidarprinzip**.

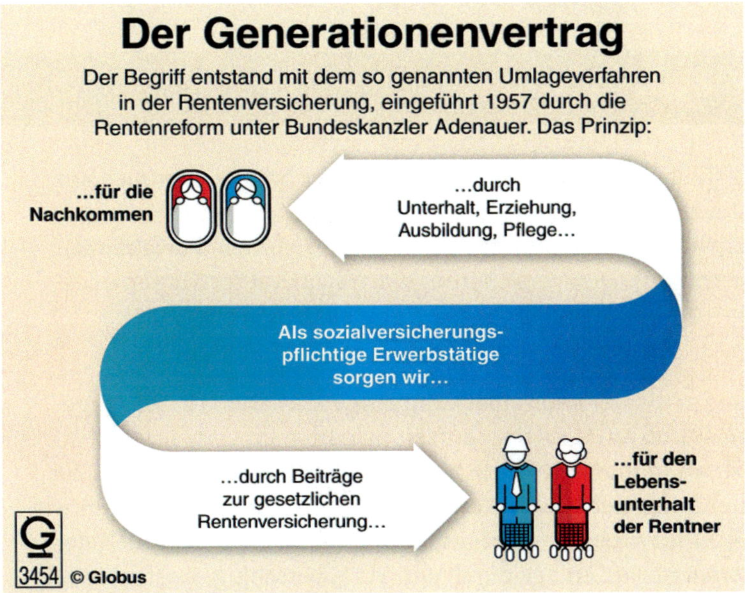

Die betriebliche Altersvorsorge

Die betriebliche Altersvorsorge nach dem **Gesetz zur Verbesserung der betrieblichen Altersversorgung** (Betriebsrentengesetz) liegt vor, wenn der Arbeitgeber dem Arbeitnehmer aufgrund eines Arbeitsverhältnisses Versorgungsleistungen zusagt. Im Fall des Erreichens einer Altersgrenze, der Invalidität und/oder Tod wird eine vereinbarte Rentenzahlung bzw. eine Versorgung der Hinterbliebenen fällig.

Die Beiträge zur betrieblichen Altersvorsorge können vom Arbeitgeber allein als Versorgungszusage oder vom Arbeitnehmer in Form einer sogenannten **Entgeltumwandlung** erfolgen.

In diesem Fall verzichtet der Arbeitnehmer auf einen Teil seines Gehalts zugunsten einer Altersvorsorge. Bis zu einer Obergrenze von 4 % der Beitragsbemessungsgrenze der gesetzlichen Rentenversicherung sind diese Einzahlungen von der Steuer und den gesetzlichen Sozialabgaben befreit. Grundsätzlich hat jeder Arbeitnehmer Anspruch auf die Möglichkeit der Entgeltumwandlung, jedoch kann durch geltende Tarifverträge davon abgewichen werden. Viele Arbeitgeber bieten die Entgeltumwandlung über die Einrichtung einer Pensionskasse oder eines Pensionsfonds an. Das sind versicherungsähnliche Versorgungseinrichtungen, die das eingezahlte Vermögen zur Alterssicherung verwalten und nach Eintritt des Rentenalters, wie vereinbart, auszahlen.

Andernfalls kann der Arbeitnehmer die Durchführung der Entgeltumwandlung über eine **Direktversicherung** verlangen. Der Arbeitgeber schließt dann mit einer Versicherungsgesellschaft einen Versicherungsvertrag ab. Der Arbeitnehmer als versicherte Person hat Anspruch auf die Versicherungsleistung (siehe Schaubild). Auf den umgewandelten Entgeltanteil werden keine Lohnsteuer und Sozialversicherungsabgaben erhoben, was den Beitrag des Arbeitnehmers in der Einzahlungsphase sogar noch vermindert. Bei Auszahlung müssen allerdings Steuern und Beiträge zur Kranken- und Pflegeversicherung gezahlt werden.

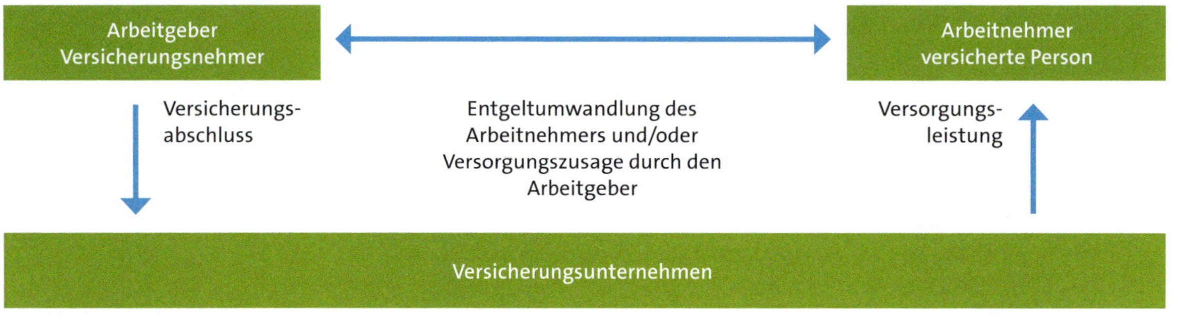

Wird das Arbeitsverhältnis beendet, verfällt der bis zu diesem Zeitpunkt erworbene Anspruch auf betriebliche Altersversorgung nicht (**Unverfallbarkeit**). Tritt der Arbeitnehmer ein neues Arbeitsverhältnis an, so kann der neue Arbeitgeber den bestehenden Vertrag übernehmen (**Portabilität**). Ist das nicht möglich, so kann der Arbeitnehmer den Versicherungsvertrag privat fortführen oder ruhen lassen. Die angesparten Beiträge und der Anspruch auf Leistung bleiben ihm erhalten.

Die private Altersvorsorge

Die private Altersvorsorge ist nach dem Prinzip der **Kapitaldeckung** aufgebaut. Der laufend eingezahlte Versicherungsbeitrag wird verzinst und am Ende der Laufzeit ab einem im Vertrag vereinbarten Zeitpunkt an den Versicherungsnehmer als monatliche Rente bis zum Lebensende ausgezahlt. Zur privaten Altersvorsorge gehört die Möglichkeit der **Riester-Rente**. Die Bezeichnung „Riester-Rente“ geht auf den ehemaligen Bundesminister für Arbeit und Sozialordnung Walter Riester zurück, der zur Förderung der freiwilligen Altersvorsorge eine Zulage durch den Staat vorschlug. Riester-Verträge werden u. a. durch Versicherungsunternehmen und Banken angeboten. Die Verträge sind insbesondere aufgrund einer **staatlichen Zulage** und der Möglichkeit, die Beiträge bei der Einkommensteuererklärung steuermindernd anzusetzen, sinnvoll. Am Ende der Sparphase, also zu Beginn des Renteneintrittsalters wird der Wert der eingezahlten Beiträge einschließlich der staatlichen Zulagen garantiert. In der Regel wird der Betrag als lebenslange monatliche Rente ausgezahlt und/oder man lässt sich einen Anteil in einem Betrag auszahlen. Damit ein Arbeitnehmer im Alter seinen Lebensstandard halten kann, ist es notwendig, dass seine Rentenzahlungen in etwa seinem Nettolohn entsprechen. Die drei Bausteine der Altersvorsorge sollten daher so gestaltet werden, dass die sogenannte „Versorgungslücke“ möglichst gering ausfällt.

DIE DREI BAUSTEINE DER ALTERSVORSORGE

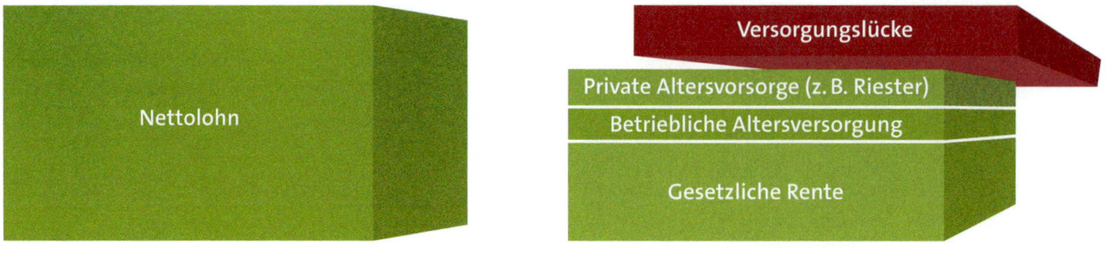

Kernwissen zu Kapitel 4.6

VERSICHERUNGSZWEIGE			
Sozialversicherung	**Individualversicherung**		
gesetzlich	Sachversicherung	Personenversicherung	Vermögensversicherung
– Krankenversicherung – Pflegeversicherung – Arbeitslosenversicherung – Rentenversicherung – Unfallversicherung	– Hausratversicherung – Feuerversicherung – Fahrradversicherung	– private Krankenversicherung – Risikolebensversicherung – Private Unfallversicherung	– Berufsunfähigkeitsversicherung – private Rentenversicherung – Haftpflichtversicherung – Rechtsschutzversicherung

3-SCHICHTEN-MODELL DER ALTERSVORSORGE		
Gesetzliche Rentenversicherung	**Betriebliche Altersvorsorge**	**Private Altersvorsorge**
Die gesetzliche Rentenversicherung ist Teil der gesetzlichen Sozialversicherung. Sie ist nach **Umlageverfahren** gestaltet. Die Beiträge der aktuell Berufstätigen werden für die Zahlung der aktuellen Rentenbezieher verwendet. Das Verfahren beruht auf dem Generationenvertrag.	Bei der betrieblichen Altersvorsorge schließt der Arbeitgeber einen Versicherungsvertrag ab, aus dem der Arbeitnehmer die Leistungen erhält. Die Beiträge können entweder vom Arbeitgeber allein oder in Form einer Entgeltumwandlung vom Arbeitnehmer gezahlt werden. Das Versicherungsgeschäft funktioniert nach dem **Kapitaldeckungsverfahren**.	Die private Altersvosorge ist freiwillig. Sie ist nach dem **Kapitaldeckungsverfahren** gestaltet, d. h., die Beitragszahlungen werden angelegt und bei Eintritt des Versicherungsfalls für den Beitragszahler verwendet. Die Riester-Rente ist eine private Altersvorsorge, die durch finanzielle Zulagen vom Staat gefördert wird.

ÜBUNGEN ZU KAPITEL 4.6

Ü1 Welche Auswirkung hat das Solidarprinzip im Rahmen der gesetzlichen Sozialversicherung? Kreuzen Sie an.

- ❑ Das Solidarprinzip bewirkt die zunehmende Verringerung der Beitragssätze.
- ❑ Durch das Solidaprinzip müssen die Beiträge aller Versicherten immer gleich hoch sein.
- ❑ Das Solidarprinzip ermöglicht den freiwilligen Eintritt in private Krankenversicherungen.
- ❑ Das Solidarprinzip bewirkt, dass eher viele Versicherte eine große und damit starke Risikogemeinschaft bilden.
- ❑ Das Solidarprinzip hat zur Folge, dass die Leistungen der Rentenkassen in Zukunft deutlich steigen werden.

Ü2 Die zukünftige Finanzierung der Rentenversicherung ist ungewiss. Welche Entwicklung ist hierfür eine entscheidende Ursache?

- ❑ Die Verwaltung der Rentenversicherung wird durch neue bürokratische Vorschriften immer teurer.
- ❑ Es werden zu wenige Kinder geboren, und gleichzeitig steigt die durchschnittliche Lebenserwartung.
- ❑ Durch die zunehmende Staatsverschuldung fällt es dem Bund immer schwerer, die Rentenversicherung zu finanzieren.
- ❑ Im Vergleich zum Entgelt für Erwerbstätige steigen die Rentenbezüge viel zu stark.
- ❑ Die Ausgaben der Rentenkassen zur Wiederherstellung der Erwerbsfähigkeit von Arbeitnehmern haben sich in den letzten Jahren dramatisch erhöht.

Ü3 Welche Aufgabe haben die gesetzlichen Sozialversicherungen in Deutschland?

- ❑ gerechtere Verteilung der Einkommen und Arbeitsentgelte
- ❑ Absicherung der Bevölkerung gegen alle denkbaren Lebensrisiken
- ❑ Grundlegende Absicherung der Bürger im Falle einer persönlichen oder beruflichen Notsituation
- ❑ Besserung der arbeitsrechtlichen Stellung der Arbeitnehmer gegenüber den Arbeitgebern
- ❑ dauerhafte Steigerung des Lebensstandards aller Staatsbürger

Ü4 Bei welcher der folgenden Versicherungen handelt es sich nicht um eine Personenversicherung?

- ❑ Lebensversicherung
- ❑ Unfallversicherung
- ❑ Hausratversicherung
- ❑ Krankenversicherung

Ü5 Welche der folgenden Aussagen ist falsch?

- ❑ Das Umlageverfahren beruht auf dem Generationenvertrag.
- ❑ Das Kapitaldeckungsverfahren ist ein Prinzip, das bei der privaten Rentenversicherung angewandt wird.
- ❑ Die Beiträge zur betrieblichen Altersvorsorge können sowohl vom Arbeitgeber als auch vom Arbeitnehmer aufgebracht werden.
- ❑ Jeder Arbeitnehmer ist gesetzlich verpflichtet, einen Versicherungsvertrag über eine private Altersvorsorge abzuschließen.

Ü6 Nehmen Sie Stellung zur Aussage in der Karikatur.

KAPITEL

5

Arbeitsverhältnisse, Mitbestimmung und Tarifauseinandersetzungen

5.1 Arbeitnehmer haben Rechte und Pflichten
- Rechte und Pflichten eines Arbeitnehmers aus dem Arbeitsvertrag
- Pflichtverletzungen und ihre Folgen

5.2 Der Arbeitsvertrag wird gekündigt – Was folgt daraus?
- Arten der Kündigung eines Arbeitsvertrages
- Allgemeiner Kündigungsschutz gemäß KSchG
- Die Kündigungsschutzklage
- Das Arbeitszeugnis

5.3 Wer vertritt meine Interessen im Betrieb?
- Mitwirkungs- und Mitbestimmungsrechte der Arbeitnehmer im Betrieb
- Der Betriebsrat
- Die Jugend- und Auszubildendenvertretung
- Die Betriebsversammlung

5.4 Die Arbeit des Betriebsrates
- Das Zustandekommen eines Betriebsrates und einer JAV
- Betriebliche Mitbestimmung durch den Betriebsrat und die JAV

5.5 Technischer und sozialer Arbeitsschutz an Beispielen
- Sicherheitskennzeichen kennen
- Betriebsanweisungen erstellen und beachten
- Bei Arbeitsunfällen richtig handeln
- Das Arbeitszeitgesetz
- Das Mindesturlaubsgesetz

5.6 Tarifpartner und Tarifkonflikte
- Tarifvertragsparteien
- Tarifvertragsarten
- Arbeitskampfmaßnahmen

5.7 Konferenzspiel zum Ablauf von Tarifauseinandersetzungen
- Unterschiedliche Interessen und Argumente der Tarifpartner
- Verhandlungslösungen finden

5.1 Arbeitnehmer haben Rechte und Pflichten

Situation 45 Ein Arbeitsverhältnis scheitert

Die für Personalangelegenheiten in der *Fly Bike Werke GmbH* zuständige Mitarbeiterin *Veruschka Linden*, der Leiter der Produktion *Marco Rother* und der Geschäftsführer *Hans Peters* haben sich zu einem Krisengespräch getroffen. Der schon seit längerer Zeit schwelende Konflikt mit dem in der Fertigung beschäftigten Mitarbeiter *Dirk Sammer* ist total aus dem Ruder gelaufen, wie der nachstehende Schriftwechsel darlegt.

Oldenburg, 20. Mai 2015

Ordentliche Kündigung

Sehr geehrter Herr Sammer,

hiermit kündigen wir das mit Ihnen bestehende Arbeitsverhältnis. Da Sie bei uns seit dem 01.09.2013 beschäftigt sind, beträgt die Kündigungsfrist gem. § 622 BGB vier Wochen zum 15. oder Ende eines Kalendermonats. Ihr letzter Arbeitstag wird also der 30.06.2015 sein.

Wir sehen uns leider zu diesem Schritt gezwungen, da Sie sich wiederholt über geltende Sicherheitsbestimmungen hinweggesetzt haben. So haben Sie sich fortgesetzt geweigert, die vorgeschriebene Sicherheitsbekleidung zu tragen. Außerdem haben Sie wiederholt den Funkenschutz an der Zuschneidemaschine nicht ordnungsgemäß geschlossen. Weder die Anweisungen Ihres Vorgesetzten Herrn Rother noch die von uns am 26.03.2015 ausgesprochene diesbezügliche Abmahnung haben Sie beachtet.

Diese fortgesetzten Pflichtverletzungen sind für uns auf Dauer nicht tragbar, sodass Sie ab heute von der Arbeitsleistung freigestellt sind. Ihren Arbeitslohn werden Sie selbstverständlich bis zum Ende Ihrer Beschäftigung weiter beziehen. Wir bitten Sie, am Montag, den 15.06.2015, im Büro der Personalverwaltung zu erscheinen, um Ihr Arbeitszeugnis und Ihre sonstigen Arbeitspapiere in Empfang zu nehmen.

Zur Sicherstellung Ihrer finanziellen Ansprüche melden Sie sich bitte umgehend persönlich bei der für Ihren Wohnort zuständigen Agentur für Arbeit (§ 38 SGB III).

Hans Peters
Geschäftsführung

D. Sammer
Kenntnisnahme bestätigt

Oldenburg, den 21. Mai 2015

Meine Kündigung

Sehr „geehrter“ Herr Peters!

Sie glauben doch wohl nicht allen Ernstes, dass ich meine Kündigung so einfach akzeptiere? Sie wollen mich doch nur loswerden, weil ich mir die vielen Überstunden und den ruppigen Ton von Herrn Rother nicht habe gefallen lassen.

So habe ich Herrn Rother mehrfach gesagt, dass ich mit den Arbeitshandschuhen, die er bestellt hatte, nicht richtig arbeiten kann. Und der Aufsatzmechanismus für den Funkenschutz funktioniert auch nicht, sodass ich ihn gar nicht benutzen konnte. Dabei sind doch Sie für meine Sicherheit verantwortlich!

Ich habe Herrn Rother mehrfach darauf hinweisen wollen. Aber er hat sich geweigert, mir zuzuhören. Auch Sie wollten von meiner Bitte um einen Gesprächstermin nichts wissen.

Ich komme morgen mal vorbei und demonstriere Ihnen die Probleme mit der Maschine.

Mit (nicht sehr) freundlichen Grüßen

Dirk Sammer

Oldenburg, 22. Mai 2015

Außerordentliche Kündigung

Sehr geehrter Herr Sammer,

hiermit kündigen wir das mit Ihnen bestehende Arbeitsverhältnis **fristlos** zum heutigen Tage. Diese Kündigung ersetzt unsere ordentliche Kündigung vom 20.05.2015.

Sie haben ohne unsere Erlaubnis und trotz Freistellung das Werksgelände betreten. Danach haben Sie Herrn Rother vor den anwesenden Mitarbeitern als „dreisten Lügner“, „Ausbeuter“ und „Menschenschinder“ beschimpft und mit erhobener Faust bedroht.

Ein Fortbestehen des Arbeitsverhältnisses, und sei es auch nur bis zum Ende der regulären Kündigungsfrist, ist für uns daher **nicht zumutbar**. Wir erteilen Ihnen hiermit Hausverbot. Ein nochmaliges Betreten des Werksgeländes werden wir als Hausfriedensbruch anzeigen.

Zur Sicherstellung Ihrer finanziellen Ansprüche melden Sie sich bitte umgehend persönlich bei der für Ihren Wohnort zuständigen Agentur für Arbeit (§ 38 SGB III).

Hans Peters
Geschäftsführung

D. Sammer
Kenntnisnahme bestätigt

Oldenburg, den 26. Mai 2015

Meine fristlose Kündigung

Herr Peters!

Das wird teuer für Sie werden! Herr Rother hat mich doch absichtlich provoziert, damit Sie mich rauswerfen können. Wir sehen uns vor Gericht!

Dirk Sammer

„War das denn wirklich nötig?“, fragt *Frau Linden* in die Runde. „Ach, wissen Sie“, entgegnet *Herr Rother*, „es gab tausend Gründe, *Herrn Sammer* zu kündigen. Er arbeitete sehr langsam, kam häufig zu spät, ging aber immer auf die Minute genau. Er ist seiner Leistungspflicht also nie zufriedenstellend nachgekommen. Und wegen seines Rückenleidens konnte er nichts mehr tragen und war häufig krankgeschrieben. Was uns das allein an Lohnfortzahlung gekostet hat! Schließlich war ich seine ständigen Ungehorsamkeiten und seine Unzuverlässigkeit einfach leid. Nicht ein einziges Mal hat er die ärztliche Bescheinigung seiner Arbeitsunfähigkeit rechtzeitig vorgelegt. Und auf längere Sicht hätten wir für ihn ohnehin keine Verwendung mehr gehabt, weil wir die manuelle Zuschnittmaschine durch einen NC-Automaten ersetzen wollen.“

„Ich glaube“, meint *Herr Peters*, „ich rufe mal unsere Firmenanwältin an. Das geht garantiert vor das Arbeitsgericht. *Frau Linden*, erstellen Sie bitte die abschließende Entgeltabrechnung für *Herrn Sammer* und bereiten Sie seine Arbeitspapiere einschließlich seines Arbeitszeugnisses vor. *Herr Rother* wird Sie bei der Formulierung unterstützen.“

ARBEITSAUFTRÄGE ZUR SITUATION

A1 Die *Fly Bike Werke GmbH* hatte mit *Herrn Sammer* einen Arbeitsvertrag abgeschlossen. Dieser begründet eine Reihe gegenseitiger Rechte und Pflichten, über deren ordnungsgemäße Erfüllung es zum Streit und schließlich zur Kündigung des Arbeitsverhältnisses gekommen ist. In den Schriftstücken kommen verschiedene Rechte und Pflichten eines Arbeitnehmers bzw. Arbeitgebers zur Sprache. Arbeiten Sie diese zunächst allein heraus und erstellen Sie eine entsprechende Übersicht nach dem Muster → **M1**.

A2 Ergänzen Sie Ihre Übersicht um weitere Rechte und Pflichten von Arbeitnehmern und Arbeitgebern, die Sie kennen.

A3 Tauschen Sie sich nunmehr mit Ihrem Partner aus und ergänzen Sie Ihre Übersicht.

A4 Kommen Sie mit einem weiteren Zweierteam zusammen und tauschen Sie sich auch mit diesem aus. Ergänzen Sie wiederum Ihre Übersicht.

M1 Rechte und Pflichten im Arbeitsverhältnis

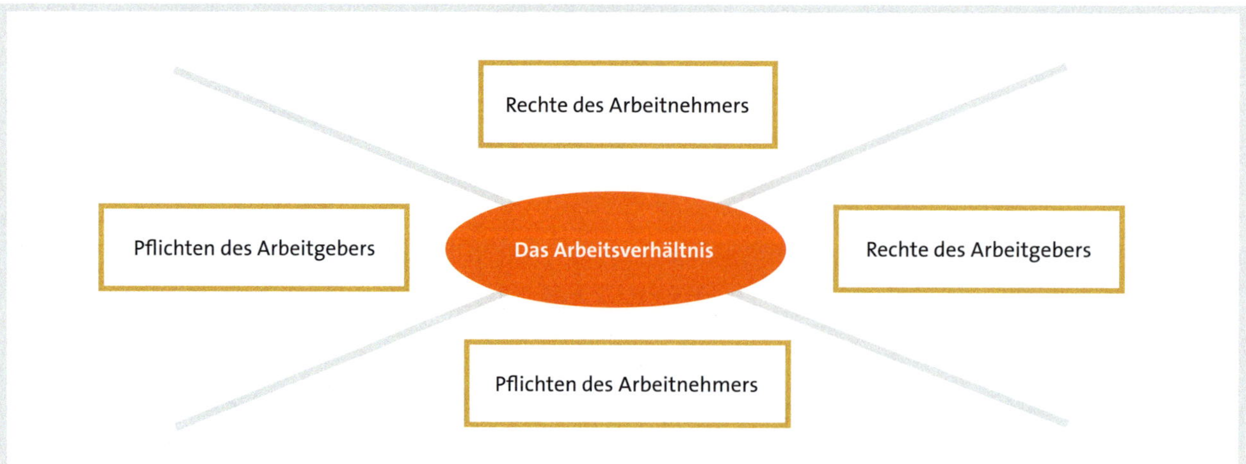

5.2 Der Arbeitsvertrag wird gekündigt – Was folgt daraus?

Situation 46 Ein Arbeitsverhältnis scheitert

Kommen wir nochmals auf die Situation 45 zurück: Dem Mitarbeiter *Dirk Sammer* wurden durch die *Fly Bike Werke GmbH* zunächst eine **ordentliche** und dann eine **außerordentliche** Kündigung ausgesprochen.

ARBEITSAUFTRÄGE ZUR SITUATION

A1 Definieren Sie die beiden Begriffe ordentliche und außerordentliche Kündigung. Ergänzen Sie hierzu die Übersicht → **M1**.

A2 Welche Kündigungsgründe werden in den beiden Kündigungsschreiben genannt? Welche weiteren Gründe können Sie dem Gespräch entnehmen? Erstellen Sie eine Übersicht über mögliche Kündigungsgründe nach dem Muster → **M2**.

A3 Ergänzen Sie Ihre Übersicht aus → **M2** um weitere mögliche Kündigungsgründe, die Ihnen einfallen.

A4 Wie beurteilen Sie die Rechtmäßigkeit der beiden Kündigungen durch die *Fly Bike Werke*? Waren diese gerechtfertigt? Bitte lesen Sie zunächst den Informationstext → **M3**. Prüfen Sie dann im Einzelnen,

- ob das KSchG auf *Herrn Sammer* und die *Fly Bike Werke* anzuwenden ist (sog. „persönlicher“ und „betrieblicher“ Geltungsbereich des KSchG) und
- ob die genannten Kündigungsgründe zulässig und ausreichend für eine wirksame Kündigung sind.

Begründen Sie Ihre Meinung.

A5 Das Gesetz fordert für die Kündigung eines Arbeitsvertrages die schriftliche Form. Warum?

A6 In beiden Kündigungsschreiben weist die *Fly Bike Werke GmbH Herrn Sammer* auf seine Pflicht hin, sich unverzüglich bei der für ihn zuständigen Agentur für Arbeit zu melden. Recherchieren Sie, welche nachteiligen Folgen eine Missachtung dieser Pflicht für ihn haben könnte.

A7 *Herr Sammer* möchte die Kündigungen seines Arbeitsverhältnisses nicht widerspruchslos hinnehmen und Kündigungsschutzklage vor einem Arbeitsgericht erheben. Er bittet Sie um Rat, was er genau tun soll. Lesen Sie den Informationstext → **M4** und machen Sie sich Notizen, was *Herr Sammer* unbedingt beachten sollte!

M1 Arten der Kündigung eines Arbeitsvertrages

DIE ORDENTLICHE KÜNDIGUNG	DIE AUSSERORDENTLICHE KÜNDIGUNG
Bei einer ordentlichen Kündigung endet das Arbeitsverhältnis erst **nach Ablauf einer bestimmten** .... Man nennt die ordentliche Kündigung daher auch eine ....gerechte Kündigung.	Die außerordentliche Kündigung beendet das Arbeitsverhältnis **ohne Einhaltung einer** ...., also tatsächlich **sofort**. Diese Kündigung heißt daher auch ....lose Kündigung.
Bis zum .... der Frist muss der Arbeitnehmer weiterhin seine .... erfüllen. Er hat aber auch bis zu seinem letzten Arbeitstag einen Anspruch auf	Wurde außerordentlich gekündigt, muss der Arbeitnehmer seinen Arbeitsplatz auch .... verlassen. Sein Anspruch auf .... endet mit demselben ....
Die **Frist** für eine ordentliche Kündigung beträgt mindestens .... zum .... oder .... eines Kalendermonats.	Eine außerordentliche Kündigung darf nur aus **wichtigem Grund** erfolgen. Ein Grund gilt dann als wichtig, wenn dem Kündigenden die Fortsetzung des Arbeitsverhältnisses nicht .... werden kann.

M2 Gründe für die Kündigung eines Arbeitsvertrages durch den Arbeitgeber

BETRIEBLICHE GRÜNDE	GRÜNDE IM VERHALTEN DES ARBEITNEHMERS	GRÜNDE IN DER PERSON DES ARBEITNEHMERS
Der Grund für die Kündigung liegt im Betrieb. Die Arbeitsmenge hat sich so reduziert, dass der betreffende Arbeitsplatz weggefallen ist. Das Verhalten oder die Person des Arbeitnehmers spielt keine Rolle. Beispiele: • Stilllegung eines Betriebsteiles • ...	Das Verhalten des Arbeitnehmers an sich ist der Kündigungsgrund. Das heißt auch, dass der Arbeitnehmer durch eine Verhaltensänderung den Kündigungsgrund aufheben könnte. Beispiele: • Arbeitsverweigerung • ...	Die Gründe für die Kündigung liegen in der Person des Arbeitnehmers selbst. Somit kann der Arbeitnehmer den Kündigungsgrund auch nicht durch ein anderes Verhalten beseitigen. Beispiele: • fehlende Arbeitserlaubnis (bei Ausländern) • ...

M3 Der allgemeine Kündigungsschutz

Grundsätzlich kann ein Arbeitsverhältnis **nur schriftlich** gekündigt werden. Weder eine mündliche noch eine elektronische Kündigung (per SMS oder E-Mail) haben irgendeine Rechtswirkung.

Arbeitgeber, in deren Betrieb **mindestens elf Arbeitnehmer** beschäftigt sind, müssen außerdem bei einer Kündigung das **Kündigungsschutzgesetz** (KSchG) beachten. (Teilzeitbeschäftigte zählen bei der Berechnung nur anteilig, Auszubildende dagegen gar nicht mit. Für Arbeitnehmer, die bereits vor dem 01.01.2004 eingestellt wurden, liegt die Mindestzahl bei sechs Arbeitnehmern.)

Gilt das KSchG und will ein Arbeitgeber einem Arbeitnehmer, der in seinem Betrieb **seit mindestens sechs Monaten beschäftigt** ist, kündigen, muss er die Kündigung begründen. Zulässig sind dringende **betriebliche** Erfordernisse, Gründe im **Verhalten** oder Gründe in der **Person** des Arbeitnehmers (vgl. Übersicht → **M2**). Kann der Arbeitgeber keine zulässigen und hinreichend schwerwiegenden Gründe anführen, gilt die Kündigung als **„sozial ungerechtfertigt“** und damit unwirksam. Der Arbeitnehmer ist weiter zu beschäftigen.

Eine Kündigung des Arbeitsverhältnisses aus einem **verhaltensbedingten** Grund ist nur dann zulässig, wenn das Verhalten des Arbeitnehmers auch tatsächlich negative Auswirkungen auf den Betrieb hat. Beispiele hierfür sind Störungen des Betriebsfriedens oder der betrieblichen Arbeitsabläufe.

Ist das Fehlverhalten des Arbeitnehmers jedoch nicht so schwerwiegend, dass es zu einer fristlosen Kündigung berechtigt, muss der Arbeitgeber den Arbeitnehmer zunächst **schriftlich** abmahnen. ▶

Nur wenn der Arbeitnehmer sein Verhalten auch nach der **Abmahnung** nicht ändert, darf der Arbeitgeber – ordentlich oder aus besonders wichtigem Grund auch außerordentlich – kündigen.

In jedem Fall muss der Arbeitgeber aber prüfen, ob es nicht auch ein milderes Mittel als die Kündigung gibt, um eine Verhaltensänderung des Arbeitnehmers herbeizuführen (sog. „Grundsatz der **Verhältnismäßigkeit**"). Die Versetzung des Arbeitnehmers an einen anderen Arbeitsplatz könnte ein solches Mittel sein.

Eine Besonderheit liegt vor, wenn der Arbeitnehmer durch sein Fehlverhalten das **Vertrauensverhältnis** zwischen ihm und seinem Arbeitgeber erheblich gestört hat, z. B. durch einen Diebstahl oder einen Geheimnisverrat. In diesem Fall kann die Kündigung auch ohne vorherige Abmahnung als verhältnismäßig und damit als zulässig angesehen werden. Grund dafür ist, dass das Vertrauensverhältnis auch durch eine Abmahnung nicht wieder hergestellt würde.

Häufig wird Arbeitnehmern **personenbedingt** gekündigt, weil sie durch eine Krankheit ihrer Arbeitspflicht nicht nachkommen können. Dies ist aber nur dann zulässig, wenn die Erkrankung bereits lang andauert oder immer wieder auftritt und nicht mit einer Besserung der Krankheit zu rechnen ist (sog. „negative Gesundheitsprognose").

Und bei einer Kündigung aus **betrieblichem Grund** muss der Arbeitgeber immer zuerst schauen, ob es keine andere Möglichkeit als die Kündigung gibt, also z. B. eine Versetzung. Außerdem muss er von mehreren zur Auswahl stehenden Arbeitnehmern immer demjenigen zuerst kündigen, den es sozial am wenigsten hart trifft (sog. **„Sozialauswahl"**). Der Arbeitgeber muss konkret das Lebensalter, die Betriebszugehörigkeit, Unterhaltspflichten oder eine mögliche Schwerbehinderung des Arbeitnehmers berücksichtigen. Allerdings darf der Arbeitgeber solche Arbeitnehmer aus der Sozialauswahl ausklammern, deren Weiterbeschäftigung aufgrund ihrer Kenntnisse und Fertigkeiten im besonderen Interesse des Betriebes liegt.

Um eine Kündigungsschutzklage des aus betrieblichem Grund gekündigten Arbeitnehmers zu verhindern, kann der Arbeitgeber eine **Abfindungszahlung** anbieten. Die Höhe der Abfindung ist mit 0,5 Monatsverdiensten für jedes Jahr der Beschäftigung gesetzlich festgelegt. Da nach einer Kündigung das Vertrauensverhältnis zwischen Arbeitnehmer und Arbeitgeber meist zerstört ist, wird von dieser Möglichkeit in der Praxis häufig Gebrauch gemacht.

Will dagegen der **Arbeitnehmer** sein Arbeitsverhältnis ordentlich kündigen, muss er dies gar nicht begründen. Er muss nur die – durch Gesetz oder durch seinen Arbeitsvertrag – vorgeschriebene Kündigungsfrist beachten. Eine fristlose Kündigung muss allerdings auch der Arbeitnehmer begründen. Er muss darlegen, dass ihm eine Weiterbeschäftigung nicht zugemutet werden kann.

M4 Was man als Arbeitnehmer unbedingt über eine Kündigungsschutzklage wissen sollte

Die Kündigung eines Arbeitsverhältnisses wird von dem betroffenen Arbeitnehmer häufig als Kränkung und persönliche Schmach empfunden. Außerdem ist sie meist mit finanziellen Einbußen verbunden. Eine Klage vor dem Arbeitsgericht ist also in vielen Fällen die Folge einer Kündigung. Aber wie genau ist der Ablauf eines Kündigungsprozesses?

Zunächst muss der Arbeitnehmer beim zuständigen Arbeitsgericht innerhalb von **drei Wochen** ab Zugang der Kündigung eine sogenannte „Klage auf Feststellung“ erheben. Geht die entsprechende Klageschrift nicht rechtzeitig ein, wird die Kündigung ohne weitere Prüfung ihrer Rechtmäßigkeit wirksam.

Ist die Klageschrift fristgerecht eingegangen, wird zunächst ein Gütetermin bestimmt. Dieser findet meist drei bis fünf Wochen nach Klageeingang statt. Ein amtlich bestellter Schlichter versucht, eine gütliche Einigung der Parteien zu erreichen, meist durch die Zahlung einer Abfindung. Kann keine gütliche Einigung erzielt werden, wird eine ordentliche Gerichtsverhandlung anberaumt, der sogenannte Kammertermin. Bis dahin können drei oder mehr Monate vergehen. Ein Berufsrichter und zwei Beisitzer, also Laienrichter, ergründen die Rechtslage anhand von Schriftstücken oder Zeugenaussagen und versuchen erneut, zwischen den streitenden Parteien zu vermitteln.

Häufig kommt es hier zu einem Vergleich: Der Arbeitgeber zahlt dem Arbeitnehmer eine Abfindung und dieser verzichtet im Gegenzug auf seine Klage. Können sich Arbeitnehmer und Arbeitgeber aber auch hier nicht einigen, fällt das Gericht nach geheimer Verhandlung ein Urteil. Gegen Urteile kann Berufung beim zuständigen Landesarbeitsgericht und Revision beim Bundesarbeitsgericht eingelegt werden (sog. „Instanzenzug“).

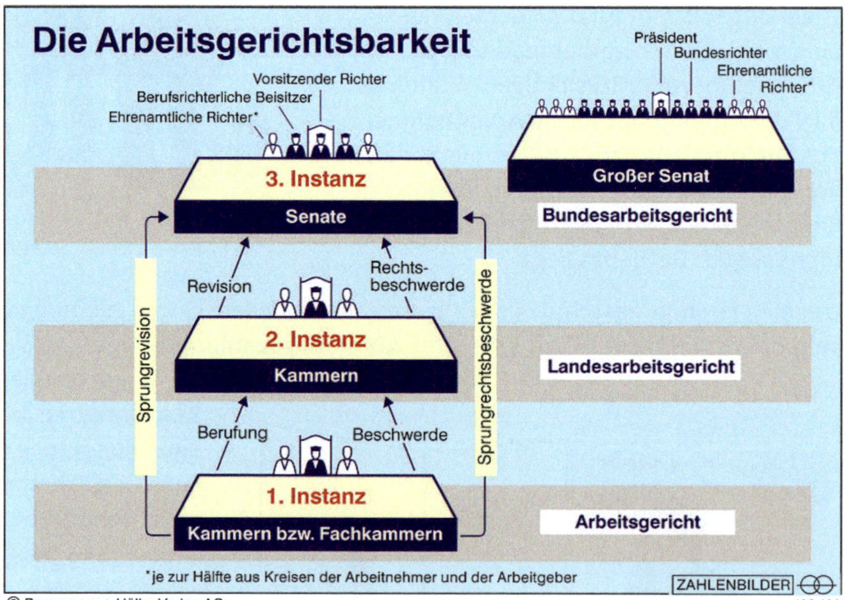

© Bergmoser + Höller Verlag AG

In erster Instanz muss sich der klagende Arbeitnehmer noch nicht durch einen Anwalt vertreten lassen. Allerdings trägt er dann auch das volle Risiko, den Prozess wegen seiner juristischen Unwissenheit zu verlieren. Auf jeden Fall fällt eine Gerichtskostengebühr an, die bei der Kündigungsschutzklage eines Arbeitnehmers von seinem durchschnittlichen Bruttomonatsgehalt abhängt. Bei einem Gehalt von 3 000 Euro pro Monat beträgt der sog. Gegenstandswert drei Gehälter, also 9 000 Euro. Die Gerichtskosten belaufen sich dann auf knapp 400 Euro. Einigen sich die streitenden Parteien ohne Urteil, entfällt diese Gebühr.

Beauftragt der klagende Arbeitnehmer aber einen Rechtsanwalt, fallen zusätzliche Rechtsanwaltskosten an, im Beispielfall wären dies etwa 1 500 Euro. Im Arbeitsgerichtsprozess gilt die Besonderheit, dass in der ersten Instanz jede Seite die eigenen Rechtsanwaltskosten tragen muss, unabhängig davon, ob sie gewinnt oder verliert. Erst im Berufungsverfahren muss der Verlierer auch die Rechtsanwaltskosten der Gegenseite bezahlen.

Situation 47 Ein Arbeitszeugnis ist zu formulieren

Die Personalsachbearbeiterin *Frau Linden* und der Produktionsleiter *Herr Rother* brüten über der schwierigen Aufgabe, für *Herrn Sammer* ein Arbeitszeugnis zu formulieren. „Oh weh“, stöhnt *Frau Linden*, „das wird heikel. Arbeitszeugnisse müssen immer wohlwollend und zugleich wahrheitsgemäß formuliert sein. Andernfalls könnte *Herr Sammer* gegen das Zeugnis klagen und wir dürften von vorne anfangen.“

„Soll das heißen, wir dürfen nicht schreiben, dass und warum wir *Herrn Sammer* gekündigt haben?“, fragt *Herr Rother* nach.

„Genau“, stellt *Frau Linden* klar, „aber andererseits dürfen wir auch nicht zu positiv über seine Leistungen und sein Führungsverhalten schreiben, sonst ist das Zeugnis nicht wahrheitsgemäß und könnte einen zukünftigen Arbeitgeber täuschen.“

„Führungsverhalten meint was genau?“, hakt *Herr Rother* nach. „Damit ist gemeint, wie sich ein Mitarbeiter gegenüber seinem Vorgesetzten, aber auch gegenüber Kollegen oder zum Beispiel Kunden verhalten hat.“, erwidert *Frau Linden*.

„Na, dazu will ich mich lieber nicht äußern“, ergänzt *Herr Rother* schmunzelnd.

ARBEITSAUFTRAG ZUR SITUATION

A1 Unterstützen Sie *Frau Linden* und *Herrn Rother*, indem Sie ein Arbeitszeugnis für *Herrn Sammer* entwerfen. Nutzen Sie dazu das Personalstammblatt → **M1** und beachten Sie auch den Informationstext → **M2**.

M1 Personalstammblatt der Fly Bike Werke

Fly Bike Werke GmbH

Personalstammblatt

Name	Dirk Sammer	Personal-Nr.	8267
Anschrift	Rosenheimer Str. 56 26178 Oldenburg	Eintrittsdatum	01.09.2013
		Austrittsdatum	
Telefon	0160 87634599	Stelle	Maschinenführer Zuschnitt/Roboter
Geburtsdatum	05.09.1982		
Ausbildung	Teilezurichter	Entgeltgruppe	EG7

M2 Informationstext zum Arbeitszeugnis

Ausscheidende Arbeitnehmer haben stets einen Anspruch auf ein **qualifiziertes** Arbeitszeugnis. Dieses unterscheidet sich von einem **einfachen** Arbeitszeugnis dahingehend, dass es nicht nur Angaben zur Person sowie der Art und Dauer der Beschäftigung enthält, sondern auch eine ▼

umfangreiche Beschreibung der ausgeführten Tätigkeiten sowie Angaben zur Leistung und zum Führungsverhalten des Arbeitnehmers. Diesem steht ein Wahlrecht zu, welche Art von Zeugnis er erhalten möchte.

Der Arbeitgeber darf bei der Beschreibung der Leistungen und des Führungsverhaltens des Arbeitnehmers aber nicht so schreiben, wie er will. „Wahrheit und verständiges Wohlwollen" sind nach Meinung der Arbeitsgerichte wichtige Anforderungen an ein Arbeitszeugnis. Das kann einen Arbeitgeber aber schnell in die Zwickmühle bringen: Denn eine wahre Beurteilung muss nicht immer schmeichelhaft sein. In der Vergangenheit haben sich Personalchefs daher gern in mehrdeutige Floskeln geflüchtet. „Herr XY hat die ihm übertragenen Aufgaben im Großen und Ganzen zu unserer Zufriedenheit erfüllt" oder „Er hat unsere Erwartungen größtenteils erfüllt" bedeutet tatsächlich eine mangelhafte Leistungsbeurteilung. Und „Er hat sich bemüht, die ihm übertragenen Aufgaben zu erledigen" oder „Er hatte Gelegenheit, die ihm übertragenen Aufgaben zu erfüllen" ist in Wirklichkeit eine ungenügende Leistungsbeurteilung. „Wir wünschen ihm alles Gute, vor allem Gesundheit" soll zukünftige Arbeitgeber vor notorischen Blaumachern warnen und „Er trug zur Verbesserung des Betriebsklimas bei" warnt vor einem Alkoholiker.

Solche versteckt negativen Bewertungen werden von den Arbeitsgerichten aber zunehmend infrage gestellt. Daher wenden viele Beurteiler heute lieber die „Leerstellentechnik" an. Üblicherweise zu erwartende Beurteilungsmerkmale werden einfach ausgelassen, um ein negatives Urteil zu diesem Punkt auszudrücken. „Sein Verhalten gegenüber Vorgesetzten war stets einwandfrei" heißt im Klartext, dass sich der beurteilte Mitarbeiter sehr schlecht mit seinen Kollegen verstanden hat. Gleiches gilt, wenn Hinweise auf Pünktlichkeit, Sorgfalt und andere Arbeitnehmerpflichten fehlen.

Gegen eine ungerechtfertigte Beurteilung durch den Arbeitgeber kann der ausscheidende Arbeitnehmer klagen. Dann muss der Arbeitgeber beweisen, dass seine Beurteilung objektiv berechtigt ist. Kann er das nicht, muss er das Zeugnis neu formulieren.

Kernwissen zu Kapitel 5.1 und 5.2

RECHTE UND PFLICHTEN EINES ARBEITNEHMERS	
Rechte	**Pflichten**
• Arbeitsentgeltanspruch • Fürsorgeanspruch • Urlaubsanspruch • Beschäftigungsanspruch • Arbeitsschutzanspruch • Stellung von Arbeitsgeräten und -materialien • Gleichbehandlung • Kündigungsrecht	• persönliche Arbeitsleistung • Gehorsamspflicht • Treuepflicht • Anzeige- und Nachweispflicht der Arbeitsunfähigkeit • Verschwiegenheitspflicht • Wahrung der betrieblichen Ordnung

ARTEN DER KÜNDIGUNG EINES ARBEITSVERTRAGES

Die **ordentliche** (fristgerechte) Kündigung:	Die **außerordentliche** (fristlose) Kündigung:
• Das Arbeitsverhältnis endet erst **nach Ablauf einer bestimmten** Kündigungsfrist. • Die **Frist** für eine ordentliche Kündigung beträgt mindestens vier Wochen zum 15. oder zum Ende eines Kalendermonats. • Im Arbeitsvertrag können längere Fristen vereinbart werden. • Ist der Arbeitnehmer länger als zwei Jahre beschäftigt, verlängert sich die Kündigungsfrist für den Arbeitgeber.	• Das Arbeitsverhältnis endet sofort, **ohne Einhaltung einer** Kündigungsfrist. • Eine außerordentliche Kündigung darf nur aus **wichtigem Grund** erfolgen. Eine Fortsetzung des Arbeitsverhältnisses kann dem Kündigenden dann nicht zugemutet werden.

Wichtige Formvorschrift: Jede Kündigung eines Arbeitsvertrages muss **schriftlich** erfolgen.

ALLGEMEINER KÜNDIGUNGSSCHUTZ GEM. KSCHG

Ist das **Kündigungsschutzgesetz** (KSchG) auf den **Arbeitnehmer** (mindestens sechs Monate beschäftigt) und den **Betrieb** (mindestens elf vollzeitbeschäftigte Arbeitnehmer) anwendbar, muss der Arbeitgeber die Kündigung **begründen**. Kann er keinen zulässigen Kündigungsgrund anführen, gilt die Kündigung als **sozial ungerechtfertigt** und damit **unwirksam**. **Zulässige Kündigungsgründe** gem. KSchG sind:

Betriebliche Gründe:	**Gründe im Verhalten des Arbeitnehmers:**	**Gründe in der Person des Arbeitnehmers:**
Der Grund für die Kündigung liegt im Betrieb. Die Arbeitsmenge hat sich so weit reduziert, dass der betreffende Arbeitsplatz weggefallen ist. Auch an einer anderen Stelle im Betrieb kann der Arbeitnehmer nicht eingesetzt werden. **Achtung:** Bei einer Kündigung aus betrieblichem Grund muss der Arbeitgeber eine **soziale Auswahl** treffen. Das heißt, er muss zuerst demjenigen Arbeitnehmer kündigen, den die Kündigung sozial am wenigsten hart trifft.	Der Arbeitnehmer hat durch sein Verhalten seine Pflichten aus dem Arbeitsvertrag erheblich verletzt. Der Arbeitgeber hat hierdurch einen Nachteil/Schaden erlitten. **Achtung:** Reicht die Pflichtverletzung nicht für eine außerordentliche Kündigung, muss der Arbeitnehmer zunächst **schriftlich abgemahnt** werden.	Durch Gründe in der Person des Arbeitnehmers selbst kann dieser seine Arbeitspflichten nicht mehr ordnungsgemäß erfüllen. **Achtung:** Krankheit des Arbeitnehmers ist nur dann ein zulässiger Kündigungsgrund, wenn nicht mit einer Besserung der Krankheit gerechnet werden kann (= **negative Gesundheitsprognose**).

DIE KÜNDIGUNGSSCHUTZKLAGE

- Durch Klage vor dem zuständigen Arbeitsgericht kann der Arbeitnehmer die Kündigung seines Arbeitsverhältnisses für unwirksam erklären lassen. Die **Frist** für die Erhebung der Klage beträgt nur **drei Wochen** ab Zugang der Klage.
- Bei einem **Gütetermin** wird zunächst versucht, eine gütliche Einigung zwischen Arbeitnehmer und Arbeitgeber zu erzielen. Scheitert der Schlichtungsversuch, kommt es zur Gerichtsverhandlung. Das Gericht kann die Kündigung für wirksam oder unwirksam erklären. Sehr häufig endet der Prozess mit einem **Vergleich**.
- In der ersten Instanz muss jede Partei ihre Anwaltskosten selbst tragen, egal wie der Prozess entschieden wird.
- Kündigt ein Arbeitgeber aus betrieblichem Grund, kann er dem Arbeitnehmer eine **Abfindungszahlung** in Höhe von 0,5 Monatsverdiensten für jedes Jahr der Beschäftigung anbieten, damit der Arbeitnehmer auf eine Kündigungsschutzklage verzichtet.

DAS ARBEITSZEUGNIS

Ausscheidende Arbeitnehmer haben Anspruch auf ein schriftliches Arbeitszeugnis. Dieses ist wahrheitsgemäß und wohlwollend zu formulieren. Man unterscheidet:

Einfaches Arbeitszeugnis	Qualifiziertes Arbeitszeugnis
enthält Angaben zu der Person des Arbeitnehmers sowie zur Art und Dauer der Beschäftigung	enthält zusätzlich eine genaue Beschreibung der Stelle sowie Angaben zur Leistung und zum Führungsverhalten des Arbeitnehmers

BEFRISTETE ARBEITSVERHÄLTNISSE

Arbeitsverträge dürfen grundsätzlich auch befristet abgeschlossen werden. Mit Ablauf der Frist endet das Arbeitsverhältnis, ohne dass es einer Kündigung bedarf. Allerdings ist eine Befristung nur zulässig, wenn sie durch einen **sachlichen Grund** gerechtfertigt ist.

Solche Gründe sind typischerweise:

- vorübergehend erhöhter Personalbedarf
- Befristung im Anschluss an eine Ausbildung oder ein Studium
- Befristung, um die Eignung des Arbeitnehmers zu erproben
- Vertretung eines anderen Arbeitnehmers, der z. B. in Elternzeit ist

Ausnahmen: Auch ohne sachlichen Grund ist eine Befristung zulässig

- für die Dauer von insgesamt höchstens zwei Jahren, wenn zuvor kein Arbeitsverhältnis mit dem Arbeitnehmer bestanden hat.
- für die Dauer von insgesamt höchsten vier Jahren, wenn es sich um ein neu gegründetes Unternehmen handelt.

ÜBUNGEN ZU KAPITEL 5.1 UND 5.2

Ü1 Herr Großschmidt ist seit neun Jahren bei der Erfurter Bremsen AG beschäftigt und hat sein Beschäftigungsverhältnis am 15.03. dieses Jahres gekündigt. Für sein Ausscheiden ist die nachstehend abgedruckte gesetzliche Kündigungsregelung anzuwenden.

a) Bestimmen Sie den letzten Tag des Arbeitsverhältnisses von Herrn Großschmidt.

b) Wann würde das Arbeitsverhältnis von Herrn Großschmidt enden, wenn ihm die Erfurter Bremsen AG am 15.03. kündigen würde?

Auszug aus dem BGB: § 622 Kündigungsfristen bei Arbeitsverhältnissen

(1) Das Arbeitsverhältnis eines Arbeiters oder eines Angestellten (Arbeitnehmers) kann mit einer Frist von vier Wochen zum Fünfzehnten oder zum Ende eines Kalendermonats gekündigt werden.

(2) Für eine Kündigung durch den Arbeitgeber beträgt die Kündigungsfrist, wenn das Arbeitsverhältnis in dem Betrieb oder Unternehmen

1. zwei Jahre bestanden hat, einen Monat zum Ende des Kalendermonats
2. fünf Jahre bestanden hat, zwei Monate zum Ende des Kalendermonats
3. acht Jahre bestanden hat, drei Monate zum Ende des Kalendermonats
4. zehn Jahre bestanden hat, vier Monate zum Ende des Kalendermonats
5. zwölf Jahre bestanden hat, fünf Monate zum Ende des Kalendermonats […]

Ü2 Nachfolgend finden Sie einige Fälle aus der Rechtspraxis. Entscheiden Sie über die Rechtslage und begründen Sie Ihre Meinung!

a) Ein Verputzer streitet sich mit der Personalleiterin um den Stundenlohn. Während des Streits ärgert sich der Arbeitnehmer dermaßen, dass er seine Vorgesetzte als „blöde Kuh" bezeichnet. Daraufhin spricht diese sofort die fristlose Kündigung gegen ihn aus.

b) In einer Schlachterei kommt es zwischen einem Schlachtermeister und seinem Angestellten zu einem Streit. Der Angestellte reagiert boshaft und wirft ein Messer in Richtung des Vorgesetzten, das diesen jedoch verfehlt. Daraufhin kündigt der Schlachtermeister seinem Mitarbeiter fristlos.

c) In einem Lager muss eine Lagerarbeiterin vorwiegend im Stehen bzw. Gehen ihre Arbeiten verrichten. Infolge eines Venenleidens hat sie Fehlzeiten von bis zu 106 Arbeitstagen jährlich. Der Arbeitgeber kündigt ihr daraufhin fristgemäß, wogegen die Lagerarbeiterin klagt.

d) Der Berufskraftfahrer einer Spedition ärgert sich über den schlechten Zustand des von ihm zu fahrenden Lkws. Eines Tages sind die Reifen seines Gefährts dermaßen angegriffen, dass er sich entschließt, die defekten Reifen bei der Polizei anzuzeigen. Die zuständigen Beamten untersagen daraufhin die Weiterfahrt und erstatten Anzeige gegen das Unternehmen. Als der Arbeitgeber von den Umständen erfährt, die zur Anzeige führten, kündigt er dem Angestellten fristlos mit der Begründung, er habe ihn bei der Polizei angeschwärzt und damit absichtlich eine Anzeige gegen ihn provoziert.

e) Eine Abteilungsleiterin redet immer wieder schlecht über abwesende Kolleginnen und Kollegen in ihrer Abteilung. Ihre ablehnende Haltung geht sogar so weit, dass sie einige Mitarbeiter/-innen nicht grüßt und ihnen den Händedruck verweigert. Nach mehreren Beschwerden der betroffenen Arbeitskollegen wird der Abteilungsleiterin die außerordentliche Kündigung ausgesprochen.

f) Die Mitarbeiterin eines Unternehmens lässt sich krankschreiben. Trotzdem arbeitet sie abends wie immer als Kassiererin in einer Disco. Zwei Kollegen sehen sie dabei und berichten darüber dem Vorgesetzten, der der vermeintlich kranken Arbeitnehmerin fristlos kündigt.

Ü3 Das Kündigungsschutzgesetz (KSchG) soll Arbeitnehmer vor willkürlichen und sozial ungerechtfertigten Kündigungen schützen. Markieren Sie die nachstehenden Aussagen mit einer
1, wenn es sich um eine notwendige Voraussetzung für die Anwendung des KSchG handelt.
9, wenn es sich nicht um eine solche Voraussetzung handelt.

a) Der zu kündigende Arbeitnehmer muss volljährig sein. ☐

b) Der Betrieb des Arbeitnehmers muss mindestens zehn Arbeitnehmer beschäftigen. ☐

c) Der Arbeitnehmer muss seit mindestens sechs Monaten beschäftigt sein. ☐

d) Der Arbeitnehmer muss Mitglied einer Gewerkschaft sein. ☐

e) Das KSchG gilt sowohl für Arbeitnehmer als auch für Auszubildende. ☐

Ü4 Ordnen Sie zu:

1 Rechte des Arbeitnehmers		**2 Pflichten des Arbeitnehmers**	
a) Fürsorge	☐	f) Gleichbehandlung	☐
b) Treue	☐	g) Arbeitsentgelt	☐
c) Sorgfalt	☐	h) Arbeitsschutz	☐
d) Urlaubsgewährung	☐	i) Verschwiegenheit	☐
e) Gehorsam	☐	j) Lohnfortzahlung im Krankheitsfall	☐

Ü5 Kennzeichnen Sie folgende Aussagen mit einer
1, wenn sie zutreffend sind.
9, wenn sie nicht zutreffend sind.

a) Die Kündigung eines Arbeitsverhältnisses durch den Arbeitgeber muss immer verhältnismäßig und das letzte Mittel („Ultima Ratio") sein. ☐

b) Arbeitnehmer und Arbeitgeber müssen ihre Kündigung stets begründen. ☐

c) Vor dem Arbeitsgericht gilt: Wer verliert, zahlt! ☐

d) Durch das Angebot einer Abfindungszahlung kann der Arbeitgeber eine Klage gegen eine betriebsbedingte Kündigung verhindern. ☐

e) Das Lebensalter und die Betriebszugehörigkeit sind wichtige Kriterien der Sozialauswahl. ☐

Ü6 Friseurmeisterin Annika Riemer beschäftigt in ihrem Friseursalon zwei Gesellinnen und eine Auszubildende. Als eine der beiden Gesellinnen mit ihrer Familie in eine andere Stadt umzieht, stellt Meisterin Riemer die gelernte Friseurin Marta München als Ersatz ein. Es wird eine Probezeit von sechs Monaten vereinbart.
Doch bereits nach drei Wochen Beschäftigung teilt ihr die neue Mitarbeiterin München mit, dass sie im vierten Monat schwanger sei und auf Anraten ihrer Ärztin bis zum Beginn des Mutterschutzes nicht mehr zur Arbeit erscheinen werde. Das lange Stehen während der Arbeit würde sie zu stark belasten. Ein entsprechendes ärztliches Attest legt Frau München vor.
Friseurmeisterin Riemer fühlt sich hintergangen und kündigt ihrer neuen Gesellin unter Verweis auf § 622 BGB (vgl. unten) mit einer Frist von zwei Wochen.

a) Beurteilen Sie, ob die Kündigung des Arbeitsverhältnisses wirksam ist. Beachten Sie auch den unten stehenden Auszug aus dem Mutterschutzgesetz (MuSchG) und begründen Sie Ihre Meinung.

b) Friseurmeisterin Riemer hält die Weiterbeschäftigung von Frau München für unzumutbar. Wie könnte sie ihre Kündigung durchsetzen? Teilen Sie Frau Riemers Sicht?

c) Neben Schwangeren genießen auch andere Beschäftigte einen besonderen Kündigungsschutz. Welche kennen Sie?

§ 622 BGB: Kündigungsfristen

(3) Während einer vereinbarten Probezeit, längstens für die Dauer von sechs Monaten, kann das Arbeitsverhältnis mit einer Frist von zwei Wochen gekündigt werden.

§ 9 MuSchG: Kündigungsverbot

(1) Die Kündigung gegenüber einer Frau während der Schwangerschaft und bis zum Ablauf von vier Monaten nach der Entbindung ist unzulässig, wenn dem Arbeitgeber zur Zeit der Kündigung die Schwangerschaft oder Entbindung bekannt war oder innerhalb zweier Wochen nach Zugang der Kündigung mitgeteilt wird; […]

(3) Die für den Arbeitsschutz zuständige oberste Landesbehörde oder die von ihr bestimmte Stelle kann in besonderen Fällen, die nicht mit dem Zustand einer Frau während der Schwangerschaft oder ihrer Lage bis zum Ablauf von vier Monaten nach der Entbindung in Zusammenhang stehen, ausnahmsweise die Kündigung für zulässig erklären. Die Kündigung bedarf der schriftlichen Form und sie muss den zulässigen Kündigungsgrund angeben.

Ü7 Welche der nachfolgenden Aussagen zum Arbeitszeugnis sind falsch? ❑ ❑

1. Ein einfaches Arbeitszeugnis enthält nur Angaben zur Person sowie zur Art und Dauer der Beschäftigung des ausscheidenden Mitarbeiters.
2. Das qualifizierte Arbeitszeugnis enthält Angaben zur Leistung und zum Führungsverhalten.
3. Anspruch auf ein qualifiziertes Arbeitszeugnis erwerben Arbeitnehmer erst nach mindestens einem Jahr Betriebszugehörigkeit.
4. Angaben zur Betriebsratstätigkeit eines ausscheidenden Mitarbeiters sind unzulässig.
5. Um wahrheitsgemäß zu sein, darf ein Arbeitszeugnis auch negative Äußerungen über einen Arbeitnehmer enthalten.
6. Arbeitszeugnisse müssen stets von einer Führungskraft des Betriebes, also z. B. von einem Geschäftsführer, unterschrieben werden.

Ü8 Untersuchen Sie das nachfolgende Arbeitszeugnis auf Vollständigkeit und Inhalt. Prüfen Sie, ob das Arbeitszeugnis trotz Richtigkeit aller Angaben in dieser Weise ausgestellt werden dürfte.

Heinrich Krauser OHG
Leuchtenherstellung
Bockelweg 234
59077 Hamm/Westf.

Arbeitszeugnis

Herr Jens Planer, geb. am 08.05.1972 in Gladbeck, trat am 01.10.2010 in unserer Firma ein und wird diese am 30.05.2015 verlassen.
Herr Planer hat die ihm übertragenen Aufgaben im Großen und Ganzen zu unserer Zufriedenheit erledigt. Sein häufiges Zuspätkommen haben wir dabei wohlwollend ignoriert.
Zu seinen Kollegen ist er aber immer sehr nett gewesen.
Leider waren wir gezwungen, Herrn Plauner zu kündigen, da er Kabelreste entwendet hatte.
Für seine weitere Zukunft wünschen wir Herrn Planer alles Gute.
Heinrich Krauser OHG

Krauser

Ü9 Durch welche der nachfolgenden Ereignisse endet ein Beschäftigungsverhältnis nicht? ❑ ❑

1. fristgerechte Kündigung durch den Arbeitnehmer
2. Kündigung durch den Arbeitgeber ohne vorherige Anhörung des Betriebsrates
3. Verkauf des Betriebes an einen neuen Eigentümer
4. Tod des Arbeitnehmers
5. Der Arbeitnehmer erreicht das gesetzliche Rentenalter.

Ü10 Innerhalb welcher Frist ab Zugang der Kündigung muss ein Arbeitnehmer die Kündigungsschutzklage einreichen, wenn er seine Kündigung für ungerechtfertigt hält? ❑

1. 1 Woche
2. 2 Wochen
3. 3 Wochen
4. 4 Wochen
5. 2 Monate

Ü11 Vor welchem Gericht ist die „Klage auf Feststellung" (Kündigungsschutzklage) zu erheben? ❑

1. Amtsgericht
2. Landgericht
3. Sozialgericht
4. Verwaltungsgericht
5. Arbeitsgericht

Ü12 Bei den *Fly Bike Werken* ist es übliche Praxis, dass Auszubildende nach ihrer Ausbildung zunächst für ein Jahr und danach nochmals für zwei Jahre befristet eingestellt werden. Erst danach entscheidet die Geschäftsleitung über eine unbefristete Einstellung.

Dem Betriebsratsmitglied *Thomas Preis* ist dieses Vorgehen ein Dorn im Auge und er verlangt unter Verweis auf § 14 Abs. 2 des Teilzeit- und Befristungsgesetzes (TzBfG) eine generell unbefristete Übernahme, da für eine Befristung kein sachlicher Grund vorliege.

a) Prüfen Sie, ob *Herr Preis* mit seiner Argumentation recht hat. Ziehen Sie hierzu das von *Herrn Preis* genannte TzBfG zurate.

Auszug aus dem **Teilzeit- und Befristungsgesetz** (TzBfG), gekürzt

§ 14 Zulässigkeit der Befristung

(1) Die Befristung eines Arbeitsvertrages ist zulässig, wenn sie durch einen sachlichen Grund gerechtfertigt ist. Ein sachlicher Grund liegt insbesondere vor, wenn

1. der betriebliche Bedarf an der Arbeitsleistung nur vorübergehend besteht,
2. die Befristung im Anschluss an eine Ausbildung oder ein Studium erfolgt, um den Übergang des Arbeitnehmers in eine Anschlussbeschäftigung zu erleichtern,
3. der Arbeitnehmer zur Vertretung eines anderen Arbeitnehmers beschäftigt wird,
4. die Eigenart der Arbeitsleistung die Befristung rechtfertigt,
5. die Befristung zur Erprobung erfolgt,
6. in der Person des Arbeitnehmers liegende Gründe die Befristung rechtfertigen,
7. der Arbeitnehmer aus Haushaltsmitteln vergütet wird, die haushaltsrechtlich für eine befristete Beschäftigung bestimmt sind, und er entsprechend beschäftigt wird oder
8. die Befristung auf einem gerichtlichen Vergleich beruht.

(2) Die kalendermäßige Befristung eines Arbeitsvertrages ohne Vorliegen eines sachlichen Grundes ist bis zur Dauer von zwei Jahren zulässig; bis zu dieser Gesamtdauer von zwei Jahren ist auch die höchstens dreimalige Verlängerung eines kalendermäßig befristeten Arbeitsvertrages zulässig. Eine Befristung nach Satz 1 ist nicht zulässig, wenn mit demselben Arbeitgeber bereits zuvor ein befristetes oder unbefristetes Arbeitsverhältnis bestanden hat. […]

(2a) In den ersten vier Jahren nach der Gründung eines Unternehmens ist die kalendermäßige Befristung eines Arbeitsvertrages ohne Vorliegen eines sachlichen Grundes bis zur Dauer von vier Jahren zulässig; bis zu dieser Gesamtdauer von vier Jahren ist auch die mehrfache Verlängerung eines kalendermäßig befristeten Arbeitsvertrages zulässig. […]

▶

b) Prüfen Sie, ob die nachfolgenden Befristungen nach dem TzBfG zulässig sind. Begründen Sie jeweils Ihre Meinung.

1. Herr Kurz wurde befristet für zwölf Monate neu eingestellt. Kurz vor Ablauf der Befristung wird der Vertrag um weitere sechs Monate verlängert. Da danach immer noch Personalbedarf besteht, wird sein Arbeitsvertrag nochmals um sechs Monate verlängert.

2. Frau Reiner war bis vor vier Jahren bei der Firma Kokett GmbH unbefristet beschäftigt. Sie verließ die Kokett GmbH aufgrund eigener Kündigung, da sie im Ausland arbeiten wollte. Zurück in Deutschland möchte sie wieder für ihren alten Arbeitgeber tätig sein. Man bietet ihr einen auf zwei Jahre befristeten Arbeitsvertrag an.

3. Tischlermeister Buche hat sich mit einem eigenen Betrieb selbstständig gemacht. Um seinen Personalbedarf flexibel anpassen zu können, hat er seine beiden Gesellen zunächst nur für zwei Jahre befristet eingestellt. Er möchte die Arbeitsverträge mit seinen beiden Mitarbeitern um weitere zwei Jahre verlängern.

Ü 13 Entscheiden Sie mithilfe der nachstehenden Rechtsgrundlagen, wie viel Tage Urlaub die Mitarbeiter in den genannten Fällen im Jahr 2014 zu erhalten hatten.

a) Azubi Claudia Heinz, geboren am 30.06.1994; Ausbildungszeit 01.08.2014 – 31.07.2017

b) Azubi Bernhard Kunz, geboren am 22.12.1997; Ausbildungszeit 01.01.2013 – 30.06.2016

c) fest angestellte Mitarbeiterin Monica Albitana, geboren am 18.05.1985, beschäftigt seit 2009

Jugendarbeitsschutzgesetz (Auszug): § 19 Urlaub

(1) Der Arbeitgeber hat Jugendlichen für jedes Kalenderjahr einen bezahlten Erholungsurlaub zu gewähren.

(2) Der Urlaub beträgt jährlich:
1. mind. 30 Werktage, wenn der Jugendliche zu Beginn des Kalenderjahres noch nicht 16 Jahre alt ist,
2. mind. 27 Werktage, wenn der Jugendliche zu Beginn des Kalenderjahres noch nicht 17 Jahre alt ist,
3. mind. 25 Werktage, wenn der Jugendliche zu Beginn des Kalenderjahres noch nicht 18 Jahre alt ist.

Für diesen Betrieb gültiger Tarifvertrag (Auszug): § 15 Urlaub

(1) Der Urlaub dient der Erhaltung und Wiederherstellung der Arbeitskraft des Arbeitnehmers.

(2) Urlaubsjahr ist das Kalenderjahr. Maßgebend für die Urlaubsdauer ist das Lebensalter bei Beginn des Kalenderjahres.

(3) Der Urlaub beträgt je Kalenderjahr
- bis zum vollendeten 20. Lebensjahr: 30 Werktage
- nach dem vollendeten 20. Lebensjahr: 32 Werktage
- nach dem vollendeten 23. Lebensjahr: 34 Werktage
- nach dem vollendeten 30. Lebensjahr: 36 Werktage

(4) Für das Urlaubsjahr, in dem das Arbeitsverhältnis beginnt oder endet, steht dem Arbeitnehmer nach mehr als dreimonatiger ununterbrochener Zugehörigkeit zu demselben Betrieb/Unternehmen für jeden vollen Beschäftigungsmonat 1/12 des Jahresurlaubs zu. Bruchteile von Urlaubstagen sind auf volle Urlaubstage aufzurunden.

5.3 Wer vertritt meine Interessen im Betrieb?

Situation 48 Aufgaben und Rechte von Betriebsrat und JAV

Der Streit zwischen *Dirk Sammer* und der Geschäftsleitung der *Fly Bike Werke GmbH* hat sich natürlich schnell in der Belegschaft herumgesprochen.

„Oh Mann, hast du von der Sache mit dem *Sammer* gehört?", meint *Bettinas* Azubi-Kollege *Ralf*, „das ist ja wohl echt der Hammer." „Stimmt", erwidert *Bettina*, „fristlos gekündigt zu werden, stell ich mir wirklich schlimm vor. Was würdest du tun, wenn dir so etwas passieren würde?"

Ralf überlegt einen Moment: „Ich glaube, ich würde als Erstes zu unserem Betriebsrat gehen. Der ist doch für solche Probleme zuständig." „Kann der da was machen?", fragt *Bettina*. „Ich glaube schon", gibt *Ralf* zurück. „Ich bringe dir morgen mal ein Merkblatt von der Gewerkschaft mit, das mir unser Betriebsrat *Thomas Preis* zu Beginn meiner Ausbildung gegeben hatte."

Am nächsten Tag bringt *Ralf* seiner Kollegin *Bettina* die nachstehenden Merkblätter mit (→ **M1** und → **M2**).

ARBEITSAUFTRÄGE

A1 Lesen Sie zunächst sorgfältig das Merkblatt → **M1**. Markieren Sie ggf. unklare Begriffe und klären Sie diese.

A2 Prüfen Sie nun noch einmal die Situation 45 (Seite 198). Welche Informations-, Widerspruchs- oder Mitbestimmungsrechte des Betriebsrates der *Fly Bike Werke* werden hier berührt?

A3 Welche Rechtsfolgen hätte eine Verletzung dieser Rechte? Beachten Sie hierzu die in → **M3** wiedergegebenen Auszüge aus dem Betriebsverfassungsgesetz.

A4 Hat Ihr Ausbildungsbetrieb einen Betriebsrat? Wenn ja, welche Erfahrungen haben Sie mit diesem bislang gemacht? Wenn nicht, woran könnte dies liegen?

A5 Lesen Sie nun auch das Merkblatt → **M2** und klären Sie unbekannte Begriffe.

A6 Beschreiben Sie Situationen während Ihrer Berufsausbildung, in denen eine Jugend- und Auszubildendenvertretung (JAV) sehr hilfreich für Sie sein könnte.

A7 Überlegen Sie auch, welche Vorteile eine Mitgliedschaft in der JAV Ihres Ausbildungsbetriebes für Sie haben könnte. Sind Sie vielleicht schon Mitglied der JAV? Berichten Sie von Ihren Erfahrungen.

A8 Die JAV hat keine eigenständigen Mitbestimmungsrechte, sondern wirkt stets über den Betriebsrat. Warum hat man im BetrVG diese Regelung getroffen? ▶

A9 Einmal im Quartal ruft der Betriebsrat alle Beschäftigten zu einer Betriebsversammlung zusammen. Überlegen Sie sich fünf konkrete Angelegenheiten/Probleme, über die man auf einer Betriebsversammlung Ihres Ausbildungsbetriebes diskutieren könnte bzw. sollte.

A10 Formulieren Sie zwei konkrete Anträge, die Sie gerne an Ihren Betriebsrat oder Arbeitgeber (= Ausbildenden) auf einer Betriebsversammlung stellen würden.

M1 Der Betriebsrat: Mit den und für die Beschäftigten

Der Betriebsrat
Der Betriebsrat ist die gesetzliche Interessenvertretung der Arbeitnehmer im Betrieb. Seine Rechte und Pflichten regelt das Betriebsverfassungsgesetz (BetrVG). Der Betriebsrat vertritt die Interessen der gesamten Belegschaft gegenüber dem Arbeitgeber. Die Sicherung und Schaffung von Arbeitsplätzen und die Gestaltung guter Arbeitsbedingungen sind zentrale Aufgaben des Betriebsrates. Dabei arbeitet er unter Beachtung der geltenden Arbeitsgesetze und Tarifverträge vertrauensvoll mit dem Arbeitgeber sowohl im Interesse der Arbeitnehmer wie des gesamten Betriebes zusammen.

Die Bandbreite der Aufgaben
Der Betriebsrat befasst sich beispielsweise mit Ein- und Umgruppierungen, Einstellungen, der Arbeitszeit, der Entgeltgestaltung, der Gestaltung von Arbeitsbedingungen, der Einführung neuer Techniken und Technologien, Aus- und Weiterbildung, Arbeits- und Gesundheitsschutz und dem Schutz von Benachteiligten.

Zu seinen wichtigen Aufgaben zählt auch die Einberufung einer **Betriebsversammlung**. Mindestens einmal vierteljährlichen kommen dazu alle Beschäftigten des Betriebes während der Arbeitszeit zusammen, um über sämtliche sie betreffenden Angelegenheiten zu diskutieren. Jeder Arbeitnehmer hat hier das Recht, Vorschläge oder Anregungen an den Betriebsrat oder den Arbeitgeber zu richten. Der Betriebsrat legt auf der Betriebsversammlung Rechenschaft über seine Tätigkeit ab und gibt auch dem hinzugeladenen Arbeitgeber(-vertreter) Gelegenheit zu sprechen. Mindestens einmal im Jahr muss der Arbeitgeber zudem auf einer Betriebsversammlung einen Bericht über das Personal- und Sozialwesen sowie die wirtschaftliche Lage und Entwicklung des Betriebes abgeben.

Wie ein Betriebsrat gewählt werden kann
Alle volljährigen Arbeitnehmer eines Betriebes, also auch die Auszubildenden, haben das Recht, einen Betriebsrat zu wählen. In den Betriebsrat wählbar sind alle volljährigen Arbeitnehmer, die seit mindestens sechs Monaten beschäftigt sind. Zeitarbeiter (sogenannte „Leiharbeiter") erhalten nach sechsmonatigem Einsatz in dem Betrieb das (aktive) Wahlrecht, können aber nicht in den Betriebsrat gewählt werden (= passives Wahlrecht).

Damit ein Betriebsrat gewählt werden kann, müssen in dem betreffenden Betrieb mindestens fünf wahlberechtigte (also volljährige) Arbeitnehmer oder Azubi beschäftigt sein, von denen mindestens drei wählbar (also seit mindestens sechs Monaten beschäftigt) sein müssen.

Die Wahl des Betriebsrates findet alle vier Jahre statt. Je mehr wahlberechtigte Arbeitnehmer ein Betrieb hat, desto mehr Mitglieder hat auch der Betriebsrat (vgl. § 9 BetrVG).

Welche Rechte hat der Betriebsrat?
Das Betriebsverfassungsgesetz regelt auch die Rechte des Betriebsrates im Rahmen der sogenannten **betrieblichen Mitbestimmung:**

- **Informations-, Anhörungs- und Beratungsrechte (Mitwirkungsrechte):** In rein unternehmerischen Fragen wie z. B. der Planung von Neu-, Um- oder Erweiterungsbauten oder dem Einsatz neuer technischer Anlagen muss der Betriebsrat informiert und angehört werden. Dies gilt auch für die betriebliche Personalplanung, insbesondere für den zukünftigen Personalbedarf und geplante Einstellungen oder Fortbildungen. Der Betriebsrat muss durch den Arbeitgeber umfassend informiert werden und er muss Gelegenheit zu einer Stellungnahme haben. Der Betriebsrat soll den Arbeitgeber bei dessen Entscheidung beraten, entscheiden kann der Arbeitgeber aber letztendlich allein.
  Weiterhin kann der Betriebsrat dem Arbeitgeber Vorschläge zur Sicherung und Förderung der Beschäftigung machen. Dies kann insbesondere neue Formen der Arbeitszeitgestaltung oder der Arbeitsorganisation, z. B. Tele- oder Teilzeitarbeit, betreffen.
- **Widerspruchsrechte:** Bei personellen Entscheidungen des Arbeitgebers hat der Betriebsrat ein Widerspruchsrecht. Dies trifft z. B. – bei Betrieben mit mindestens 20 volljährigen Arbeitnehmern – auf Einstellungen, Eingruppierungen oder Versetzungen sowie in allen Betrieben auf Kündigungen einzelner Mitarbeiter zu. Zwar kann der Arbeitgeber seine Entscheidung zunächst auch gegen den Willen des Betriebsrates umsetzen. Er muss die Zustimmung des Betriebsrates dann aber durch Entscheid eines Arbeitsgerichtes ersetzen lassen. **In jedem Falle gilt aber:** Eine ohne vorherige Anhörung des Betriebsrates ausgesprochene Kündigung ist stets unwirksam! Dem Betriebsrat sind die Gründe der Kündigung mitzuteilen und ihm ist Gelegenheit zu einer Stellungnahme zu geben.

243 511

- **Mitbestimmungsrechte:**
  In bestimmten sozialen Angelegenheiten hat der Betriebsrat sogar ein volles Mitbestimmungsrecht. Personalfragebögen oder betriebliche Richtlinien für die Einstellung, Versetzung, Um-gruppierung oder Kündigung von Mitarbeitern sind ohne die Zustimmung des Betriebsrates unwirksam. Dies gilt auch für Fragen der Ordnung des Betriebs oder des Verhaltens der Arbeitnehmer (z. B. Schicht-, Arbeits- und Pausenzeiten, Urlaubsregelungen etc.). Auch kann er die Beseitigung offensichtlich unzumutbar belastender Arbeitsbedingungen verlangen. Außerdem kann ein Betriebsrat darauf bestehen, dass zu besetzende Arbeitsplätze zunächst innerhalb des Betriebes ausgeschrieben werden müssen, bevor ein externer Bewerber gesucht werden darf.
- Um Meinungsverschiedenheiten zwischen dem Arbeitgeber und dem Betriebsrat beizulegen, ist eine **Einigungsstelle** einzurichten. Hierzu stellen der Arbeitgeber und der Betriebsrat die jeweils gleiche Anzahl an Beisitzern sowie einen unparteiischen Vorsitzenden, auf den sich beide Seiten einigen müssen.
- In Betrieben mit mehr als 100 Beschäftigten ist zudem ein **Wirtschaftsausschuss** zu bilden. Dieser berät den Arbeitgeber und informiert den Betriebsrat in wirtschaftlichen Angelegenheiten, ohne eigene Mitbestimmungsrechte zu haben. Typischerweise betrifft dies die wirtschaftliche und finanzielle Lage des Unternehmens, Investitions- und Rationalisierungsvorhaben, Zusammenschlüsse mit anderen Betrieben oder Fragen des betrieblichen Umweltschutzes.

(Quelle: Autorentext unter Verwendung von Auszügen aus: https://www.igmetall.de/internet/aufgaben-4031.htm)

M2 Fragen rund um die JAV – Was ist die Jugend- und Auszubildendenvertretung (JAV)?

Die Jugend- und Auszubildendenvertretung (JAV) ist wie der Betriebsrat als Gremium zur Vertretung der Interessen der Beschäftigten im Betriebsverfassungsgesetz verankert. Dabei vertritt die JAV insbesondere die Interessen und Rechte der Jugendlichen und Azubis im Betrieb gegenüber der Betriebsleitung und ist Ansprechpartnerin bei Problemen. Zwar hat die JAV keine eigenständigen Mitbestimmungsrechte, sie kann aber die Interessen der Jugendlichen und Auszubildenden wirkungsvoll über den Betriebsrat vertreten. Zu den **Hauptaufgaben** der JAV gehören:

- Die Einhaltung von Gesetzen und Tarifverträge überwachen.
- Die Qualität der Ausbildung überwachen, ob beispielsweise Azubis ausbildungsfremde Tätigkeiten machen müssen oder ungerecht behandelt werden.
- Maßnahmen für Azubis beantragen, beispielsweise die Übernahme nach der Ausbildung.
- Die Integration ausländischer Jugendlicher und Azubis fördern.

In welchen Betrieben muss eine JAV gewählt werden?
In Betrieben mit insgesamt mindestens fünf jugendlichen Beschäftigten unter 18 Jahren oder Auszubildenden unter 25 Jahren kann eine Jugend- und Auszubildendenvertretung gewählt werden. Alle jugendlichen Arbeitnehmer und Auszubildende unter 25 Jahren dürfen an der Wahl zur JAV teilnehmen. Wählbar sind sogar alle Arbeitnehmer unter 25 Jahren. Voraussetzung für eine Wahl zur JAV ist allerdings, dass es im Unternehmen bereits einen Betriebsrat gibt. Denn die Einleitung der JAV-Wahl erfolgt durch den Betriebsrat.
Die JAV wird alle zwei Jahre gewählt und hat je nach der Anzahl der jugendlichen Arbeitnehmer und Auszubildenden im Betrieb zwischen 1 und 15 Mitglieder (vgl. § 62 BetrVG).

(Quelle: Autorentext unter Verwendung von Auszügen aus: https://www.igmetall.de/internet/jupo-fragen-und-antworten-zur-jugend-und-auszubildendenvertretung-4961.htm)

243 513 © Bergmoser + Höller Verlag AG

M3 Auszüge aus dem Betriebsverfassungsgesetz (BetrVG) (zum Teil gekürzt)

§ 90 BetrVG Unterrichtungs- und Beratungsrechte

(1) Der Arbeitgeber hat den Betriebsrat über die Planung
1. von Neu-, Um- und Erweiterungsbauten von Fabrikations-, Verwaltungs- und sonstigen betrieblichen Räumen,
2. von technischen Anlagen,
3. von Arbeitsverfahren und Arbeitsabläufen oder
4. der Arbeitsplätze

rechtzeitig unter Vorlage der erforderlichen Unterlagen zu unterrichten.

(2) Der Arbeitgeber hat mit dem Betriebsrat die vorgesehenen Maßnahmen und ihre Auswirkungen auf die Arbeitnehmer, insbesondere auf die Art ihrer Arbeit sowie die sich daraus ergebenden Anforderungen an die Arbeitnehmer so rechtzeitig zu beraten, dass Vorschläge und Bedenken des Betriebsrats bei der Planung berücksichtigt werden können. Arbeitgeber und Betriebsrat sollen dabei auch die gesicherten arbeitswissenschaftlichen Erkenntnisse über die menschengerechte Gestaltung der Arbeit berücksichtigen.

§ 102 BetrVG Mitbestimmung bei Kündigungen

(1) Der Betriebsrat ist vor jeder Kündigung zu hören. Der Arbeitgeber hat ihm die Gründe für die Kündigung mitzuteilen. Eine ohne Anhörung des Betriebsrats ausgesprochene Kündigung ist unwirksam.

(2) Hat der Betriebsrat gegen eine ordentliche Kündigung Bedenken, so hat er diese unter Angabe der Gründe dem Arbeitgeber spätestens innerhalb einer Woche schriftlich mitzuteilen. Äußert er sich innerhalb dieser Frist nicht, gilt seine Zustimmung zur Kündigung als erteilt. Hat der Betriebsrat gegen eine außerordentliche Kündigung Bedenken, so hat er diese unter Angabe der Gründe dem Arbeitgeber unverzüglich, spätestens jedoch innerhalb von drei Tagen, schriftlich mitzuteilen.

[...]

(5) Hat der Betriebsrat einer ordentlichen Kündigung frist- und ordnungsgemäß widersprochen, und hat der Arbeitnehmer nach dem Kündigungsschutzgesetz Klage auf Feststellung erhoben, dass das Arbeitsverhältnis durch die Kündigung nicht aufgelöst ist, so muss der Arbeitgeber auf Verlangen des Arbeitnehmers diesen nach Ablauf der Kündigungsfrist bis zum rechtskräftigen Abschluss des Rechtsstreits bei unveränderten Arbeitsbedingungen weiterbeschäftigen. Auf Antrag des Arbeitgebers kann das Gericht ihn durch einstweilige Verfügung von der Verpflichtung zur Weiterbeschäftigung nach Satz 1 entbinden, wenn
1. die Klage des Arbeitnehmers keine hinreichende Aussicht auf Erfolg bietet oder mutwillig erscheint oder
2. die Weiterbeschäftigung des Arbeitnehmers zu einer unzumutbaren wirtschaftlichen Belastung des Arbeitgebers führen würde oder
3. der Widerspruch des Betriebsrats offensichtlich unbegründet war.

5.4 Die Arbeit des Betriebsrates

Situation 49 Der Betriebsrat vermittelt

Thomas Preis, Vorsitzender des Betriebsrates der *Fly Bike Werke*, hat den Geschäftsführer *Hans Peters* und den gekündigten Mitarbeiter *Dirk Sammer* zu einem Gespräch eingeladen. Er möchte zwischen der Geschäftsleitung und dem Mitarbeiter vermitteln, um so den Streit zwischen beiden Parteien auf gütliche Weise beizulegen.

ARBEITSAUFTRAG ZUR SITUATION

A1 Simulieren Sie in einem Rollenspiel das von *Herrn Preis* geplante Vermittlungsgespräch. Beachten Sie dabei den folgenden Ablauf:

Die Rollenspieler bereiten sich mithilfe von Informationsmaterialien auf ihre Rolle vor. Sie werden dabei von ihrer jeweiligen Arbeitsgruppe unterstützt.		Vorbereitungsphase
Das Rollenspiel findet statt.	Die übrigen Schüler verfolgen das Spielgeschehen und bilden sich eine eigene Meinung.	Spielphase
Diskussion im Klassenplenum über den Verlauf des Rollenspiels (Qualität der Beiträge und Verhalten der Rollenspieler)		Diskussionsphase
Die Ergebnisse der Diskussion werden vom Spielleiter zusammengefasst.		Ergebnisphase
Die gewonnenen Erkenntnisse werden systematisiert und verallgemeinert.		Generalisierungsphase

a) **Vorbereitungsphase**

- Bilden Sie in Ihrer Klasse drei Rollenspieler-Gruppen zu je vier Schülern. Die übrigen Schüler bilden die Gruppe der unabhängigen Beobachter.
- Jedes der drei Rollenspieler-Teams wählt eine der nachstehenden Rollenkarten R1 bis R3 aus. Lesen Sie Ihre Rollenkarte und diskutieren Sie in Ihrem Team, wie sich der Rollenspieler ▼

Ihres Teams verhalten soll. Definieren Sie für sich ein Ziel für das Vermittlungsgespräch und überlegen Sie sich Argumente, um dieses Ziel zu erreichen.

- Die Mitglieder der Beobachtergruppe erstellen einen Beobachtungsbogen für die drei Rollenspieler. Beachten Sie dabei die Rollenanweisung R4 auf der folgenden Seite.

b) **Rollenspielphase**

- Die drei Rollenspieler führen das Vermittlungsgespräch durch und beachten dabei ihre Ziele. Die übrigen Teammitglieder beobachten die Rollenspieler und notieren ihre Beobachtungen. Das Gespräch sollte nicht länger als 30 Minuten dauern.

c) **Diskussionsphase**

- Werten Sie das erlebte Rollenspiel aus. Dabei sollte auch die Gefühlslage der Rollenspieler Beachtung finden. Führen Sie zunächst ein „Blitzlicht" durch: Jeder Rollenspieler äußert sich spontan zu der Frage: „Wie fühle ich mich im Augenblick?" Dabei sollten die Äußerungen der Rollenspieler weder unterbrochen noch kommentiert werden!
- Anschließend werden auch die Beobachter in die Auswertung einbezogen.

d) **Ergebnisphase**

Fassen Sie nun noch einmal die wichtigsten Aussagen der vorhergehenden Diskussion zusammen. Sie können diese Aussagen z. B. an der Wandtafel oder auf Karteikarten festhalten. Was macht ein Gespräch wie das soeben von Ihnen inszenierte Vermittlungsgespräch in der Praxis häufig sehr schwierig?

e) **Generalisierungsphase**

Kritiker des deutschen Mitbestimmungsrechtes argumentieren gerne, ein Betriebsrat schränke die Selbstbestimmung des Unternehmers unzumutbar ein. Formulieren Sie Gegenargumente. Welchen Nutzen kann ein Arbeitgeber aus der Existenz eines Betriebsrates in seinem Betrieb ziehen?

Rollenanweisung R1

Sie sind die Geschäftsleitung der *Fly Bike Werke*. Wählen Sie aus Ihrer Gruppe einen Rollenspieler aus, der die Rolle von *Herrn Peters*, dem Geschäftsführer, übernimmt.

Legen Sie für das bevorstehende Gespräch ein Ziel fest, das Sie erreichen möchten. Formulieren Sie Ihre Argumente und diskutieren Sie auch über mögliche Argumente der Gegenseite. Mit welchem Vermittlungsergebnis wären Sie auch einverstanden, wenn sich Ihr ursprüngliches Ziel nicht erreichen lässt?

Rollenanweisung R2

Sie vertreten die Interessen von *Herrn Sammer*. Wählen Sie aus Ihrer Gruppe einen Rollenspieler aus, der die Rolle von *Herrn Sammer*, dem gekündigten Arbeitnehmer, übernimmt.

Legen Sie für das bevorstehende Gespräch ein Ziel fest, das Sie erreichen möchten. Formulieren Sie Ihre Argumente und diskutieren Sie auch über mögliche Argumente der Gegenseite. Mit welchem Vermittlungsergebnis wären Sie auch einverstanden, wenn sich Ihr ursprüngliches Ziel nicht erreichen lässt?

Rollenanweisung R3

Sie repräsentieren den Betriebsrat der *Fly Bike Werke*. Wählen Sie aus Ihrer Gruppe einen Rollenspieler aus, der die Rolle von *Herrn Preis*, dem Vorsitzenden des Betriebsrates, übernimmt.

Ihre Aufgabe ist es, das Gespräch zu leiten und eine gütliche Einigung der beiden Parteien herbeizuführen. Legen Sie für das bevorstehende Gespräch ein Ziel fest, das Sie erreichen möchten. Formulieren Sie Argumente, mit denen Sie die beiden zerstrittenen Parteien zum Einlenken bewegen können. Bewahren Sie die Gesprächsdisziplin aller Beteiligten und achten Sie auf Ihre Pflicht zur „vertrauensvollen Zusammenarbeit" mit dem Arbeitgeber „zum Wohle der Arbeitnehmer und des Betriebs" (vgl. § 2 Abs. 1 BetrVG)!

Rollenanweisung R4

Ihre Aufgabe ist es, das Vermittlungsgespräch als neutrale Beobachter zu verfolgen. Bereiten Sie sich darauf vor, indem Sie einen Beobachtungsbogen formulieren. Kriterien Ihrer Beobachtung könnten sein:

Inhalt:	sachliche Richtigkeit, Logik, Relevanz für die Zielstellung, Glaubwürdigkeit, Struktur/Aufbau des Gesagten usw.
Sprechstil:	Tempo, Lautstärke, Deutlichkeit, Pausen, Betonung, Stimme
Sprachstil:	Satzbau, Wortwahl, Verständlichkeit, Anschaulichkeit, Gliederung, Struktur, Füllwörter
Körpersprache:	Sitzhaltung, Gestik, Mimik, Blickkontakt, Atmung (Diesen Aspekt nicht überbetonen!)

Gesamteindruck/Authentizität

Ergänzen Sie selbst weitere Kriterien! Bestimmen Sie aus Ihrer Gruppe auch einen **Spielleiter**, der den geplanten Ablauf des Rollenspiels steuert und die Diskussion moderiert.

Kernwissen zu Kapitel 5.3 und 5.4

MITWIRKUNGS- UND MITBESTIMMUNGSRECHTE DER ARBEITNEHMER IM BETRIEB

I. Individuelle Mitwirkungsrechte des Arbeitnehmers

Informationsrechte (§§ 81, 83 BetrVG): Der Arbeitnehmer ist stets zu informieren über

- seine Aufgaben und Verantwortlichkeiten sowie die Art seiner Tätigkeit und deren Einordnung in die betrieblichen Abläufe,
- seine Person betreffende Daten, insbesondere den Inhalt seiner Personalakte, z. B. bez. Entgeltabrechnungen, Personalbeurteilungen,
- betriebliche Maßnahmen des Arbeitsschutzes, z. B. Unfallverhütungsvorschriften.

Anhörungs- und Beratungsrechte (§ 82 BetrVG): Recht auf Anhörung durch den verantwortlichen Vorgesetzten bei allen den Arbeitnehmer betreffenden betrieblichen Angelegenheiten, z. B. bez. der Gestaltung des Arbeitsplatzes, Urlaubsregelungen

Beschwerderechte (§ 84 BetrVG): gegenüber dem Arbeitgeber und dem Betriebsrat bei Benachteiligungen oder ungerechter Behandlung

II. Betriebliche Mitbestimmung durch den Betriebsrates

Zustandekommen eines Betriebsrates:

- In Betrieben mit mindestens fünf wahlberechtigten Arbeitnehmern, von denen mindestens drei wählbar sind, können Betriebsräte gewählt werden.
- Wahlberechtigt: alle volljährigen Arbeitnehmer; Zeitarbeitnehmer sind nach drei Monaten Beschäftigung ebenfalls wahlberechtigt
- Wählbar: alle wahlberechtigten Mitarbeiter, die seit mindestens sechs Monaten im Betrieb beschäftigt sind.
- Wahlperiode: vier Jahre

Informations-, Anhörungs- und Beratungsrechte (§ 90, 92 BetrVG):

- in rein unternehmerischen Fragen, wie z. B. der Planung von Neu-, Um- oder Erweiterungsbauten oder dem Einsatz neuer technischer Anlagen
- in allgemeinen personellen Angelegenheiten, z. B. Personalplanung und Maßnahmen der Berufsbildung

Widerspruchsrechte (§ 99 f. BetrVG):

- bei personellen Einzelmaßnahmen , z. B. bei Einstellungen, Eingruppierungen oder Versetzungen einzelner Mitarbeiter sowie bei jeder Kündigung einzelner Mitarbeiter
- Der Arbeitgeber kann die Maßnahme vorläufig durchführen, muss die Zustimmung des Betriebsrates aber durch Entscheid des Arbeitsgerichtes ersetzen lassen.

Mitbestimmungsrechte (§§ 87, 93 ff. BetrVG):

- volles Mitbestimmungsrecht in sozialen Angelegenheiten, z. B. bei Personalfragebögen oder betrieblichen Richtlinien für die Einstellung, Versetzung, Umgruppierung oder Kündigung von Mitarbeitern sowie allen Fragen der betrieblichen Ordnung und des Verhaltens der Arbeitnehmer (Arbeits- und Pausenzeiten, Urlaubs- und Raucherregelungen etc.)
- Der Betriebsrat kann die Beseitigung offensichtlich unzumutbar belastender Arbeitsbedingungen sowie die zunächst interne Ausschreibung freier Arbeitsplätze verlangen.

Einigungsstelle:

Wird aus der gleichen Anzahl von Vertretern des Arbeitgebers und des Betriebsrates sowie einem unparteiischen Vorsitzenden gebildet und soll Meinungsverschiedenheiten zwischen dem Arbeitgeber und dem Betriebsrat beilegen.

Wirtschaftsausschuss:

- ist in Betrieben mit mehr als 100 Beschäftigten zu bilden
- berät mit Arbeitgeber über wirtschaftliche Angelegenheiten

III. Betriebliche Mitbestimmung durch die Jugend- und Auszubildendenvertretung

Zustandekommen einer JAV:

- In Betrieben mit mindestens fünf wahlberechtigten Arbeitnehmern und Auszubildenden können JAV gewählt werden.
- wahlberechtigt: jugendliche Arbeitnehmer oder Auszubildende unter 25 Jahren
- wählbar: alle Arbeitnehmer unter 25 Jahren
- Wahlperiode: zwei Jahre

Aufgaben der JAV:

- Überwachung der Einhaltung von Gesetzen und Tarifverträgen
- Überwachung der Qualität der Ausbildung
- Beantragung spezieller Maßnahmen für Azubis, z. B. Schulungsmaßnahmen, Übernahmen nach der Ausbildung
- Förderung der Integration ausländischer Jugendlicher und Azubi

IV. Betriebsversammlung:

- Einberufung mindestens einmal vierteljährlich durch den Betriebsrat
- Teilnahmeberechtigt sind alle Betriebsangehörigen und der Arbeitgeber sowie Vertreter der Gewerkschaften und des Arbeitgeberverbandes.

Aufgaben:

- Berichterstattung des Betriebsrates über seine Tätigkeit
- Erörterung aller die Arbeitnehmer betreffenden Angelegenheiten im Betrieb
- einmal jährlich Berichterstattung des Arbeitgebers über das Personal- und Sozialwesen sowie die wirtschaftliche Lage und Entwicklung des Betriebes

ÜBUNGEN ZU KAPITEL 5.3 UND 5.4

Ü1 Die Zahl der Mitglieder des Betriebsrates hängt von der Anzahl der Arbeitnehmer ab.

a) Bestimmen Sie mithilfe des nachstehenden Auszugs aus dem BetrVG die Zahl der Mitglieder des Betriebsrates der *Fly Bike Werke*.

§ 9 BetrVG: Zahl der Betriebsratsmitglieder (Auszug)

Der Betriebsrat besteht in Betrieben mit in der Regel
5 bis 20 wahlberechtigten Arbeitnehmern aus einer Person,
21 bis 50 wahlberechtigten Arbeitnehmern aus 3 Mitgliedern,
51 bis 100 Arbeitnehmern aus 5 Mitgliedern,
101 bis 200 Arbeitnehmern aus 7 Mitgliedern,
201 bis 400 Arbeitnehmern aus 9 Mitgliedern,
401 bis 700 Arbeitnehmern aus 11 Mitgliedern,
701 bis 1.000 Arbeitnehmern aus 13 Mitgliedern,
1.001 bis 1.500 Arbeitnehmern aus 15 Mitgliedern [...]

b) Bestimmen Sie ebenso, wie viele Mitglieder der Betriebsrat Ihres Ausbildungsbetriebes haben muss bzw. haben müsste (wenn es einen gäbe). Schlagen Sie ggf. § 9 BetrVG nach.

Ü2 Welche konkreten Rechte hat der Betriebsrat in den folgenden betrieblichen Angelegenheiten?

a) Eine neue Urlaubsregelung sieht vor, dass kinderlose Arbeitnehmer ihren Jahresurlaub stets außerhalb der Schulferien nehmen müssen. (Tipp: vgl. § 87 BetrVG)

b) Ein Arbeitgeber erlässt eine Richtlinie für seine Personalabteilung, dass Bewerbungen stets anonymisiert (d. h. ohne Namen und Lichtbild) zu bearbeiten sind, um Diskriminierungen zu vermeiden. (Tipp: vgl. § 95 BetrVG)

c) Zwei veraltete Werkzeugmaschinen sollen durch ein modernes Fertigungssystem (NC-Bearbeitungszentrum mit automatischem Werkzeugwechsler) ersetzt werden. Der dabei frei werdende Arbeitsplatz des Mechatronikers Schneider soll nicht mehr besetzt werden, wenn Herr Schneider in Rente gegangen ist. (Tipp: vgl. §§ 90, 92 BetrVG)

d) Die Erfassung der geleisteten Arbeitszeit soll zukünftig elektronisch mittels Chipkarte erfolgen, um die Einhaltung der mit dem Betriebsrat vereinbarten Gleitzeitregelungen überwachen zu können. (Tipp: vgl. § 87 BetrVG)

e) Ein Arbeitnehmer, der bislang in der Entgeltgruppe 8 eingestuft war, soll an einen anderen Arbeitsplatz versetzt werden. Dies wäre mit einer Herabstufung auf Entgeltgruppe 7 verbunden. (Tipp: vgl. § 99 BetrVG)

Ü3 Welche der folgenden Aussagen zum Betriebsrat trifft nicht zu? ☐

1. Der Betriebsrat hat bei rein unternehmerischen Entscheidungen, z. B. der Neuerrichtung einer Werkshalle, ein Informations- und Beratungsrecht.
2. Die Mitglieder des Betriebsrates werden für die Dauer von vier Jahren gewählt.
3. In sozialen Angelegenheiten, wie z. B. der Betriebsordnung oder der Arbeitszeitregelung, hat der Betriebsrat ein Mitbestimmungsrecht.
4. Der Betriebsrat vertritt die Interessen der Arbeitnehmer im Betrieb, nicht aber der Auszubildenden.
5. Der Betriebsrat kann die interne Ausschreibung zu besetzender Stellen verlangen.

Ü4 Bei den Fly Bike Werken finden Wahlen zum Betriebsrat statt.

a) Welche der folgenden Mitarbeiter haben bei einer Wahl zum Betriebsrat

1. nur das aktive Wahlrecht,
2. nur das passive Wahlrecht,
3. sowohl das aktive als auch das passive Wahlrecht,
4. weder das aktive noch das passive Wahlrecht?

Tragen Sie die zutreffende Ziffer in das jeweilige Kästchen ein!

- ☐ *Jan Dilei*, seit 16 Jahren bei den *Fly Bike Werken* als Mechatroniker tätig
- ☐ *Lisa-Marie Rainer*, 15, Schülerpraktikantin bei den *Fly Bike Werken*
- ☐ *Ralf Schumacher*, 18, Auszubildender bei den *Fly Bike Werken* im 2. Ausbildungsjahr
- ☐ Sabine, 17, Mitschülerin von *Bettina Lorenz*
- ☐ *Kevin Kurani*, 32, seit vier Monaten als Fachlagerist bei den *Fly Bike Werken* beschäftigt
- ☐ *Hans Peters*, 56, seit acht Jahren Geschäftsführer der *Fly Bike Werke*
- ☐ *Willi Feldgen*, 42, seit acht Monaten als Leiharbeitnehmer einer externen Personalleasingunternehmung bei den *Fly Bike Werken* beschäftigt

b) Welche der oben genannten Personen haben ein Wahlrecht bei der Wahl zu einer Jugend- und Auszubildendenvertretung (JAV)?

Ü5 Welche der folgenden Aussagen sind

[1] zutreffend **[9] nicht zutreffend?**

Tragen Sie die zutreffende Ziffer in das jeweilige Kästchen ein!

- ☐ Bei weniger als fünf ständig beschäftigten Arbeitnehmern kann kein Betriebsrat gewählt werden.
- ☐ Mitarbeiter, die das 25. Lebensjahr vollendet haben, können nicht mehr an der Wahl der JAV teilnehmen.
- ☐ Alle volljährigen Mitarbeiter eines Betriebes haben das aktive und passive Wahlrecht.
- ☐ Nur Mitglieder einer Gewerkschaft können in den Betriebsrat gewählt werden.
- ☐ Vollendet ein Mitglied der JAV während seiner Amtszeit das 25. Lebensjahr, muss es nicht sofort aus der JAV ausscheiden. Es kann sich aber nicht wiederwählen lassen.
- ☐ Mitglieder des Betriebsrates erhalten für ihre Tätigkeit eine besondere Prämie.
- ☐ Die Zahl der Mitglieder eines Betriebsrates richtet sich nach der Größe der Belegschaft.
- ☐ Nur in Betrieben mit mehr als 100 ständig Beschäftigten ist ein Wirtschaftsausschuss zu bilden. ▶

Ü6 Welche der folgenden Einrichtungen ist kein Organ der betrieblichen Mitbestimmung gemäß Betriebsverfassungsgesetz? ☐

1. Wirtschaftsausschuss
2. Betriebsversammlung
3. Tarifkommission
4. Betriebsrat
5. Jugend- und Auszubildendenvertretung

Ü7 Welche der nachfolgenden Personen(gruppen) haben während einer Betriebsversammlung kein Rederecht? ☐ ☐

1. Mitglieder des Betriebsrates
2. alle Beschäftigten des Betriebes
3. Mitglieder oder Vertreter der Unternehmensleitung
4. Journalisten der örtlichen Tageszeitung
5. Delegierte der in dem Betrieb vertretenen Gewerkschaften
6. Landtagsabgeordnete, in deren Wahlkreis der Betrieb liegt

Ü8 Dem Betriebsrat kommt in den nachfolgenden Situationen ein

1. Informations- und Beratungsrecht,
2. Widerspruchsrecht,
3. Mitbestimmungsrecht

zu. Tragen Sie die richtige Ziffer in das jeweilige Kästchen ein! Tragen Sie eine 9 ein, wenn dem Betriebsrat in dieser Angelegenheit keine Mitwirkungs- oder Mitbestimmungsrechte zukommen.

- ☐ Einführung von gleitender Arbeitszeit und Jahresarbeitszeitkonten
- ☐ Formulierung von Grundsätzen der Personalbeschaffung und -auswahl
- ☐ Renovierung und Neugestaltung der Werkskantine
- ☐ Beschluss von Maßnahmen zur Förderung der Integration ausländischer Arbeitnehmer
- ☐ Inkraftsetzung eines generellen Rauchverbotes auf dem Betriebsgelände
- ☐ Ausschüttung des Gewinns an die Aktionäre des Unternehmens
- ☐ Einführung einer neuen Betriebssoftware
- ☐ fristlose Kündigung eines Mitarbeiters wegen des Verdachts auf Diebstahl
- ☐ Festlegung von Regeln für die vorzeitige Anmeldung zur Abschlussprüfung (Verkürzung der Berufsausbildung)
- ☐ Einstellung eines leitenden Angestellten

Ü9 Wer muss die Kosten für die Tätigkeit des Betriebsrates tragen? ☐

1. die Mitglieder des Betriebsrates aus ihrem Arbeitseinkommen
2. die Agentur für Arbeit
3. die Gewerkschaft, der die Mitglieder des Betriebsrates angehören
4. der Arbeitgeber
5. die in dem Betrieb beschäftigten Arbeitnehmer

Ü10 Welche Aussagen zur Jugend- und Auszubildendenvertretung (JAV) sind richtig? ☐ ☐

1. Der Betrieb darf nicht in der Rechtsform der GmbH geführt werden.
2. Der Betrieb muss einen deutschen Eigentümer haben.
3. In dem Betrieb müssen insgesamt mindestens fünf jugendliche Arbeitnehmer oder Azubis unter 25 Jahren beschäftigt sein, damit eine JAV gewählt werden kann.
4. Nur in Industriebetrieben gibt es eine JAV.
5. Die JAV darf einen Vertreter zu den Sitzungen des Betriebsrates entsenden.
6. Die Amtszeit eines Jugend- und Auszubildendenvertreters ist genauso lang wie die eines Betriebsratsmitgliedes.

Ü11 Welcher der nachstehenden Gründe ist kein zulässiger betriebsbedingter Grund für eine sozial gerechtfertigte Kündigung? ☐

1. Auftragseinbruch wegen Insolvenz eines Großkunden
2. Umstellung auf vollautomatisierte Teilemontage
3. Diebstahl von Betriebseigentum
4. Schließung des Standortes
5. Produktionsverlagerung ins Ausland

Ü12 Welche der nachstehenden Aussagen zum Kündigungsschutz trifft nicht zu? ☐

1. Will der Arbeitnehmer verhindern, dass die Kündigung endgültig wirksam wird, muss er innerhalb von drei Wochen nach Zugang der Kündigung eine Klage auf Feststellung erheben.
2. Hat der Betriebsrat einer Kündigung nicht widersprochen, kann gegen diese nicht mehr geklagt werden.
3. Will der Betriebsrat einer ordentlichen Kündigung widersprechen, so muss er dies unter Angabe der Gründe innerhalb einer Woche schriftlich mitteilen.
4. Hat der Arbeitgeber den Betriebsrat vor der Kündigung nicht ordnungsgemäß informiert und Gelegenheit zur Stellungnahme gegeben, ist die Kündigung in jedem Falle unwirksam.
5. Einer außerordentlichen Kündigung muss der Betriebsrat unverzüglich, spätestens aber innerhalb von drei Tagen, widersprechen.

5.5 Technischer und sozialer Arbeitsschutz an Beispielen

Situation 50 Die Sicherheitskennzeichen im Betrieb planen

Schon gleich in den ersten Tagen als Auszubildende der *Fly Bike Werke* wurden *Bettina Lorenz* und ihr Azubi-Kollege *Ralf* von *Peter Exakt*, dem Sicherheitsbeauftragten der *Fly Bike Werke*, einen ganzen Tag lang zur Sicherheit am Arbeitsplatz geschult. „Das ist wahnsinnig wichtig, um Arbeitsunfälle zu verhindern und eure wie auch die Sicherheit aller Kollegen im Betrieb nicht zu gefährden!", hatte *Herr Exakt* immer wieder betont. Inzwischen kennen *Bettina* und *Ralf* sich mit den für ihren Arbeitsplatz geltenden Vorschriften des technischen Arbeitsschutzes schon gut aus. Auch an das Tragen der am Anfang etwas lästigen Schutzausrüstung haben sie sich gewöhnt.

Daher hat *Herr Exakt* beschlossen, *Bettina* und *Ralf* mit einer Sonderaufgabe zu betrauen. Für die erste Etage des neu gestalteten Verwaltungsgebäudes soll ein Fluchtweg beschildert werden. *Bettina* und *Ralf* sollen geeignete Rettungszeichen auswählen und entscheiden, an welchen Stellen die Schilder angebracht werden sollen. Als Hilfestellung haben beide eine von *Herrn Exakt* erstellte Handreichung über Sicherheitskennzeichen und ein paar Tipps zur Lösung ihrer Aufgabe erhalten.

ARBEITSAUFTRÄGE ZUR SITUATION

A1 Übernehmen Sie die Aufgabe von *Ralf* und *Bettina*. Wählen Sie für die Beschilderung des Verwaltungsgebäudes (→ **M1**) geeignete Rettungszeichen aus und tragen Sie im Grundriss die entsprechende Ziffer (→ **M2**) für das Rettungszeichen ein. Beachten Sie neben den Tipps → **M2** auch die Handreichung → **M3**.

A2 Halten Sie die Ausstattung des Verwaltungsgebäudes mit weiteren Einrichtungen oder Geräten zur Rettung von Personen für sinnvoll? Ergänzen und beschildern Sie diese.

A3 Auch Sie sollten in den ersten Tagen Ihrer Berufsausbildung eine Sicherheitsschulung erhalten haben. An welche Inhalte dieser Sicherheitsunterweisung können Sie sich noch erinnern? Beschreiben Sie typische Gefahren, die mit Ihrem Arbeitsplatz verbunden sind und was Sie zu deren Vermeidung beachten müssen.

A4 Welche Gegenstände (Schutzmittel) gehören zu Ihrer persönlichen Schutzausrüstung, die Sie während Ihrer Arbeit tragen müssen? Beschreiben Sie deren Funktion.

M1 Grundriss: 1. Etage des Verwaltungsgebäudes

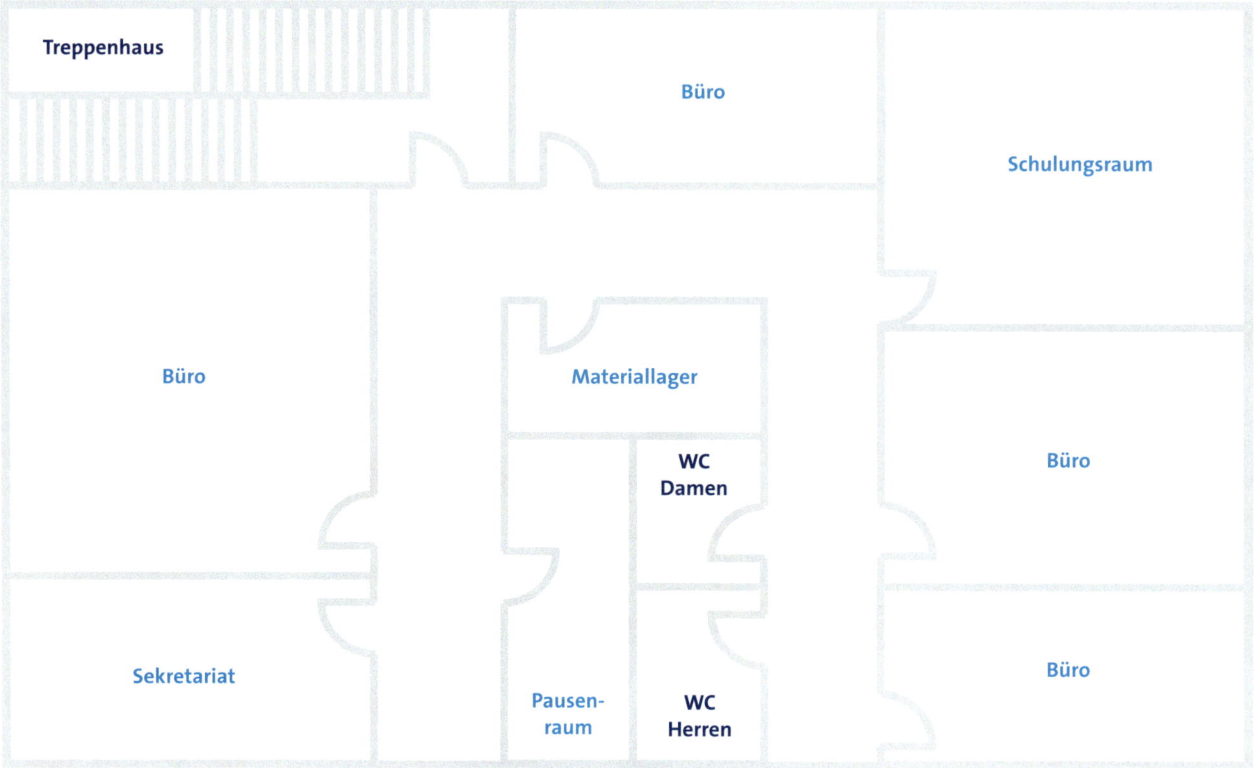

M2 Tipps für die Beschilderung mit Rettungszeichen

Liebe Bettina, lieber Ralf!
Hier noch ein paar Tipps: Ihr seht hier die in unserem Betrieb üblicherweise verwendeten Rettungszeichen, aus denen ihr die für die Beschilderung unseres Verwaltungstraktes notwendigen auswählen müsst.
Bedenkt bitte, dass alle Kollegen im Gefahrenfall – z. B. wenn es brennt – sofort und eindeutig erkennen müssen, wie sie das Gebäude auf dem kürzesten Wege verlassen können.
Viel Spaß bei der Lösung eurer Aufgabe!

Euer Peter Exakt

1/2: Richtungsangabe Erste-Hilfe-Einrichtungen, Rettungswege, Notausgänge, darf nur mit weiteren Rettungszeichen verwendet werden
3: Erste Hilfe
4: Krankentrage
5: Defibrillator
6: Notdusche
7: Augenspüleinrichtung
8: Notruftelefon
9: Arzt
10/11: Rettungsweg/Notausgang, nur in Verbindung mit Richtungspfeilen
12: Sammelstelle

M3 Handreichung zu den Sicherheitskennzeichen in unserem Betrieb

Liebe Kolleginnen und Kollegen,

an zahlreichen Stellen in unserem Betrieb sind Sicherheitskennzeichen angebracht. Sie dienen Ihrem Schutz und dem Schutz aller Kolleginnen und Kollegen. Machen Sie sich daher mit den Sicherheitskennzeichen in Ihrem Arbeitsbereich vertraut und beachten Sie diese stets genau!

Fly Bike Werke GmbH

Die Sicherheitskennzeichen müssen immer gut zu sehen sein. Sie dürfen daher auch niemals verstellt oder zugehängt werden!

Nachfolgend finden Sie die fünf Arten von Sicherheitskennzeichen:

Bezeichnung	Form und Farbe	Erläuterung
Verbotszeichen		Verbotszeichen weisen auf ein ausdrückliches Verbot hin. Diesen Zeichen ist unbedingt Folge zu leisten. Das Piktogramm ist immer schwarz und befindet sich auf einem weißen Hintergrund. Das runde Schild ist rot umrandet und meist mit einem roten Querbalken versehen.
Gebotszeichen		Gebotszeichen weisen darauf hin, wie man sich verhalten muss, um Gefahren zu vermeiden. Gebotszeichen sind weiße Piktogramme auf blauem Grund. Die Schilder sind rund.
Warnzeichen		Warnzeichen weisen auf Hindernisse oder Gefahrenstellen hin. Es handelt sich um schwarze Piktogramme auf gelbem Grund. Die Schilder sind dreieckig und haben einen schwarzen Rand.
Rettungszeichen		Rettungszeichen weisen für den Gefahrenfall auf Wege, Einrichtungen oder Geräte hin, die zur Rettung von Personen dienen. Rettungszeichen sind weiße Piktogramme auf grünem Grund. Die befinden sich auf viereckigen Schildern.
Brandschutzzeichen		Brandschutzzeichen weisen auf den Standort von Feuermelde- und Feuerlöscheinrichtungen hin. Es handelt sich um weiße Piktogramme auf rotem Grund. Die Schilder sind viereckig.

Bitte wenden Sie sich sofort an mich, wenn Sie Fragen zu den Sicherheitskennzeichen in Ihrem Arbeitsbereich haben! Ich gebe Ihnen gerne Auskunft.

Ihr Sicherheitsbeauftragter

Peter Exakt

Situation 51 Eine Betriebsanweisung erstellen

Kürzlich wurde bei den *Fly Bike Werken* eine fahrbare Hubarbeitsbühne, wie sie nebenstehend abgebildet ist, angeschafft. Damit es bei der Benutzung nicht zu Arbeitsunfällen kommen kann, muss für das neue Betriebsmittel eine Betriebsanweisung erstellt werden.

Herr Exakt hat auf dem entsprechenden Formblatt bereits einige Angaben eingetragen und bittet nun *Bettina* und *Ralf*, die Betriebsanweisung zu vervollständigen.

ARBEITSAUFTRÄGE ZUR SITUATION

A1 Informieren Sie sich mithilfe des Informationstextes → **M1** über Inhalt und Zweck von Betriebsanweisungen für die korrekte Benutzung von Betriebsmitteln.

A2 Helfen Sie *Bettina* und *Ralf* bei ihrer Aufgabe. Vervollständigen Sie die noch fehlenden Angaben in dem Formblatt → **M2**. Beraten Sie sich dazu mit Ihren Mitschülern oder fragen Sie ggf. bei dem Sicherheitsbeauftragten Ihres Ausbildungsbetriebes nach.

A3 Wie kann erreicht werden, dass die Arbeitnehmer die Betriebsanweisungen der Betriebsmittel, mit denen sie arbeiten, auch tatsächlich beachten und korrekt umsetzen?

A4 Wählen Sie eine Betriebsanweisung aus Ihrem Ausbildungsunternehmen aus und stellen Sie diese Ihren Mitschülern vor. Fragen Sie ggf. bei dem Sicherheitsbeauftragten Ihres Ausbildungsbetriebes nach.

M1 Arbeitsschutz durch Betriebsanweisungen für Maschinen und andere Arbeitsmittel

Man kann die Sicherheit am Arbeitsplatz auf verschiedenen Ebenen betrachten. Auf der **betrieblichen Ebene** werden besondere Maßnahmen für jedes einzelne Unternehmen getroffen. Dabei müssen die Gegebenheiten vor Ort, die eingesetzten Arbeitsmittel, die Güter, mit denen die Arbeitnehmer umgehen, und besondere unternehmensspezifische Gefahren berücksichtigt werden.

Um aber eine Grundsicherheit für jeden Arbeitnehmer, unabhängig vom Arbeit gebenden Unternehmen, sicherzustellen, wurden bestimmte **Grundsätze der Arbeitssicherheit** durch Gesetze und Verordnungen geregelt. Die wichtigsten staatlichen **Vorgaben zur Arbeitssicherheit** sind:

Gesetze und Verordnungen zur Arbeitssicherheit (Auswahl)

Arbeitsstättenverordnung	Bildschirmarbeitsverordnung	Produktsicherheitsgesetz	Arbeitssicherheitsgesetz	Arbeitsschutzgesetz
Regelungen zur Sicherheit und zum Gesundheitsschutz in Arbeitsstätten	wirkt körperlichen und psychischen Belastungen durch die Arbeit an Bildschirmgeräten entgegen	regelt Anforderungen an die Sicherheit von technischen Arbeitsmitteln	Gesetz über Betriebsärzte, Sicherheitsingenieure und andere Fachkräfte zur Arbeitssicherheit	allgemeine Grundsätze des Arbeitsschutzes

Unterstützend greifen die **Berufsgenossenschaften** ein, die den Unternehmen bei der Umsetzung der gesetzlichen Regelungen helfen bzw. diese überwachen. Die im Jahre 2014 erlassenen **Vorschriften der Deutschen Gesetzlichen Unfallversicherung (DGUV)** – älteren Kollegen noch als Berufsgenossenschaftliche Vorschriften (BGV) bzw. Unfallverhütungsvorschriften der Berufsgenossenschaft (UVV) bekannt – verpflichten einen Arbeitgeber beispielsweise dazu, in einer **Betriebsanweisung** schriftlich festzuhalten, was beim Einsatz von Maschinen und Geräten in seinem Betrieb zu beachten ist. So sollen Arbeitsunfälle oder andere Gefahren durch die Benutzung von Maschinen und anderen Arbeitsmitteln vermieden werden.

Ihr Logo

BETRIEBSANWEISUNG

für Maschinen

Elektrokettenzüge

Verantwortlicher:
Arbeitsbereich:
Arbeitsplatz/Tätigkeit:

Anwendungsbereich

Diese Betriebsanweisung gilt für das Arbeiten mit Elektrokettenzügen.

Gefahren für Mensch und Umwelt

- Gefahren bestehen aufgrund herabstürzender Lasten und Gegenständen, ab- und umstürzender sowie herabfallender Gegenstände.
- Außerdem können Quetsch-, Scher- und Einzugstellen an Lastaufnahmemittel und Last vorhanden sein.

Schutzmaßnahmen und Verhaltensregeln

- Mit dem selbstständigen Arbeiten des Elektrozugs dürfen Personen betraut werden, welche eine angemessene Unterweisung erhalten haben. Sie müssen vom Unternehmer beauftragt sein.
- Nach Möglichkeit keine Transporte über Personen hinweg durchführen!
- Eine zusätzliche Unterweisung anhand der Betriebsvorschriften (betriebsinterne Regelungen) muss vorgenommen werden.
- Die persönliche Schutzausrüstung ist zu benutzen (Schutzschuhe, ggf. Schutzhelm).
- Auf die Angaben über die Tragfähigkeit des Elektrozugs ist zu achten.

Verhalten bei Störungen

- Festgestellte Mängel sind sofort dem Vorgesetzten zu melden. Gegen Wiedereinschalten sichern. Reparaturen sind nur vom Fachpersonal vorzunehmen.

Verhalten bei Unfällen/Erste Hilfe

- Informieren Sie sich, wo Verbandmittel aufbewahrt werden.
- Denken Sie bei einem Unfall daran, nicht nur den Verletzten zu retten und Erste Hilfe zu leisten (Blutung stillen, verletzte Gliedmaßen ruhig stellen, Schock bekämpfen), sondern auch die Unfallstelle abzusichern. Für die Erste Hilfe einen ausgebildeten Ersthelfer heranziehen.
- Lassen Sie auch kleinere Verletzungen sofort verbinden.
- Suchen Sie einen Durchgangsarzt auf, wenn aufgrund der Verletzung mit Arbeitsunfähigkeit zu rechnen ist.
- Melden Sie jeden Unfall unverzüglich Ihrem Vorgesetzten oder dessen Vertreter.
- Tel.:
- Achten Sie darauf, dass über jede Erste-Hilfe-Leistung Aufzeichnungen, z.B. in einem Verbandbuch, gemacht werden.

NOTRUF:
Ersthelfer in der Abteilung:
Frau/Herr:

Instandhaltung, Entsorgung

- Elektrozüge (Hebezeuge) müssen mindestens jährlich einer Prüfung durch einen Sachkundigen unterzogen werden. Die Prüfergebnisse sind in einem Prüfbuch einzutragen.
- Reparaturen dürfen nur von dazu beauftragten Personen durchgeführt werden.

Zusätzlich beachten

Erstellt:		Geprüft:		Genehmigt:		Seite:	1 von 2
Betriebsanweisung Nr.	0000	Kurztitel:		Revision:	0000	Gültig ab:	

Um sicherzustellen, dass die Betriebsanweisungen alle notwendigen Informationen enthalten und von den Mitarbeitern leicht und zweifelsfrei verstanden werden können, haben die Berufsgenossenschaften ein einheitliches Gestaltungsmuster herausgegeben. Neben einer Festlegung für den **Anwendungsbereich** (hier im Beispiel „Arbeiten mit Elektrokettenzügen") soll die Betriebsanweisung den Arbeitnehmer auf typische Gefahren für Mensch und Umwelt bei der Benutzung des Betriebsmittels hinweisen. Die Vorschriften zu **Schutzmaßnahmen** und **Verhaltensregeln** haben für den Arbeitnehmer verpflichtende Wirkung. Eine Nichtbeachtung kann zu einer Abmahnung oder im Wiederholungsfall sogar zu einer Kündigung führen (➜ Kapitel 5.1). Weiterhin wird in der Betriebsanweisung in wenigen Worten beschrieben, wie sich der Arbeitnehmer bei einer **Störung des Betriebsmittels** verhalten soll – z. B. Abschalten und Verständigung des Betriebsschlossers – und was er bei einem doch eingetretenen Unfall tun muss – z. B. welche Rettungsmaßnahmen er ergreifen soll.

Schließlich enthält die Betriebsanweisung noch sicherheitsrelevante Informationen zur Instandhaltung und Entsorgung des Betriebsmittels und droht ggf. Konsequenzen für den Fall der Nichtbeachtung der Hinweise an.

Alle Betriebsanweisungen sind regelmäßig zu überprüfen und durch den Unternehmer bzw. seinen Rechtsvertreter zu unterschreiben. Dies begründet eine persönliche Haftung des Arbeitgebers für fehlerhafte oder fehlende Angaben (sog. Organisationsverschulden). Eine Betriebsanweisung kann allerdings nicht eine regelmäßige Schulung der Mitarbeiter ersetzen.

M2 Betriebsanweisung für fahrbare Hubarbeitsbühnen

Nummer:
Bearbeitungsstand:

Betriebsanweisung

Betrieb:

Arbeitsplatz / Tätigkeitsbereich: **Verwenden von fahrbaren Hubarbeitsbühnen**

1. Gefahren für Mensch und Umwelt

- Die nicht sichere und falsche Aufstellung sind Ursachen für schwerste Unfälle.
- ______________________________
- ______________________________
  ____

2. Schutzmaßnahmen und Verhaltensregeln

- ______________________________
  ____
- Die Aufstellungsanleitung des Herstellers beachten.
- Die Grundplattform muss oftmals ausgerichtet werden. Die fest angebrachte Libelle gibt Hinweise auf die korrekte Lage.
- Die Hubarbeitsbühne nicht überlasten.
- Der Bereich unter schwenkbaren Arbeitsplattformen muss gesichert werden.
- ______________________________
  ____

3. Verhalten bei Störungen

- ______________________________

4. Verhalten bei Unfällen; Erste Hilfe

Notruf: 77

- ______________________________
- ______________________________

5. Instandhaltung; Entsorgung

- Vor jeder Inbetriebnahme Vorhandensein und Funktion von Sicherheits- und Schutzeinrichtungen überprüfen.
- Reparaturen dürfen nur von hiermit beauftragten Personen durchgeführt werden.

6. Folgen der Nichtbeachtung

- Die Nichtbeachtung kann zu schwersten Unfällen führen. Arbeitsrechtliche und juristische Folgen sind denkbar.

Datum: Nächster Überprüfungstermin:	Unterschrift: Unternehmer/Geschäftsleitung

Situation 52 Die Sicherheitskennzeichen im Betrieb planen

Freitag, der 04.01.2016, 16:30 Uhr
In der Lackiererei der *Fly Bike Werke* werden Überstunden gemacht. *Markus Beck*, Lackierer, muss an einigen Rahmen das Metall mit Salpetersäure nachpolieren. Die Fahrräder müssen Anfang nächster Woche fertiggestellt sein. Auch *Ralf* befindet sich noch im Lager, weil er an seinem eigenen Mountainbike die Gangschaltung für eine geplante Wochenendtour nachstellen will. Fast hat er die Umwerfer an der Schaltung exakt justiert. Er benötigt noch ein wenig Lösungsmittel, um alte Fahrradölreste aus den Zahnrädern zu entfernen, und sucht daher *Markus Beck*, der scheinbar auch gerade auf dem Weg in das Gefahrstofflager ist. Als er dort ankommt, sieht er, wie der Lackierer eine Dose aus dem Regal nimmt.

Freitagnachmittag, 16:38 Uhr
Die Dose rutscht *Markus* aus den Fingern und fällt um. Er versucht noch, den Behälter zugreifen, doch als er nach oben in das Regal schaut läuft ihm Salpetersäure in das Gesicht. Der Behälter fällt auf den Boden und läuft weiter aus. Sofort ruft er um Hilfe. *Ralf* ist als Erster am Unfallort.

Markus: „Ralf, bist du das?"

Ralf: „Ja, was ist passiert?"

Markus: „Mir ist Salpetersäure ins Gesicht gelaufen! – Lauf bitte sofort zur Gefahrstofftafel, nimm dir die Betriebsanweisung aus dem Ordner und sag mir, was zu tun ist."

Freitagnachmittag, 16:40 Uhr
Ralf läuft zur Infowand, neben der ein Regal mit Ordnern und den entsprechenden Betriebsanweisungen steht. Glücklicherweise findet er schnell die richtige Betriebsanweisung.

Ralf: „Ich habe die Betriebsanweisung ..."

Freitagnachmittag, 16:42 Uhr
Nun muss alles ganz schnell gehen.

ARBEITSAUFTRÄGE ZUR SITUATION

A1 Beschreiben Sie *Ralf*, was zu tun ist. Lesen Sie dazu die Betriebsanweisung → **M1**.

A2 Füllen Sie das Formular aus dem Verbandbuch → **M2** aus.

A3 Berichten Sie in Ihrer Klasse von ähnlichen Situationen, die Sie in Ihrem Ausbildungsbetrieb erlebt oder von denen Sie gehört haben.

A4 Verschiedene Personen und Institutionen sind für den Arbeits- und Gesundheitsschutz im Betrieb zuständig. Ergänzen Sie die Tabelle → **M3** mit weiteren Aufgaben.

M1 Der sichere Umgang mit gefährlichen Stoffen Arbeitsmittel

Das Chemikaliengesetz (ChemG) und die auf dieser Grundlage erlassene Gefahrstoffverordnung (GefStoffV) regeln die Herstellung und den Umgang mit gefährlichen Stoffen. Was unter gefährliche Stoffe fällt, wird in § 3a des Gesetzes gesagt. Im Umgang mit diesen Stoffen sind besondere Schutzmaßnahmen vorgeschrieben. So muss der Arbeitgeber ein **Verzeichnis aller vorhandenen Gefahr stoffe** führen. Darin enthalten ist auch der Verweis auf das sog. **Sicherheitsdatenblatt**, das vom Hersteller des Gefahrstoffes erstellt und beigefügt werden muss. Beides muss allen Beschäftigten zugänglich sein. Das gilt auch für die Betriebsanweisung, die zu jedem Gefahrstoff einsehbar sein muss.

Betriebsanweisung

Nummer:
Bearbeitungsstand:
Arbeitsplatz / Tätigkeitsbereich:

Betrieb:

1. Gefahrstoffbezeichnung

Salpetersäure

2. Gefahren für Mensch und Umwelt

Ätzend

- Verursacht schwere Augenverätzungen. Kann irreversible Augenverletzungen hervorrufen.
- Verursacht Verbrennungen der Haut. Kann tiefe, durchdringende Geschwüre der Haut erzeugen.
- Verursacht Verätzungen des Magen-Darm-Trakts. Kann einen Durchbruch des Verdauungstrakts verursachen.
- Kann beim Einatmen tödlich sein. Eine Wirkung kann verzögert eintreten. Verursacht Verätzungen des Atemtrakts.
- Bei wiederholtem Einatmen ist eine chronische Bronchitis möglich. Bei wiederholter Exposition ist Zahnerosion möglich.
- Verursacht schwere Verätzungen an Augen, Haut und Schleimhäuten.
- Schwach wassergefährdend.

3. Schutzmaßnahmen und Verhaltensregeln

- Dampf, Nebel nicht einatmen.
- Nicht in die Augen, auf die Haut oder auf die Kleidung gelangen lassen.
- Nur in einem Chemieabzug benutzen.
- Berührung mit den Augen und der Haut vermeiden.
- Bei offenem Umgang Schutzbrille und Gummihandschuhe tragen.
- Nicht in der Nähe brennbarer Stoffe lagern.
- An einem kühlen und trockenen Platz lagern.
- In einem dicht geschlossenen Behälter lagern.
- Nur in mit dem Gefahrstoffsymbol gekennzeichneten Originalbehältern aufbewahren.
- Die Lagerung in Metallbehältern ist verboten; Kunststoff oder emaillierte Behälter verwenden.
- Essen, Trinken und Rauchen sind verboten.

4. Verhalten bei Störungen

Notruf: 112

- Das Produkt selbst brennt nicht, Löschmittel auf den Umgebungsbrand abstimmen.
- Gefährdete Behälter aus dem Gefahrenbereich bringen oder mit Wasser kühlen.
- Bei jedem Brand ein Pressluftatemgerät je nach Druckerfordernissen, NIOSH/MSHA (oder gleichwertiges), und Vollschutzausrüstung tragen.
- Starker Brandförderer.
- Berührung mit brennbaren Materialien kann Feuer verursachen.
- Die Substanz ist nicht brennbar.
- Verschüttete Flüssigkeit mit saugfähigem Material (Universalbindemittel) aufnehmen und entsorgen lassen, dabei die oben beschriebene Schutzausrüstung tragen.
- Nicht in Boden, Gewässer oder Kanalisation gelangen lassen.

5. Erste Hilfe

Notruf: 112

Einatmen:	Betroffene an die frische Luft bringen. Bei Unwohlsein sofort Arzt hinzuziehen.
Hautkontakt:	Sofort medizinische Hilfe holen. Die Haut sofort gründlich mit Seife und Wasser abwaschen, mindestens 15 Minuten, und beschmutzte Kleidung und Schuhe ablegen.
Augen:	Gründlich mit Wasser spülen, bis die Reizung nachlässt. Sofort Augenarzt hinzuziehen.
Verschlucken:	Den Mund mit Wasser auswaschen, kein Erbrechen herbeiführen, sofort Arzt hinzuziehen.

6. Sachgerechte Entsorgung

Unbrauchbare Salpetersäure und vollständig entleerte Behälter an den Hersteller zurückgeben oder durch einen zertifizierten Entsorgerfachbetrieb verwerten lassen.

Datum:	
Nächster Überprüfungstermin:	Unterschrift: Unternehmer/Geschäftsleitung

M2 Das Verbandbuch

Arbeitnehmer sind während der Arbeit und auf direktem Weg zur Arbeitsstätte durch die gesetzliche Unfallversicherung versichert. Damit Ansprüche gegenüber der Versicherung geltend gemacht werden können, muss jeder Arbeitsunfall sorgfältig dokumentiert werden. Dies geschieht in dem sog. Verbandbuch. Hier ein Auszug, der zeigt, was genau festgehalten werden muss:

Lfd. Nr.	Name des Verletzten bzw. Erkrankten	Angaben zum Hergang des Unfalls bzw. des Gesundheitsschadens							Art und Umfang der Verletzung bzw. der Erkrankung	Erste-Hilfe-Leistung	
		Uhrzeit	Tag	Monat	Jahr	Ort Abteilung	Hergang	Namen der Zeugen		Art und Weise der Maßnahmen	Name des Ersthelfers

M3 Zuständigkeiten für die Arbeitssicherheit

Person/Institution	Zuständigkeit	Beispiele für Aufgaben
Betrieblicher Ersthelfer	In Erster Hilfe ausgebildeter Mitarbeiter im Betrieb	• *Ergreift lebensrettende Sofortmaßnahmen* • *Meldet einen Unfall über den Notruf* • *Leistet Erste Hilfe*
Sicherheitsbeauftragter	Mitarbeiter, der aufgrund besonderer Kenntnisse Unfall- und Gesundheitsgefahren erkennen und für ihre Beseitigung sorgen soll	
Fachkraft für Arbeitssicherheit	Berater des Arbeitgebers in Fragen der Arbeitssicherheit und des Gesundheitsschutzes	
Betriebsarzt	Arzt, der für die gesundheitliche Betreuung der Mitarbeiter im Betrieb zuständig ist	
Arbeitsschutzausschuss	Ausschuss, besetzt mit Vertretern des Arbeitgebers, Mitgliedern des Betriebsrates und den o. g. Sicherheitsfachleuten	

Situation 53 Sozialer Arbeitsschutz

In einer Reportage, die *Bettina* kürzlich im Fernsehen gesehen hat, ging es um die Kündigung von Arbeitsverträgen und sich daraus ergebende Rechtsstreitigkeiten. Als Ursache für solche Konflikte, die die Beteiligten immer viel Geld und noch mehr Nerven kosten, war von mangelndem „sozialen Arbeitsschutz" die Rede. Die Erfahrungen eines neuen Mitarbeiters bei den *Fly Bike Werken*, der seine bisherige Arbeitsstelle gekündigt hatte, bestätigt dies. In einer Mittagspause erzählt er über seine alte Arbeitsstelle und warum er gekündigt hat:
„Sehr viele Überstunden, nur eine Woche Urlaub und gedankt wurde mir das auch nicht. Alles war selbstverständlich. Deswegen habe ich gekündigt. Hier bei den *Fly Bike Werken* ist alles so ‚sozial' und geregelt. Mein Arbeitseinsatz wird anerkannt und wenn es mal Probleme geben sollte, dann hat der Betriebsrat auch immer ein offenes Ohr."

ARBEITSAUFTRÄGE ZUR SITUATION

A1 Lesen Sie zunächst sorgfältig den Informationstext → **M1** und klären Sie ggf. unbekannte Begriffe und unverständliche Formulierungen.

A2 Definieren Sie den Unterschied zwischen technischem und sozialem Arbeitsschutz.

A3 Beschreiben Sie an drei konkreten Beispielen aus Ihrem Ausbildungsbetrieb, welchen Nutzen der Betrieb aus gelebtem sozialem Arbeitsschutz ziehen kann.

A4 Formulieren Sie konkrete Vorschläge, wie die *Fly Bike Werke* ihren sozialen Arbeitsschutz verbessern könnten. Berücksichtigen Sie dabei die Beschwerden von *Herrn Sammer* in der Einstiegssituation (→ Kapitel 5.1).

A5 Der soziale Arbeitsschutz soll insbesondere für bestimmte schutzbedürftige Personengruppen im Betrieb gelten. Benennen Sie drei solche Personengruppen und begründen Sie deren besondere Schutzbedürftigkeit.

M1 Was ist sozialer Arbeitsschutz?

Auch durch übermäßige körperliche, geistige oder seelische Belastungen als Folge einer nicht menschengerechten (inhumanen) Arbeitsorganisation kann die Gesundheit der Arbeitnehmer geschädigt werden. Lustlosigkeit und mangelnde Motivation, ein schlechtes Betriebsklima, häufige Fehlzeiten oder eine überdurchschnittliche Fluktuation (= Anzahl der Personalabgänge) bis hin zum sogenannten „Burnout" oder „Mobbing" sind nicht selten die Folgen. Die entsprechenden Kosten für die Betriebe können erheblich sein.

Gelangen die Klagen der Mitarbeiter über ihre schlechten Arbeitsbedingungen sogar an die Öffentlichkeit, kann das Image (= öffentliches Erscheinungsbild) des Unternehmens so stark geschädigt werden, dass die gesamte Existenz gefährdet ist. Die Insolvenzen der Drogeriemarktkette Schlecker oder der Yi-Ko Holding (= Franchisenehmer von Burger King Deutschland) zeigen dies.

Arbeitgeber, die einen langfristigen und nachhaltigen Erfolg ihrer Unternehmung sicherstellen wollen, investieren daher frühzeitig auch in den **sozialen Arbeitsschutz**, also die **Sicherstellung menschengerechter (= humaner) Arbeitsbedingungen** durch entsprechende betriebliche Regelungen der Arbeitszeiten, der Urlaubs- und Pausenzeiten, des Schutzes besonders schutzbedürftiger Personen (z. B. Jugendliche, Schwerbehinderte, werdende und stillende Mütter, ältere Mitarbeiter) sowie des allgemeinen Umganges miteinander, aber auch des Führungsverhaltens der Vorgesetzten. Autokratisch (= selbstherrlich) führende Vorgesetzte widersprechen ebenso den Gedanken des sozialen Arbeitsschutzes wie fehlende Pausen oder ständige Überstunden. Mit ihren Arbeitsbedingungen zufriedene Mitarbeiter sind dagegen leistungsbereiter, kreativer und kooperativer im Umgang miteinander. Dies erhöht die Produktivität des Betriebes und sichert wichtige Wettbewerbsvorteile gegenüber der Konkurrenz.

Auch der Gesetzgeber hat der Notwendigkeit des sozialen Arbeitsschutzes Rechnung getragen. Wichtige Regelungen zum sozialen Arbeitsschutz sind in folgenden Gesetzen enthalten:

Arbeitsschutzgesetz (ArbSchG): Das ArbSchG legt die allgemeinen Grundsätze des Arbeitsschutzes im Betrieb fest. Es verpflichtet den Arbeitgeber, für gesundheitlich unbedenkliche und möglichst sichere Arbeitsbedingungen durch geeignete organisatorische Regelungen zu sorgen. Dabei sind der Stand von Technik, die Arbeitsmedizin und Hygiene sowie sonstige gesicherte arbeitswissenschaftliche Erkenntnisse (Ergonomie) zu berücksichtigen. Den Arbeitnehmern sind die für den Arbeitsschutz erforderlichen Mittel kostenfrei bereitzustellen und geeignete Anweisungen zu erteilen.

Arbeitszeitgesetz (ArbZG): Das ArbZG regelt die zulässige Dauer und zeitliche Verteilung der Arbeits- und Pausenzeiten der Arbeitnehmer. Es gilt auch für Azubis, Aushilfen und andere abhängig Beschäftigte, aber nicht für leitende Angestellte.

Mutterschutzgesetz (MuSchG): Im MuSchG sind besondere Schutzrechte für werdende und stillende Mütter geregelt.

Jugendarbeitsschutzgesetz (JArbSchG): Das JArbSchG soll Kinder und Jugendliche unter 18 Jahre vor Überforderung und Schädigung ihrer Gesundheit durch Gefahren am Arbeitsplatz bewahren. (→ Kapitel 4.3)

Sozialgesetzbuch IX (SGB IX): Das SGB IX regelt die Rehabilitation (= Wiedereingliederung von durch Krankheit oder Unfall geschädigten Mitarbeitern) und Teilhabe behinderter Mitarbeiter sowie den besonderen Schutz der Schwerbehinderten.

Situation 54 Zulässige Arbeitszeiten

Die *Fly Bike Werke GmbH* wird auch in diesem Jahr mit einem Stand auf der internationalen Motorrad-, Roller- und E-Bike-Messe INTERMOT vertreten sein. Die in der Vertriebsabteilung für die Betreuung der Fachhandelskunden zuständige Mitarbeiterin *Sabine Ganser* soll das Messeteam der *Fly Bike Werke* nach folgendem Einsatzplan verstärken:

Einsatzplan Sabine Ganser – INTERMOT 2016							
Datum	**Wochentag**	**Schicht**		**Pausenzeiten**			
		von	**bis**	**von**	**bis**	**von**	**bis**
04.02.2016	Dienstag	12:00	22:00	16:00	16:15	20:00	20:10
05.02.2016	Mittwoch	08:00	18:00	12:00	12:30		
06.02.2016	Donnerstag	08:00	17:00	12:00	12:30		
07.02.2016	Freitag	10:00	22:00	16:30	17:00	20:00	20:15

ARBEITSAUFTRÄGE ZUR SITUATION

A1 „Durch sozialen Arbeitsschutz sollen zu lange oder – durch ihre Lage – den Menschen stark belastende Arbeitszeiten vermieden werden." Informieren Sie sich in → **M1**, welche Regelungen das Arbeitszeitgesetz hierzu vorschreibt.

A2 Überprüfen Sie, ob der Einsatzplan von *Frau Ganser* mit den Vorgaben des Arbeitszeitgesetzes vereinbar ist. Korrigieren Sie etwaige Verstöße.

A3 Beschreiben Sie drei Arbeitszeitregelungen, die als besonders belastend anzusehen sind. Berücksichtigen Sie dabei auch Ihre eigenen Erfahrungen. Wie versucht das Arbeitszeitgesetz, hier entgegen zu wirken?

A4 Nennen Sie drei Arbeitnehmergruppen, denen man stärker belastende Arbeitszeiten zumutet als anderen. Halten Sie diese Regelungen für gerechtfertigt? Begründen Sie Ihre Meinung.

M1 Auszüge aus dem Arbeitszeitgesetz (ArbZG)

§ 1 Zweck des Gesetzes
Zweck des Gesetzes ist es,
1. die Sicherheit und den Gesundheitsschutz der Arbeitnehmer in der Bundesrepublik Deutschland [...] bei der Arbeitszeitgestaltung zu gewährleisten und die Rahmenbedingungen für flexible Arbeitszeiten zu verbessern sowie
2. den Sonntag und die staatlich anerkannten Feiertage als Tage der Arbeitsruhe und der seelischen Erhebung der Arbeitnehmer zu schützen.

§ 2 Begriffsbestimmungen
(1) Arbeitszeit im Sinne dieses Gesetzes ist die Zeit vom Beginn bis zum Ende der Arbeit ohne die Ruhepausen; Arbeitszeiten bei mehreren Arbeitgebern sind zusammenzurechnen. [...]
(2) Arbeitnehmer im Sinne dieses Gesetzes sind Arbeiter und Angestellte sowie die zu ihrer Berufsbildung Beschäftigten.
(3) Nachtzeit im Sinne dieses Gesetzes ist die Zeit von 23 bis 6 Uhr, in Bäckereien und Konditoreien die Zeit von 22 bis 5 Uhr.
(4) Nachtarbeit im Sinne dieses Gesetzes ist jede Arbeit, die mehr als zwei Stunden der Nachtzeit umfasst. [...]

§ 3 Arbeitszeit der Arbeitnehmer
Die werktägliche Arbeitszeit der Arbeitnehmer darf acht Stunden nicht überschreiten. Sie kann auf bis zu zehn Stunden nur verlängert werden, wenn innerhalb von sechs Kalendermonaten oder innerhalb von 24 Wochen im Durchschnitt acht Stunden werktäglich nicht überschritten werden.

§ 4 Ruhepausen
Die Arbeit ist durch im Voraus feststehende Ruhepausen von mindestens 30 Minuten bei einer Arbeitszeit von mehr als sechs bis zu neun Stunden und 45 Minuten bei einer Arbeitszeit von mehr als neun Stunden insgesamt zu unterbrechen. Die Ruhepausen nach Satz 1 können in Zeitabschnitte von jeweils mindestens 15 Minuten aufgeteilt werden. Länger als sechs Stunden hintereinander dürfen Arbeitnehmer nicht ohne Ruhepause beschäftigt werden.

§ 5 Ruhezeit
(1) Die Arbeitnehmer müssen nach Beendigung der täglichen Arbeitszeit eine ununterbrochene Ruhezeit von mindestens elf Stunden haben.
(2) Die Dauer der Ruhezeit des Absatzes 1 kann in Krankenhäusern und anderen Einrichtungen zur Behandlung, Pflege und Betreuung von Personen, in Gaststätten und anderen Einrichtungen zur Bewirtung und Beherbergung, in Verkehrsbetrieben, beim Rundfunk sowie in der Landwirtschaft und in der Tierhaltung um bis zu eine Stunde verkürzt werden, wenn jede Verkürzung der Ruhezeit innerhalb eines Kalendermonats oder innerhalb von vier Wochen durch Verlängerung einer anderen Ruhezeit auf mindestens zwölf Stunden ausgeglichen wird. [...]

Situation 55 Wie viel Urlaub steht mir zu?

Der Arbeitnehmer *Tarek Yilmaz* hat am 01.07.2015 seine neue Stelle bei den *Fly Bike Werken* angetreten. Die für die Personalverwaltung zuständige Mitarbeiterin *Veruschka Linden* steht nun vor der Aufgabe, den *Herrn Yilmaz* zustehenden Urlaubsanspruch zu bestimmen. Im Arbeitsvertrag von *Herrn Yilmaz* wird bezüglich des ihm zu gewährenden Urlaubes lediglich auf die bestehenden gesetzlichen Regelungen hingewiesen.

ARBEITSAUFTRAG ZUR SITUATION

A1 Beantworten Sie mithilfe der nachstehenden Auszüge aus dem Mindesturlaubsgesetz für Arbeitnehmer (→ **M1**) die folgenden Fragen:

a) Wie viele Werktage Urlaubsanspruch erwirbt *Herr Yilmaz* im Jahr 2015 nach dem BUrlG?

b) Wann muss der neue Arbeitgeber *Herrn Yilmaz* erstmalig Urlaub gewähren?

c) Wie viele Werktage Urlaub sind *Herrn Yilmaz* für das Jahr 2016 insgesamt nach dem BUrlG zu gewähren?

d) Angenommen, Herr Yilmaz erkrankt während seines dreiwöchigen Urlaubes und wird von seinem Hausarzt für fünf Tage krankgeschrieben. Welche Auswirkungen hat dies auf den ihm gewährten Urlaub?

M1 Auszüge aus dem Mindesturlaubsgesetz für Arbeitnehmer (BUrlG)

§ 1 Urlaubsanspruch
Jeder Arbeitnehmer hat in jedem Kalenderjahr Anspruch auf bezahlten Erholungsurlaub.

§ 2 Geltungsbereich
Arbeitnehmer im Sinne des Gesetzes sind Arbeiter und Angestellte sowie die zu ihrer Berufsausbildung Beschäftigten. Als Arbeitnehmer gelten auch Personen, die wegen ihrer wirtschaftlichen Unselbständigkeit als arbeitnehmerähnliche Personen anzusehen sind […]

§ 3 Dauer des Urlaubs
(1) Der Urlaub beträgt jährlich mindestens 24 Werktage.
(2) Als Werktage gelten alle Kalendertage, die nicht Sonn- oder gesetzliche Feiertage sind.

§ 4 Wartezeit
Der volle Urlaubsanspruch wird erstmalig nach sechsmonatigem Bestehen des Arbeitsverhältnisses erworben.

§ 5 Teilurlaub
(1) Anspruch auf ein Zwölftel des Jahresurlaubs für jeden vollen Monat des Bestehens des Arbeitsverhältnisses hat der Arbeitnehmer
a) für Zeiten eines Kalenderjahrs, für die er wegen Nichterfüllung der Wartezeit in diesem Kalenderjahr keinen vollen Urlaubsanspruch erwirbt;
b) wenn er vor erfüllter Wartezeit aus dem Arbeitsverhältnis ausscheidet;
c) wenn er nach erfüllter Wartezeit in der ersten Hälfte eines Kalenderjahrs aus dem Arbeitsverhältnis ausscheidet. […]

§ 7 Zeitpunkt, Übertragbarkeit und Abgeltung des Urlaubs

(1) Bei der zeitlichen Festlegung des Urlaubs sind die Urlaubswünsche des Arbeitnehmers zu berücksichtigen, es sei denn, dass ihrer Berücksichtigung dringende betriebliche Belange oder Urlaubswünsche anderer Arbeitnehmer, die unter sozialen Gesichtspunkten den Vorrang verdienen, entgegenstehen. […]

(4) Kann der Urlaub wegen Beendigung des Arbeitsverhältnisses ganz oder teilweise nicht mehr gewährt werden, so ist er abzugelten.

§ 8 Erwerbstätigkeit während des Urlaubs

Während des Urlaubs darf der Arbeitnehmer keine dem Urlaubszweck widersprechende Erwerbstätigkeit leisten.

§ 9 Erkrankung während des Urlaubs

Erkrankt ein Arbeitnehmer während des Urlaubs, so werden die durch ärztliches Zeugnis nachgewiesenen Tage der Arbeitsunfähigkeit auf den Jahresurlaub nicht angerechnet.

Kernwissen zu Kapitel 5.5

TECHNISCHER ARBEITSSCHUTZ

Unterschiedliche gesetzliche Normen verpflichten den Arbeitgeber, die technische Sicherheit am Arbeitsplatz zu gewährleisten und Gefahren für Mensch sowie Umwelt abzuwenden. Wichtige **Gesetze** und **Verordnungen** des technischen Arbeitsschutzes sind:

- Arbeitsstättenverordnung (ArbStättV)
- Arbeitssicherheitsgesetz (ASiG)
- Produktsicherheitsgesetz (ProdSG)
- Chemikaliengesetz (ChemG)
- Gefahrstoffverordnung (GefStoffV)
- Vorschriften der Deutschen Gesetzlichen Unfallversicherung (DGUV)

Betriebliche Maßnahmen zur Gewährleistung der technischen Arbeitssicherheit

Tragen der **persönlichen Schutzausrüstung**, z. B. Sicherheitsschuhe, Schutzhelm, Gehör- oder Atemschutz, Warnkleidung etc. Der Arbeitgeber hat die Kosten der Sicherheitskleidung zu tragen und die Nutzung zu überwachen.	Anbringen und Beachten der **Sicherheitskennzeichen** Unterschieden werden: Verbotszeichen (rot/weiß) Gebotszeichen (blau) Warnzeichen (gelb) Rettungszeichen (grün) Brandschutzzeichen (rot)	Benennung und Einbindung **zuständiger Fachkräfte** für den Arbeitsschutz: Ersthelfer Sicherheitsbeauftragter Fachkraft für Arbeitssicherheit Betriebsarzt Betriebsrat	Erstellung und Beachtung geeigneter **Arbeitsanweisungen**: Betriebsanweisungen Sicherheitsanweisungen Sicherheitsschulungen

SOZIALER ARBEITSSCHUTZ

Ebenso ist der Arbeitgeber verpflichtet, seine Arbeitnehmer vor übermäßigen Belastungen und vermeidbaren Gesundheitsschädigungen durch eine nicht menschengerechte (inhumane) Arbeitsorganisation zu bewahren. Wichtige Regelungen:

Das Arbeitsschutzgesetz (ArbSchG) legt die allgemeinen Grundsätze des Arbeitsschutzes im Betrieb fest. ▶

Das Arbeitszeitgesetz (ArbZG) regelt die zulässige Dauer und zeitliche Verteilung der Arbeits- und Pausenzeiten der Arbeitnehmer. Es gilt auch für Azubis, Aushilfen und andere abhängig Beschäftigte, aber nicht für leitende Angestellte. Wichtige Vorschriften sind:

- werktägliche **Höchstarbeitszeit** 8 Stunden; ausnahmsweise bis zu 10 Stunden, wenn im Durchschnitt von 6 Monaten bzw. 24 Wochen nicht mehr als 8 Stunden pro Tag
- **Pausenzeiten:** mindestens 30 Minuten/Tag bei 6 bis 9 Stunde Arbeit pro Tag, mindestens 45 Minuten bei mehr als 9 Stunden
- ununterbrochene **Ruhezeit** von mindestens 11 Stunden nach Beendigung der täglichen Arbeit (Ausnahmen gem. § 5 Abs. 2 möglich!)
- Regelungen zur **Schicht- und Nacharbeit**

Mindesturlaubsgesetz für Arbeitnehmer (BUrlG)

Das BUrlG gewährt einen Urlaubsanspruch für jeden Arbeitnehmer einschließlich Azubis, Aushilfen, Minijobbern etc. Wichtige Regelungen des BUrlG sind:

- Der Urlaubsanspruch beträgt mindestens 24 Werktage pro Jahr.
- Als Werktage zählen alle Wochentage von montags bis samstags.
- Der Urlaub ist erst nach Ablauf einer 6-monatigen (Probe-)Zeit zu gewähren.
- Für jeden gearbeiteten Monat besteht Anspruch auf ein Zwölftel des Jahresurlaubs.
- Dem Erholungszweck widersprechende Erwerbstätigkeit während des Urlaubs ist verboten.
- Krankheitszeiten sind nicht auf den Urlaub anzurechnen.

ÜBUNGEN ZU KAPITEL 5.5

Ü1 Die nachfolgenden Personen und Institutionen unterstützen den Arbeitgeber beim betrieblichen Arbeitsschutz. Ordnen Sie diese den genannten Aufgaben zu.

1. Ersthelfer
2. Sicherheitsbeauftragter
3. Fachkraft für Arbeitssicherheit
4. Betriebsarzt
5. Arbeitsschutzausschuss
6. Betriebsrat

- ☐ Überwachung der Arbeitssicherheit und Beratung der Mitarbeiter
- ☐ Planung, Durchführung und Kontrolle von Arbeitsschutzmaßnahmen im Betrieb
- ☐ Fachkundiges Leisten von Erster Hilfe
- ☐ Durchführung arbeitsmedizinischer Untersuchungen
- ☐ Information des Arbeitgebers über Unfall- und Gesundheitsgefahren in seinem Arbeitsbereich
- ☐ Unterstützung und Beratung des Arbeitgebers in Fragen der Arbeitssicherheit und des Gesundheitsschutzes

Ü2 Ordnen Sie die folgenden Aufgaben des betrieblichen Arbeitsschutzes jeweils diesen Aufgabenträgern zu:

1. Fachkraft für Arbeitssicherheit
2. Betriebsarzt
3. Berufsgenossenschaft

- ☐ Die Arbeitsbedingungen innerhalb des Betriebs sollen beurteilt werden.
- ☐ Für die Mitarbeiter wird ein kostenloser Hörtest angeboten.
- ☐ Nach einem Betriebsunfall werden die Kosten der Wiedereingliederung übernommen.
- ☐ Die sanitären Einrichtungen im Betrieb werden auf den neuesten Stand gebracht.
- ☐ Die Fahrer müssen sich regelmäßig einer augenärztlichen Untersuchung unterziehen.
- ☐ Eine Betriebsanweisung für den Umgang mit der Kartonpresse wird überarbeitet.
- ☐ Es werden Schulungen für die Fachkräfte für Arbeitssicherheit durchgeführt.

Ü3 Wer muss die Kosten für die persönliche Schutzausrüstung eines Arbeitnehmers tragen?

- ☐ der Arbeitnehmer selbst
- ☐ die Berufsgenossenschaft
- ☐ die Agentur für Arbeit
- ☐ der Arbeitgeber
- ☐ der Betriebsrat

Ü4 Wer trägt die Verantwortung dafür, dass die persönliche Schutzausrüstung eines Arbeitnehmers auch tatsächlich getragen wird?

- ☐ der Arbeitnehmer selbst
- ☐ die Berufsgenossenschaft
- ☐ nur der Arbeitgeber, vertreten durch den Sicherheitsbeauftragten
- ☐ der Arbeitgeber und der Arbeitnehmer
- ☐ das Amt für Arbeitssicherheit

Ü5 Gefahrstoffe sind gemäß Chemikaliengesetz (ChemG) und Gefahrstoffverordnung (GefStoffV) alle Stoffe und Zubereitungen, die den Menschen oder die Umwelt gefährden können, da sie z. B. explosionsgefährlich, entzündlich, giftig, ätzend, krebserzeugend, erbgutverändernd oder in anderer Weise gesundheitsschädlich sind.

a) Nennen Sie drei Gefahrstoffe, mit denen Sie im Rahmen Ihrer Ausbildung bereits in Kontakt gekommen sind. Beschreiben Sie die von diesen Stoffen ausgehenden Gefahren für Mensch oder Umwelt.

b) Welche Schutzmaßnahmen sind im Umgang mit diesen Gefahrstoffen zu beachten?

c) Die Gefahrstoffverordnung (GefStoffV) schreibt vor, dass ein Arbeitnehmer eine Tätigkeit mit Gefahrstoffen erst aufnehmen darf, wenn eine fachkundige Gefährdungsbeurteilung vorliegt und entsprechende Schutzmaßnahmen getroffen wurden. Bringen Sie die nachstehenden Schritte einer Gefährdungsbeurteilung in die richtige Reihenfolge, indem Sie die Ziffern 1 bis 7 in die Kästchen vor den Schritten eintragen.

- ☐ Maßnahmen zum Schutz vor Gefährdungen festlegen
- ☐ Wirksamkeit überprüfen
- ☐ zu beurteilende Arbeitsbereiche und Tätigkeiten festlegen

▶

- ☐ Gefährdungen beurteilen
- ☐ Gefährdungen ermitteln
- ☐ Gefährdungsbeurteilung fortschreiben
- ☐ Maßnahmen durchführen

d) Gefährliche Stoffe müssen stets eindeutig gekennzeichnet werden. Ordnen Sie nachstehende **Gefahrenpiktogramme** (GHS) den beschriebenen Gefahren zu.

Stoffe, die Allergien oder Atembeschwerden verursachen

Akut toxische (giftige) Stoffe

Korrosive Stoffe gegenüber Metall; ätzende oder reizende Stoffe auf der Haut

Entzündbare Gase, Aerosole, Flüssigkeiten oder Feststoffe

Ü6 Aussagen zum Arbeitszeitgesetz und Mindesturlaubsgesetz: Welche der folgenden Aussagen sind [1] zutreffend, [9] nicht zutreffend? Tragen Sie die zutreffende Ziffer in das jeweilige Kästchen ein.

- ☐ Das ArbZG gilt für alle Arbeitnehmer und Auszubildende eines Betriebes.
- ☐ Das ArbZG gilt nicht für leitende Angestellte.
- ☐ Als Arbeitszeit gilt die Zeit vom Beginn bis zum Ende der Arbeit ausschließlich der Ruhepausen.
- ☐ Samstage zählen nicht als Werktage im Sinne des ArbZG.
- ☐ Die regelmäßige werktägliche Arbeitszeit nach dem ArbZG darf im Normalfall höchstens 8 Stunden betragen.
- ☐ Geht ein Arbeitnehmer während seines Urlaubes einer regelmäßigen Erwerbstätigkeit nach, kann ihn der Arbeitgeber abmahnen und im Wiederholungsfall kündigen.
- ☐ Während der Probezeit erwirbt ein Arbeitnehmer keinen Urlaubsanspruch.
- ☐ Krankheit schließt Urlaub aus.
- ☐ 24 Werktage Urlaubsanspruch ergeben nach dem BUrlG vier Wochen arbeitsfreie Zeit.
- ☐ Das BUrlG gilt nicht für Azubis und befristet eingestellte Aushilfen.
- ☐ Bei der zeitlichen Festlegung des Urlaubs (= Urlaubsplanung) muss der Arbeitgeber alle Arbeitnehmer gleich behandeln.
- ☐ Bis zum Ende eines Arbeitsverhältnisses nicht genommener Urlaub verfällt ersatzlos.

5.6 Tarifpartner und Tarifkonflikte

Situation 56 Ein Tarifkonflikt entsteht

Schon seit einigen Tagen beherrscht ein Thema die Pausengespräche bei den *Fly Bike Werken*: der laufende Tarifkonflikt zwischen Gewerkschaft und Arbeitgeberverband. „Sag mal", fragt *Bettina Lorenz* ihren Azubi-Kollegen *Ralf Schumacher*, „bei uns im Werk habe ich noch nicht so viel mitbekommen. Worum geht es da genau? Und wenn gestreikt werden sollte, können wir Azubis dann auch streiken? Ich bin ja nicht in der Gewerkschaft. Bekomme ich dann trotzdem mehr Geld?" „Na", antwortet ihr *Ralf*, „wozu gibt es denn das Internet? Schauen wir doch mal nach, was wir da so finden." Schon nach kurzer Suche finden *Bettina* und *Ralf* die nachfolgenden Meldungen (→ **M1**). „Hm", meint *Ralf* stirnrunzelnd, „dann bin ich ja mal gespannt, wie das noch weitergeht!"

ARBEITSAUFTRÄGE ZUR SITUATION

A1 Lesen Sie zunächst die nachstehenden Meldungen (→ **M1**) und markieren Sie wichtige Textpassagen.

A2 Beschreiben Sie den bisherigen Ablauf des Tarifkonfliktes zwischen der Gewerkschaft und dem Arbeitgeberverband.

A3 Welche Forderungen hat die Gewerkschaft gestellt? Wie haben die Arbeitgeber darauf reagiert?

A4 Wie könnte der weitere Verlauf des Tarifkonfliktes aussehen? Beschreiben Sie mögliche Alternativen.

A5 Dürfen Azubis eigentlich für bessere Arbeitsbedingungen streiken? Und wie sieht es dann mit der Schulbesuchspflicht aus? (→ Kap. 4.3)

A6 Wie beantworten Sie *Bettinas* Frage, ob ein neuer Tarifvertrag auch für sie Gültigkeit hätte, obwohl sie selbst gar nicht Mitglied in der Gewerkschaft ist? Lesen Sie zur Beantwortung dieser Frage ergänzend den Informationstext → **M2**.

A7 Warum gewähren Arbeitgeber in aller Regel allen ihren Mitarbeitern die Tarifbedingungen, auch wenn diese nicht Gewerkschaftsmitglieder sind?

M1 Meldungen zum Tarifkonflikt

Gewerkschaft kündigt laufenden Tarifvertrag

Auf ihrer gestrigen Sitzung hat die Tarifkommission der Gewerkschaft die Kündigung des laufenden Entgelt-Tarifvertrages beschlossen.
Über konkrete Forderungen will die Tarifkommission in den nächsten Tagen beraten und diese Anfang Juni dem Arbeitgeberverband übermitteln. Die zweimonatige Friedenspflicht, während der Streiks verboten sind, endet am 01.08.2015.
Ein Sprecher des Arbeitgeberverbandes appellierte an die Tarifkommission, die zum Teil sehr schwierige Situation der Industriebetriebe im Tarifbezirk zu beachten und „Augenmaß bei der Formulierung von Forderungen" zu bewahren. Vor allem möchten die Arbeitgeber Abweichungen für einzelne Betriebe ermöglichen. „Mit einer Flexibilisierung wollen wir den Tarifabschluss an die unterschiedliche Lage jedes Betriebes anpassen", sagte ein Sprecher des Verbandes.
Es wird mit langwierigen Verhandlungen und Warnstreiks, möglicherweise sogar mit flächendeckenden und länger andauernden Arbeitsniederlegungen zu rechnen sein. Ob die Arbeitgeberseite daraufhin mit Aussperrungen ihrer Mitarbeiter reagieren wird, bleibt abzuwarten.

(Quelle: Autorentext)

Noch immer kein Ergebnis in den laufenden Tarifverhandlungen

Die Fronten im laufenden Tarifkonflikt erscheinen verhärtet. Auch in der zweiten Verhandlungsrunde konnten die Vertreter des Arbeitgeberverbandes und der Gewerkschaft keine Annäherung ihrer Positionen erzielen. Der Forderung der Gewerkschaft nach einer Anhebung der Entgelte um 5,0 % steht bislang ein Angebot der Gegenseite in Höhe von 2,0 % gegenüber.
„Das bisherige Angebot der Arbeitgeberseite ist vollkommen unzureichend. Hier müssen sich die Arbeitgeber noch ein ganz gewaltiges Stück bewegen", erklärte ein Sprecher der Gewerkschaft. Begleitet wurden die Verhandlungen von Warnstreiks in einzelnen Betrieben. Für jeweils vier Stunden legten die gewerkschaftlich organisierten Beschäftigten in etwa 80 Betrieben des Tarifbezirkes die Arbeit nieder, um ihren Forderungen Nachdruck zu verleihen. Da auch Auszubildende von verbesserten Arbeitsbedingungen profitieren würden, dürften sie sich an Warnstreiks ebenfalls beteiligen.

Neben einem deutlichen Plus bei den Einkommen fordert die Gewerkschaft ein tarifvertraglich gesichertes Recht auf zwei zusätzliche Tage Bildungsurlaub pro Jahr. Außerdem soll über eine Verpflichtung der Arbeitgeber, Auszubildende nach der Ausbildung für mindestens ein Jahr zu übernehmen, verhandelt werden. Während die Arbeitgeber bei den Entgelten bereits Verhandlungsbereitschaft signalisiert haben, lehnen sie die weiteren Forderungen der Gewerkschaft bislang kategorisch ab. Nach einer einwöchigen Verhandlungspause sollen die Gespräche Anfang September fortgeführt werden.

(Quelle: Autorentext)

Arbeitskampf – Kommt jetzt der Schlichter?

Nachdem auch das dritte Treffen der Verhandlungsführer der Arbeitgeber und der Gewerkschaft im Tarifkonflikt ergebnislos verlief, stehen die Zeichen nun auf Streik. Die Gewerkschaft bereitet bereits eine Urabstimmung ihrer Mitglieder vor. Nur wenn sich die Mehrheit der befragten Gewerkschaftsmitglieder für einen Streik ausgesprochen hat, darf die Gewerkschaft zu einem unbefristeten Flächenstreik aufrufen.

Oder sollte es einem unabhängigen Schlichter doch noch gelingen, beide Seiten zu einer Annäherung zu bewegen? Gut informierte Kreise wollen erfahren haben, dass der Arbeitgeberverband bereits Kontakt zu einem ehemaligen Spitzenpolitiker aufgenommen hat.

(Quelle: Autorentext)

M2 Informationen zum Tarifvertrag

In **Tarifverträgen** vereinbaren die **Tarifvertragsparteien** – Gewerkschaften auf der einen und Arbeitgeberverbände oder einzelne große Arbeitgeber auf der anderen Seite – ihre Rechte und Pflichten (z. B. Arbeitszeiten, Entgelte und Urlaubsansprüche), Vorschriften über den Inhalt, den Abschluss und die Beendigung von Arbeitsverträgen oder Regelungen allgemeiner betrieblicher Fragen.
Im Gegensatz zum Arbeitsvertrag, der mit einem einzelnen Arbeitnehmer abgeschlossen wird (*Einzelarbeitsvertrag*), gilt der Tarifvertrag für eine ganze Gruppe von Arbeitnehmern (*Kollektivarbeitsvertrag*).

Die Tarifvertragsparteien handeln Tarifverträge in eigener Verantwortung ohne Einmischung des Staates aus (sog. Tarifautonomie). Die **Tarifautonomie** ist durch das **Grundrecht der Vereinigungsfreiheit** nach Art. 9 Abs. 3 **Grundgesetz** (GG) garantiert. Konkrete Regelungen über den Inhalt von Tarifverträgen enthält das **Tarifvertragsgesetz** (TVG).

Tarifvertragsparteien	
Arbeitnehmerorganisationen (Gewerkschaften)	• **Deutscher Gewerkschaftsbund** (DGB), bestehend aus zahlreichen Einzelgewerkschaften, z. B. ver.di (Vereinigte Dienstleistungsgewerkschaft), Industriegewerkschaft (IG) Metall, IG Bergbau-Chemie-Energie, IG Bauen-Agrar-Umwelt u. v. m. • Deutscher Beamtenbund (DBB) • Christlicher Gewerkschaftsbund (CGB
Arbeitgeberorganisationen (Verbände)	**Bundesverband Deutscher Arbeitgeberverbände** (BDA) mit über 60 tariffähigen Landes- und Fachverbänden, z. B. **Gesamtmetall** (Gesamtverband der metallindustriellen Arbeitgeberverbände), **Nordmetall** (Verband der norddeutschen Metall- und Elektroindustrie) u. v. m.

Grundsätzlich sind nur Mitglieder der Tarifvertragsparteien an einen Tarifvertrag gebunden! (Dies gilt sowohl für die Arbeitnehmer- als auch für die Arbeitgeberseite.) Nur für Mitglieder der Tarifvertragsparteien gilt ein ausgehandelter Tarifvertrag somit unmittelbar und zwingend.

Auf gemeinsamen Antrag der Tarifvertragsparteien kann der Bundesminister für Arbeit und Sozialordnung einen Tarifvertrag allerdings für **allgemein verbindlich** erklären. Dann erfasst der Tarifvertrag auch die bisher nicht tarifgebundenen Arbeitgeber und -nehmer in seinem Geltungsbereich. Allerdings ist die Zahl der Allgemeinverbindlichkeitserklärungen in den letzten Jahren deutlich zurückgegangen, meist auf Betreiben der Arbeitgeberverbände. ▶

Findet ein Tarifvertrag für die Mitarbeiter eines Betriebes Anwendung, darf von den Regelungen des Tarifvertrages nur abgewichen werden, wenn dies durch den Tarifvertrag ausdrücklich gestattet ist (sog. **Öffnungsklauseln**) oder wenn die Abweichungen den Arbeitnehmer besser stellen, als es der Tarifvertrag vorsähe (sog. **Günstigkeitsprinzip**).

Möchte der Arbeitgeber erreichen, dass nicht durch einen Tarifvertrag geregelte oder von diesem abweichende Arbeitsbedingungen unmittelbar für alle Arbeitnehmer des Betriebes gelten, schließt er mit dem Betriebsrat eine sog. Betriebsvereinbarung ab. Solche **Betriebsvereinbarungen** werden typischerweise für Urlaubsregelungen, die Lage der täglichen Pausen, Raucherregelungen o. Ä. abgeschlossen. Sie gelten dann nur für die Beschäftigten eines einzelnen Betriebes.

Tarifverträge können nach den beteiligten Tarifvertragsparteien (s. u.), nach ihrem Inhalt und nach dem Tarifgebiet unterschieden werden:

Merkmal	Art des Tarifvertrages
Tarifvertrags-parteien	**Haustarifvertrag:** Tarifvertrag zwischen einer Gewerkschaft und einem einzelnen Arbeitgeber (z. B. VW, BMW, Siemens) **Branchen-/Verbandstarifvertrag:** Tarifvertrag zwischen einer Gewerkschaft und allen Betrieben eines Arbeitgeberverbandes. Man spricht auch von Flächentarifverträgen.
Vertragsinhalte	**Entgelt-/Vergütungstarifverträge** regeln die Höhe der Löhne, Gehälter und Ausbildungsvergütungen (Entgelte). Da heute meist nicht mehr zwischen Löhnen und Gehältern unterschieden wird, setzt sich mehr und mehr die Bezeichnung **Entgeltrahmenabkommen** (ERA) durch. **Mantel-/Rahmentarifverträge** regeln allgemeine Arbeitsbedingungen, Arbeits-, Pausen- und Urlaubszeiten, Entgeltgruppen, Urlaubs- und Weihnachtsgelder in Prozent der Grundentgelte, Zuschläge für Überstunden und Wochenendarbeit usw.
Tarifgebiete	Tarifverträge können für bestimmte **Tarifbezirke** (z. B. Südwürttemberg/Südbaden, Norddeutschland), bestimmte **Bundesländer** oder das gesamte **Bundesgebiet** gelten.

Bis ein neuer Tarifvertrag abgeschlossen wird, finden häufig sehr langwierige **Verhandlungen** der Tarifvertragsparteien statt, meist begleitet von Arbeitskampfmaßnahmen, z. B. Demonstrationen und **Streiks** der Gewerkschaften. Man unterscheidet **Warnstreiks**, bei denen nur einzelne Betriebe für jeweils eine kurze Zeit bestreikt werden, und **flächendeckende Streiks.** Bei diesen rufen die Gewerkschaften alle Arbeitnehmer einer Branche und eines Tarifgebietes meist unbefristet zum Ausstand auf.

Auf Streiks dürfen die Arbeitgeber ihrerseits mit **Aussperrungen** reagieren. Dann stellen die Arbeitgeber ihre Arbeitnehmer vorübergehend ohne Bezahlung von ihrer Arbeitspflicht frei. So sollen die Kosten des Streiks für die Gewerkschaften erhöht werden, da diese zusätzliche Streikgelder bezahlen müssen. Tatsächlich machen Arbeitgeber allerdings nur sehr selten von ihrem Recht auf Aussperrung Gebrauch.

Auf Antrag beider Tarifvertragsparteien kann ein **Schlichtungsverfahren** eingeleitet werden. Bei diesem versucht ein neutraler Schlichter, auf den sich beide Parteien geeinigt haben, eine

Verhandlungsführer von Gewerkschaft und Arbeitgeberverband warten auf die Fortsetzung der dritten Runde der Tarifgespräche für den öffentlichen Dienst der Länder.

Verhandlungslösung herbeizuführen. Während der Schlichtung herrscht **Friedenspflicht**, d. h., beide Parteien müssen auf Arbeitskampfmaßnahmen wie Streiks oder Aussperrungen verzichten. Verständigen sich beide Tarifpartner mithilfe des Schlichters auf eine Verhandlungslösung, kann der

Tarifkonflikt mit einer Zustimmung der Mitglieder der Tarifvertragsparteien zu dem neuen Tarifvertrag zum Ende kommen. Erklärt der Schlichter jedoch das Scheitern der Verhandlungen, endet die Friedenspflicht. Dann lassen sich flächendeckende Streiks kaum noch vermeiden.

Das Tarifvertragsgesetz und die Satzungen der Tarifparteien machen für den Ablauf von Tarifauseinandersetzungen genaue Vorgaben. So müssen z. B. nach der Satzung der IG Metall mindestens 75 % der sich an der **Urabstimmung** beteiligenden Gewerkschaftsmitglieder zustimmen, damit die Gewerkschaftsleitung zu einem flächendeckenden Streik aufrufen darf. Dem mit den Arbeitgebern ausgehandelten Tarifvertrag müssen wiederum mindestens 25 % der Mitglieder zustimmen, damit dieser in Kraft treten kann.

Ist ein neuer Tarifvertrag zustande gekommen, erfüllt dieser folgende wichtige Funktionen:

- **Friedensfunktion:** Während der Laufzeit des Tarifvertrages soll es nicht zu Arbeitskämpfen kommen, denn die würden den Ablauf der betrieblichen Prozesse erheblich stören. „**Wilde Streiks**", also spontane Arbeitsniederlegungen während der Laufzeit eines Tarifvertrages, sind nach deutschem Streikrecht verboten.
- **Schutzfunktion:** Die Verhandlungsschwäche einzelner Arbeitnehmer gegenüber den zumeist wirtschaftlich stärkeren Arbeitgebern soll durch den Tarifvertrag ausgeglichen werden.
- **Vertrauensfunktion:** Während der Laufzeit des Tarifvertrages sollen sich die Tarifvertragspartner auf die zuvor ausgehandelten Ergebnisse verlassen und mit ihnen rechnen können.

5.7 Konferenzspiel zum Ablauf von Tarifauseinandersetzungen

Situation 57 Die Positionen der Tarifpartner

"Wir können noch nicht mit - die Tarifverhandlungen laufen noch!"

Die Verhandlungsführer der Gewerkschaft und des Arbeitgeberverbandes sind zusammengekommen, um eine Verhandlungslösung im Arbeitskampf zu finden.

Die Vertreter der Gewerkschaft fordern nach wie vor 5,0 % mehr Geld für alle Beschäftigten, zusätzliche zwei Tage bezahlten Weiterbildungsurlaub sowie eine Verpflichtung der Arbeitgeber, Auszubildende nach der Ausbildung für mindestens ein Jahr zu übernehmen. Um ihren Forderungen mehr Nachdruck zu verleihen, hat die Gewerkschaft in den letzten Wochen wiederholt in einzelnen Betrieben zu Warnstreiks aufgerufen. Die Beteiligung der Belegschaften an den Warnstreiks war überwiegend gut, sodass die Arbeit in den bestreikten Betrieben meist zum Erliegen kam. Eine Urabstimmung über einen unbefristeten Streik hat die Gewerkschaft allerdings bislang noch nicht durchgeführt.

Die Arbeitgeber haben zuletzt 2,5 % mehr Entgelt und eine Einmalzahlung von 100 Euro angeboten. Zugeständnisse bei den Forderungen nach bezahlter Weiterbildung oder der verpflichtenden Übernahme von Auszubildenden lehnen sie dagegen ab. Außerdem fordern die Arbeitgeber „Öffnungsklauseln", die einzelnen, in wirtschaftlicher Notlage befindlichen Betrieben Abweichungen vom Tarifvertrag erlauben würden. Sollte die Gewerkschaft zu einem unbefristeten Streik aufrufen, wollen die Arbeitgeber auch Aussperrungen nicht ausschließen.

Um schneller zu einer Verhandlungslösung zu gelangen und einen unbefristeten Flächenstreik zu vermeiden, haben die Tarifpartner den Weg des Schlichtungsverfahrens gewählt. Ein ehemaliger Spitzenpolitiker soll dabei als unparteiischer Schlichter zwischen beiden Seiten vermitteln.

ARBEITSAUFTRAG ZUR SITUATION

A1 Führen Sie in einem Rollenspiel die Tarifverhandlungen zwischen der Gewerkschaft und dem Arbeitgeberverband durch. Teilen Sie dazu Ihre Klasse in fünf Gruppen auf. Jede der fünf Gruppen übernimmt eine Rolle gemäß den nachstehenden Rollenkarten R1 bis R5. → **M1**

Vorbereitungsphase:
Kommen Sie zunächst – ggf. in getrennten Räumen – in Ihren Gruppen zusammen und beraten Sie über die Ziele, die Sie erreichen wollen. Formulieren Sie Sachargumente, um Ihre Positionen zu stützen (Zeitvorgabe: 60 Minuten). Bestimmen Sie in den Gruppen 1 bis 4 je zwei Verhandlungsführer. Gruppe 5 bestimmt einen Schlichter.

Durchführungsphase:
Halten Sie sich bei der **Durchführung** des Rollenspiels an das folgende **Ablaufschema**:

1. Die Verhandlungsführer kommen zu einer vom Schlichter geleiteten Verhandlungsrunde zusammen. Die Verhandlungsführer eröffnen die Verhandlungsrunde jeweils mit einem kurzen Statement. Dazu hat jeder Verhandlungsführer maximal 60 Sekunden Zeit. Anschließend tauschen die Verhandlungsführer ihre Positionen aus und unterbreiten ggf. einen Verhandlungsvorschlag. Dieser Vorschlag darf auch von den ursprünglichen Forderungen bzw. Angeboten abweichen.
2. Die übrigen Gruppenmitglieder beobachten genau und notieren die Positionen der anderen Verhandlungsführer, greifen aber keinesfalls in die Verhandlungen ein! (Zeitvorgabe: 30 Minuten)
3. Die Verhandlungsführer beraten zunächst getrennt voneinander zusammen mit ihrer jeweiligen Gruppe über die stattgefundene Verhandlungsrunde und ihr weiteres Vorgehen. (Zeitvorgabe: 15 Minuten)
4. Die Verhandlungsführer der Gruppen 1 und 2 sowie 3 und 4 beraten jeweils gemeinsam über ihr weiteres Vorgehen. (Zeitvorgabe: 15 Minuten)
5. Während der Phasen 3 und 4 berät sich der Schlichter mit seiner Gruppe und sucht nach einer Verhandlungslösung, die er den Tarifpartnern anbieten kann. (Zeitvorgabe: 30 Minuten)
6. Weiter wie unter Punkt 1 usw.

Setzen Sie sich für die Durchführung des Rollenspiels ein Zeitlimit. Erreichen Sie innerhalb des Zeitlimits keine Verhandlungslösung, brechen Sie das Rollenspiel ab!

Auswertungsphase:
Beachten Sie für die Auswertung des Rollenspiels das Ablaufschema in Kapitel 5.4, Diskussions- und Ergebnisphase. Mögliche Fragestellungen für die Auswertung können sein:

- Wie haben sich die Positionen der Rollenspieler im Verlauf der Verhandlungen verändert?
- Warum hat sich die Gruppe der Position einer anderen Gruppe angeschlossen, warum nicht?
- Wenn Sie zu keiner Verhandlungslösung gekommen sind, warum nicht?
- Welche Rollenspieler haben ihre Rollen besonders überzeugend ausgefüllt, welche nicht?

Formulieren Sie eigene Leitfragen für die Auswertung!

M1 Rollenanweisungen

Rollenanweisung R1
Sie sind Mitglieder der **Gewerkschaft** und sollen die Tarifverhandlungen im Interesse der ca. 180000 Beschäftigten führen. Dabei vertreten Sie vor allem die Beschäftigten der eher strukturschwachen Regionen, in denen viele Betriebe um das Überleben in einer zunehmend globalisierten Welt kämpfen. Durch Werksschließungen und Arbeitsplatzabbau haben Sie in der Vergangenheit bereits viele Mitglieder verloren. Die noch verbliebenen Arbeitnehmer haben häufig Angst um ihre Arbeitsplätze.

Legen Sie für die bevorstehende(n) Verhandlungsrunde(n) Ziele fest, die Sie erreichen möchten. Formulieren Sie Ihre Argumente und diskutieren Sie auch über mögliche Argumente der Gegenseite. Informieren Sie sich über die gesamtwirtschaftliche Lage zur Zeit des Tarifkonfliktes mithilfe von → **M2**. Recherchieren Sie auch selbst.

Mit welchem Verhandlungsergebnis wären Sie auch einverstanden, wenn sich Ihr ursprüngliches Ziel nicht erreichen lässt?

Rollenanweisung R2
Sie sind Mitglieder der **Gewerkschaft** und sollen die Tarifverhandlungen im Interesse der ca. 180 000 Beschäftigten führen. Dabei vertreten Sie vor allem die Beschäftigten der wachstumsstarken mittelständischen Betriebe – wie z. B. die *Fly Bike Werke*, die von ihrer Nähe zu den Überseehäfen als Tore zu den Weltmärkten stark profitieren. Viele dieser Betriebe konnten ihre Gewinne in den letzten Jahren überdurchschnittlich steigern.

Legen Sie für die bevorstehende(n) Verhandlungsrunde(n) Ziele fest, die Sie erreichen möchten. Formulieren Sie Ihre Argumente und diskutieren Sie auch über mögliche Argumente der Gegenseite. Informieren Sie sich über die gesamtwirtschaftliche Lage zur Zeit des Tarifkonfliktes mithilfe von → **M2**. Recherchieren Sie auch eigene Informationen.

Mit welchem Verhandlungsergebnis wären Sie auch einverstanden, wenn sich Ihr ursprüngliches Ziel nicht erreichen lässt?

Rollenanweisung R3
Sie sind Vertreter des **Arbeitgeberverbandes**. Dabei repräsentieren Sie vor allem Betriebe der eher strukturschwachen Regionen entlang der Nord- und Ostseeküste, von denen viele um das Überleben in einer zunehmend globalisierten Welt kämpfen. Vor allem die Konkurrenz der sehr viel kostengünstiger produzierenden Betriebe in Südostasien macht den von Ihnen vertretenen Arbeitgebern schwer zu schaffen. Durch Werksschließungen und Standortverlagerungen haben Sie in der Vergangenheit daher bereits zahlreiche Mitgliedsbetriebe verloren. Die noch verbliebenen Betriebe sehen häufig einer eher düsteren Zukunft entgegen.

Legen Sie für die bevorstehende(n) Verhandlungsrunde(n) Ziele fest, die Sie erreichen möchten. Formulieren Sie Ihre Argumente und diskutieren Sie auch über mögliche Argumente der Gegenseite. Mit welchem Vermittlungsergebnis wären Sie auch einverstanden, wenn sich Ihr ursprüngliches Ziel nicht erreichen lässt? Informieren Sie sich über die gesamtwirtschaftliche Lage zur Zeit des Tarifkonfliktes mithilfe von → **M2**. Recherchieren Sie auch selbst.

Rollenanweisung R4
Sie sind Vertreter des **Arbeitgeberverbandes**. Dabei repräsentieren Sie vor allem wachstumsstarke mittelständische Betriebe – wie z. B. die *Fly Bike Werke*, die von ihrer Nähe zu den Überseehäfen als Tore zu den Weltmärkten stark profitieren. Viele dieser Betriebe konnten ihre Gewinne in den letzten Jahren überdurchschnittlich steigern. Die Auftragsbücher der von Ihnen vertretenen Betriebe sind voll, die Kapazitäten gut ausgelastet. Unzufriedene Kunden wegen der langen Lieferzeiten und ein sich abzeichnender Fachkräftemangel machen diesen Betrieben dagegen zunehmend zu schaffen.

Legen Sie für die bevorstehende(n) Verhandlungsrunde(n) Ziele fest, die Sie erreichen möchten. Formulieren Sie Ihre Argumente und diskutieren Sie auch über mögliche Argumente der Gegenseite. Mit welchem Vermittlungsergebnis wären Sie auch einverstanden, wenn sich Ihr ursprüngliches Ziel nicht erreichen lässt? Informieren Sie sich über die gesamtwirtschaftliche Lage zur Zeit des Tarifkonfliktes mithilfe von → **M2**. Recherchieren Sie auch selbst.

Rollenanweisung R5
Sie sind ein ehemaliger Spitzenpolitiker und nehmen die Rolle des **unabhängigen Schlichters** im Tarifkonflikt ein. Sie gelten als fairer, aber in der Sache harter Verhandlungsführer. Auch wenn Sie das Tarifvertragsgesetz zu strikter Neutralität verpflichtet, sind Sie an einer raschen Beilegung des Tarifstreits interessiert, um Ihre politische Heimat vor wirtschaftlichem Schaden zu bewahren.

Legen Sie für die bevorstehende(n) Verhandlungsrunde(n) Ziele fest, die Sie erreichen möchten. Formulieren Sie Ihre Argumente und diskutieren Sie über mögliche Argumente der streitenden Tarifpartner. Informieren Sie sich über die gesamtwirtschaftliche Lage zur Zeit des Tarifkonfliktes mithilfe von → **M2**. Recherchieren Sie auch selbst.

Innerhalb des Rollenspieles kommt Ihnen auch die Funktion des **Spielleiters** zu, der auf strikte Diskussionsdisziplin und Einhaltung des geplanten Ablaufes zu achten hat.

M2 Daten zur gesamtwirtschaftlichen Lage zur Zeit des Tarifkonfliktes

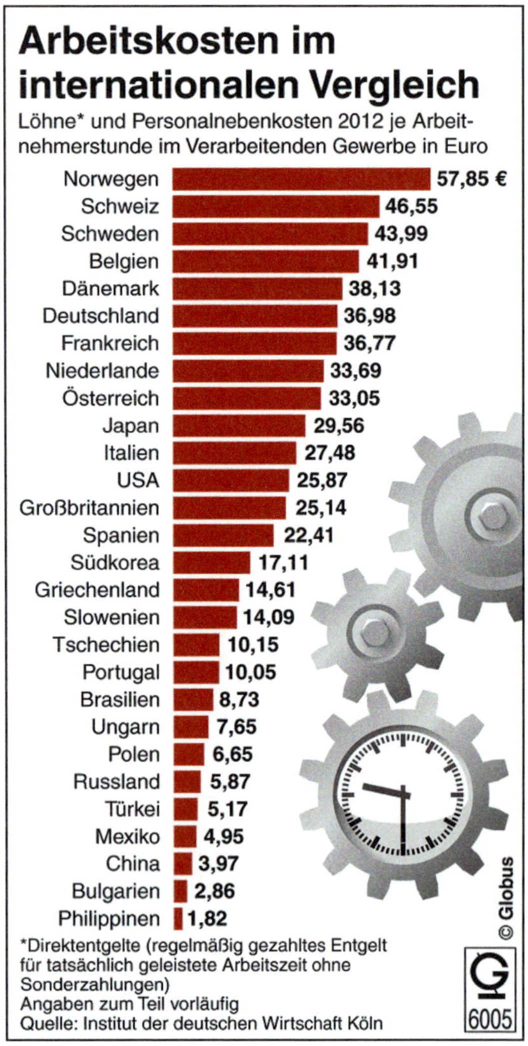

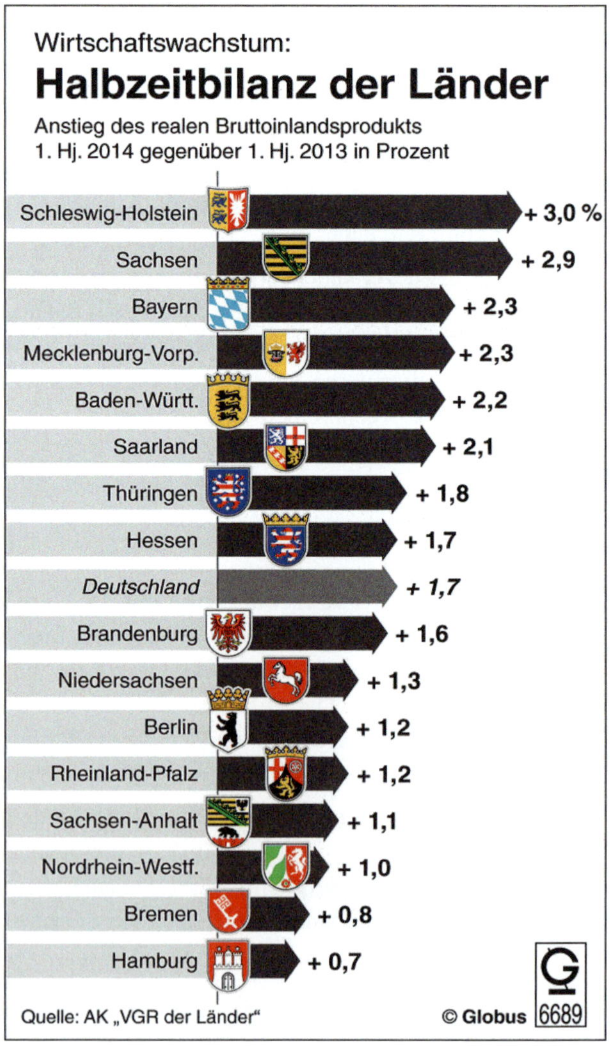

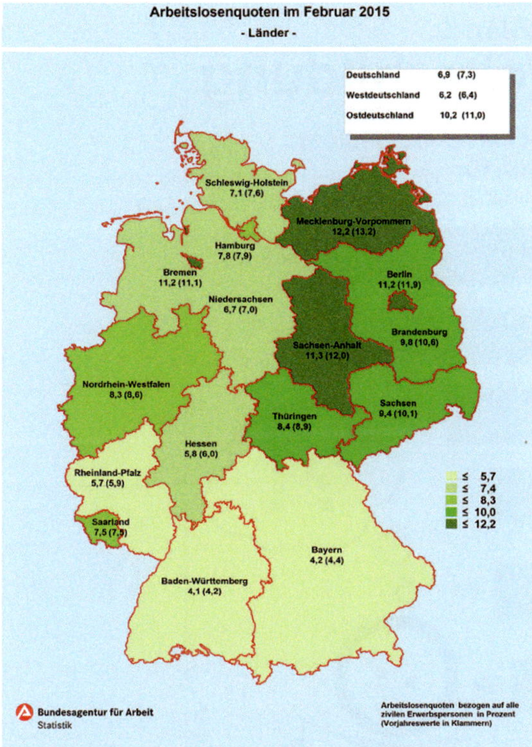
Arbeitslosenquoten im Februar 2015
- Länder -
Deutschland 6,9 (7,3)
Westdeutschland 6,2 (6,4)
Ostdeutschland 10,2 (11,0)
Schleswig-Holstein 7,1 (7,6)
Mecklenburg-Vorpommern 12,2 (13,2)
Hamburg 7,8 (7,9)
Bremen 11,2 (11,1)
Berlin 11,2 (11,9)
Niedersachsen 6,7 (7,0)
Brandenburg 9,8 (10,6)
Sachsen-Anhalt 11,3 (12,0)
Nordrhein-Westfalen 8,3 (8,6)
Thüringen 8,4 (8,9)
Sachsen 9,4 (10,1)
Hessen 5,8 (6,0)
Rheinland-Pfalz 5,7 (5,9)
Saarland 7,5
Bayern 4,2 (4,4)
Baden-Württemberg 4,1 (4,2)
≤ 5,7
≤ 7,4
≤ 8,3
≤ 10,0
≤ 12,2
Bundesagentur für Arbeit
Statistik
Arbeitslosenquoten bezogen auf alle zivilen Erwerbspersonen in Prozent (Vorjahreswerte in Klammern)

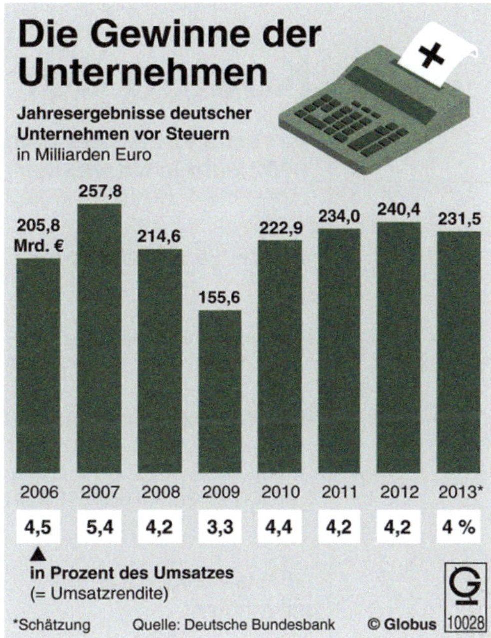
Die Gewinne der Unternehmen
Jahresergebnisse deutscher Unternehmen vor Steuern
in Milliarden Euro
205,8 Mrd. €
257,8
214,6
155,6
222,9
234,0
240,4
231,5
2006 2007 2008 2009 2010 2011 2012 2013*
4,5 5,4 4,2 3,3 4,4 4,2 4,2 4 %
in Prozent des Umsatzes
(= Umsatzrendite)
*Schätzung
Quelle: Deutsche Bundesbank
© Globus 10028

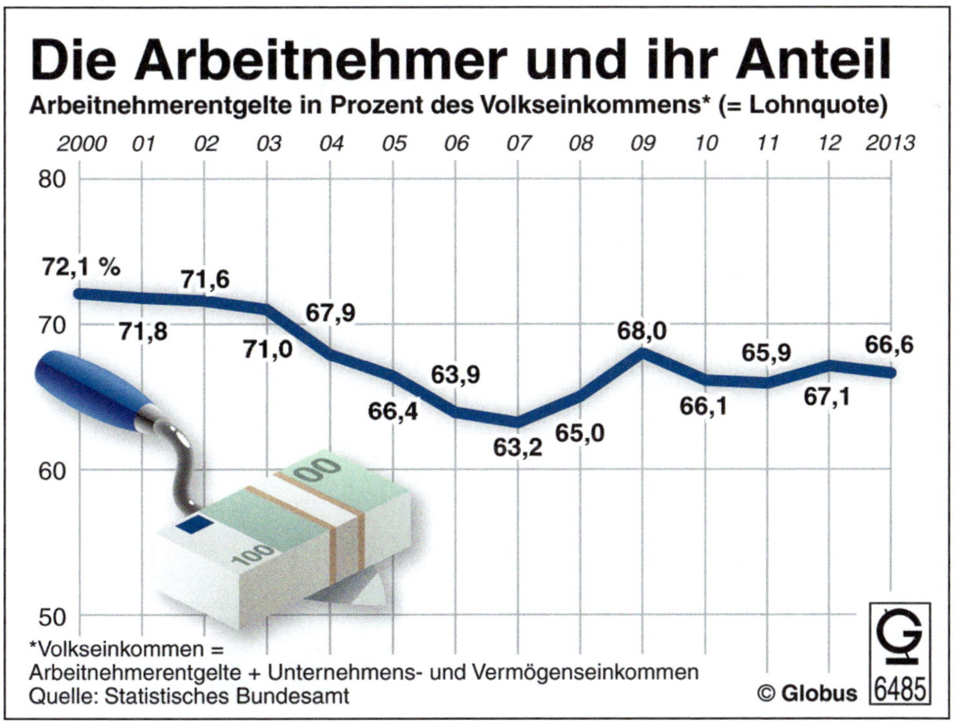
Die Arbeitnehmer und ihr Anteil
Arbeitnehmerentgelte in Prozent des Volkseinkommens* (= Lohnquote)
2000 01 02 03 04 05 06 07 08 09 10 11 12 2013
80
70
60
50
72,1 %
71,8
71,6
71,0
67,9
66,4
63,9
63,2
65,0
68,0
66,1
65,9
67,1
66,6
*Volkseinkommen =
Arbeitnehmerentgelte + Unternehmens- und Vermögenseinkommen
Quelle: Statistisches Bundesamt
© Globus 6485

Unternehmen in Deutschland:
Kosten der Weiterbildung
Jährliche Kosten der betrieblichen Weiterbildung:
1 132 Euro je Mitarbeiter*, davon für
externe Veranstaltungen 369 €
interne Veranstaltungen 351
Informationsveranstaltungen 162
Lernen in der Arbeitssituation 95
selbstständiges Lernen mit Medien 88
Weiterbildungspersonal 59
Sonstiges 9
?!
© Globus
10014
rundungsbed. Differenz
Stand 2013
*ohne Auszubildende
Quelle: IW Köln

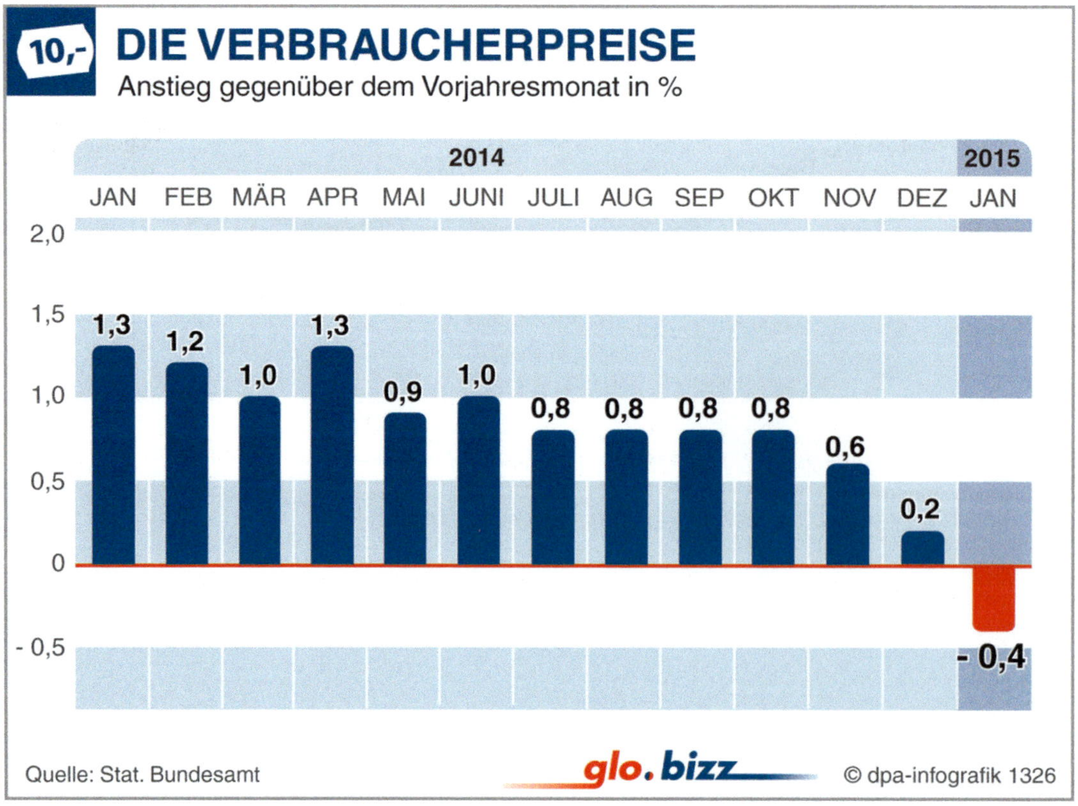
10,-
DIE VERBRAUCHERPREISE
Anstieg gegenüber dem Vorjahresmonat in %
2014
2015
JAN FEB MÄR APR MAI JUNI JULI AUG SEP OKT NOV DEZ JAN
2,0
1,5
1,0
0,5
0
- 0,5
1,3
1,2
1,0
1,3
0,9
1,0
0,8
0,8
0,8
0,8
0,6
0,2
- 0,4
Quelle: Stat. Bundesamt
glo.bizz
© dpa-infografik 1326

Kernwissen zu Kapitel 5.6 und 5.7

DAS WICHTIGSTE ZUM TARIFVERTRAG

Tarifverträge regeln die Arbeitsbedingungen für eine Vielzahl von Arbeitnehmern und eine große Zahl von Betrieben einer Branche (**Verbands**- oder **Branchentarifverträge**) oder einzelne große Konzernbetriebe (Haustarifverträge). Während **Entgelt**- oder **Vergütungstarifverträge** die Höhe der Löhne, Gehälter und Ausbildungsvergütungen (Entgelte) regeln, legen **Mantel-/Rahmentarifverträge** allgemeine Arbeitsbedingungen, wie z. B. Arbeits-, Pausen- und Urlaubszeiten, oder die Entgeltgruppen fest.

Tarifvertragsparteien sind **Arbeitnehmerorganisationen (Gewerkschaften)** auf der einen und **Arbeitgeberorganisationen (Verbände)** auf der anderen Seite. Streng genommen gelten die in einem Tarifvertrag vereinbarten Arbeitsbedingungen immer nur für Mitglieder der jeweiligen Tarifvertragsparteien. Meist gewähren Arbeitgeber aber allen Arbeitnehmern in ihrem Betrieb die gleichen Bedingungen.

Auf Antrag der Tarifvertragsparteien kann der Bundesminister für Arbeit und Sozialordnung einen Tarifvertrag auch für alle Arbeitnehmer einer Branche verbindlich erklären („**Allgemeinverbindlichkeitserklärung**").

Konkrete Abweichungen von einem anzuwendenden Tarifvertrag – z. B. in Bezug auf die Arbeits- oder Urlaubszeiten oder das Entgelt – dürfen den Arbeitnehmer grundsätzlich nur besser stellen, als es der Tarifvertrag vorsähe (sog. **Günstigkeitsprinzip**). Ausnahmen müssen in **Öffnungsklauseln** ausdrücklich vereinbart sein.

Tarifkonflikte sind in Deutschland im **Tarifvertragsgesetz** geregelt. Dieses legt für den **Ablauf eines Tarifkonfliktes bestimmte Regeln fest:**

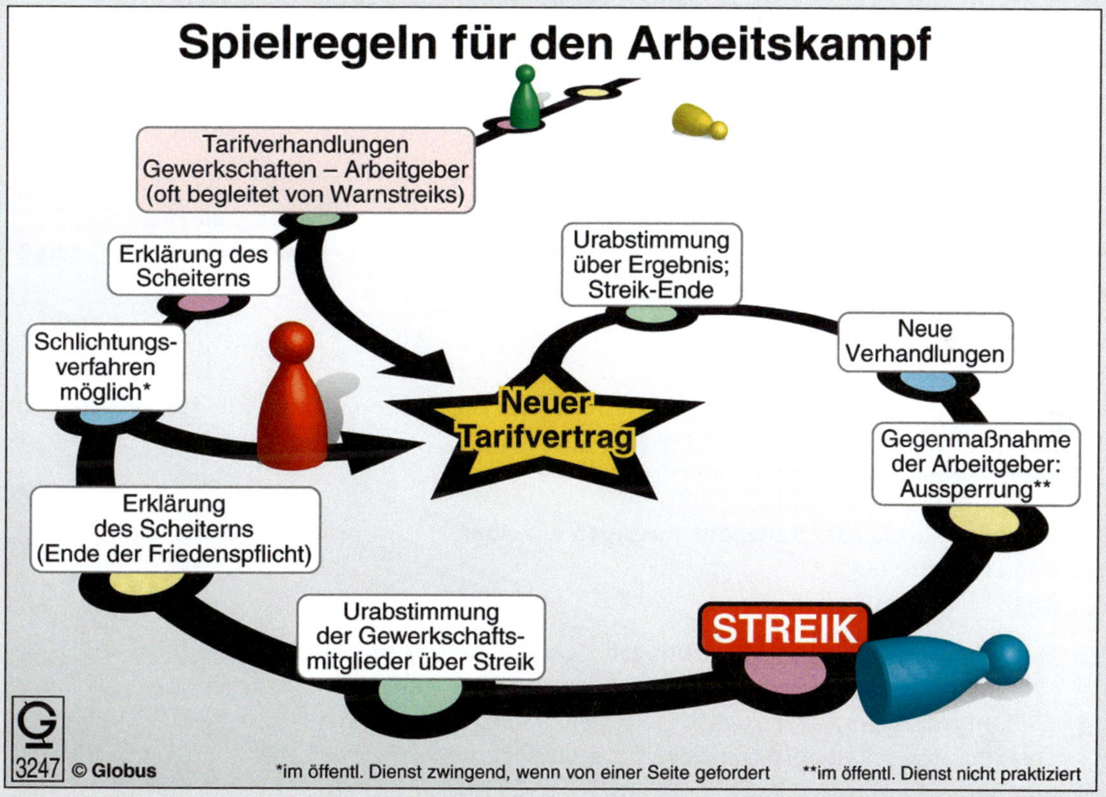

Staatliche Amtsträger (amtierende Politiker, Regierungen und Verwaltungen) sind während des Tarifkonfliktes zu strengster Neutralität verpflichtet („**Tarifautonomie**" der Tarifpartner).

Arbeitsbedingungen, die für alle Arbeitnehmer eines Betriebes gelten sollen, können in einer **Betriebsvereinbarung** zwischen dem Arbeitgeber und dem Betriebsrat festgeschrieben werden.

ÜBUNGEN ZU KAPITEL 5.6 UND 5.7

Ü1 Was wird nicht durch einen Tarifvertrag geregelt? ☐

1. Arbeitsdauer
2. Entgeltgruppen
3. Grundgehalt und Gehaltszuschläge
4. täglicher Arbeitsbeginn und tägliches Arbeitsende
5. Urlaubsanspruch

Ü2 Betriebsvereinbarungen werden geschlossen zwischen ☐

1. Gewerkschaften und Arbeitnehmern.
2. Gewerkschaften und Arbeitgeberverbänden.
3. Betriebsrat und Arbeitgeber.
4. Betriebsräten verschiedener Betriebe.
5. Arbeitgeberverbänden und Betrieben.

Ü3 Ein für eine Branche allgemein verbindlich erklärter Tarifvertrag gilt in der Regel für ☐

1. alle Arbeiter.
2. alle Angestellten.
3. alle Beschäftigten.
4. alle Gewerkschaftsmitglieder.

Ü4 Eine Unternehmung schließt mit dem Betriebsrat eine Betriebsvereinbarung, die mehrere Änderungen der Betriebsordnung mit sich bringt. Prüfen Sie, welche Regelung nicht Bestandteil einer Betriebsvereinbarung sein kann. ☐

1. Regelung einer flexiblen Arbeitszeit
2. Koordination der Urlaubsregelung
3. Aufhebung des Kündigungsschutzes für Mitarbeiter, die kürzer als fünf Jahre beschäftigt sind
4. Rauchverbot in allen Betriebsräumen
5. Betriebliche Altersversorgung

Ü5 Kennzeichnen Sie die nachstehenden Aussagen mit einer
1, wenn sie zutreffen,
9, wenn sie nicht zutreffen.

☐ Das Arbeitsrecht regelt die Beziehungen zwischen Arbeitgebern und Arbeitsgerichten.
☐ Arbeitsverträge dürfen Arbeitnehmer stets nur besser stellen als Arbeitsgesetze.
☐ Ein Tarifvertrag enthält bezüglich der Arbeitsbedingungen immer Höchstbestimmungen.
☐ Das Betriebsverfassungsgesetz regelt u. a. die täglichen Arbeitszeiten.
☐ Jeder Arbeitnehmer hat nach dem Betriebsverfassungsgesetz ein Anhörungsrecht.

Ü6 Im Tarifvertragsrecht gibt es zahlreiche Fachbegriffe. Welche drei der nachfolgenden Aussagen sind unzutreffend? ☐ ☐ ☐

1. Tarifautonomie bedeutet, dass die Löhne von den Arbeitgeberverbänden und Gewerkschaften unter staatlicher Kontrolle ausgehandelt werden.
2. Unter Sozialpartnern versteht man die Geschäftsleitungen und die Betriebsräte in Tarifverhandlungen.
3. Die Manteltarifverträge regeln die allgemeinen Arbeitsbedingungen (Arbeitszeit, Pausen, Urlaub usw.).
4. Tarifrunde ist eine Bezeichnung für Tarifverhandlungen.
5. Die Lohn- und Gehaltstarife setzen die Lohn- bzw. Gehaltsbeträge fest.
6. Abgeschlossene Tarifverträge gelten für alle Arbeitnehmer der betreffenden Branche.

Ü7 Wer kann einen Tarifvertrag abschließen? ❑ ❑

1. Handwerkskammern mit Gewerkschaften
2. ein Arbeitgeber mit jedem seiner Arbeitnehmer
3. ein Arbeitgeber mit dem Betriebsrat seines Betriebes
4. eine Gewerkschaft mit einem großen Arbeitgeber
5. das Wirtschaftsministerium mit den Unternehmen
6. Arbeitgeberverbände mit Arbeitnehmerverbänden

Ü8 Bringen Sie die folgenden Schritte in einer Tarifverhandlung in die richtige Reihenfolge, indem Sie die Ziffern 1–7 in die Kästchen eintragen.

❑ Urabstimmung in den Betrieben, die bestreikt werden sollen. Bei mehr als 75 % Ja-Stimmen kann gestreikt werden.
❑ Die Tarifverhandlungen sind gescheitert. Der Schlichtungsversuch misslang.
❑ Die Tarifpartner einigen sich auf einen neuen Tarifvertrag.
❑ Schlichtung wird einberufen. Ein neutraler Schlichter versucht zu vermitteln bzw. schlägt einen Kompromiss vor.
❑ Die Gewerkschaft stellt eine Lohnforderung auf.
❑ Gewerkschaft und Arbeitgeberverbände verhandeln in der Tarifkommission ohne Erfolg.
❑ Die Gewerkschaft ruft ihre Mitglieder zum Streik auf.

Ü9 Was ist ein wilder Streik? ❑

1. ein besonders heftig geführter Streik
2. ein nicht von der Gewerkschaft organisierter Streik, dem keine Urabstimmung vorausging
3. ein von der Gewerkschaft für mehrere Betriebe ausgerufener Streik
4. ein Streik, dem die Kündigung aller Arbeitsverhältnisse vorausging
5. ein Streik, für den fast 100 % der Mitglieder der betreffenden Gewerkschaft in der Urabstimmung gestimmt haben

Ü10 Welche Wirkung hat ein rechtmäßiger Streik auf die Arbeitsverhältnisse? ❑

1. sofortige Auflösung
2. Auflösung zum Monatsende
3. ruhende Rechte und Pflichten der Arbeitnehmer
4. automatische Kündigung
5. Schadenersatzanspruch des Arbeitgebers

Ü11 Wer kann einen Tarifvertrag für „allgemein verbindlich" erklären? ❑

1. die zuständigen Arbeitgeberverbände
2. die jeweilige Landesregierung
3. die zuständigen Gewerkschaften
4. der Bundesminister für Arbeit und Sozialordnung
5. das Wirtschaftsministerium

Ü12 Können in einem tarifgebundenen Arbeitsverhältnis die tarifvertraglich festgeschriebenen Arbeitsbedingungen geändert werden? Ja, aber nur ❑

1. mit Zustimmung des Betriebsrats.
2. unter der Voraussetzung, dass der Arbeitgeber ein Weisungsrecht besitzt.
3. zugunsten des Arbeitgebers.
4. zugunsten des Arbeitnehmers.
5. mit Zustimmung der IHK.

▼

Ü13 Welche der folgenden Aussagen zur Schlichtung bei Tarifauseinandersetzungen treffen nicht zu? ❑ ❑

1. Der Schlichter darf weder der Gewerkschaft noch dem Arbeitgeberverband angehören.
2. Den Schlichter bestimmt der Bundesminister für Sozialordnung.
3. Die Tarifpartner können einen Schiedsspruch des Schlichters akzeptieren, müssen dies aber nicht tun.
4. Ein Tarifpartner kann das Schlichtungsverfahren auch ohne Verhandlungsergebnis abbrechen.
5. Nur wenn zuvor bereits erfolglos gestreikt wurde, können die Tarifpartner einen Schlichter einberufen.

Ü14 Ordnen Sie den Begriffen die richtigen Beschreibungen zu.

Begriff

a) Aussperrung ❑
b) Manteltarifvertrag ❑
c) wilder Streik ❑
d) Urabstimmung ❑
e) Tarifautonomie ❑
f) Koalitionsfreiheit ❑

Beschreibung

1. Aufruf einer Gewerkschaft an ihre Mitglieder, einer geplanten Arbeitsniederlegung oder einem verhandelten Tarifvertrag zuzustimmen.
2. Verpflichtet staatliche Organe wie Regierungen oder Verwaltungen zu absoluter Neutralität während laufender Tarifverhandlungen.
3. Regelt die grundsätzlichen Arbeitsbedingungen für eine Vielzahl von Arbeitnehmern einer Branche.
4. Arbeitskampfmaßnahme der Arbeitgeber, die nur als Antwort auf einen unbefristeten Streik der Gewerkschaften gewählt werden darf.
5. Grundgesetzlich geschütztes Recht jedes Bürgers, sich zu Interessenvertretungen wie Gewerkschaften oder Arbeitgeberverbänden zusammenzuschließen.
6. Spontane Arbeitsniederlegung, der kein entsprechender Aufruf einer Gewerkschaft vorhergegangen ist; nach deutschem Streikrecht grundsätzlich verboten.

Ü15 Einheitliche Tarifverträge für ganze Branchen und Regionen (sog. Flächentarifverträge) geraten in letzter Zeit zunehmend in die Kritik. Die Arbeitgeberverbände wollen den einzelnen Betrieben mehr individuelle Gestaltungsrechte bei tariflichen Fragen einräumen. Sammeln Sie je drei Argumente, die für und die gegen Flächentarifverträge sprechen, und stellen Sie diese einander gegenüber.

Ü16 Das Tarifvertragsgesetz sieht die Möglichkeit der „Allgemeinverbindlichkeit" eines Tarifvertrages vor. Was bedeutet diese Regelung und welchen Sinn hat sie?

Ü17 Welche Tarifvertragsparteien sind für Sie, d. h. für Ihren Ausbildungsbetrieb und -beruf, zuständig?

Ü18 Wann hat ein Arbeitnehmer darauf Anspruch, dass seine Arbeitsbedingungen nach einem Tarifvertrag geregelt sind?

KAPITEL

6

Investition und Finanzierung

6.1 Eine Investitionsentscheidung treffen

- Investitionen im gewerblich-technischen Unternehmen
- Statische Investitionsrechnungen
- Rationalisierungsinvestitionen

6.2 Eigen- oder Fremdfinanzierung?

- Darlehensarten
- Finanzierungsmöglichkeiten
- Kreditsicherheiten

6.3 Wenn die Insolvenz droht

- Verschuldungsproblematik aus Sicht des Unternehmens
- Verlauf des gerichtlichen Mahnverfahrens

6.4 Mit dem Einkommen auskommen

- Haushaltsplan erstellen
- Konsumgewohnheiten
- Ratenkreditkauf
- Verschuldungsproblematik

6.1 Eine Investitionsentscheidung treffen

Situation 58 Investitionen im gewerblich-technischen Unternehmen

Ralf Schumacher liest in der Oldenburger Zeitung folgenden Zeitungsartikel.

Jeder zweite Betrieb will investieren

Interview mit Hans Peters, Geschäftsführer der Fly Bike Werke GmbH

Oldenburg. Die Prognosen für das kommende Jahr sind zuversichtlich. Die Investitionsbereitschaft im regionalen Gewerbe ist unvermindert hoch. Knapp zwei Drittel der regionalen Betriebe hat in den vergangenen Monaten neue Anlagen und Maschinen oder andere Ausstattungen angeschafft. Daran wird sich auch in den nächsten Monaten nichts ändern. Das ist der Tenor einer Umfrage anlässlich des 8. Gewerbetages der Region Oldenburg. Die Betriebsauslastung bewegt sich nach wie vor auf hohem Niveau. Anlässlich des Gewerbetages konnten wir ein kurzes Interview mit Hans Peters, Geschäftsführer der Fly Bike Werke GmbH führen.

Oldenburger Zeitung: „Herr Peters, eine Umfrage anlässlich des 8. Gewerbetages der Region Oldenburg hat ergeben, dass mehr als die Hälfte der Betriebe in neue Ausstattungen investieren werden. Wie ist die Situation bei den Fly Bike Werken?"

Hans Peters: „In den nächsten Wochen werden wir eine neue Rohrschneidemaschine anschaffen, unsere alte Maschine ist schon alt und nicht mehr leistungsfähig genug. Langfristig steht die Kapazitätserweiterung des Standortes Oldenburg an. Wir planen den Bau einer neuen Lagerhalle. Derzeit sind wir in Gesprächen wegen des Kaufs eines Grundstückes."

Oldenburger Zeitung: „Welche Ziele verfolgen Sie mit den genannten Vorhaben?"

Hans Peters: „Die Investitionen in das Anlagevermögen sind langfristig. Mit der neuen Maschine werden wir eine höhere Produktivität haben. Die Kapazitätserweiterung hat das Ziel, den Umsatz und den Gewinn zu steigern."

Oldenburger Zeitung: „Die Fly Bike Werke sind ein beliebter Ausbildungsbetrieb in der Region. Warum nimmt die Ausbildung in Ihrem Unternehmen einen besonderen Stellenwert ein?"

Hans Peters: „Wir haben als Arbeitgeber eine hohe soziale Verantwortung. Gleichzeitig bedeutet die Ausbildung junger Menschen, dass wir in unsere Zukunft investieren. In der Regel übernehmen wir die Auszubildenden und haben damit hoch qualifizierte Fachkräfte für unseren Betrieb."

ARBEITSAUFTRÄGE ZUR SITUATION

A1 Lesen Sie den Fachtext → **M1** und bearbeiten Sie folgende Aufgaben:

- a) Erläutern Sie, aus welchem Grund die *Fly Bike Werke GmbH* in eine neue Rohrschneidemaschine investiert.
- b) Nennen Sie zwei weitere Gründe, aus denen Unternehmen Investitionen tätigen.
- c) Erläutern Sie, warum die Maschine in der Bilanz als Anlagevermögen einzuordnen ist.
- d) Beschreiben Sie, warum es sich für die *Fly Bike Werke GmbH*„lohnen" kann, in eine neue Lagerhalle zu investieren.
- e) *Herr Peters* sagt im Interview, dass die *Fly Bike Werke GmbH* mit der Ausbildung junger Menschen in die Zukunft investiert. Erläutern Sie diese Aussage.

A2 Fragen Sie in Ihrem Ausbildungsbetrieb nach:

- a) Welche Investitionen sind in den letzten Jahren getätigt worden?
- b) Gibt es konkrete Investitionsvorhaben, die in nächster Zeit umgesetzt werden?
- c) Entscheiden Sie, um welche Art von Investition es sich jeweils handelt.

M1 Investition und Finanzierung

Der Zusammenhang von Investition und Finanzierung lässt sich aus der Bilanz eines Unternehmens ableiten. Die **Aktivseite** zeigt das Vermögen des Unternehmens. Man kann ablesen, in welche Bereiche des Unternehmens investiert wurde. Die **Passivseite** zeigt das Kapital. Man kann ablesen, wie die Investitionen finanziert wurden, mit Eigenkapital oder mit Fremdkapital.

Beim Vermögen werden **Anlagevermögen** und **Umlaufvermögen** unterschieden. Das Anlagevermögen umfasst die Vermögensgegenstände, die dem Unternehmen langfristig dienen. Sie sind Grundlage der betrieblichen Tätigkeit. Das Umlaufvermögen umfasst die Vermögensgegenstände, die dem Unternehmen nur kurzfristig dienen. Sie unterliegen dem ständigen Wandel.
Beispiele: Material wird im Produktionsprozess verarbeitet oder Bankguthaben wird zur Zahlung von Schulden verwendet. Aufgrund einer Rechnungsstellung entstehen Forderungen gegenüber Kunden.

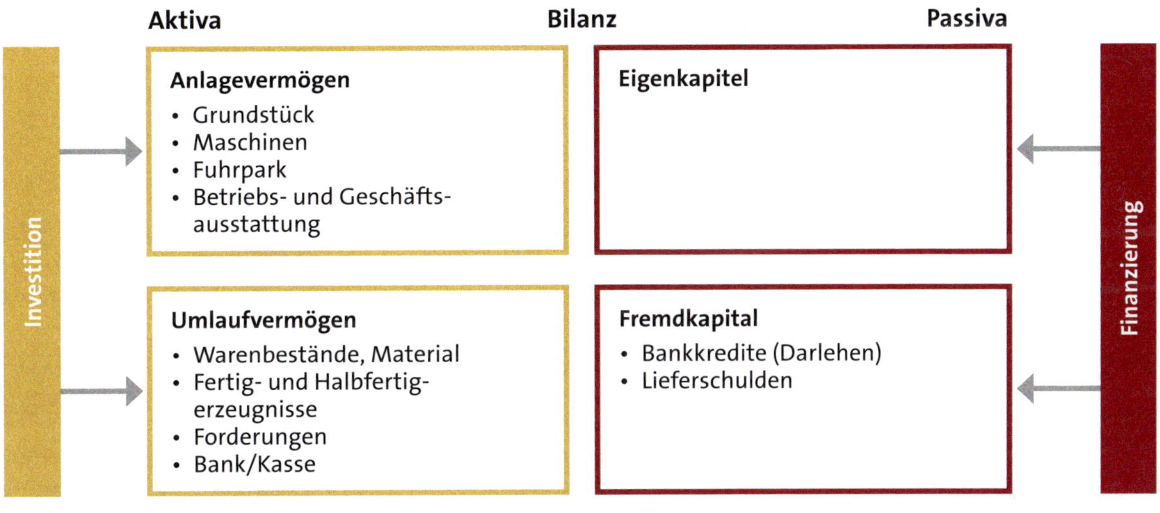

Spricht man im allgemeinen Sprachgebrauch von Investitionen, so sind fast immer **Investitionen ins Anlagevermögen** gemeint. Typische Investitionen sind die Neuanschaffung von Maschinen, der Kauf von Fahrzeugen für den Fuhrpark oder der Kauf eines Kopierers für die Betriebs- und Geschäftsausstattung.

Grundsätzlich können Investitionen aus unterschiedlichen Gründen getätigt werden. Meistens spielen **wirtschaftliche Gründe** die größte Rolle:

- **Ersatzinvestitionen** werden getätigt, um nicht mehr funktionsfähige Anlagen durch neue zu ersetzen.
- **Erweiterungsinvestitionen** sollen die Kapazitäten des Unternehmens erweitern mit dem Ziel, den Umsatz zu erhöhen.
- **Rationalisierungsinvestitionen** dienen dazu, die unternehmerische Leistungsfähigkeit zu verbessern. Die Vermögensgegenstände werden gegen Bessere ausgetauscht. Eine Rationalisierungsinvestition kann auch bedeuten, dass Tätigkeiten, die bislang durch menschliche Arbeitskraft erfolgten, durch technische Anlagen mit einer höheren Produktivität als die der menschlichen Arbeitskraft ersetzt werden.

Investitionen können aber auch aus **sozialen Gründen** zur Verringerung von Unfallgefahren, Verbesserung der Arbeitsumgebung, Ausbildung benachteiligter Jugendlicher oder aus **ökologischen Gründen**, wie beispielsweise zur Verringerung von Umweltbelastungen, erfolgen.
(→ Kapitel 1.2 und 5.5)

Hat ein Unternehmen sich für eine Investition entschieden, muss über die **Finanzierung** bzw. die Beschaffung der finanziellen Mittel für das Vorhaben entschieden werden.

Situation 59 Investitionen beurteilen

Die Gesellschafter der *Fly Bike Werke* planen, in eine neue Rohrschneidemaschine zu investieren. Die bisherige Anlage ist veraltet und sie erhoffen sich durch die Investition eine höhere Leistungsfähigkeit und Kostenersparnis. Zur Auswahl stehen zwei verschiedene Anlagen. Um eine gute Investitionsentscheidung treffen zu können, soll *Herr Steffens* aus dem Controlling **statische Investitionsrechenarten** durchführen. Zu jeder Anlage liegen ihm dazu verschiedene Informationen vor.
Außerdem planen die Gesellschafter neben der Weiterverarbeitung der Rohre für die eigene Produktion auch einen Verkauf der zugeschnittenen Rohre. Der durchschnittliche Absatzpreis beläuft sich beim Zuschnitt in Anlage 1 auf 0,55 Euro pro Stück und beim Zuschnitt in Anlage 2 auf 0,58 Euro pro Stück.

Die Ergebnisse soll *Herr Steffens* in der nächsten Sitzung der Abteilungsleiter präsentieren, damit diese eine Entscheidung treffen können, welche Rohrschneidemaschine angeschafft werden soll.

Für die Entscheidung liegen für beide Anlagen folgende Informationen vor:

	Anlage 1	Anlage 2
Anschaffungskosten	18.000,00 €	24.000,00 €
Maximale Produktionsmenge pro Jahr	120.000 Rohre pro Jahr	120.000 Rohre pro Jahr
Nutzungsdauer gemäß Herstellerangaben	9 Jahre	10 Jahre
Abschreibungstyp	linear	linear
Restwerte (erwarteter Verkaufserlös nach Ende der Nutzung)	1.000,00 €	1.200,00 €
Kalkulatorischer Zinssatz	10 %	10 %
Materialkosten	0,20 € pro Stück	0,20 € pro Stück
Energiekosten	0,09 € pro Stück	0,06 € pro Stück
Fixe Wartungskosten pro Jahr gemäß Herstellerangaben	800,00 €	980,00 €
Variable Reparaturkosten pro Jahr	0,05 € pro produziertem Stück	0,04 € pro produziertem Stück
Personalkosten	0,16 € pro produziertem Stück	0,20 € pro produziertem Stück

ARBEITSAUFTRÄGE ZUR SITUATION

A1 Informieren Sie sich zunächst über die verschiedenen Rechenverfahren zur Beurteilung von Investitionsvorhaben. → **M1**

A2 *Herr Steffens* hat bereits die Ergebnisse für die erste Investition (Anlage 1) vorliegen. Berechnen Sie entsprechend die Ergebnisse für Anlage 2. → **M2**

A3 Vergleichen Sie die Ergebnisse der verschiedenen Investitionsrechenverfahren für beide Anlagen. → **M3**

A4 Treffen Sie eine begründete Entscheidung, für welche Investition sich die *Fly Bike Werke GmbH* entscheiden sollte. Bereiten Sie eine kurze Präsentation der Ergebnisse für *Herrn Steffens* vor.

M1 Statische Investitionsrechenverfahren im Überblick

Bevor ein Unternehmen über eine Investition entscheidet, muss mithilfe der Investitionsrechnung festgestellt werden, ob sich die Investition überhaupt lohnt. Dem Unternehmen stehen dafür verschiedene Verfahren zur Verfügung.
In diesem Buch werden zur Vereinfachung nur die statischen Verfahren betrachtet.

Die Kostenvergleichsrechnung

Bei der Kostenvergleichsrechnung werden nur die **Kosten** der beiden Investitionsalternativen verglichen. Die Entscheidungsregel lautet: „Wähle die Investition, die die geringsten (durchschnittlichen) Kosten verursacht!"
Für die Kostenvergleichsrechnung müssen zunächst alle fixen und variablen Kosten ermittelt werden.

Zu den **fixen Kosten** zählen die Kosten, die unabhängig von der Höhe der Produktionsmenge anfallen. Das heißt, sogar bei einem kurzen Produktionsstillstand fallen diese Kosten an. Dazu zählen

- Miete und Raumkosten (Heizungskosten, Stromkosten für Beleuchtung),
- Instandhaltung und Reparaturen, die regelmäßig unabhängig von der Produktionsmenge anfallen,
- Personalkosten (feste Löhne und Sozialabgaben),
- Versicherungen,
- Kapitalkosten (kalkulatorische Abschreibungen und kalkulatorische Zinsen).
  Kapitalkosten sind Kosten, die dem Unternehmen dadurch entstehen, dass es für Investitionen Eigenkapital einsetzt oder Fremdkapital beschafft. Wird Eigenkapital für eine Investition genutzt, steht es dem Unternehmen nicht mehr zur Verfügung. Man spricht dann von **gebundenem Kapital**. Da das Kapital nicht mehr zinsbringend angelegt werden kann, werden die entgangenen Zinsen in Form von **kalkulatorischen Zinsen** berücksichtigt.
  Um den Wertverlust eines Investitionsobjektes darzustellen, berücksichtigt man **kalkulatorische Abschreibungen**. Die kalkulatorischen Abschreibungen zeigen den Wertverlust des Investitionsobjektes durch Alterung und Verschleiß an. Bei der Berechnung geht man vereinfacht davon aus, dass das Objekt während der gesamten Nutzungsdauer jährlich den gleichen Betrag an Wert verliert. Darum nennt man diese Abschreibungsart auch **lineare Abschreibung**.

ALS FORMELN

$$\text{durchschnittlich gebundenes Kapital} = \frac{\text{Investitionsbetrag} - \text{Verkaufserlös}}{2}$$

$$\text{kalkulatorische Zinsen} = \text{durchschnittlich gebundenes Kapital} \cdot \text{Zinssatz}$$

$$\text{kalkulatorische Abschreibung} = \frac{(\text{Wiederbeschaffungskosten} - \text{Restwert})}{\text{Nutzungsdauer}}$$

Zu den **variablen Kosten** zählen alle Kosten, die unmittelbar von der Produktionsmenge abhängig sind. Wenn nicht produziert wird, fallen diese Kosten auch nicht an.
Dazu zählen Personalkosten (leistungsabhängige Fertigungslöhne), Materialkosten, Energiekosten, Betriebskosten (Reparaturen bei Verschleiß).

Nachteil der Kostenvergleichsrechnung: Die Erträge, die die Investitionsalternativen (hier Rohrschneidemaschine Anlage 1 bzw. Anlage 2) hervorbringen, bleiben bei den Berechnungen unberücksichtigt.

Die Gewinnvergleichsrechnung

Die Gewinnvergleichsrechnung ist eine Weiterentwicklung der Kostenvergleichsrechnung.
Bei der Gewinnvergleichsrechnung werden nicht nur die Kosten einer Investition, sondern auch die zu erwartenden Erlöse dargestellt. Die Entscheidungsregel lautet: „Wähle die Investition, die den höchsten Gewinn pro Periode bringt."

ALS FORMELN

durchschnittliche Erlöse – durchschnittliche Kosten = durchschnittlicher Gewinn

Erlös = Absatzmenge · erzielter Preis pro Stück

Nachteil der Gewinnvergleichsrechnung: Für die Berechnungen bei dieser Methode wird unterstellt, dass die Investitionsalternativen jeweils die gleiche Nutzungsdauer haben und der gleiche Kapitaleinsatz erforderlich ist.

Die Rentabilitätsrechnung

Die Rentabilitätsrechnung ist eine Weiterentwicklung der Gewinnvergleichsrechnung. In der Berechnung werden nicht nur die Gewinne, sondern auch die unterschiedliche Rentabilität der Investitionen verglichen. Die Rentabilität zeigt an, in welcher Höhe das eingesetzte Kapital verzinst wird. Man betrachtet dabei das Verhältnis des Gewinns zum durchschnittlich gebundenen Kapital.
Die Entscheidungsregel lautet: „Wähle die Investition mit der höchsten (durchschnittlichen) Rentabilität, d. h. die, bei der das eingesetzte Kapital die höchste Verzinsung erreicht."

Während der Nutzungsdauer einer Investition ist in der Regel nicht das gesamte ursprüngliche Kapital gebunden, da im Verlauf der Investitionen Kapitalanteile zurückfließen werden. Dieses freigesetzte Kapital wird neu investiert (= reinvestiert). In der Rentabilitätsrechnung wird deshalb der **durchschnittliche Kapitaleinsatz** zur Berechnung herangezogen.

ALS FORMELN

$$\text{Rentabilität in \%} = \frac{(\text{Gewinn} + \text{kalkulatorische Zinsen}) \cdot 100}{\text{durchschnittlich gebundenes Kapital}}$$

$$\text{durchschnittlich gebundenes Kapital} = \frac{(\text{Anschaffungskosten} + \text{Restwert})}{2}$$

Die **Rentabilität** zeigt an, in welcher Höhe sich das gesamte eingesetzte Kapital verzinst hat.
Die kalkulatorischen Zinsen, die dem Unternehmen für den Einsatz des Kapitals „entgehen", werden daher zum Gewinn hinzugezählt.

Nachteil der Rentabilitätsrechnung: Bei dieser Methode werden die Berechnungen auf der Grundlage des durchschnittlich gebundenen Kapitals durchgeführt. Die Berechnungen werden damit ungenau.

Neue Investitionen, die mit dem eingebrachten Kapital getätigt werden, bleiben beispielsweise unberücksichtigt.

Die Amortisationsrechnung

Mit der Amortisationsrechnung wird ermittelt, wie viele Jahre es dauert, bis die in die Investition geflossene Geldsumme vollständig durch Erlöse erwirtschaftet worden ist.
Die Entscheidungsregel lautet: „Wähle die Investition mit der kürzesten Amortisationszeit. Je weniger Jahre bis zum vollständigen Rückfluss aller investierten Geldsummen vergehen, desto eher können die Mittel wieder für anderen Zwecke verwendet werden.“

ALS FORMEL

$$\text{Amortisationsdauer (in Jahren)} = \frac{\text{Kapitaleinsatz}}{\text{durchschnittlicher Kapitalrückfluss pro Jahr}}$$

Nachteil der Amortisationsrechnung: Bei dieser Methode wird die Nutzungsdauer nicht beachtet. Auch nach der Amortisationsdauer erzielt das Unternehmen noch Gewinne. Diese werden nicht mehr berücksichtigt.

M2 Anwendung der Investitionsrechenverfahren

Kostenvergleichsrechnung	Anlage 1	Anlage 2
Anschaffungskosten	18.000,00 €	
Restwert	1.000,00 €	
Nutzugsdauer	9 Jahre	
Kostenbestandteile		
Fixe Kosten pro Jahr		
Kalkulatorische Abschreibungen	$\frac{(18.000,00\,€ - 1.000,00\,€)}{9} = 1.888,89\,€$	
Kalkulatorische Zinsen auf das durchschnittlich gebundene Kapital	$\frac{(18.000,00\,€ + 1.000,00\,€)}{2 + 10\,\%} = 950,00\,€$	
Wartungskosten (fix)	800,00 €	
Summe fixe Kosten	3.638,89 €	
Variable Kosten pro Jahr		
Materialkosten	0,20 € · 120.000 = 24.000 €	
Energiekosten	0,09 € · 120.000 = 10.800 €	
Reparaturkosten	0,05 € · 120.000 = 6.000 €	
Personalkosten	0,16 € · 120.000 = 19.020 €	
Summe variable Kosten	60.000,00 €	
Gesamtkosten pro Jahr (fixe Kosten + variable Kosten)	63.638,89 €	

Gewinnvergleichsrechnung	Anlage 1	Anlage 2
Erlöse pro Jahr	0,55 € · 120.000 = 66.000,00 €	
– Gesamtkosten pro Jahr (siehe Vorseite)	63.638,89 €	
= Gewinn pro Jahr	2.361,11 €	

Rentabilitätsrechnung	Anlage 1	Anlage 2
Gewinn nach Zinsen	2.361,11 €	
+ kalkulatorische Zinsen	950,00 €	
= Gewinn vor Zinsen	3.311,11 €	
Durchschnittlich gebundenes Kapital	$\frac{(18.000,00\,€ - 1.000,00\,€)}{2} = 9.500,00\,€$	
Rentabilität	$\frac{3.311,11\,€}{9.500,00\,€} \cdot 100\,\% = 34,85\,\%$	

Die Amortisationsrechnung	Anlage 1	Anlage 2
Durchschnittlicher Gewinn	2.361,11 €	
+ kalkulatorische Abschreibungen	1.888,89 €	
+ kalkulatorische Zinsen	950,00 €	
= durchschnittlicher Kapitalrückfluss	5.200,00 €	
Amortisationsdauer in Jahren	$\frac{18.000,00\,€}{5.200,00\,€} = 3,46$	

M3 Vergleich der Ergebnisse der statischen Investitionsrechenverfahren

	Anlage 1	Anlage 2
Kostenvergleichsrechnung	63.638,89 €	
Gewinnvergleichsrechnung	2.361,11 €	
Rentabilitätsrechnung	34,85 %	
Amortisationsrechnung	3,46 Jahre	

Kernwissen zu Kapitel 6.1

INVESTITIONSBEGRIFF		
Verwendung finanzieller Mittel zur Anschaffung von Gegenständen des Anlagevermögens wie Grundstücken, Gebäuden, Maschinen, Fuhrpark oder Betriebs- und Geschäftsausstattung		
INVESTITIONSARTEN		
Nach dem Investitionsobjekt		
Sachinvestition	**Finanzinvestition**	**Immaterielle Investition**
Kauf von Sachgütern: Maschinen, Gebäude	Kauf von Finanzgütern: Wertpapiere, Beteiligungen	Kauf von immateriellen Gütern: Patente, Lizenzen, Markenrechte
Nach Zweck der Investition		
Ersatzinvestitionen	**Erweiterungsinvestitionen**	**Rationalisierungsinvestitionen**
Ersatz nicht mehr funktionsfähiger Anlagen	Ausbau der Kapazitäten zur Umsatzerweiterung	Verbesserung der unternehmerischen Leistungsfähigkeit
Ersatz einer alten Produktionsmaschine wir durch einen neue Produktionsmaschine	Anschaffung einer weiteren Produktionsmaschine, um mehr produzieren zu können	Anschaffung einer neuen Maschine, mit der mehr Einheiten pro Stunde produziert werden können
Nach Nutzungsdauer des Investitionsobjektes		
kurzfristig	**mittelfristig**	**langfristig**
bis zu einem Jahr	ein bis vier Jahre	mehr als vier Jahre

STATISCHE VERFAHREN DER INVESTITIONSRECHNUNG			
Kostenvergleichsrechnung	**Gewinnvergleichsrechnung**	**Rentabilitätsrechnung**	**Amortisationsrechnung**
Bei den Investitionsalternativen werden die Gesamtkosten ermittelt und verglichen.	Bei den Investitionsalternativen wird der durchschnittliche Gewinn pro Periode ermittelt und verglichen.	Bei den Investitionsalternativen wird das Verhältnis zwischen Gewinn und durchschnittlich gebundenem Kapital (= Rendite) ermittelt und verglichen.	Bei den Investitionsalternativen wird jeweils der Zeitraum ermittelt, in dem das investierte Kapital in Form von Umsätzen zurückfließt.

ÜBUNGEN ZU KAPITEL 6.1

Ü1 **Nennen Sie drei Investitionen, die für die Branche, in der sie ausgebildet werden, typisch sind.**

Ü2 **Unternehmerische Investitionen werden nicht ausschließlich aus ökonomischen Gründen getätigt. Beschreiben Sie drei soziale Gründe für ein Investitionsvorhaben.**

Ü3 **Entscheiden Sie, um welche Art der Investitionen es sich bei den Fällen a) bis c) handelt:**

1 Ersatzinvestitionen 2 Erweiterungsinvestitionen 3 Rationalisierungsinvestitionen?

a) Ein Handwerksbetrieb richtet im Büro einen neuen Arbeitsplatz ein. Es werden Büromöbel und ein Computer angeschafft. ☐

b) Ein Betrieb der Automobilzuliefererindustrie schafft eine neue Verpackungsmaschine an. Die alte Maschine war nicht mehr funktionstüchtig. ☐

c) Für eine Großküche wird eine neue Spülanlage angeschafft. Der Spülvorgang soll damit zeitlich verkürzt werden. Zwei Arbeitsplätze können abgebaut werden. ☐

Ü4 Die Messing GmbH bezog bisher Fertigteile von einem Lieferanten.
Im Zuge eines Auftragsbooms weitet sich der Bedarf an Messingprodukten aus. Gleichzeitig fordert der Lieferant statt 20,00 € pro Messingteil 30,00 €.
Das Management der Messing GmbH überlegt auf dieser Grundlage, die bisher bezogenen Messingteile in Eigenfertigung herzustellen. Eine Marktuntersuchung ergibt zwei Möglichkeiten zur Eigenfertigung:

- Einsatz eines Vollautomaten mit einer Jahreskapazität von 1150 Teilen und Anschaffungskosten in Höhe von 11 500,00 €, die Nutzungsdauer beträgt 10 Jahre. Es fallen weiterhin Lohnkosten pro Stück von 0,38 € und Materialkosten pro Stück von 1,13 € an.
- Als zweite Möglichkeit wird ein Halbautomat mit einer Kapazität von 975 Teilen jährlich und einem Preis von nur 3 950,00 € in Betracht gezogen. Die Nutzungsdauer entspricht dem des Vollautomaten. Die Lohnkosten pro Stück würden 4,22 € und die Materialkosten pro Stück 1,67 € betragen.

a) Stellen Sie im Rahmen einer Kostenvergleichsrechnung fest, welche der Alternativen für das Unternehmen günstiger ist. Berücksichtigen Sie einen Kalkulationszinssatz von 9,5 %.

b) Welche Nachteile schränken die Anwendung der Kostenvergleichsrechnung in der Praxis ein? Nennen Sie drei Beispiele.

Ü5 Ein Unternehmen benötigt zur Kapazitätserweiterung eine Maschine.

a) Es liegt das folgende Angebot vor.
- Anschaffungskosten: 55 800,00 €
- jährliche Kapazität: 7 500 Stück
- kalkulatorische Abschreibung: 6 200,00 €
- kalkulatorische Zinsen: 2 500,00 €
- jährliche Betriebskosten: 10 500,00 €
- jährliche Absatzmenge: 7 500 Stück
- Umsatzerlös pro Stück: 4,75 €

Berechnen Sie im Rahmen einer Gewinnvergleichsrechnung den Gewinn pro Stück und den Jahresgewinn insgesamt.

b) Verspätet kommt das folgende zweite Angebot hinzu.
- Anschaffungskosten: 63 900,00 €
- jährliche Kapazität: 7 500 Stück
- kalkulatorische Abschreibung 7 100,00 €
- kalkulatorische Zinsen: 1 800,00 €
- jährliche Betriebskosten: 13 500,00 €

Vergleichen Sie dieses Angebot mit dem ersten und ermitteln Sie, welches Angebot nach der Gewinnvergleichsrechnung für das Unternehmen günstiger ist

c) Bevor sich die Geschäftsführer für eines der beiden vorliegenden Angebote entscheiden, möchten sie weitere Informationen mithilfe der Rentabilitätsrechnung sammeln. Der kalkulatorische Resterlös für Maschine I wird mit 2 500,00 € angenommen. Für Maschine II werden 1 800,00 € Resterlös eingeplant. Ermitteln Sie die Rentabilität für beide Maschinen.

d) Die bisher ermittelten Kennzahlen überzeugen die Geschäftsführer nicht. Sie beschließen, die Amortisationsdauer der beiden Maschinen ebenfalls zu vergleichen, um dann zu einer abschließenden Entscheidung zu gelangen. Ermitteln Sie für die geplante Investition die Amortisationsdauer.

6.2 Eigen- oder Fremdfinanzierung?

Situation 60 Kreditangebote vergleichen und beurteilen

Die *Fly Bike Werke GmbH* plant eine Kapazitätserweiterung für den Standort Oldenburg. Ziel der Erweiterung ist die Steigerung des Umsatzes und des Gewinns. Auf einem Grundstück unmittelbar neben dem Werksgelände der *Fly Bike Werke GmbH* soll eine neue Lagerhalle errichtet werden. Der Kapitalbedarf für den Erwerb des Grundstücks, die Errichtung und Einrichtung der Lagerhalle, den dazugehörigen Fuhrpark sowie die Betriebs- und Geschäftsausstattung der neuen Lagerräume beläuft sich nach Recherchen der Geschäftsführung auf 366 000 Euro.

Ein Teil des Kapitalbedarfs kann auf dem Wege der Eigenfinanzierung gedeckt werden. Für den Rest in Höhe von 200 000 Euro ist eine **langfristige Kreditfinanzierung** notwendig. Die Gesellschafter der *Fly Bike Werke GmbH* haben diesem Vorhaben bereits in der Gesellschafterversammlung zugestimmt.
Herr Steffes aus der Verwaltung der *Fly Bike WerkeGmbH* hat bei verschiedenen Kreditinstituten Finanzierungsangebote eingeholt. Die Angebote sehen auf den ersten Blick alle gleich aus.

ARBEITSAUFTRÄGE ZUR SITUATION

A1 Lesen Sie die Informationen zur Unterscheidung der Finanzierungsarten (→ **M1**) und bearbeiten Sie die folgenden Aufträge:

a) Unterscheiden Sie Innen- und Außenfinanzierung.

b) Unterscheiden Sie Eigen- und Fremdfinanzierung.

c) Stellen Sie jeweils Vor- und Nachteile der Kreditfinanzierung und der Einlagenfinanzierung gegenüber.

A2 Vergleichen Sie die verschiedenen Finanzierungsangebote → **M2** der Kreditinstitute. Informieren Sie sich zum Vergleich der Finanzierungsangebote über die verschiedenen Darlehensarten → **M3**. Ergänzen Sie die Zins- und Tilgungsverläufe → **M4**.

A3 Ermitteln Sie die gesamtem Kreditkosten für die jeweiligen Angebote. Für welches Darlehen sollte sich die *Fly Bike Werke GmbH* entscheiden? (→ **M5**)

M1 Finanzierungsarten

Das Unternehmen kann das benötigte Kapital von **innen** oder **außen** beschaffen. Wird das Geld **innerhalb** der Unternehmung aus dem betrieblichen Umsatz erwirtschaftet, so spricht man von einer **Innenfinanzierung**. Man unterscheidet drei Arten der Innenfinanzierung:

Selbstfinanzierung	Finanzierung aus Abschreibungen	Finanzierung aus Rückstellungen Verflüssigung von Werten
Der Jahresgewinn der Unternehmung, der eigentlich den Eigentümern zusteht, wird gar nicht oder nur teilweise an diese ausgezahlt. Dieser nicht ausgeschüttete Gewinn verbleibt im Unternehmen und erscheint als Gewinnvortrag in der Bilanz beim Eigenkapital. Bei Bedarf kann der Gewinnvortrag aufgelöst werden. Da das Kapital rechtlich dem Unternehmen bzw. den Eigentümern gehört, spricht man auch von **Eigenfinanzierung**.	Beim Verkauf der Produkte erwirtschaftet das Unternehmen einen Verkaufspreis. Die Kalkulation dieses Verkaufspreises erfolgt unter Berücksichtigung sämtlicher Kosten des Unternehmens. Dazu zählen auch die Abschreibungen, die den Wertverlust eines Anlageobjekts wiederspiegeln Da das Kapital rechtlich dem Unternehmen bzw. den Eigentümern gehört, spricht man auch von **Eigenfinanzierung**.	Rückstellungen werden im Unternehmen für Verpflichtungen gebildet, die dem Grunde nach schon bekannt sind, deren Höhe und Fälligkeit aber noch ungewiss ist (z. B. Pensionsrückstellungen). Für den Zeitraum, in dem die Rückstellung noch nicht ausgezahlt wird, kann diese aufgelöst und für Finanzierungszwecke genutzt werden. Da das Kapital rechtlich nicht der Unternehmung, sondern einem Gläubiger gehört, (z. B. Mitarbeiter mit Rentenanspruch), spricht man auch von **Fremdfinanzierung**.

Stammt das Geld von Kapitalgebern, spricht man von **Außenfinanzierung**. Man unterscheidet zwei Möglichkeiten:

Kreditfinanzierung	Einlagenfinanzierung bzw. Beteiligungsfinanzierung
Das benötigte Kapital wird von Fremdkapitalgebern (z. B. Banken) zur Verfügung gestellt. Die Bank überlässt dem Unternehmen für einen bestimmten Zeitraum einen Geldbetrag. Als Gegenleistung erhält die Bank eine Verzinsung der Kreditsumme. Der geschuldete Geldbetrag wird am Ende der Kreditlaufzeit zurückgezahlt. Da der Kapitalgeber ein Gläubiger der Unternehmung ist, spricht man auch von **Fremdfinanzierung**.	Das benötigte Kapital wird von den bestehenden Eigentümern der Unternehmung oder neu eingetretenen Eigentümern aufgebracht. Die Eigentümer der Unternehmung erhalten entsprechend ihrer Beteiligung einen Anteil am Gewinn und sind in der Geschäftsführung stimmberechtigt. Es entstehen keine Zinszahlungen. Da der Kapitalgeber Miteigentümer der Unternehmung ist, spricht man auch von **Eigenfinanzierung**.

M2 Finanzierungsangebote

1. Annuitätendarlehen der Landessparkasse

Gewerbekredit Annuitätendarlehen über	200.000,00 €
Bearbeitungsgebühr	0,5 % der Darlehenssumme
Disagio	2,5 % der Darlehenssumme
Nominalzinssatz	3,5 % pro Jahr
Laufzeit	10 Jahre
Jährliche Belastungsrate	24.087,27 €

2. Ratendarlehen Deutsche Bank

Gewerbekredit Ratendarlehen über	200.000,00 €
Bearbeitungsgebühr	0,5 % der Darlehenssumme
Disagio	2,5 % der Darlehenssumme
Nominalzinssatz	3,5 % pro Jahr
Laufzeit	10 Jahre

3. Fälligkeitsdarlehen Volksbank Oldenburg

Gewerbekredit Fälligkeitsdarlehen über	200.000,00 €
Bearbeitungsgebühr	0,5 % der Darlehenssumme
Disagio	2,5 % der Darlehenssumme
Nominalzinssatz	3,5 % pro Jahr
Laufzeit	10 Jahre

M3 Rate ist nicht gleich Rate – Welches Darlehen ist das beste für uns?

Ein **Kredit** ist eine zeitlich befristete Überlassung eines bestimmten Geldbetrages von einem Kreditgeber (meist Kreditinstitute) an einen Kreditnehmer mit der Rückzahlungsvereinbarung von Kreditsumme und anfallenden Zinsen. Gesetzliche Grundlage sind die Bestimmungen der §§ 488 BGB über das **Darlehen**. Der Kreditgeber wird oft auch als **Gläubiger** bezeichnet, da er darauf vertraut, dass der Kreditnehmer, der sogenannte **Schuldner**, den Kredit zurückzahlt. Bei größeren Kreditsummen wird die **Kreditwürdigkeit (Bonität)** bzw. der **Risikofaktor** eines Unternehmens in einem sogenannten **Rating-Verfahren** bestimmt. Dabei wird insbesondere die Vermögens-, Finanz- und Ertragslage des Unternehmens anhand von Kennziffern unter die Lupe genommen. Die Bereitstellung und die Rückzahlung des Kredits erfolgen nach den im **Kreditvertrag** festgelegten Vereinbarungen.

Bei einem **Annuitätendarlehen** zahlt der Kreditnehmer eine **gleichbleibende** Annuität. Die **Annuität** ist eine jährliche Zahlung (lat. annus = Jahr), die sich aus einem Tilgungsanteil und einem Zinsanteil zusammensetzt. Zu Beginn der Laufzeit ist der Zinsanteil hoch und der Tilgungsanteil niedrig. Da die Restschuld im Laufe der Zeit kleiner wird, sinkt der Zinsanteil und der Tilgungsanteil steigt.

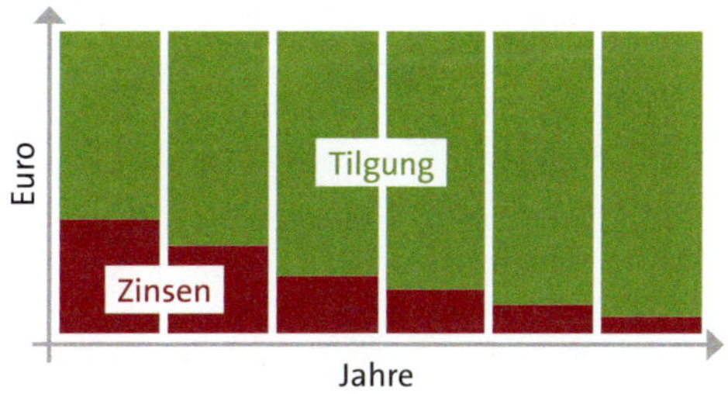

Bei einem **Ratendarlehen** zahlt der Kreditnehmer regelmäßig anfallende, aber sinkende Raten. Der Tilgungsanteil bleibt gleich, während die anfallenden Zinsen aufgrund der abnehmenden Restschuld mit jeder Ratenzahlung sinken.

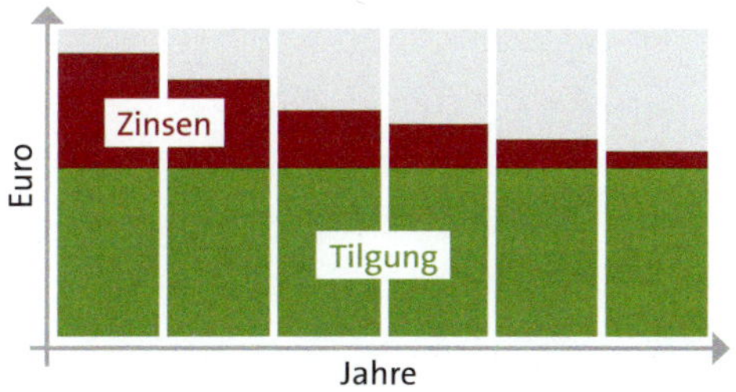

Bei einem **Fälligkeitsdarlehen (Festdarlehen)** wird der Kreditbetrag nach Ende der Laufzeit in einer Summe zurückgezahlt. Während der Laufzeit zahlt der Kreditnehmer regelmäßig Zinsen.

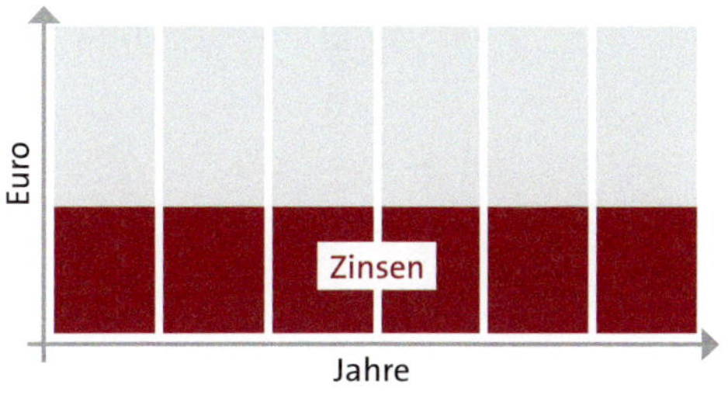

M4 Ermittlung der Zins- und Tilgungsverläufe der Darlehensangebote

Annuitätendarlehen der Landessparkasse Oldenburg

Jahr	Restschuld am Jahresanfang	Tilgung	Zinsen	Jährliche Gesamtzahlung (Tilgung + Zinsen)	Restschuld am Jahresende
1	200.000,00 €		7.000,00 €	24.087,27 €	
2					
3					
4					
5					
6					
7					
8					
9					
10					
Summe		200.000,00 €			

Ratendarlehen der Deutschen Bank

Jahr	Restschuld am Jahresanfang	Tilgung	Zinsen	Jährliche Gesamtzahlung (Tilgung + Zinsen)	Restschuld am Jahresende
1	200.000,00 €	20.000,00 €	7.000,00 €		
2					
3					
4					
5					
6					
7					
8					
9					
10					
Summe		200.000,00 €			

Fälligkeitsdarlehen der Volksbank Oldenburg

Jahr	Restschuld am Jahresanfang	Tilgung	Zinsen	Jährliche Gesamtzahlung (Tilgung + Zinsen)	Restschuld am Jahresende
1	200.000,00 €		7.000,00 €		
2					
3					
4					
5					
6					
7					
8					
9					
10					
Summe		200.000,00 €			

M5 Ermittlung der gesamten Kreditkosten – Entscheidungsgrundlage

Angebote der …	**Landessparkasse Oldenburg** (Annuitätendarlehen)	**Deutsche Bank** (Ratendarlehen)	**Volksbank Oldenburg** (Fälligkeitsdarlehen)
Zinsen für die gesamte Kreditlaufzeit			
+ Bearbeitungsgebühr			
+ Disagio			
= gesamte Kreditkosten			

Situation 61 Kreditsicherheiten vergleichen

Nach ausführlichen Berechnungen entscheidet sich die *Fly Bike Werke GmbH* für das Annuitätendarlehen der Sparkasse. Die Gewährung des Kredits ist allerdings nicht ohne die Überlassung einer Kreditsicherheit möglich. Die *Fly Bike Werke GmbH* hat daher bei der Sparkasse Oldenburg u. a. die aktuelle Bilanz und die Gewinn- und Verlust-Rechnung der *Fly Bike Werke GmbH* zur Prüfung eingereicht.

Aktiva Bilanz der Fly Bike Werke GmbH, Oldenburg, zum 31.12.2015 **Passiva**

Aktiva		Passiva	
A. Anlagevermögen		**A. Eigenkapital**	850.000,00
1. Grundstücke und Bauten	612.850,00	**B. Verbindlichkeiten**	
2. Technische Anlagen und Maschinen	131.870,00	1. Langfr. Bankverbindlichkeiten	602.000,00
3. Betriebs- und Geschäftsausstattung	97.505,00	2. Verbindlichkeiten aus Lieferungen und Leistungen	926.225,00
B. Umlaufvermögen		3. Sonstige Verbindlichkeiten	24.000,00
1. Roh-, Hilfs- und Betriebsstoffe	288.000,00		
2. Unfertige Erzeugnisse	48.000,00		
3. Fertige Erzeugnisse	140.000,00		
4. Handelswaren	4.000,00		
5. Forderungen aus Lieferungen und Leistungen	720.000,00		
6. Kasse	2.400,00		
7. Bankguthaben	357.600,00		
	2.402.225,00		2.402.225,00

ARBEITSAUFTRÄGE ZUR SITUATION

A1 Informieren Sie sich über die Finanzierungsregeln → **M1**. Analysieren Sie anschließend die Bilanz der *Fly Bike Werke GmbH* und bearbeiten Sie folgende Aufgaben:

a) Entscheiden Sie, ob die goldene Bilanzregel eingehalten wird.

b) Berechnen Sie den Verschuldungsgrad der *Fly Bike Werke GmbH*.

A2 Welche weiteren Möglichkeiten der Kreditsicherung stehen der *Fly Bike Werke GmbH* zur Verfügung? (→ **M2**)

A3 Berechnen Sie die gesamten Kreditkosten einschließlich Grundschuldeintrag.
Die Kosten für die Eintragung der Grundschuld berechnen sich wie folgt:

Kosten (in Euro) **für Eintragung der Grundschuld**

Darlehenssumme 200.000,00

Notarkosten	
Beurkundung*	446,25
Schreibgebühren	20,00
Postgebühren	12,00
Umsatzsteuer	90,87
Summe Notarkosten	569,12
Grundbuchkosten (mit Briefausstellung)	446,25
Gesamtkosten	**1.015,37**

* mit Vollstreckungsunterwerfung und Notarbestätigung

M1 Finanzierungsregeln

Die Entscheidung für eine bestimmte Art der Finanzierung erfolgt in der Regel nach einer **Finanzanalyse**. Die Bilanz des Unternehmens wird aufbereitet und **Finanzkennzahlen** werden ermittelt. Die Finanzkennzahlen geben Auskunft darüber, ob das Unternehmen bestimmte **Finanzierungsregeln** einhält. Sie beschreiben Mindestanforderungen an die Kapitalstruktur und die Zeitdauer der Verfügbarkeit der finanziellen Mittel im Unternehmen. Die Kennzahlen geben damit Auskunft über die oben genannten Finanzierungsziele Liquidität, Rentabilität und Sicherheit. **Die Einhaltung der Finanzierungsregeln wird insbesondere von Kapitalgebern geprüft und bewertet.**

Die **horizontalen Kapitalstrukturregeln** setzen das Vermögen und das Kapital der Unternehmung in Beziehung. Die **goldene Bilanzregel** fordert zum Schutz der **Sicherheit**, dass das im Unternehmen langfristig gebundene Vermögen auch mit langfristig zur Verfügung stehendem Kapital finanziert sein soll. Wäre das nicht der Fall, müssten zur Bezahlung einer Lieferantenrechnung möglichweise Gegenstände des Anlagevermögens verkauft werden.
Die **vertikalen Kapitalstrukturregeln** setzen Eigen- und Fremdkapital der Unternehmung in Beziehung. Der **Verschuldungsgrad** fordert, dass das Fremdkapital das Eigenkapital nicht überschreiten soll. Das Verhältnis soll also 1:1 betragen.

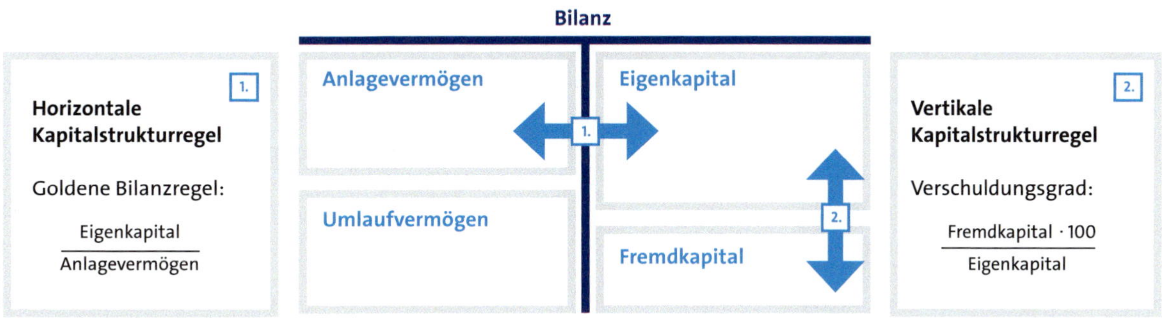

M2 Möglichkeiten der Kreditsicherung

Für den Fall, dass der Kreditnehmer seine Zahlungsverpflichtungen aus dem Kreditvertrag nicht erfüllen kann, verlangt der Kreditgeber in der Regel **Sicherheiten**, auf die er in diesem Fall zurückgreifen kann. Ziel des Kreditgebers ist es, das Kreditrisiko so gering wie möglich zu halten. Im Wesentlichen kann man Personalsicherheiten und Realsicherheiten unterscheiden. Bei **Personalsicherheiten** haftet neben dem Kreditnehmer mindestens eine weitere Person für die Rückzahlung des Kredits. Bei den **Realsicherheiten** stellt der Kreditnehmer Sachwerte als Sicherung zur Verfügung.

PERSONALSICHERHEITEN

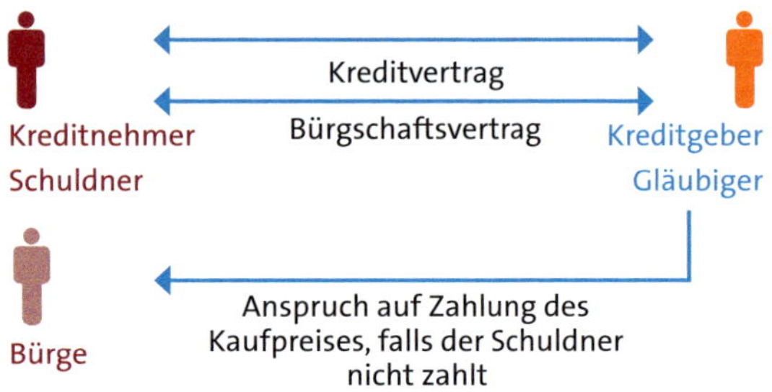

Bürgschaft
Bei einer Bürgschaft haftet zusätzlich zum Schuldner noch ein Bürge gegenüber dem Kreditgeber. Die Bürgschaft ist ein einseitig verpflichtender Vertrag zwischen Gläubiger und Bürgen, in dem sich der Bürge verpflichtet, für die Verbindlichkeiten des Schuldners einzustehen.

REALSICHERHEITEN

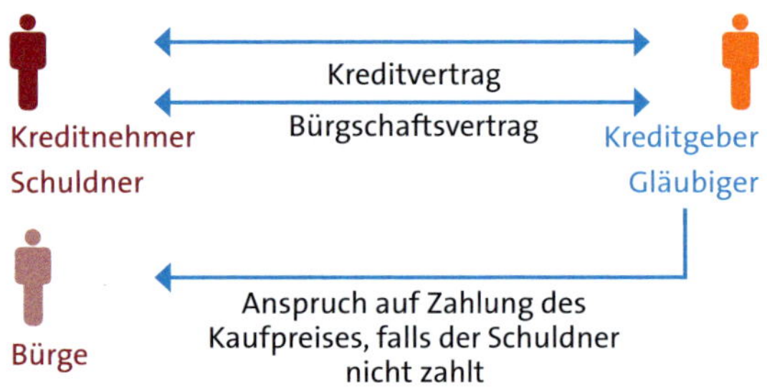

Eigentumsvorbehalt
Beim Eigentumsvorbehalt behält sich der Kreditgeber (Verkäufer) bis zur vollständigen Bezahlung des Kaufpreises das Eigentum an der gelieferten Ware vor. Der Kreditnehmer (Käufer) ist zunächst nur Besitzer der Ware, nach der Bezahlung wird er Eigentümer.

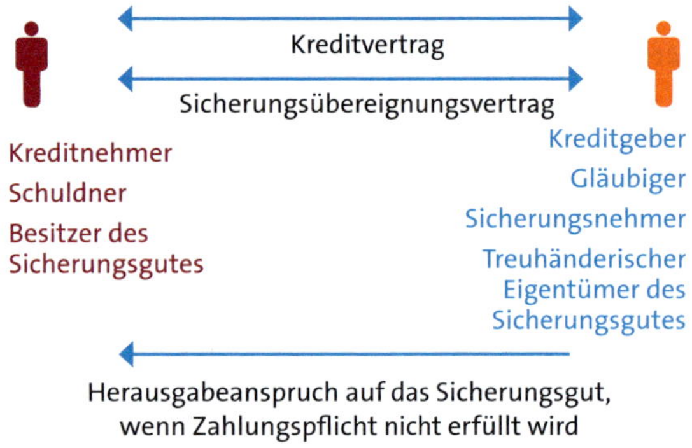

Sicherungsübereignung
Bei der Sicherungsübereignung erwirbt der Kreditgeber das Eigentumsrecht an einer beweglichen Sache. Die Sache kann vom Kreditnehmer weiter genutzt werden. Diese Kreditsicherung wird z. B. oft beim Autokauf angewandt. Der Kreditnehmer überlässt dann dem Kreditgeber den Fahrzeugbrief als Sicherheit, kann das Auto aber weiterhin nutzen.

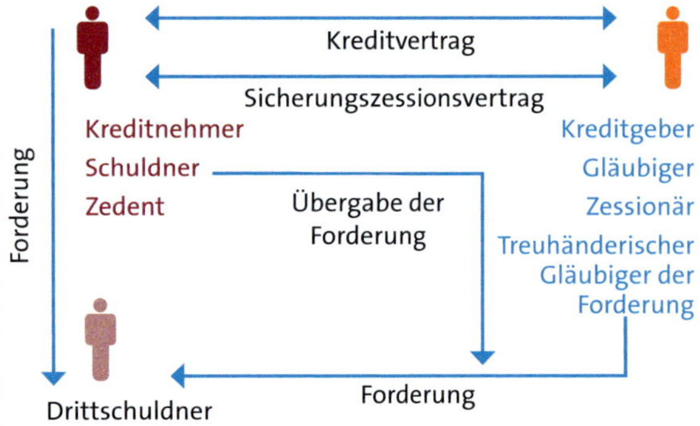

Sicherungsabtretung
Bei der Sicherungsabtretung tritt der Schuldner seine eigenen Forderungen, die er gegenüber Dritten hat, an den Gläubiger ab.

PFANDRECHT

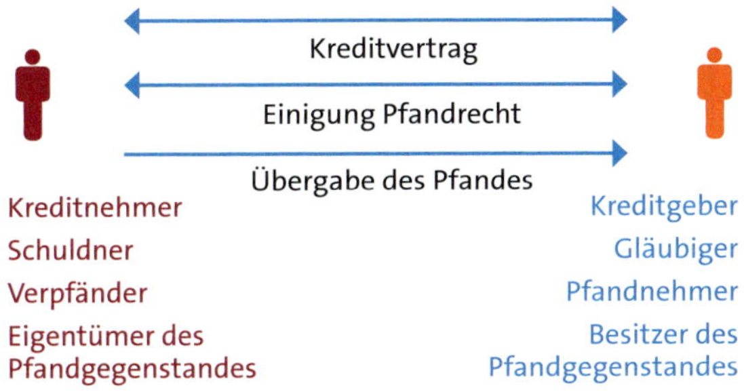

Faustpfand
Beim Pfandrecht übergibt der Kreditnehmer (Käufer) einen Pfandgegenstand an den Kreditgeber (Gläubiger). Dieser ist dann Besitzer des Pfandgegenstandes, der Verpfänder (Kreditnehmer) bleibt aber Eigentümer. Zahlt der Schuldner nicht, so hat der Gläubiger das Recht, den Pfandgegenstand zu verwerten.

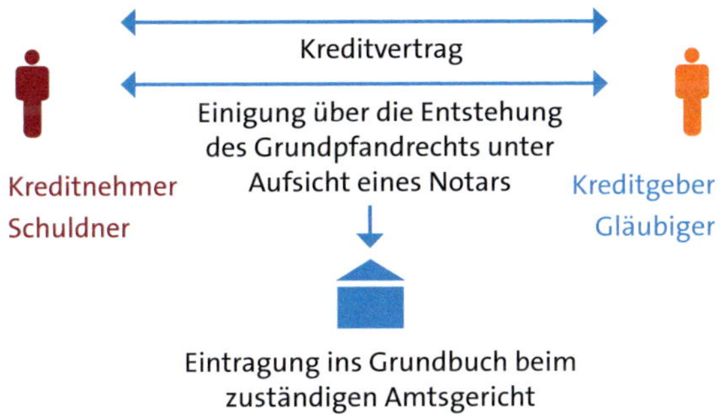

Grundpfandrecht
Bei einem Grundpfandrecht übergibt der Kreditnehmer (Käufer) das Pfandrecht an einem Grundstück. Insbesondere bei langfristigen Krediten wird diese Art der Kreditsicherheit zur Absicherung herangezogen. Dazu erfolgt eine Eintragung ins Grundbuch beim zuständigen Amtsgericht. Man unterscheidet die **Hypothek** und die **Grundschuld**.

Kernwissen zu Kapitel 6.2

FINANZIERUNGSMITTEL				
Im Rahmen einer Finanzierung werden finanzielle Mittel für ein Investitionsvorhaben beschafft. Die finanziellen Mittel werden als **Kapital** auf der Passivseite der Bilanz ausgewiesen.				
FINANZIERUNGSARTEN				
Nach der Herkunft des Kapitals				
Außenfinanzierung Das Geld stammt von außerhalb der Unternehmung.		**Innenfinanzierung** Das Geld stammt von innerhalb der Unternehmung aus dem betrieblichen Umsatz.		
Kreditfinanzierung	Einlagenfinanzierung bzw. Beteiligungsfinanzierung	Finanzierung aus Abschreibungen	Finanzierung aus Rückstellungen	Selbstfinanzierung
Nach der Rechtsstellung der Kapitalgeber				
Gläubiger	Eigentümer			Gläubiger
Fremdfinanzierung	Eigenfinanzierung			Fremdfinanzierung

UNTERSCHEIDUNG VON KREDITARTEN NACH KREDITGEBER		
Bankkredit	**Lieferantenkredit**	**Andere Kredite**
Kredit durch ein Kreditinstitut (Bank oder Sparkasse)	Kredit durch Einräumung eines Zahlungsziels bei Warenlieferungen	Arbeitgeberdarlehen Private Darlehen

DARLEHENSARTEN (LANGFRISTIGE KREDITFINANZIERUNG)		
Fälligkeitsdarlehen (Festdarlehen)	**Annuitätendarlehen**	**Abzahlungsdarlehen** (Ratendarlehen)
regelmäßige Zinszahlungen während der Laufzeit, Tilgung der Darlehenssumme am Ende der Laufzeit	regelmäßige Annuitätenzahlungen, mit Zins- und Tilgungsanteil	regelmäßige gleichbleibende Tilgungszahlung, regelmäßige abnehmende Zinszahlung

FINANZIERUNGSREGELN	
horizontale Kapitalstrukturregeln	**vertikale Kapitalstrukturregeln**
goldene Bilanzregel: $\frac{EK}{AV}$	Verschuldungsgrad: $\frac{FK \cdot 100}{EK}$
Ist das Verhältnis von Eigenkapital (EK) zum Anlagevermögen (AV) gleich oder größer als 1, ist das langfristige Vermögen eines Unternehmens (Anlagevermögen) auch langfristig finanziert.	Der Verschuldungsgrad soll nicht höher sein als 200 %, d. h., das Fremdkapital (FK) soll nicht mehr als das Doppelte des Eigenkapitals betragen.

KREDITSICHERHEITEN					
Personalsicherheiten	**Realsicherheiten**				
Bürgschaft	Eigentumsvorbehalt		Sicherungsübereignung	Sicherungsabtretung (Zession)	Pfandrechte
	einfacher Erlischt, wenn Sachen an gutgläubige Dritter veräußert oder verarbeitet werden.	verlängerter Mit Verarbeitung geht das Eigentum an der neuen Sache anteilig auf den Gläubiger über.			

ÜBUNGEN ZU KAPITEL 6.2

Ü1 Welche der folgenden Darlehensarten wird in der Aussage unten beschrieben? Tragen Sie die richtige Ziffer ein.

[1] Fälligkeitsdarlehen
[2] Annuitätendarlehen
[3] Ratendarlehen

[ ] „Monatlich ist eine Gesamtsumme in Höhe von 1730,00 Euro zu zahlen. Die monatliche Tilgung führt zu einer Senkung der Zinslast während der Kreditlaufzeit, während die Tilgungsrate in gleichem Maße ansteigt."

Ü2 Ordnen Sie zu, um welche Darlehensart es sich jeweils handelt.

a)

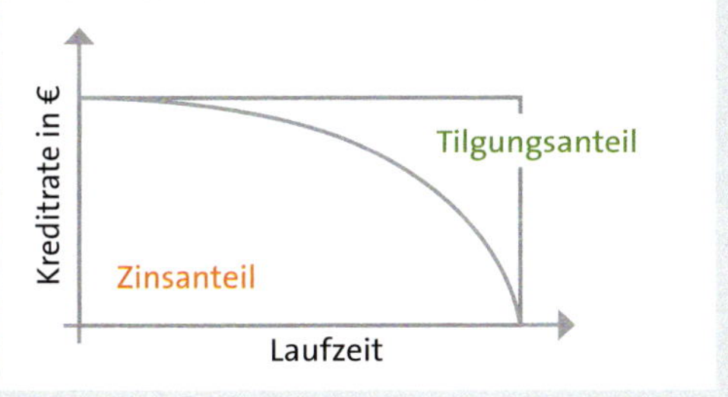

……………………………………………………

b)

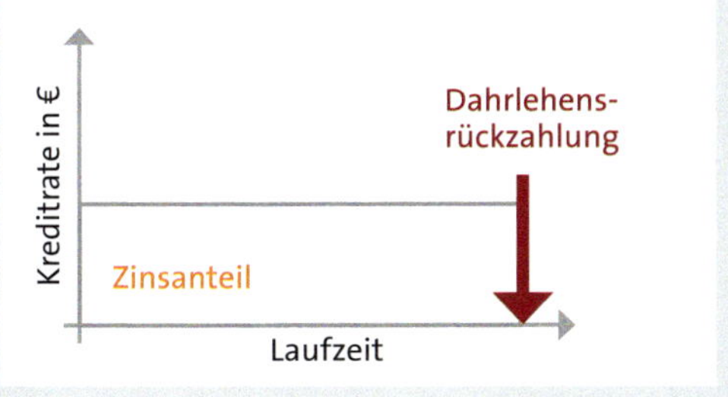

……………………………………………………

c)

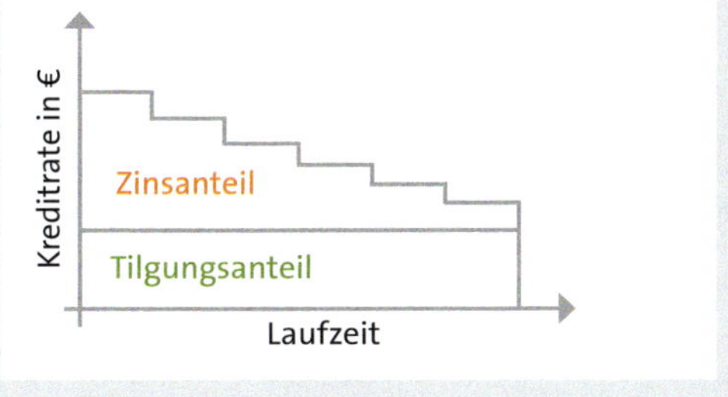

……………………………………………………

Ü3 Ein Unternehmen prüft für die Anschaffung eines neuen Lkw verschiedene Kreditangebote. Berechnen Sie die Kosten der vorliegenden Angebote und treffen Sie aufgrund Ihrer Ergebnisse eine Entscheidung.

a) Angebot 1: Abzahlungsdarlehen (Ratendarlehen), gleichbleibender Zinssatz von 7 % p. a.

b) Angebot 2: Annuitätendarlehen, die jährliche Rate beträgt 11 000,00 €, gleichbleibender Zinssatz von 7 % p. a.

Für beide Angebote gilt: Laufzeit: 5 Jahre, Kreditsumme: 45 000,00 €

Ü4 Entscheiden Sie, welche Art der Kreditsicherheit für die Finanzierung folgender Bilanzposten geeignet ist:

a) Grundstücke und Bauten

b) Technische Anlagen und Maschinen

c) Betriebs- und Geschäftsausstattung

d) Rohstoffe und Handelswaren

Ü5 Die Auszubildende Emilia Wilke kauft sich ein neues Auto. Im Rahmen der Finanzierung verlangt die Bank eine Sicherungsübereignung. Erläutern Sie diese Art der Kreditsicherung.

6.3 Wenn die Insolvenz droht

Situation 62 Ein kritischer Blick auf die aktuellen Kontostände

Die regelmäßige Überwachung der Kontostände, die Einhaltung der Zahlungsziele gegenüber Lieferanten und die Kontrolle der Zahlungseingänge von Kunden sind wichtige Aufgaben von *Frau Taubert*, die für das Rechnungswesen der *Fly Bike Werke GmbH* zuständig ist. Bei der heutigen Kontrolle zeigt sich *Frau Taubert* folgendes Bild:

Kontoauszug Landessparkasse Oldenburg

Kontonummer 1123264444	Kontoauszug	Auszug Nr. 77	Blatt 1
Buchungstag	Wert	Vorgang Erläuterungen	Beträge in €
		Kontostand am 11.05.2015	**50.332,24**
10.05.2015	10.05.2015	Rg. Nr. 1099 vom 22.04. Interrad e.G.	+7.288,00
10.05.2015	10.05.2015	Rg. Nr. 88-15 vom 02.05. Sella SA, 10121 Torino	-2.775,00
Kontostand am 11.05.2015			**54.845,24**
Fly Bike Werke GmbH, Oldenburg			

Debitorenliste (Kreditnehmer = Kunden) Auszug

Zahlungstermin	Skontotermin	Kunde	Rechnung Nr.	Rechnungsdatum	Betrag in €	gezahlt am	1. Mahnung	2. Mahnung	3. Mahnung
21.03.	02.03.	Uwe Klein e.K.	778	21.02	27.378,00		01.04.	15.04.	30.04.
16.04.	06.04	Zweirad GmbH	924	17.03.	13.985,00		30.04.	08.05.	
03.05	14.04.	Radplus GmbH	1023	05.04	42.674,00		10.05.		
21.05.	11.05.	Interrad e.G.	1099	22.04.	7.288,00				

Kreditorenlisten (Kreditgeber = Lieferanten) Auszug

Zahlungstermin	Skontotermin	Lieferant	Rechnung Nr.	Rechnungsdatum	Betrag in €	gezahlt am	Bemerkungen
13.05		Sella SA	88-15	02.05	2.775,00		
30.05.	11.05.	Stahlwerke Tissen AG	28300	30.04.	53.695,00		
01.06.	12.05.	Continent AG	0087-1	02.05.	11.495,00		
06.06.	12.05.	Druckerei und Design	A10/20	30.04	534,00		

ARBEITSAUFTRÄGE ZUR SITUATION

A1 Erläutern Sie anhand der vorliegenden Belege die Situation der *Fly Bike Werke GmbH*.

A2 Welche Maßnahmen sollte die *Fly Bike Werke GmbH* kurzfristig hinsichtlich des aktuellen Zahlungsengpasses und der hohen Außenstände ergreifen? → **M1** und → **M2**

A3 Erstellen Sie online einen Antrag auf Erlass eines Mahnbescheids → **M1** gegen den Kunden Uwe Klein e. K. Die weiteren Angaben entnehmen Sie den Kundenstammdaten (→ S. 12).

A4 Welche Maßnahmen sollte die *Fly Bike Werke GmbH* langfristig umsetzen, um eine ähnliche Situation zu vermeiden? Beachten Sie dazu → **M3.**

M1 Das Mahnverfahren

Kommt ein Käufer seiner Zahlungspflicht nicht nach, so kann der Verkäufer mithilfe des kaufmännischen und des gerichtlichen Mahnverfahrens versuchen, seine Ansprüche durchzusetzen.

Mit dem **kaufmännischen Mahnverfahren** versucht der Verkäufer, die Zahlung außergerichtlich zu erwirken. Zum Ablauf des kaufmännischen Mahnverfahrens gibt es keine Vorschriften, sodass jedes Unternehmen individuell über seine Vorgehensweise entscheiden kann. Üblich ist ein kaufmännisches Mahnverfahren, auch **außergerichtliches Mahnverfahren** genannt, in drei bis vier Schritten:

1. Schritt: Erinnerungsschreiben: Der Käufer wird höflich an die Fälligkeit der Zahlung erinnert.

2. Schritt: Erste Mahnung: Der Käufer wird zur Zahlung aufgefordert. Der Verkäufer setzt ihm einen bestimmten Termin (Nachfrist), bis zu dem die Zahlung zu leisten ist. War in der Rechnung kein kalendermäßig bestimmter Termin angegeben, gerät der Käufer mit Ablauf der Nachfrist rechtlich in Zahlungsverzug. Nach Ablauf dieser Frist kann der Verkäufer Verzugszinsen berechnen.

3. Schritt: Zweite Mahnung: Der Verkäufer kündigt rechtliche Schritte an und stellt Kosten für das kaufmännische Mahnverfahren (Porto, Bearbeitungskosten) in Rechnung.

4. Schritt: Dritte Mahnung: Da der Käufer offensichtlich nicht zur Zahlung bereit oder in der Lage ist, setzt der Verkäufer ihm eine letzte Frist mit dem Hinweis, dass er nach Ablauf einen Antrag auf Erlass eines gerichtlichen Mahnverfahrens stellen wird.

Zahlt der Käufer trotz der Mahnungen nicht, kann der Verkäufer das **gerichtliche Mahnverfahren** einleiten. Dazu muss er einen Mahnbescheid beim jeweils zuständigen Mahngericht beantragen. Den Vordruck für die Beantragung eines gerichtlichen Mahnverfahrens kann der Verkäufer im Bürofachhandel kaufen oder im Internet auf den Seiten der deutschen Mahngerichte unter → **www.mahngerichte.de** das Online-Mahnverfahren nutzen. In diesem Antrag muss er angeben, wie hoch seine Ansprüche gegenüber dem Käufer sind und aus welchen Forderungen seine Ansprüche resultieren. Die Angaben werden vom Gericht nicht auf Richtigkeit überprüft.
Durch Einreichung des **Antrags auf Erlass eines Mahnverfahrens** wird das Mahnverfahren gerichtlich eingeleitet. Aufgrund dieses Antrags wird dann durch das Mahngericht ein **Mahnbescheid** erlassen, welcher dem Antragsgegner förmlich durch die Post zugestellt wird.

M2 Ablauf des gerichtlichen Mahnverfahrens

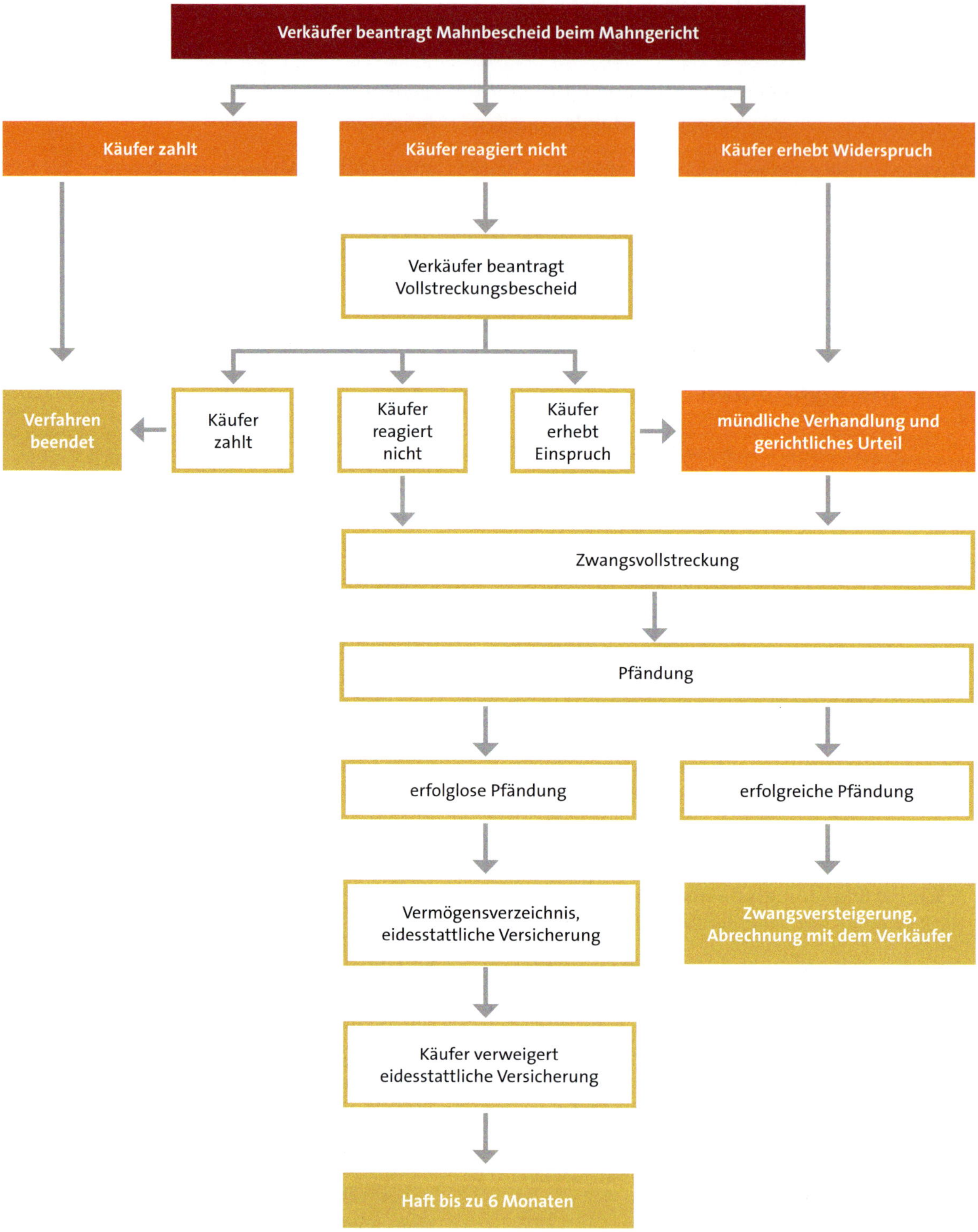

Vollstreckungsbescheid
letzte Zahlungsaufforderung des Gerichts

Zwangsvollstreckung
beinhaltet alle Maßnahmen, um gerichtlich festgestellte Ansprüche durchzusetzen

eidesstattliche Versicherung
Der Schuldner bekräftigt die Tatsache, dass er kein Vermögen besitzt. Es wird ein Vermögensverzeichnis angefertigt.

M3 Verschuldung vorbeugen durch Forderungsmanagement

Sind die Auszahlungen größer als die Einzahlungen, hat das Unternehmen einen Kapitalbedarf, mit dem der Differenzbetrag gedeckt werden kann. Idealerweise kann der Bedarf durch Eigenfinanzierung (z. B. aus einbehaltenen Gewinnen) gedeckt werden. Kann das Unternehmen aber seinen Zahlungsverpflichtungen nicht mehr nachkommen, ist eine Fremdfinanzierung (z. B. durch kurz- oder langfristige Kredite) nötig. Bei länger anhaltenden Zahlungsschwierigkeiten, die auch durch eine **„Sanierung“** nicht überwunden werden können, droht dem Unternehmen die Eröffnung eines **Insolvenzverfahrens**. Die **Insolvenz** (*insolvens* ist lateinisch und bedeutet „nicht lösend“ im Sinne von „Schuldscheine nicht einlösen könnend“) wird auch als **Konkurs** oder umgangssprachlich als Pleite bezeichnet.

Zur Vermeidung von Zahlungsschwierigkeiten gehört unter anderem ein gutes **Forderungsmanagement**. Das Forderungsmanagement steuert den Prozess von der Entstehung einer Forderung (Kauf eines Produktes durch den Kunden) bis hin zum Zahlungseingang. Ziel ist es, die **Liquidität** des Unternehmens jederzeit sicherzustellen. Manche Unternehmen übertragen das Forderungsmanagement in Form eines sogenannten **Outsourcings** an einen Dienstleister. Spezialisierte Unternehmen für das Forderungsmanagement sind vor allem **Inkassounternehmen**, die versuchen, die Forderungen des Auftraggebers vom Schuldner einzutreiben. Die IHK bietet eigene Lehrgänge zum Fordermanagement an.

Aus- und Weiterbildung Forderungsmanagement (IHK)

Ziel:

Die Absolventen des Lehrgangs sind in der Lage, ein modernes und damit ganzheitliches und präventives Forderungsmanagement in Unternehmen zu etablieren. Sie können gezielt Maßnahmen einsetzen, um sich von Beginn an Forderungsausfällen zu entziehen. Gleichzeitig beherrschen sie Werkzeuge, Forderungen kosteneffizient einzuholen. Der stetige Blick auf Kundenbeziehungen und die hierfür sensible Kommunikation führt letztlich dazu, dass Umsatzchancen erhöht und Kunden langfristig gebunden werden.

Zielgruppe I (Zertifikatslehrgang):

Mitarbeiter aus dem Forderungsmanagement

Alle Mitarbeiter, die bereits im Forderungsmanagement tätig sind und die ihr Wissen aktualisieren, festigen und erweitern wollen, sowie Mitarbeiter und deren Vorgesetzte von Unternehmen, die in folgenden Funktionsbereichen tätig sind: Buchhaltung, Vertrieb, Kundenbetreuung/Service Center, Zahlungsabwicklung und Zahlungsdisposition, Büromanagement, Quereinsteiger. Nach bestandenem Test erhalten die Teilnehmer das IHK-Zertifikat.

Zielgruppe II (Zusatzqualifikation):

Auszubildende im Forderungsmanagement

Auszubildende, die eine Zusatzqualifikation im Bereich Forderungsmanagement erwerben möchten. Nach bestandener Prüfung erhalten die Teilnehmer das IHK-Zeugnis über die Zusatzqualifikation.

Inhalt:

- Interne und externe Kommunikation
- Zustandekommen von Geschäftsbeziehungen
- Arten der Vertragsgestaltung
- Rechnungserstellung einschließlich Dokumentation
- Forderungsüberwachung
- Insolvenzverfahren
- Umgang mit Forderungsausfällen
- Umgang mit dem relevanten Recht
- Fallstudien/Wiederholung

(Quelle: Berufsbildungszentrum der Industrie BZI: http://www.bzi-rs.de/W-Forderungsmanagement.AxCMS)

Situation 63 Achtung! Insolvenz

Von: Ralf Gerland
Gesendet: Montag, den 11. Mai 2015 12:25
An: Christoph Steffes
Betreff: Insolvenzverfahren Zweirad GmbH

Lieber Christoph,

ich habe heute Morgen beiliegende Information aus der Tageszeitung entnommen. Das wird Deine Abteilung interessieren. Ihr solltet schnell reagieren.

Amtliche Bekanntmachungen
Amtsgericht Düsseldorf

Über das Vermögen der Zweirad GmbH, Herzogstraße 70, 40251 Düsseldorf wurde am 10.05.2015 das Insolvenzverfahren eröffnet. Insolvenzverwalter: Gottfried Becker, Elisabethstraße 12, 40251 Düsseldorf Forderungen der Insolvenzgläubiger sind bis zum 30.06.2015 beim Insolvenzverwalter anzumelden. Berichtstermin und gleichzeitig Prüfungstermin: 03.08.2015 im Gebäude des Amtsgerichts Düsseldorf
Werdener Straße 1
40227 Düsseldorf
Saal 2.218

ARBEITSAUFTRÄGE ZUR SITUATION

A1 Wie muss die *Fly Bike Werke GmbH* sich verhalten, um ihre Ansprüche gegen die *Zweirad GmbH* geltend zu machen?

A2 Am 03.06.2015 finden der Berichtstermin und gleichzeitig der Prüfungstermin statt. *Herr Steffes* wird an diesem Tag die *Fly Bike Werke GmbH* vertreten. Erläutern Sie, was *Herrn Steffes* an diesem Tag erwartet.

A3 Nach ersten Informationen beträgt die Insolvenzmasse der *Zweirad GmbH* nach Abzug der Gerichts- und Verwaltungskosten 50 000 Euro. Es liegen Verbindlichkeiten der *Zweirad GmbH* in Höhe von 400 000 Euro vor.

a) Ermitteln Sie die Insolvenzquote. (➔ **M1**)

b) Wie hoch ist der Betrag, den die *Fly Bike Werke* aufgrund ihrer Rechnung vom 17.03.2015 in Höhe von 13 985 Euro zu erwarten haben? (➔ **M1**)

M1 Das Insolvenzverfahren (Unternehmensinsolvenz)

Das Insolvenzverfahren ist ein gerichtliches Verfahren, mit dessen Hilfe die Gläubiger eines zahlungsunfähigen Unternehmens gemeinschaftlich befriedigt werden sollen. Im Rahmen des Insolvenzverfahrens wird das Vermögen des Schuldners verwertet und der Erlös verteilt. Durch das Verfahren soll vermieden werden, dass einzelne Gläubiger die Befriedigung sämtlicher Forderungen erreichen, während andere Gläubiger leer ausgehen. Abweichend vom gesetzlich geregelten **Regelverfahren** (siehe Schema), kann auch ein **Planverfahren** durchgeführt werden. Ziel ist in der Regel die Sanierung oder Übertragung des Unternehmens und die Erhaltung der Arbeitsplätze.

Ablauf eines Insolvenzverfahrens (Regelverfahren)

Antrag auf Eröffnung eines Insolvenzverfahrens beim zuständigen Amtsgericht

Prüfung durch das Insolvenzgericht, ob genug Masse für die Durchführung eines Insolvenzverfahrens vorhanden ist

ja

Eröffnungsbeschluss
- Bestellung eines Insolvenzverwalters
- Offenlegung der gesamten Vermögensverhältnisse des Schuldners
- Feststellung der pfändbaren Insolvenzmasse
- Aufforderung an die Gläubiger, ihre Forderungen anzumelden

nein

Ablehnungsbeschluss „mangels Masse“

Berichtstermin
- erste Gläubigerversammlung
- Bericht über die wirtschaftliche Lage des Schuldners
- Bericht über die möglichen Sanierungschancen

Prüfungstermin
- Erstellung eines Verzeichnisses aller Forderungen (Insolvenztabelle)
- Festlegung der Insolvenzquote (in %) = $\frac{\text{Insolvenzmasse} \cdot 100}{\text{Summe der Verbindlichkeiten}}$

Verwertung des Vermögens des Schuldners und **Erlösverteilung** an die Gläubiger (Forderung · Insolvensquote)

Schlusstermin
- abschließende Gläubigerversammlung
- Schlussrechnung des Verwalters
- Aufhebung des Insolvenzverfahrens
- Schuldner kann Antrag auf Restschuldbefreiung stellen

Kernwissen zu Kapitel 6.3

FORDERUNGSMANAGEMENT

Steuert den Prozess im Unternehmen von der Entstehung einer Forderung bis zum Eingang der Zahlung durch den Kunden. Ziel ist die Sicherstellung der ständigen Liquidität, d. h. Zahlungsbereitschaft des Unternehmens. Dazu gehören die Überwachung der Forderungen und das Mahnwesen.

DAS MAHNVERFAHREN

außergerichtlich (kaufmännisch)	gerichtlich
Für das kaufmännische Mahnverfahren gibt es keine festen Regeln. Der Gläubiger fordert den Schuldner unter Beachtung seiner Geschäftsbeziehung zu dem Kunden schriftlich zur Zahlung auf. Im ersten Schritt erfolgt meist eine höfliche Zahlungserinnerung, im zweiten und/oder dritten Schritt eine Mahnung mit zunehmend bestimmtem Ton und Androhung von Rechtsmitteln.	Der Gläubiger stellt beim Amtsgericht einen Antrag auf Erlass eines Mahnbescheids, in dem der Schuldner von Amts wegen zur Zahlung der Forderung aufgefordert wird. Das gerichtliche Mahnverfahren ist besonders wichtig, um den Eintritt der Verjährung der Forderungen zu verhindern.

DIE VERJÄHRUNG

Als Verjährung bezeichnet man das Recht des Schuldners, nach Ablauf einer bestimmten Zeitspanne die von ihm geschuldete Leistung auf Dauer zu verweigern. Nach Eintritt der Verjährung kann der Gläubiger seine Forderung (z. B. aus einer Warenlieferung oder aufgrund einer Dienstleistung) auch mithilfe der Gerichte (Klage, Zwangsvollstreckung) nicht mehr durchsetzen.

Es gelten folgende regelmäßige **Verjährungsfristen**:

2 Jahre bei Gewährleistungsansprüchen aus Kaufverträgen (beginnt i. d. R. mit dem Gefahrenübergang)

3 Jahre bei allen üblichen Verträgen (beginnt am Ende des Jahres, in dem der Anspruch entstand)

10 Jahre bei Rechten auf/aus Grundstücken (beginnt mit Entstehung des Anspruches)

30 Jahre bei Herausgabeansprüchen aus Eigentum, Erbansprüchen (unterschiedlicher Beginn)

Die Verjährung kann unterbrochen werden, was dazu führt, dass eine schon begonnene Verjährungsfrist neu zu laufen beginnt. Gründe für die **Unterbrechung** sind:

- Anerkennung der Schuld
- Abschlags- oder Zinszahlung
- Bitte um Stundung
- Antrag auf Durchführung der Zwangsvollstreckung

DAS INSOLVENZVERFAHREN

Insolvenz bezeichnet die Zahlungsunfähigkeit bzw. drohende Zahlungsunfähigkeit eines Unternehmens.
Das Insolvenzverfahren ist ein gesetzlich geregeltes Gerichtsverfahren, durch das die Gläubiger des insolventen Unternehmens ihre ausstehenden Forderungen ganz oder teilweise erhalten sollen. Grundlage des Verfahrens ist die Insolvenzordnung (InsO).

Sanierung	Liquidation
Ziel einer Sanierung ist die Gesundung und Fortführung eines insolventen bzw. notleidenden Unternehmens.	Bei einer Liquidation werden alle Vermögensgegenstände eines Unternehmens verkauft. Das erwirtschaftete Bargeld dient der Bedienung der Schulden.

ÜBUNGEN ZU KAPITEL 6.3

Ü1 Ergänzen Sie bei den Aussagen a) bis d) die [1], wenn sie richtig ist und [9], wenn sie falsch ist.

a) Das außergerichtliche Mahnverfahren ist auf jeden Fall notwendig, bevor ein Antrag auf Erlass eines Mahnbescheids gestellt werden kann. [ ]

b) Bevor ein Mahnbescheid erlassen wird, überprüft das Gericht den Grund und die Höhe der Forderung. [ ]

c) Eine Zwangsvollstreckung geschieht durch die Pfändung von Sachen, die dem Schuldner gehören, und von Forderungen, die der Schuldner bei Dritten hat. [ ]

d) Der Antrag auf Erlass eines Mahnbescheids kann grundsätzlich nur durch einen von Gläubigem beauftragten Rechtsanwalt gestellt werden. [ ]

Ü2 Bringen Sie die folgenden Aussagen zum Ablauf des gerichtlichen Mahnverfahrens in die richtige Reihenfolge.

___ ___ ___ ___ ___

a) Der Antragsteller erhebt innerhalb von zwei Wochen Widerspruch.

b) Der Gläubiger stellt einen Antrag auf Erlass eines Mahnbescheids.

c) Das Gericht bestimmt einen Termin für die mündliche Verhandlung.

d) Der Schuldner unternimmt nichts.

e) Der Antragsteller stellt nach Ablauf der Einspruchsfrist einen Antrag auf Zwangsvollstreckung.

Ü3 Beantworten Sie folgenden Fragen zur abgebildeten Grafik.

a) Wie hoch war die Zahl der Unternehmensinsolvenzen im Jahr 2012?

....

b) Wie viel Prozent der insolventen Unternehmen hatten im Jahr 2013 ein Unternehmensalter von drei oder weniger Jahren?

....

c) Wie viel Prozent der Gläubiger hatten Forderungen gegenüber den insolventen Unternehmen im Jahr 2013 in Höhe von einer Million und mehr Euro?

....

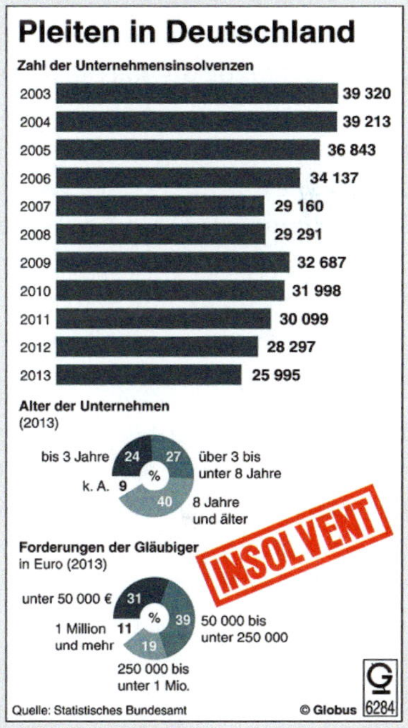

Ü4 Die Zahlungsmoral der Verbraucher hat sich in Deutschland in den vergangenen Jahren verschlechtert.
Erläutern Sie, warum das möglicherweise auch Ihren eigenen Arbeitsplatz bedroht.

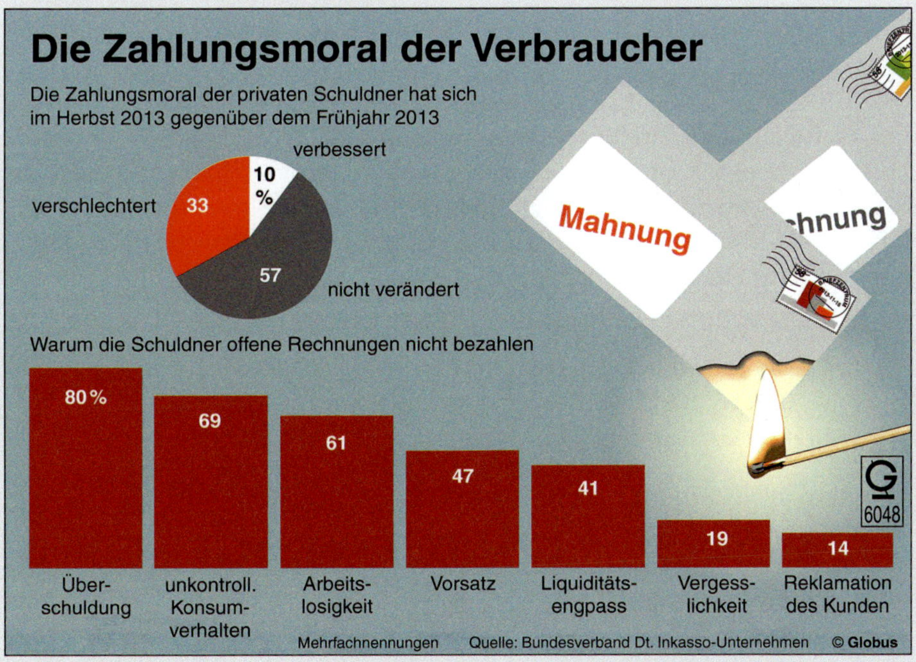

6.4 Mit dem Einkommen auskommen

Situation 64 Reicht das Geld für eine gemeinsame Wohnung?

Bettina Lorenz ist inzwischen im 3. Jahr ihrer Ausbildung bei der *Fly Bike Werke GmbH*. In zwei Monaten möchte sie gern mit ihrem Freund Carl zusammenziehen. Carl macht eine Ausbildung zum Koch. Seine schriftliche Prüfung hat er schon absolviert und er bereitet sich gerade auf die praktische Prüfung vor. Die beiden haben eine 3-Zimmer-Wohnung in Bad Zwischenahn gefunden. Die Kaltmiete (inkl. Wasser und anderer Nebenkosten) für die 71 m² große Wohnung beträgt 410 Euro. *Bettina* macht sich Gedanken, ob sie ihre erste gemeinsame Wohnung und die Lebenshaltungskosten zusammen finanzieren können.

Carl wird in seinem Ausbildungsbetrieb übernommen und ca. 1300 Euro brutto verdienen. Nach Abzug der Sozialabgaben und der Steuern bekommt er ein Nettoentgelt in Höhe von 982 Euro überwiesen. *Bettina* erhält eine Ausbildungsvergütung in Höhe von 605 Euro, was einem Nettoentgelt von 478 Euro entspricht.

Einnahmen, monatlich in Euro	Bettina	Carl
Unser Einkommen		
Nettolohn	478,00	982,00
Urlaubsgeld, netto	40,00	50,00
Weihnachtsgeld, netto	40,00	50,00
Geld vom Staat		
Kindergeld	188,00	
Wohngeld		
Private Zahlungen		
Unterhalt		
Geldgeschenke		
Rückerstattungen		
Steuern		
Strom, Gas, Wasser, Heizung		
Summe		

ARBEITSAUFTRÄGE ZUR SITUATION

A1 Erstellen Sie Ihren eigenen Haushaltsplan für Ihre erste eigene Wohnung. Entscheiden Sie sich zunächst, ob Sie diese allein oder mit Ihrem Partner finanzieren wollen. Verschaffen Sie sich eine Übersicht wie viel Geld Ihnen monatlich zur Verfügung steht. Für Ihre Konsumausgaben nutzen Sie den Haushaltsplan → **M1**. Beachten Sie, dass Sie die jährlichen und halbjährlichen Ausgaben auf den Monatsbetrag umrechnen.

A2 „Dafür würde ich niemals Geld ausgeben!"
Geben Sie verhältnismäßig viel oder eher wenig aus? Recherchieren Sie unter **www.geldundhaushalt.de**. Dort können Sie unter der Rubrik „Referenzbudgets" sehen, wie andere Personen in Ihrer Lebenssituation wirtschaften.

A3 Ziehen Sie Bilanz: Wie groß müsste Ihr (ggf. gemeinsames) monatliches Einkommen sein, damit Sie sich eine eigene Wohnung leisten können?

M1 Haushaltsplan – Ausgaben

feste Ausgaben	selbst	Partner	variable Ausgaben	selbst	Partner
Wohnen			**Wohnen**		
Miete (inkl. Wasser und NK)			Instandsetzung		
Heizung			Möbel		
Strom					
Mobilität			**Mobilität**		
Fahrkarten ÖPNV			Benzin		
Kfz-Steuer			Reparaturen		
Kfz-Versicherung					
Leasing Pkw					
Kommunikation			**Kommunikation**		
Mobilfunk			Porto		
Internet					
Rundfunkgebühren					
Bildung/Freizeit			**Bildung/Freizeit**		
Mitgliedsbeiträge (Sportverein, Fitnessstudio etc.)			Bücher/Zeitschriften		
Zeitungsabonnement			Eintrittsgelder		
			Reisen		
			Geschenke		
			Essen gehen		
Versicherungen			**Hauswirtschaft**		
Haftpflicht			Hausrat/Geräte		
Berufsunfähigkeit			Reparaturen		
Private Krankenversicherung			Blumen/Garten		
Hausratversicherung			**Ernährung**		
			Nahrungsmittel/ Getränke		
Sparen/Vorsorge			Alkohol/Tabak		
Sparvertrag			Außer-Haus-Verzehr		
Rentenversicherung					
Lebensversicherung					
Schulden			**Körper/Gesundheit**		
Dispokredit/Zinsen			Pflegemittel		
Ratenkredit			Friseur/Nagelstudio		
			Sauna/Solarium		
			Persönlich		
			Bekleidung		
			Schuhe		
			Reinigung		
			Schmuck		
Summe			**Summe**		

Situation 65 Was folgt nach dem Umzug?

Der Umzug in die neue Wohnung mit ihrem Freund Carl zieht viele Investitionen nach sich. Im Möbelhaus hat *Bettina* eine Couch gesehen, die ihr so richtig gut gefällt. 450,00 Euro soll sie kosten, aber die haben *Bettina* und Carl auf keinen Fall mehr übrig. Das Möbelhaus bietet eine Finanzierung an.

ARBEITSAUFTRÄGE ZUR SITUATION

A1 Prüfen Sie, ob das Angebot des Möbelhauses sämtliche Vorgaben des Verbraucherschutzes erfüllt. → **M1**

A2 Ermitteln Sie den effektiven Jahreszins für das vorliegende Kreditangebot. → **M2**

A3 Der Kreditgeber verlangt eine Schufa-Auskunft. Erläutern Sie, warum dieses Vorgehen für beide Vertragspartner sinnvoll ist. → **M3**

A4 Auf der Website von „Spiegel Online“ ist ein Artikel zum Thema „Verschuldete Jugendliche" veröffentlicht. → **M4**
Diskutieren Sie: Wäre die Kreditaufnahme im Möbelhaus der erste Schritt in die Schuldenfalle? Entscheiden Sie abschließend, ob *Bettina* die Couch mithilfe des Kredits kaufen soll.

A5 Lesen Sie die Informationen zur Verbraucherinsolvenz (→ **M5**) und bearbeiten Sie folgende Aufgaben:

a) Dem gerichtlichen Verbraucherinsolvenzverfahren gehen das außergerichtliche Verfahren und das gerichtliche Vergleichsverfahren voraus. Erläutern Sie, welche Maßnahmen in diesen beiden ersten Schritten ergriffen werden.

b) Was ist mit der sogenannten Wohlverhaltensphase im gerichtlichen Verbraucherinsolvenzverfahren gemeint?

c) Nennen Sie Vor- und Nachteile der Möglichkeit der Restschuldbefreiung. Nehmen Sie auch persönlich Stellung.

M1 Besonderer Verbraucherschutz bei Verbraucherkreditverträgen

Immer mehr Konsumgüter werden nicht sofort vom Kunden bezahlt, sondern finanziert. Bei einem **Ratenkauf** wird zwischen dem Verkäufer und dem Käufer die Vereinbarung getroffen, dass der Käufer die Schuld innerhalb eines festgelegten Zeitraums in Form von zeitlich festgelegten Ratenzahlungen zu begleichen hat.
Möglich ist auch ein **Verbraucherdarlehensvertrag**, den der Verbraucher mit einem Geldinstitut abschließt. Sowohl für solche Darlehensverträge als auch für die Ratenkäufe sieht das Bürgerliche Gesetzbuch (BGB) seit 2010 besondere **Verbraucherschutzbestimmungen** vor, wenn der Nettobetrag 200 Euro überschreitet. Ziel ist, den Verbraucher vor unseriösen Angeboten zu schützen und seine Position zu stärken.
Form: Der Verbraucherkredit unterliegt der **Schriftform**. Die Unterschrift des Verbrauchers ist immer erforderlich.
Mindestinhalte: Der Vertrag muss den Nettokreditbetrag, die Nominalverzinsung, die Effektivverzinsung, Vertragslaufzeit und die sonstigen Kosten enthalten.
Widerruf: Der Vertrag kann innerhalb von zwei Wochen ohne Angabe von Gründen widerrufen werden. Der Widerruf kann in Textform, d. h. z. B. per Brief, E-Mail, SMS oder Fax erfolgen.
Kündigung: Der Kredit kann vom Kreditgeber nur noch gekündigt werden, wenn der Verbraucher die Kreditrate zweimal nicht bezahlt hat, der Verbraucher mit mindestens 10 % der Kreditsumme in Verzug ist und der Verbraucher eine zweiwöchige Fristsetzung hat verstreichen lassen. Für den Verbraucher wird dann die gesamte Kreditsumme fällig. Der Kreditnehmer kann den Kredit jederzeit kündigen, muss dabei aber ggf. eine Vorfälligkeitsentschädigung zahlen.
Ratenkäufe sind grundsätzlich erst ab 18 Jahren möglich, auch wenn die Höhe der Rate im Bereich des Taschengeldes liegt.

M2 Effektiver Jahreszins

Viele Kreditangebote beinhalten neben den Zinsen weitere Kosten wie Bearbeitungsgebühren und Vermittlungsprovision. Zur Ermittlung der Effektivverzinsung eines Kredites werden diese Kosten berücksichtigt und in Form eines Jahreszinses dargestellt. Mithilfe des effektiven Jahreszinses können Kreditangebote sinnvoll verglichen werden. Grundsätzlich gilt: Je höher die Kosten und je kürzer die Kreditlaufzeit, umso höher ist der Effektivzins. Der effektive Jahreszins kann wie folgt berechnet werden:

$$\text{effektiver Jahresszins} = \frac{\text{gesamte Kreditkosten} \cdot 100}{\text{Auszahlungsbetrag} \cdot \text{Jahre}}$$

M3 Schutzgemeinschaft für allgemeine Kreditsicherung (Schufa)

Jeder Kreditgeber geht bei der Vergabe eines Kredits das Risiko ein, dass der Kreditnehmer, die Kreditsumme gar nicht oder nur teilweise zurückzahlt. Bei Verbraucherkrediten ist die Gefahr besonders groß, wenn der Kreditnehmer bereits für mehrere Kredite zahlen muss. Oftmals droht in diesem Fall die Überschuldung. Um Informationen über bereits bestehende Kreditverpflichtungen des Kreditnehmers zu erhalten, kann der Kreditgeber Auskünfte bei der **Schutzgemeinschaft für allgemeine Kreditsicherung (Schufa)** einholen. Der Kreditnehmer muss diese Einwilligung aber schriftlich erteilen. Selbstverständlich kann jeder auch seine eigenen Daten einsehen. (www.meine-schufa.de)

M4 Verschuldete Jugendliche

Mehr als 10 000 Euro Schulden mit 23 Jahren: Kevin aus Kiel wuchsen die Ausgaben über den Kopf. Als er von zu Hause auszog, fing der Ärger an. Handy-Vertrag, Miete und Dispokredit trieben ihn in die Privatinsolvenz. Hätte er doch nur seine Post gelesen.

Könnte Kevin die Zeit für ein paar Jahre zurückdrehen, würde er wahrscheinlich vieles anders machen. Vielleicht würde er nicht so früh in eine eigene Wohnung ziehen. Sicherlich würde er keinen Handy-Vertrag für 90 Euro im Monat mit zweijähriger Laufzeit abschließen. Und ganz bestimmt würde er besser auf seine Post achten. Kevin kann die Zeit nicht zurückdrehen. Stattdessen bereitet er seine Privatinsolvenz vor: Der 23-Jährige aus Kiel ist pleite. Zwischenzeitlich hatte er mehr als 10000 Euro Schulden. „Es hätte auch die Hälfte sein können, wenn ich mich rechtzeitig gekümmert hätte", erzählt er. Aber er kümmerte sich nicht.

So wie Kevin geht es vielen Jugendlichen in Deutschland. Der „Schuldneratlas 2012", eine Untersuchung der Wirtschaftsauskunftei Creditreform, geht von 216000 Schuldnern unter 20 Jahren aus. Das Statistische Bundesamt wertete Daten von Beratungsstellen über knapp 74000 verschuldete Menschen in Deutschland aus. Mehr als 5000 von ihnen waren 2011 unter 25 Jahre alt, etwa jeder Fünfte dieser Gruppe hatte mehr als 10000 Euro Schulden.

Einnahmen auf die eine, Ausgaben auf die andere Seite

„Das Hauptproblem ist, dass viele junge Menschen kaum in der Lage sind, ihre finanziellen Möglichkeiten realistisch einzuschätzen", sagt Alis Rohlf, Leiterin der Koordinierungsstelle Schuldnerberatung in Schleswig-Holstein. Dies habe zum einen mit überzogenen Gehaltsvorstellungen zu tun. Zum anderen hätten viele Jugendliche kein Gefühl für ihre Finanzen.

Wie viel Geld habe ich im Monat zur Verfügung? Wie teuer ist die Miete? Wie viel brauche ich für meinen täglichen Bedarf? Diese Fragen müsse man sich regelmäßig stellen. Für den besseren Überblick rät Rohlf zu einem Haushaltsplan: Einnahmen auf die eine, Ausgaben auf die andere Seite. Im Internet gibt es für solche Finanzplaner gleich mehrere Seiten.

Solange die Jugendlichen noch zu Hause leben, springen oft Eltern oder Verwandte ein, wenn am Ende des Monats kein Geld mehr übrig ist. „Wenn junge Menschen einen Haushalt gründen, verrennen sie sich oft", sagt Rohlf.

So ging es auch Kevin, als er mit 18 Jahren in seine erste eigene Wohnung zog. „Die erste Zeit lief es eigentlich noch ganz gut", berichtet er. Doch als er seine Ausbildung zum Kfz-Mechaniker abbrach, sei es steil bergab gegangen. „Ich habe mir leider ein paar Verträge zu viel angelacht." Inzwischen arbeitet er in einem Call-Center.

Verlockend, aber teuer

Mit 18 Jahren dürfen junge Erwachsene eigene Verträge abschließen. Das ist verlockend, kann aber teuer werden. „Gerade bei wichtigen Entscheidungen sollte man wirklich noch mal eine Nacht drüber schlafen", sagt Rohlf. Auf der Straße oder an der Wohnungstür sollten auch Jugendliche grundsätzlich nichts unterschreiben. Stattdessen sollten sie interessante Verträge erst mal mit nach Hause nehmen und sich in Ruhe angucken.

Eine weitere Schuldenfalle sind Dispokredite bei der Bank. Kevin legte sich gleich zwei Konten zu. Irgendwann war das eine um 500 Euro, das andere um 800 Euro überzogen. Hinzu kommen die hohen Zinsen, die man der Bank zahlen muss.

Auch Christina Huber, Schuldnerberaterin in München, berät viele junge Menschen, die Probleme mit Dispokrediten haben. Sie rät dazu, statt mit Karte lieber bar zu zahlen. „Wenn man relativ viel mit der EC-Karte zahlt, verliert man den Überblick." Die Banken sind jedoch nicht die Einzigen, denen ihre Klienten Geld schulden. Vermieter, Telefonanbieter, Behörden: Rechnungen und Mahnungen kommen von vielen verschiedenen Absendern.

Am besten offen drüber reden

Bei Kevin landete die Post irgendwann nur noch auf der Ablage – oder im Mülleimer. „Ich hab die Rechnungen erst mal beiseite gepackt", sagt er. Nach einem Umzug sei die Post weiter an die alte Adresse gegangen, weil er keinen Nachsendeauftrag einrichtet hatte. Schließlich wurden seine Konten gepfändet. Huber rät in solchen Fällen, sich sofort mit den Gläubigern in Verbindung zu setzen. So ließe sich unter Umständen eine Ratenzahlung vereinbaren.

Kann man selbst die Miete nicht mehr bezahlen, droht man sogar, das Dach über dem Kopf zu verlieren. „Wenn kein Kontakt mehr zu den Eltern besteht, muss man bei Freunden unterkommen", sagt Huber. Sie ermutigt die Betroffenen, offen mit Freunden und Verwandten über ihre Geldprobleme zu sprechen. Im Notfall könne man sich an Fachstellen zur Vermeidung von Obdachlosigkeit wenden.
Zumindest das blieb Kevin bislang erspart. Vor zwei Jahren lernte er seine heutige Freundin kennen. Ein Wendepunkt, sagt der 23-Jährige. Kevin ließ sich helfen und wandte sich an eine Schuldnerberatung. Zusammen mit seiner Beraterin habe er einen Plan aufgestellt.
Trotz professioneller Hilfe wird Kevin noch mehrere Jahre gegen den bedrohlichen Schuldenberg ankämpfen müssen. Immerhin hat er jetzt wieder eine Perspektive, für die es sich zu kämpfen lohnt. Im April erwartet seine Freundin Zwillinge.

(Quelle: David Kluthe/dpa/son in: Spiegel Online – Schulspiegel (16. Februar 2013) **http://www.spiegel.de/schulspiegel/wenn-jugendliche-schulden-haben-absturz-nach-dem-auszug-a-883475.html***)*

M5 Verbraucherinsolvenz

Der steigenden Zahl von überschuldeten Privathaushalten trug der Gesetzgeber Rechnung, als er die Möglichkeit der Restschuldbefreiung für Privatpersonen, die sogenannte Verbraucherinsolvenz, geschaffen hat. Dieses Verfahren für Privatpersonen wurde eingerichtet, um es diesen Personengruppen zu ermöglichen, sich aus der Schuldenfalle zu befreien.
Grundlage für ein Verfahren zur Verbraucherinsolvenz ist die Zahlungsunfähigkeit einer natürlichen Person.
Das Verfahren vollzieht sich in der Regel in vier Schritten:

1. Schritt: Außergerichtliches Verfahren
Ausschlaggebend für ein außergerichtliches Verfahren ist ein Schuldenbereinigungsplan, der von allen Gläubigern akzeptiert wird. Dieser Plan, der mithilfe einer Schuldnerberatung ausgearbeitet wird, muss konkrete Vorschläge über den Zeitraum und die Ratenhöhe für den Abbau der Schulden beinhalten. Gleichzeitig muss ein Verzeichnis erstellt werden, aus dem alle Verbindlichkeiten und das gesamte Vermögen des Schuldners ersichtlich sind. Dieses Verfahren ist gescheitert, wenn der Versuch der außergerichtlichen Einigung sechs Monate erfolglos durchgeführt wurde.

2. Schritt: Gerichtliches Vergleichsverfahren
Voraussetzung für das gerichtliche Vergleichsverfahren ist die Bescheinigung einer geeigneten Person, z. B. Schuldnerberatung oder Rechtsanwalt, die das erfolglose außergerichtliche Verfahren bestätigt. Grundlage für dieses Verfahren stellt wiederum der Schuldenbereinigungsplan dar. Das Gericht versucht, die Zustimmung der Gläubiger zu diesem Plan zu erreichen. Dabei kann das Gericht aber auch die Zustimmung einzelner Gläubiger ersetzen, wenn

- mehr als die Hälfte der Anzahl der Gläubiger zugestimmt hat,
- diese Gläubiger mehr als die Hälfte der offenen Forderungssumme auf sich vereinen,
- kein widersprechender Gläubiger schlechter als bei der Eröffnung eines Insolvenzverfahrens gestellt wird.

Bleibt auch dieser Versuch erfolglos, so kann das gerichtliche Verbraucherinsolvenzverfahren eingeleitet werden.

3. Schritt: Gerichtliches Verbraucherinsolvenzverfahren
Im Rahmen dieses Verfahrens wird durch das Gericht für den Schuldner ein Treuhänder eingesetzt. Hat der Schuldner bei der Eröffnung des Verfahrens einen Antrag auf Restschuldbefreiung gestellt, so erhält der Treuhänder vom Schuldner über einen Zeitraum von sechs Jahren (Wohlverhaltensphase) den pfändbaren Teil seines Einkommens. Der Treuhänder verteilt dieses Geld dann an die Gläubiger.

4. Schritt: Restschuldbefreiung
Nach Ablauf der sechs Jahre und Einhaltung der im Insolvenzverfahren geltenden Bedingungen erlässt das Gericht dem Schuldner die restlichen Schulden.
Schafft der Schuldner es, innerhalb von drei Jahren 35 Prozent der Forderungen und die Kosten des Verfahrens zu decken, kann die Restschuldbefreiung schon nach diesen drei Jahren erfolgen. Schafft er es, zumindest die Verfahrenskosten zu decken, können die Restschulden nach fünf Jahren erlassen werden.

Weitere Informationen erhalten Sie im Internet auf den Seiten des **Ministeriums der Justiz und für Verbraucherschutz** www.bmj.de unter dem Stichwort *Verbraucherinsolvenz*. Außerdem bieten die **Verbraucherzentralen** zahlreiche Publikationen.

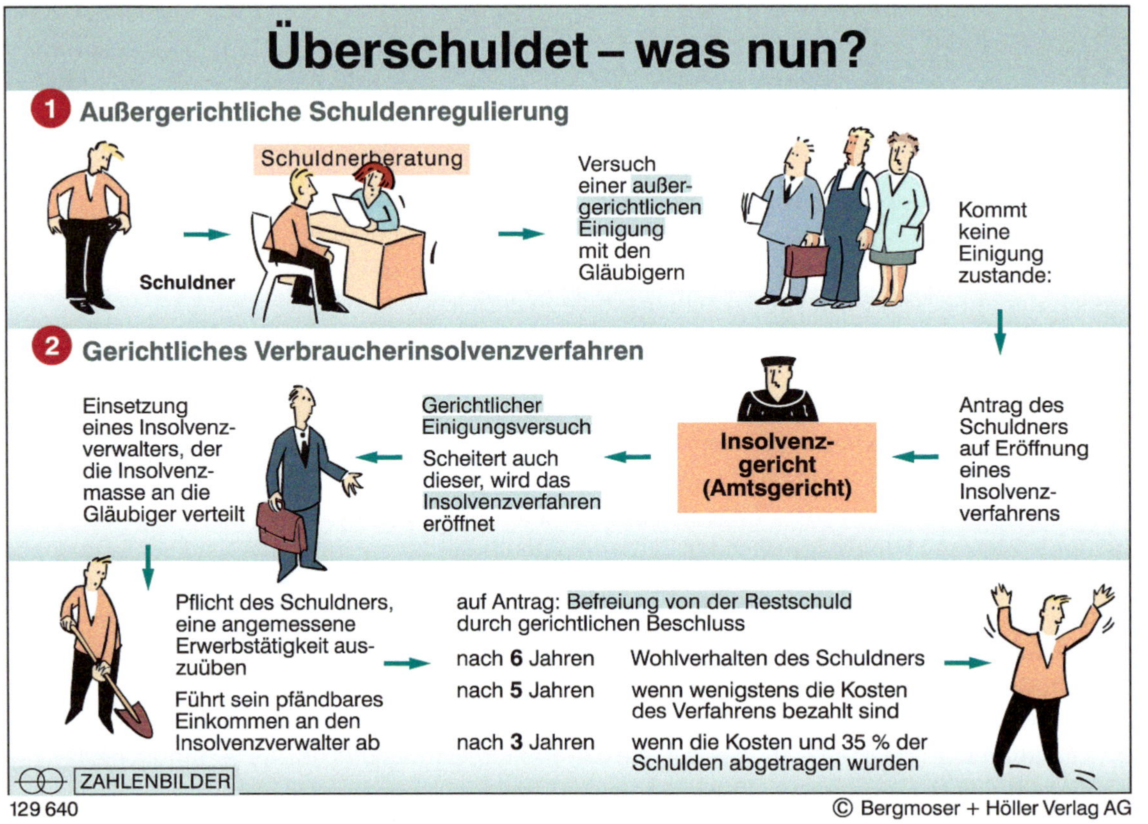

Kernwissen zu Kapitel 6.4

RATENKREDIT

Ratenkredite werden auch Konsumkredite genannt. Der Kredit wird in gleichbleibenden monatlichen Raten vom Kreditnehmer zurückgezahlt. Typische Güter, die mit Ratenkrediten finanziert werden, sind Autos und technische Geräte.

EFFEKTIVER JAHRESZINS

Der effektive Jahreszins gibt die reale Verzinsung eines Kredits an. Im Gegensatz zur Nominalverzinsung, die die Höhe der Verzinsung zur Berechnung der Sollzinsen angibt, werden beim effektiven Jahreszins sämtliche Nebenkosten wie Gebühren, Provision und Disagio berücksichtigt. Einen effektiven Jahreszins kann man auch für Geldanlagen berechnen.

HAUSHALTSPLAN UND HAUSHALTSBUCH

Ein Haushaltsplan gibt einen tabellarischen Überblick über die **geplanten** Einnahmen und Ausgaben eines Haushalts. Die Ausgaben werden in der Regel nach monatlich festen und variablen Ausgaben unterteilt. Jährliche oder halbjährliche Ausgaben werden auf den Monat runtergebrochen.
Im **Haushaltsbuch** werden monatlich die **tatsächlichen** Einnahmen und Ausgaben eines Haushalts aufgeschrieben.

ÜBERSCHULDUNG

Wenn Wirtschaftssubjekte (Privatpersonen, Unternehmen, Staaten) ihre Ausgaben mit fremdem Geld, also durch Kredite finanzieren, spricht man von Verschuldung. Ein Privathaushalt gilt als **überschuldet**, wenn sein „Einkommen über einen längeren Zeitraum nach Abzug der Lebenshaltungskosten trotz Reduzierung seines Lebensstandards nicht zur fristgerechten Schuldentilgung ausreicht“ (Definition des Bundesfamilienministeriums). Die Zahlungsunfähigkeit einer Privatperson wird als Privatinsolvenz bezeichnet.

VERBRAUCHERINSOLVENZVERFAHREN

Im Fall einer Überschuldung bzw. Zahlungsunfähigkeit kann eine Privatperson oder ein Selbstständiger mit einem kleinen Betrieb einen Antrag auf ein gerichtliches Verbraucherinsolvenzverfahren stellen. Diesem Antrag muss ein außergerichtlicher Schuldenbereinigungsversuch, der in der Regel mithilfe einer anerkannten Schuldnerberatungsstelle erfolgt, vorausgehen. Die verschuldete Person kann einen Antrag auf Restschuldbefreiung stellen. Diese kann nach eine Laufzeit von 6 Jahren nach Eröffnung des Verfahrens erteilt werden. Während dieser Zeit muss der Schuldner einer geregelten Arbeit nachgehen oder sich um eine solche bemühen und tritt sein pfändbares Einkommen an einen Treuhänder ab. Unter besonderen Voraussetzungen kann die Restschuldbefreiung auch schon nach drei oder fünf Jahren erfolgen.

SCHUFA

Die Schutzgemeinschaft für allgemeine Kreditsicherung (Schufa) ist ein Unternehmen, das seinen Vertragspartnern Informationen zur Kreditwürdigkeit von Kunden gibt. Die Kunden geben dazu ihr schriftliches Einverständnis ab. Die Auskunft soll das Kreditinstitut vor drohenden Verlusten schützen.

ÜBUNGEN ZU KAPITEL 6.4

Ü1 **In einem Möbelhaus sehen Sie folgendes Angebot zur Finanzierung einer Küche. Ermitteln Sie die Effektivverzinsung des Kreditangebots.**

ANGEBOT

Preis 15 000,00 Euro

Finanzierung mit einer Laufzeit von 48 Monaten

Monatliche Rate: 365,00 Euro

Bearbeitungsgebühren: 90,00 Euro

Ü2 Die Kundin einer Bank möchte einen Konsumkredit in Form eines Ratenkredits in Höhe von 10 000,00 Euro aufnehmen. Berechnen Sie die ersten drei Monatsraten.

Die Konditionen der Bank lauten:
Nominalzins: 4 %
Laufzeit: 36 Monate

Ü3 Beantworten Sie die Fragen zur abgebildeten Grafik.

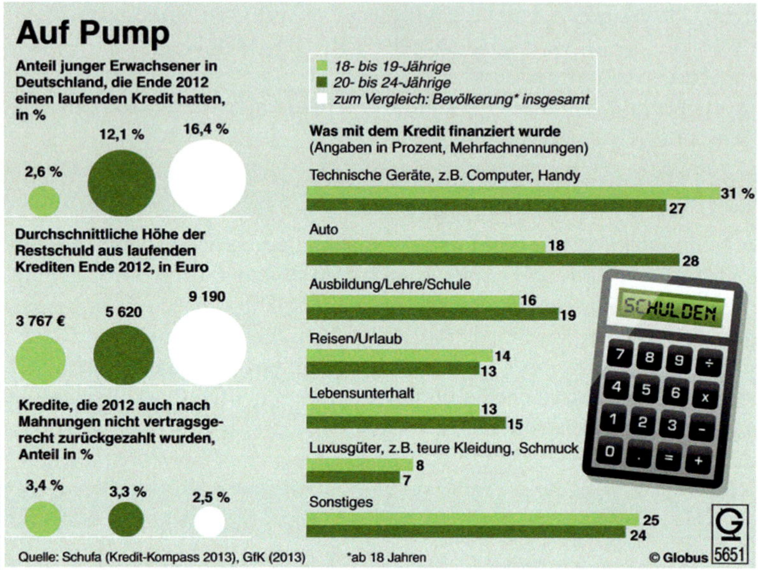

a) Wie hoch ist der Anteil der jungen Erwachsenen im Alter von 18–19 Jahren, die Ende 2012 einen laufenden Kredit hatten?

.... Prozent

b) Wie viel Prozent der 20–24-Jährigen haben den Kredit zur Finanzierung eines Autos genutzt?

.... Prozent

c) Wie hoch ist der Anteil der Kredite in der Gesamtbevölkerung, die 2012 auch nach Mahnungen nicht vertragsgerecht zurückgezahlt wurden?

.... Prozent

d) Auf welcher Datenquelle beruhen die dargestellten Angaben?

....

Ü4 Drei Viertel aller Deutschen sind bei der Schufa erfasst. Beschreiben Sie, wie die Schufa an diese Daten herankommt. Erläutern Sie, welche Dienstleistung die Schufa ihren Vertragspartnern anbietet.

Ü5 Unterscheiden Sie kurz die Inhalte und die Zielsetzung eines Haushaltsplans und eines Haushaltsbuchs.

KAPITEL

7

Wirtschaft und Handel verbinden Deutschland mit der Welt

7.1 Globalisierung macht vor Unternehmen in Deutschland nicht halt

- Standortverlagerung in einem gewerblich-technischen Unternehmen
- Arbeitskosten im internationalen Vergleich
- Entscheidung zur Standortverlagerung mithilfe der Nutzwertanalyse
- Chancen und Risiken der Globalisierung

7.2 Lernen und Arbeiten in Europa

- Leben, Lernen und Arbeiten in Europa
- Mobilitätsprogramme für die berufliche Bildung
- Der Europass zum Vergleich erworbener Qualifikationen und Kompetenzen

7.3 Wem nützt die Europäische Sozialcharta?

- Wirtschaftliche und soziale Rechte nach der Europäischen Sozialcharta
- Bedeutung für die berufliche Perspektive
- Der Europarat und seine Mitglieder

7.1 Globalisierung macht vor Unternehmen in Deutschland nicht halt

Situation 66 RUHRWERKE GmbH verlagert bis zu 120 Arbeitsplätze nach Tschechien

Die Auszubildende Hannah Lingnau liest in der Morgenzeitung die folgende Nachricht und versteht die Welt nicht mehr. Hat sie doch gerade erst die Ausbildung begonnen.

Was wird in Zukunft mit ihrem Ausbildungsplatz und den vielen anderen Stellen passieren? Und lohnt sich die Verlagerung der Arbeitsplätze nach Tschechien denn wirklich? Werden dadurch tatsächlich Kosten gespart?

Am Arbeitsplatz angekommen, ist die Nachricht bereits das Tagesgespräch.

Die RUHRWERKE GmbH aus Bochum plant im Jahr 2015 eine Investition in Höhe von 20 Mio. Euro in ein neues Werk in Tschechien. Nach derzeitigem Stand sind von der Verlegung bis zu 120 Arbeitsplätze am Standort Bochum betroffen. Zurzeit arbeiten 950 Männer und Frauen, inklusive Leiharbeitern, beim Bochumer Unternehmen. Hintergrund ist der steigende Kostendruck in Deutschland und die daraus resultierenden Rationalisierungsmaßnahmen. Man sieht sich gezwungen, diese Maßnahmen zur nachhaltigen Unternehmensausrichtung und Standortsicherung in Bochum zu ergreifen. Laut Geschäftsführung seien die insgesamt besseren Standortfaktoren in Tschechien bei der Entscheidung ausschlaggebend gewesen. Die Lohnkosten in Tschechien seien um ein Vielfaches geringer und zudem wurde staatliche Förderung versprochen. Verwaltung, Vertrieb und Logistik verbleiben aber in Bochum.

Bochumer Anzeiger vom 15.01.2015

ARBEITSAUFTRÄGE ZUR SITUATION

A1 Finden Sie selbst Antworten auf die Fragen von Hannah. Beschäftigen Sie sich zunächst mit den Arbeitskosten.

a) Nutzen Sie dazu die Infografik aus der Zeitungsmeldung und erklären Sie, warum die RUHRWERKE GmbH beabsichtigen könnte, ihr Werk von Bochum nach Tschechien zu verlagern.

b) Welche Gründe kann es haben, dass die RUHRWERKE GmbH andere Bereiche des Unternehmens in Deutschland belassen möchte?

c) Die Arbeitskosten setzen sich aus Direktentgelten und Personalzusatzkosten zusammen. Erklären Sie mithilfe von → **M1** den Unterschied.

d) Vergleichen Sie die Arbeitskosten von Deutschland mit den Werten für Griechenland bzw. Norwegen.

A2 „Jetzt ist die Globalisierung auch in Bochum angekommen", hört Hannah einige Kollegen reden. Was meinen die damit? Das nachstehende Material → **M2** kann Ihnen bei der Antwort helfen.

A3 Ausschlaggebend für die Verlagerung sollen die besseren Standortfaktoren sein. Was wird darunter verstanden? Lesen Sie zunächst den Informationstext → **M3** und lösen Sie dann schriftlich die folgenden Aufgaben:

a) Welche Standortfaktoren sind laut Pressemeldung im Bochumer Anzeiger der Grund für die Standortwahl der RUHRWERKE GmbH?

b) Handelt es sich hierbei um harte oder um weiche Standortfaktoren?

M1 Arbeitskosten unter der Lupe

Der „erste Lohn":
Damit ist das **Direktentgelt** gemeint. Es ist die Bezahlung für die geleistete Arbeit. Das Direktentgelt findet ein Arbeitnehmer in seiner monatlichen Bruttoentgeltabrechnung (→ S. 182) wieder.

Der „zweite Lohn":
Personalzusatzkosten (auch: Personalnebenkosten oder Lohnnebenkosten) sind finanzielle Leistungen, die Arbeitgeber ergänzend zum regulären Leistungsentgelt (Lohn, Gehalt, Honorar) aus eigenem Antrieb oder aufgrund gesetzlicher oder tariflicher Zwecke zahlen. Diese Zusatzkosten stehen nicht immer in direkter Beziehung zum Direktentgelt. Sie werden auch „der zweite Lohn" genannt.

Die Zusatzkosten entstehen durch:

- Vergütung arbeitsfreier Tage, z. B. Lohnfortzahlung im Krankheitsfall, an Feiertagen und während des Urlaubs gezahlte Bezüge,
- Sonderzahlungen bzw. Gratifikationszahlungen, z. B. vermögenswirksame Leistungen, Weihnachtsgeld, Urlaubsgeld,
- Aufwendungen für Vorsorgeeinrichtungen, z. B. Arbeitgeberbeiträge zur gesetzlichen Sozialversicherung einschließlich Unfallversicherung, betriebliche Altersvorsorge,
- sonstige Personalzusatzkosten, z. B. Abfindungen, Kosten der Aus- und Weiterbildung.

M2 Was bedeutet Globalisierung?

Erarbeiten Sie sich den Text und ergänzen Sie ihn mit folgenden Begriffen:
Menschen; Branchen und Sektoren; Globalisierung; vernetzt; Kapitalaustausch; Lohnkosten; weltweit, Gewinner und Verlierer.

Das Wort .... entstammt dem Wort „global“. Dies bedeutet so viel wie „die ganze Erde betreffend“. Das Wort leitet sich von dem lateinischen Begriff „Globus“ her, der mit Erdkugel übersetzt werden kann. Unter Globalisierung kann man einen Prozess verstehen, bei dem grenzüberschreitende wirtschaftliche Austauschbeziehungen stattfinden. Es wird immer leichter für die Akteure, auch in anderen Teilen der Erde zu agieren und präsent zu sein.

Hierbei sind die Unternehmen und Märkte immer mehr miteinander .... Sachgüter und Dienstleistungen werden dort bereitgestellt, wo sich die dafür günstigsten Voraussetzungen finden lassen. Der freie und ungehinderte weltweite Sachgüter, Dienstleistungs- und .... wird immer weiter erleichtert. In den letzten Jahrzehnten ist das Globalisierungstempo immer größer geworden. Das wurde auch durch die neuen Technologien ermöglicht, die nahezu jeden Punkt der Erde in Echtzeit für die Partner erreichbar machen.

Folgende Übersicht zeigt Gründe und Folgen, die hierfür eine Erklärung sein können.

Die Globalisierung berührt und verändert die Lebensbereiche fast aller .... Arbeitsplätze in bestimmten Industrien verschwinden. Andere .... haben demgegenüber gute Möglichkeiten, dass ihr Produktivitätsvorsprung, trotz relativ hoher ...., nicht verloren geht.

Ohne Arbeitsteilung ist dies nicht möglich. Die Arbeitsaufgaben werden in mehrere Teilaufgaben und deren Verteilung an einzelne Arbeitsausführende zergliedert. Das kann auf beruflicher, innerbetrieblicher, zwischenbetrieblicher und internationaler Ebene geschehen.

Beispiel *Fly Bike Werke GmbH*: Ein Fahrradrahmen des neuen *Cityrades* wird bei einem Lieferanten in Italien produziert, der Dynamo kommt aus Taiwan und die Endfertigung, Qualitätskontrolle sowie der weltweite Verkauf aus der Firmenzentrale finden in Oldenburg statt.

Was für die *Fly Bike Werke GmbH* in Deutschland gilt, gilt auch .... und dabei gibt es ....

Gründe und Folgen der Globalisierung

M3 Standortfaktoren

Ein Standortfaktor beschreibt im Wirtschaftsleben die Attraktivität eines Produktionsstandortes für eine Ansiedlung. Standortfaktoren sind die Gesamtheit der Faktoren, die ein Unternehmen in der Wahl eines Standortes bestimmen. Dabei gibt es deutliche Unterschiede in der Einschätzung der Wichtigkeit der einzelnen Standortfaktoren für die Unternehmen (branchen- und größenspezifische Unterschiede).

Es wird zwischen harten und weichen Standortfaktoren unterschieden:

Harte Standortfaktoren (z. B. Infrastruktur, Steuern, Rohstoffe, Lohnniveau, Subventionen, Klima usw.) sind für ein Unternehmen objektiv messbar und schlagen sich unmittelbar in Kosten nieder. Sie sind in manchen Fällen auch eine unumgängliche Voraussetzung zur Errichtung eines Unternehmens (z. B. die Nähe eines ausreichend großen Gewässers als Kühlmittellieferant für ein Heizkraftwerk).

Weiche Standortfaktoren (z. B. Kulturangebote, Freizeitmöglichkeiten, Bildungsniveau, Rechtssicherheit usw.) sind für ein Unternehmen schwer messbar, treten aber immer mehr bei der Standortwahl in Erscheinung. Ihre Bedeutsamkeit liegt nicht in einer objektiven Einschätzung, sondern reduziert sich auf die individuelle Bewertung. Sie sind trotz alledem von großer Bedeutung für die Standortwahl eines Unternehmens.

Situation 67 Standortverlagerung – eine schwere Entscheidung

Die geplante Standortverlagerung wird zum Tagesgespräch in Bochum und den angrenzenden Städten. Viele Mitarbeiter fürchteten um ihren Arbeitsplatz. Der Bochumer Anzeiger bemüht sich um Stellungnahmen von Betriebsangehörigen und auch der Bürgermeisterin.

Bochumer Anzeiger

Stellungnahmen zur geplanten Standortverlagerung

Mark Stück, Projektleiter „Werk 2015“:
„Ich war zu Besuch in Tschechien und habe mir den Standort angeschaut. Die Infrastruktur ist vergleichbar mit Deutschland. Leider sind wir mit der Standortlage weit entfernt von unserem Stammwerk. Das wird sicher eine logistische Herausforderung. Wichtig beim Bau eines neuen Werkes sind niedrige Arbeitskosten.“

Harald Brass, Geschäftsführer:
„Wir liegen mit den Arbeitskosten über dem europäischen Durchschnitt. Deshalb möchten wir die Fertigung nach Tschechien verlagern. Die finanziellen Bedingungen in den attraktiven Lagen in Tschechien sind aber mittlerweile vergleichbar mit Bochum. Wir müssen in Tschechien mit der Lage des Werkes deshalb auf die grüne Wiese gehen. Leider sind dort qualifizierte Arbeitskräfte, besonders außerhalb der Großstädte, nur begrenzt vorhanden.“

Roland Stammen, Personalleiter:
„Der für mich wichtigste Standortfaktor ist die Qualifikation der Arbeitskräfte. Eine fundierte Ausbildung und lebenslange Fortbildung sichern den notwendigen Wettbewerbsvorsprung. In Bochum kann man auf genügend Fachkräfte zurückgreifen. Die Arbeitskosten sprechen natürlich momentan klar für Tschechien. Es soll dort schwierig sein gut ausgebildete Fachkräfte zu finden. Diese Probleme können wir aber schnell durch eine sechswöchige ‚Sprinterausbildung‘ beheben.“

Jürgen Träger, Betriebsrat:
„Sprinterausbildung? Was für ein Quatsch! In sechs Wochen kann man doch niemanden vollwertig ausbilden. Am Markt kann man nur durch Qualität bestehen, nicht über den Preis. Nur zufriedene, gut ausgebildete Mitarbeiter liefern qualitativ gute Arbeit ab! Das neue Werk soll hoch automatisiert laufen, und da sind die Lohnkosten sicher nicht das Argument. Und ob man in Tschechien immer dieses niedrige Lohnniveau halten kann, ist nicht sicher. Moderne Maschinen brauchen qualifizierte Mitarbeiter. In Bochum bieten wir der RUHRWERKE GmbH diese gut qualifizierten Mitarbeiter und eine gute Infrastruktur.“

Finn Steinmüller, Azubi RUHRWERKE GmbH:
„Ich finde es schade, dass die Fertigung verlegt wird. Ich hoffe nach meiner Ausbildung dort eine Stelle zu bekommen. Bei einem Schüleraustausch war ich übrigens in Tschechien. Unsere Partnerschule dort ist toll renoviert worden. Aber trotzdem schwärmen alle von unserem dualen Ausbildungssystem in Deutschland. Nach ihrer Ausbildung wollen viele meiner Freunde aus Tschechien wegen des höheren Lohnes zum Arbeiten zu uns kommen. Ich überlege jedoch selbst, sollte ich nicht übernommen werden, in der Schweiz zu arbeiten!“

Dr. Monika Michaelis, stellvertretende Bürgermeisterin in Bochum:
„Bochum ist ein top Standort! Es ist die Qualität der Produktion ‚Made in Germany‘, die die Attraktivität der RUHRWERKE GmbH ausmacht. Die Qualifikation ist ein Garant einer qualitativ hochwertigen Produktion und wird von Unternehmen mindestens so hoch eingeschätzt wie der sehr wichtige Vorteil, eine hervorragende Infrastruktur zu bieten. Der Autobahnbau um Bochum und Herne zeigt dies aktuell. Gerade die RUHRWERKE GmbH kann so alle wichtigen wirtschaftlichen Partner schnell erreichen.“

ARBEITSAUFTRÄGE ZUR SITUATION

A1 Setzen Sie sich mit den unterschiedlichen Meinungen zur Standortverlagerung auseinander und kommen Sie dann schrittweise zu einer eigenen Bewertung.

a) Informieren Sie sich über das Vorgehen mittels Nutzwertanalyse → **M1** zur Entscheidungsfindung.

b) Setzen Sie die Aussagen im Bochumer Anzeiger mithilfe der Nutzwertanalyse → **M2** in Zahlen um. Die vier Kriterien sind schon vorgegeben.

c) Entscheiden Sie abschließend, ob die RUHRWERKE GmbH besser in Bochum bleiben oder die Fertigung nach Tschechien verlegen sollte.

d) Fallen Ihnen weitere Standortfaktoren ein, die die Entscheidung beeinflussen könnten? Wie würden diese Ihre Standortwahl verändern?

M1 Umgang mit einer Nutzwertanalyse

Die Nutzwertanalyse ist ein Bewertungsverfahren, mit dem bewertet und verglichen werden kann. Viele Investitionsvorhaben, wie z. B. die Entscheidung für einen (neuen) Standort, können nicht – wie es die Investitionsrechnungen erfordern – ausschließlich durch Zahlenwerte, wie z. B. Kosten und Gewinne (quantitative Faktoren), erfasst werden. In diesem Fall kommt die Nutzwertanalyse zum Einsatz. Sie integriert auch qualitative Faktoren und bewertet diese. Das sind Bewertungskriterien die nicht in Geldeinheiten ausgedrückt werden und technische, ökologische sowie soziale Merkmale betreffen.

Vorgehen für das Beispiel Bochum/Tschechien

- Lesen Sie sich alle Informationen zum Fall gründlich durch. Markieren Sie sich dabei wichtige Stellen zu den vorgegebenen Standortfaktoren (Kriterien). Falls Sie über weitere, eigene Informationen verfügen, dürfen Sie diese in die Bewertung einbringen.
- Nehmen Sie eine Gewichtung der vier Standortfaktoren vor. Welche Bedeutung soll jeder einzelne Standortfaktor haben? Insgesamt sollen dazu 100 Punkte/Prozent vergeben werden. Tragen Sie Ihre Gewichtung in die Spalte „Kriteriengewichtung“ ein.
- Gehen Sie nun die beiden Standorte durch und entscheiden Sie für jedes Kriterium, wie viele Punkte der Standort erhalten soll. Maximal können zehn Punkte (absolut zutreffend), minimal kann ein Punkt (gar nicht zutreffend) vergeben werden. Tragen Sie die Punkte in den jeweiligen Bewertungsspalten ein. Sie dürfen die Punkte doppelt und auch gar nicht vergeben.
- Multiplizieren Sie die Kriteriengewichtung mit den vergebenen Punkten und tragen Sie die Ergebnisse in die Spalten „Teilnutzen“ ein.
- Addieren Sie alle Teilnutzen-Ergebnisse eines Standortes. Der Standort mit dem höchsten Gesamtnutzen wird ausgewählt.

M2 Entscheidungsfindung mittels Nutzwertanalyse

Standortkriterium	Kriterien-gewichtung	Bochum		Tschechien	
		Bewertung	Teilnutzen	Bewertung	Teilnutzen
Qualifikation/Bildung					
Lage					
Lohnniveau/Arbeitskosten					
Infrastruktur					
Gesamtnutzen	100 %				

Ich würde der RUHRWERKE GmbH den Standort .... empfehlen.

Kernwissen zu Kapitel 7.1

GLOBALISIERUNG

Unter der Globalisierung der Wirtschaft versteht man die Wirtschaftsverflechtungen einzelner Volkswirtschaften und das Zusammenwachsen der Märkte für Sachgüter, Dienstleistungen und Kapital über die Grenzen der Nationalstaaten hinaus.

Begünstigungen der Globalisierung:

- Liberalisierung der Märkte,
- technische Entwicklungen in Information und Kommunikation,
- politische, gesellschaftliche, wirtschaftliche und historische Entwicklungen, wie beispielsweise die Aufweichung planwirtschaftlicher Wirtschaftssysteme und die Öffnung kommunistischer Staaten nach 1989 für die freie Marktwirtschaft.

ARBEITSTEILUNG

Unter Arbeitsteilung versteht man die Zergliederung einer Arbeit in mehrere Teilaufgaben und deren Verteilung an einzelne Arbeitsausführende. Vier Formen der Arbeitsteilung lassen sich unterscheiden:

- berufliche Arbeitsteilung,
- innerbetriebliche Arbeitsteilung,
- zwischenbetriebliche Arbeitsteilung,
- internationale Arbeitsteilung.

LOHNKOSTEN

Unter Lohnkosten versteht man die Summe aller Bruttoentgelte, die ein Arbeitgeber innerhalb einer bestimmten Zeitspanne aufbringt.

Dabei bringt er Direktentgelt, das Entgelt für geleistete Arbeit, auf.

Weiterhin muss er Personalzusatzkosten (auch: Personalnebenkosten) bezahlen.

Dies sind zusätzliche Aufwendungen, die Arbeitgeber ergänzend zum regulären Leistungsentgelt (Lohn, Gehalt, Honorar) freiwillig oder aufgrund gesetzlicher oder tariflicher Bestimmungen zahlen.

STANDORTFAKTOR

Ein Standortfaktor beschreibt im Wirtschaftsleben die Attraktivität eines Produktionsstandortes für eine Ansiedlung.

Es werden zwei Arten von Standortfaktoren unterschieden:

- harte Standortfaktoren (objektiv messbar)
- weiche Standortfaktoren (subjektiv wahrnehmbar)

STANDORTWAHL

Standortfaktoren sind die Gesamtheit der Faktoren, die ein Unternehmen in der Wahl seines Standortes bestimmen. Die Auswahl erfolgt nach verschiedenen volks- und betriebswirtschaftlichen Kriterien, die analysiert und bewertet werden. Dies kann mithilfe einer Nutzwertanalyse geschehen.

NUTZWERTANALYSE

Die Nutzwertanalyse dient als Instrument zur Entscheidungsfindung. Dabei werden Standortkriterien in Zahlen umgesetzt.

Die am Ende ermittelte Punktzahl ermöglicht die Erstellung einer Rangfolge und damit eine quantifizierte Bewertung.

ÜBUNGEN ZU KAPITEL 7.1

Ü1 Richtig (r) oder falsch (f)? Bewerten Sie die folgenden Aussagen:

1	Staaten konkurrieren weltweit um Investitionen in ihre Wirtschaft. Die Investoren und Unternehmer wählen dann danach aus, wo sich am günstigsten produzieren lässt und wie zugkräftig die Absatzmärkte sind.	
2	Unter Globalisierung versteht man einen Prozess, in dem wirtschaftliche Austauschbeziehungen durch Staaten reguliert werden sollen.	
3	Kapitalintensiv heißt, dass menschliche Arbeitskraft der bestimmende Produktionsfaktor ist, also am meisten zum Produktionsergebnis beiträgt. Typisch ist das im Bereich des Handwerks und bei allen Sozialberufen.	
4	Personalzusatzkosten sind die rechnerische Größe „Entgelt für geleistete Arbeit“, also der sogenannte „zweite Lohn“.	
5	Weiche Standortfaktoren beziehen sich auf nicht objektiv messbare Zusammenhänge wie die Infrastruktur, Lohnkosten oder die Nähe und der Zugang zu Rohstoffen, Arbeitskräften und Grundstücken.	
6	Arbeitnehmer mit geringer Qualifikation sind am stärksten durch internationale Arbeitsteilung bedroht. Grund hierfür ist, dass es weltweit ein großes Angebot von unqualifizierter Arbeit gibt. Durch gute Qualifikation und Bildung kann man das Risiko von Arbeitslosigkeit reduzieren.	
7	Rationalisierung ist die Gesamtheit aller Maßnahmen, die zu einer kostengünstigeren Produktion führen. Ziel ist, dass stets eine Verbesserung der Produktivität oder Wirtschaftlichkeit erfolgen soll.	
8	Die Lohnstückkosten geben den Teil der Arbeitskosten an, die auf ein Produkt entfallen („Wie viel Lohnkosten stecken in einem Fahrrad?“).	
9	Unter Lohnkosten versteht man die Summe aller Nettolöhne und -gehälter, die ein Arbeitgeber innerhalb eines bestimmten Zeitraums aufwendet.	
10	Der Wechselkurs ist das Austauschverhältnis zweier nationaler Währungen. Wird eine Währung im Verhältnis zu einem anderen Standort aufgewertet, steigen damit auch die Produktionskosten im Vergleich zu dem anderen Standort.	
11	Zölle sind Abgaben, die der Staat bei Einfuhr, Ausfuhr, Durchfuhr über seine Grenze einfordert. Innerhalb des europäischen Binnenmarktes werden keine Zölle mehr erhoben.	
12	Subventionen sind staatliche Unterstützungen, die der Staat Unternehmen und privaten Haushalten gewährt.	

Ü2 Acht versteckte Standortfaktoren

a) Es gibt viele verschiedene Standortfaktoren. Acht zentrale Standortfaktoren sind im Buchstabenrätsel enthalten (Leserichtungen: rechts – links, links – rechts, oben – unten).

b) Ordnen Sie den gefundenen Standortfaktoren zu, ob es sich um harte oder weiche Standortfaktoren handelt.

c) Nennen und erklären Sie kurz jeweils zwei weitere harte und weiche Standortfaktoren.

G	N	U	M	E	O	R	T	S	S	S	U	L	F	D	F	R
Z	U	I	O	L	K	E	B	I	L	D	U	N	G	K	F	O
J	E	N	U	K	I	O	L	K	O	I	R	E	D	L	H	H
D	A	F	F	L	A	F	G	U	I	L	O	N	D	O	R	S
U	Z	R	U	I	H	C	S	R	E	V	R	E	S	H	A	T
G	N	A	M	M	O	R	T	S	S	S	U	L	F	N	F	O
Z	U	S	T	A	B	I	L	I	T	Ä	T	O	R	N	F	F
Y	A	T	N	E	N	E	T	Z	O	I	K	E	H	I	K	F
J	K	R	T	F	D	A	S	E	R	G	F	W	S	V	G	E
D	A	U	F	N	A	F	G	U	I	L	O	N	D	E	R	G
B	R	K	E	T	A	F	R	Z	I	O	P	R	V	A	H	S
U	S	T	E	U	E	R	N	R	E	V	R	E	S	U	A	W
Z	U	U	O	L	K	E	L	I	D	O	K	O	R	K	F	G
Y	A	R	N	E	S	U	B	V	E	N	T	I	O	N	E	N

Ü3 Chancen und Risiken der Globalisierung

Hannah hat jetzt so viel über den Hintergrund der Globalisierung erfahren. Um sich einen besseren Überblick zu verschaffen, hat sie Chancen und Risiken auf 10 gleich schwere Gewichte geschrieben:

1 Kostenvorteile für Unternehmen durch freie Standortwahl

2 Wirtschaftliche Entwicklungschancen für Länder der Zweiten und Dritten Welt

3 Günstigste Preise durch weltweiten Preiswettbewerb

4 Bedrohung der sozialen Sicherheit in den entwickelten Staaten

5 Umweltschutz ist bedroht; Standortverlagerung in Länder mit weniger Vorschriften

6 Weniger Einfluss der Nationalstaaten; dafür mehr Macht der Banken und globaler Konzerne

7 Druck auf Löhne und weniger Arbeitsschutz; Standortverlagerung in Länder mit geringen Vorschriften

8 Globale kulturelle Entwicklungschancen, z. B. mehr Gleichberechtigung und Bildungschancen

9 Die Öffnung neuer Märkte fördert den Handel.

10 Verlagerungen von globalen Unternehmen aufgrund von Steuersparmodellen

11 *Eigene Ideen*

12 *Eigene Ideen*

a) Treffen Sie jetzt Ihre eigene Entscheidung zur Bewertung und legen Sie die einzelnen Nummern der 10 Aussagen auf die entsprechende Seite der Waage.

b) Wie beurteilen Sie das Endergebnis, wohin neigt sich Ihre Waage?

c) Fallen Ihnen zwei weitere Chancen oder Risiken ein. Wie würden diese die Neigung Ihrer Waage verändern?

Ü4 Betriebsinterne Arbeitsteilung

Der Geschäftsführer Herr Brass schlägt Hannah vor, einfache Bürotätigkeiten für ihn zu übernehmen. Er würde ihr dafür auch die Überstunden bezahlen und hätte dann mehr Zeit, sich um seine Kernaufgaben im Unternehmen zu kümmern. Erklären Sie, warum dieses Angebot für Herrn Brass Sinn ergibt.

7.2 Lernen und Arbeiten in Europa

Situation 68 Ralf möchte während der Ausbildung im Ausland arbeiten

Ralf Schumacher trifft sich Freitagsabends mit seinen Freunden Max Feldenreich und Sebastian Höffner in ihrer Stammkneipe „Black Bill". Während sie Billard spielen, kommt es zum folgenden Gespräch:

Ralf: „Und wie läuft es bei dir mit der Ausbildung?"

Sebastian: „Ach, hör bloß auf! Bin echt ziemlich k. o. von den Frühschichten. Aber als Bäcker ist das ja normal! Der Job macht echt Spaß! Jetzt im dritten Ausbildungsjahr steht bald die Prüfung an. Und danach ..., will ich erst mal über den Tellerrand schauen, raus, andere Länder, andere Sitten."

Max: „Wie? Willst du nicht im Betrieb bleiben?"

Sebastian: „Nee, wir sind doch ein kleiner Handwerksbetrieb und der Chef will seinen Betrieb nicht mehr so lange führen. Ich überlege, kurz nach der Gesellenabschlussprüfung über **Erasmus+** mit einer Gruppe von ca. 15 Leuten ins Ausland zu gehen, um dort ein Praktikum zu machen. Wenn's mir gefällt, kümmere ich mich um eine feste Stelle."

Ralf: „Wow, du willst wirklich ins Ausland? Weißt du schon wohin?"

Sebastian: „Tirol, denke ich. In Österreich sprechen sie ja alle deutsch und ist ja auch nicht so weit weg."

Max: „Nee, das wäre nichts für mich. Ist doch viel zu kalt dort. Wenn schon, nach Mallorca. Als ausgelernter Maler und Lackierer würde ich dort bestimmt leicht einen Job kriegen und gutes Geld verdienen."

Ralf: „Hmmh. Ich würde gerne ein Praktikum während meiner Ausbildung in Dänemark machen. Allerdings bietet meine Berufsschule so etwas nicht an und *Frau Linden* aus der Personalabteilung will von mir konkrete Vorstellungen, wohin die Reise gehen soll. Und dann soll ich mich auch noch um einen **Europass** kümmern, bevor Sie über eine 6- bis 8-wöchige Freistellung mit der Geschäftsleitung redet. Habt ihr da eine Idee, wo ich mich erkundigen kann?"

Mehrwert durch Auslandserfahrung: Das Europäische Austauschprogramm ***Erasmus+*** *bietet während und nach der beruflichen Erstausbildung Projekte an (mehr unter* ***www.erasmusplus.de****).*

ARBEITSAUFTRÄGE ZUR SITUATION

A1 Lesen Sie sich den Informationstext → **M1** durch und geben Sie *Ralf* einen geeigneten Ratschlag. Suchen Sie mit → **M2** ein für ihn passendes Projekt aus. Nennen Sie die Voraussetzungen, die *Ralf* dazu erfüllen muss.

A2 Max und Sebastian möchten nach der Ausbildung im Ausland arbeiten. Helfen Sie ihnen dabei, Informationen über die Arbeits- und Lebensbedingungen zu sammeln. Lesen Sie sich dazu zunächst den Informationstext → **M3** durch und füllen Sie die Tabelle → **M5** aus. Präsentieren Sie anschließend Ihre Ergebnisse.

A3 Suchen Sie mithilfe der Stellensuchmaschine der ZAV und EURES (→ **M3**) geeignete Arbeitsstellen für Max und Sebastian. Geben Sie an, welche Voraussetzungen Max und Sebastian erfüllen müssen.

M1 Was versteht man unter dem EU-Programm Erasmus+?

Erasmus+ ist das neue EU-Programm für allgemeine und berufliche Bildung, Jugend und Sport. Ein wichtiges Ziel dieses Programmes ist es, die Kompetenzen junger EU-Bürger durch EU-weite Auslandsaufenthalte auszubauen, um diese vor der Jugendarbeitslosigkeit zu bewahren und ihre Chancen auf dem Arbeitsmarkt zu erhöhen.

Erasmus+ verfügt über ein Budget von 14,7 Millionen Euro, mit dem über vier Millionen Europäerinnen und Europäer bis 2020 gefördert werden sollen.

Erasmus+ ist in mehrere Unterprogramme unterteilt. Eines dieser Unterprogramme ist das Programm **Erasmus+ Mobilität in der Berufsbildung**, mit dem die europäische Zusammenarbeit von Unternehmen, Berufsschulen, Kammern und Bildungsinstitutionen gefördert werden soll. An diesem Programm können u. a. sowohl Auszubildende als auch Absolventen teilnehmen, deren Berufsschulabschluss nicht länger als 12 Monate zurückliegt. Sie sollen durch Praktika und Fortbildungen im europäischen Ausland nicht nur ihre Fremdsprachenkenntnisse verbessern, sondern auch interkulturelle und fachliche Erfahrungen sammeln.

Die Auslandsaufenthalte finden im Rahmen sogenannter Mobilitätsprojekte statt, die u. a. von Schulen oder Ausbildungsbetrieben organisiert und durchgeführt werden. Die teilnehmenden Auszubildenden und Absolventen erhalten Zuschüsse für Fahrtkosten, Aufenthaltskosten und Kosten für die Organisation inklusive der Vorbereitung. In gesonderten Fällen werden auch Sprachkurse bezuschusst.

Einzelpersonen können auch Förderung aus EU-Mitteln für einen Lernaufenthalt im europäischen Ausland erhalten, wenn sie an einem **Pool-Projekt** teilnehmen. Vorausgesetzt wird allerdings, dass sie in Bildungsgängen oder Kursen in Unternehmen, Schulen oder Bildungsinstitutionen in Deutschland eingeschrieben sind oder einer regulären Beschäftigung nachgehen.

Ein Pool-Projekt ist ein Mobilitätsprojekt, das für Bewerber aus dem ganzen Bundesgebiet (Pool) offen ist. Die Einrichtungen der Berufsbildung (z. B. Unternehmen, Kammern), die ein Pool-Projekt organisieren und durchführen, arbeiten mit ausländischen Partnern zusammen, mit denen sie gemeinsam inhaltliche Schwerpunkte, Aufenthaltsdauer und Bewerbungsvoraussetzungen zuvor festlegen.

(Autorentext nach: www.erasmusplus.de)

M2 Wo finde ich im Internet Informationen über Pool-Projekte?

Wenn Ihre Berufsschule oder Ihr Ausbildungsbetrieb keine Mobilitätsprojekte organisiert und durchführt, besteht für Sie die Möglichkeit, an einem **Pool-Projekt** teilzunehmen.

Über die Homepage der **Nationalen Agentur beim Bundesinstitut für Berufsbildung** (NABIBB) kann man online das passende Pool-Projekt suchen.

www.na-bibb.de → Service → Datenbanken → Pool-Projektsuche

Die Kammern bieten auf ihren Internetauftritten auch Informationen zu Pool-Projekten, z. B. die IHK Siegen:

www.ihk-siegen.de → Berufliche Bildung → Mobilität

M3 Informationen über die Arbeits- und Lebensbedingungen eines europäischen Landes und Suche nach einer Arbeitsstelle

Es gibt eine Vielzahl von Möglichkeiten, wie Sie eine Arbeitsstelle im europäischen Ausland finden können und sich über die Arbeits- und Lebensbedingungen im Ausland informieren können. Zwei dieser Möglichkeiten möchten wir Ihnen im Folgenden vorstellen:

EURES (European Employment Services) ist ein Netzwerk, welches von der Europäischen Kommission koordiniert wird. Es stellt Informationen über Arbeitsmöglichkeiten und Lebens- und Arbeitsbedingungen im Europäischen Wirtschaftsraum zur Verfügung, unterstützt Arbeitnehmer bei der Suche einer Arbeitsstelle im europäischen Ausland und hilft Arbeitgebern bei der Rekrutierung von Arbeitskräften aus anderen europäischen Ländern. Auf der EURES-Website finden Sie u. a. eine Stellensuchmaschine. Nutzen Sie eine Suchmaschine mit dem Suchbegriff EURES oder den folgenden Link:

→ https://ec.europa.eu/eures/page/homepage?lang=de

Die **ZAV** (Zentrale Auslands- und Fachvermittlung) arbeitet mit den örtlichen Arbeitsagenturen zusammen, um weltweit Arbeitsstellen zu vermitteln. Zudem berät sie Schüler, Studierende sowie Arbeitnehmer, die sich für eine Ausbildung, ein Studium oder eine Beschäftigung im Ausland interessieren.

→ www.arbeitsagentur.de
→ Über uns → Weitere Dienststellen → Zentrale Auslands- und Fachvermittlung

M4 Was ist ein Europass?

Leider erschweren unterschiedliche europäische Aus- und Weiterbildungssysteme den Unternehmen oft die Beurteilung von Qualifikationen, Fähigkeiten und Kompetenzen ausländischer Arbeitnehmer. Daher wurde u. a. von der Europäischen Kommission der Europass entwickelt.

Der Europass ist kein richtiger Pass, sondern ein digitaler Ordner, in dem die erworbenen Qualifikationen, Fähigkeiten und Kompetenzen europaweit verständlich dargestellt werden. Dadurch wird es arbeitssuchenden EU-Bürgern ermöglicht, leichter eine geeignete Arbeitsstelle im europäischen Ausland zu finden.

Der Europass besteht aus den folgenden fünf Dokumenten.

1. Im **Europass-Lebenslauf** werden die Fähigkeiten, Kompetenzen und Qualifikationen eines Arbeitnehmers aufgelistet.
2. Der **Europass-Sprachenpass** zählt die Sprachkenntnisse und -qualifikationen der Arbeitnehmer auf.
3. Der **Europass-Mobiliätsnachweis** dokumentiert die Kenntnisse, Fähigkeiten und Kompetenzen, die während eines Lernaufenthaltes im europäischen Ausland erworben wurden.
4. Die **Europass-Zeugniserläuterungen** erklären die Kenntnisse, Fähigkeiten und Kompetenzen, die Inhaber beruflicher Abschlusszeugnisse erworben haben. Diese sind besonders nützlich, um ausländische Abschlusszeugnisse besser nachvollziehen zu können.
5. Das **Europass-Diplomasupplement** (der Diplomzusatz) erläutert die Kenntnisse, Fähigkeiten und Kompetenzen, die Inhaberinnen und Inhaber von Hochschulabschlüssen erworben haben. Dadurch können ausländische Arbeitgeber die Hochschulabschlüsse besser nachvollziehen.

→ http://www.europass-info.de

M5 Analyse der Arbeits- und Lebensbedingungen im Ausland

		Sebastian	Max
Arbeitsort			
Arbeitsbedingungen	Arbeitslosenquote		
	Sprachkenntnisse		
	Arbeitsmarktentwicklung		
	Mindesturlaubstage		
	Max. Wochenarbeitszeit		
Lebensbedingungen	Sozialversicherungsbeitrag		
	Monatliches Ø-Bruttoeinkommen		
	Lebenshaltungskosten 1 Liter Milch 1 Liter Diesel 1 Hamburger		
	Ø Kosten einer Mietwohnung		

Kernwissen zu Kapitel 7.2

ERASMUS+

Erasmus+ ist ein EU-Programm der Europäischen Kommission. Es ermöglicht jungen EU-Bürgern u. a. Auslandsaufenthalte, um diese vor der der Jugendarbeitslosigkeit zu bewahren und ihre Chancen auf dem Arbeitsmarkt zu erhöhen. Zudem wird dadurch auch die Gelegenheit geboten, die kulturellen und sprachlichen Kompetenzen zu erweitern.

EUROPASS

Der Europass ist ein digitaler Ordner, in dem die erworbenen Qualifikationen, Fähigkeiten und Kompetenzen der EU-Bürger europaweit verständlich dargestellt werden können. Dadurch fällt es z. B. Unternehmen bei der Bewerberauswahl leichter, geeignete Arbeitnehmer aus dem europäischen Ausland zu finden.

Der Europass besteht aus folgenden fünf Dokumenten:

- Europass-Lebenslauf
- Europass-Sprachenpass
- Europass-Mobiliätsnachweis
- Europass-Zeugniserläuterungen
- Europass-Diplomasupplement

ÜBUNGEN ZU KAPITEL 7.2

Ü1 Informieren Sie sich mithilfe der Fachinformationen → M1 und → M3 und entscheiden Sie, ob die folgenden Aussagen richtig oder falsch sind.

		richtig	falsch
A	Der Europass besteht aus sechs Dokumenten.		
B	Mobilität bedeutet die Fähigkeit, seinen Wohnort zu wechseln.		
C	Alle europäischen Aus- und Weiterbildungssysteme sind gleich.		
D	Erasmus+ übernimmt jegliche Kosten für einen Lernaufenthalt im europäischen Ausland.		
E	Durch Auslandsaufenthalte werden auch die interkulturellen Erfahrungen verbessert.		
F	An dem Programm Erasmus+ Mobilität können alle EU-Bürger teilnehmen.		

Ü2 Was wissen Sie zur Geografie Europas?

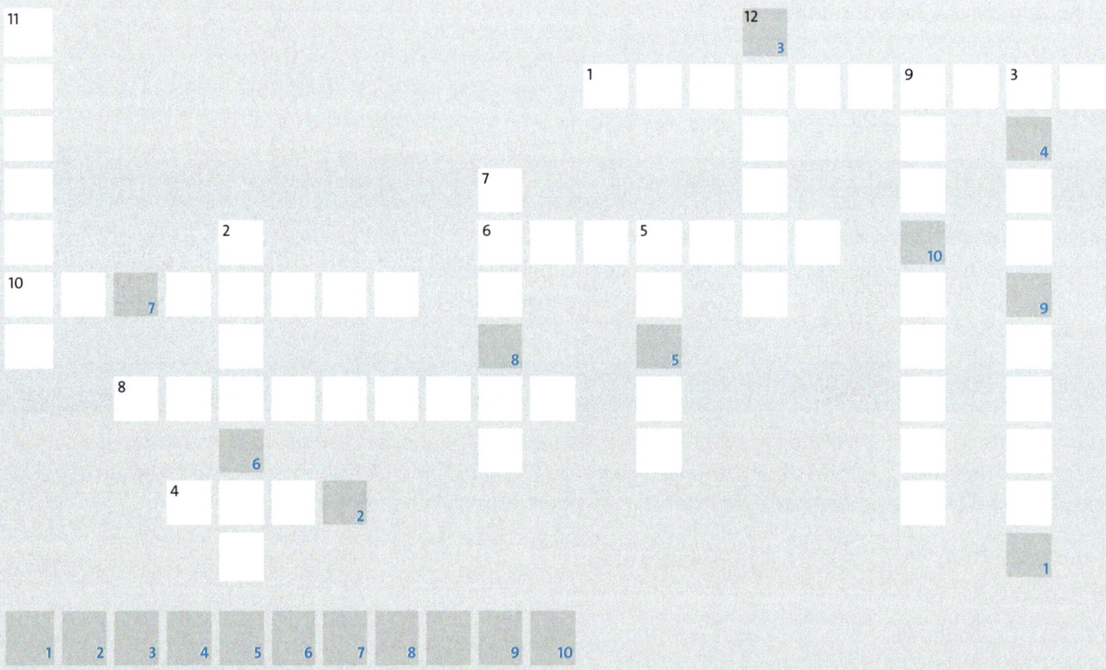

1. Wie heißt die Hauptstadt von Dänemark?
2. Wie heißt die Hauptstadt von Litauen?
3. Welches französische Denkmal steht in Paris und ist 324 m hoch?
4. Wie heißt die irische Währung?
5. Wie heißt der längste Fluss Europas?
6. Welcher Staat grenzt an Deutschland? Die Schweiz oder Italien?
7. Welches Land gehört nicht zu Europa? Island oder Litauen?
8. Was ist Europa?
9. Wie heißt die Hauptstadt der Niederlande?
10. Welche Sprache spricht man in Estland?
11. In welches Meer mündet der Rhein?
12. Wie heißt die deutsche Hauptstadt?

7.3 Wem nützt die Europäische Sozialcharta?

Situation 69 Soziale Rechte sind vielfach nicht verwirklicht

EUROPA: Niederländische Asylpolitik verstößt gegen Europäische Sozialcharta

Die Niederlande müssen zukünftig auch bereits abgelehnten Asylbewerbern Nahrung, Kleidung und eine Unterkunft garantieren. Dieses Grundrecht werde bisher nicht hinreichend respektiert. Auch die Versorgung von Obdachlosen sei unzureichend. Zu diesem Ergebnis kam am Montag der *Europäische Ausschuss für Sozialrechte* (ECSR), der als Organ des Europarats über die Einhaltung der 1961 beschlossenen Europäischen Sozialcharta wacht.

Amnesty International (AI): „Die Situation von Menschen in Garagen und anderen leerstehenden Gebäuden oder improvisierten Notunterkünften“ verstoße gegen die Menschenwürde und damit gegen die Europäische Sozialcharta. Der Staat müsse „Menschen in Not, unabhängig von ihrem Aufenthaltsstatus helfen“.

(Quelle: www.uni-muenster.de/NiederlandeNet/aktuelles/archiv/2014/november/1111sozialcharta.html)

„Vielleicht nützt mir das auch – jetzt, wo ich doch gern im Ausland arbeiten möchte …“

ARBEITSAUFTRÄGE ZUR SITUATION

A1 Geben Sie die Kernaussage des oben dargestellten Textes wieder und überlegen Sie, welche Folgen sich aus dem Verstoß gegen die Europäische Sozialcharta ergeben.

A2 Lesen Sie sich die Informationstexte → **M1**, → **M2** und → **M3** durch und recherchieren Sie im Internet die Artikel der Europäischen Sozialcharta.

A3 Erklären Sie anhand von sechs Beispielen, wem die Europäische Sozialcharta nutzt. Nennen Sie dazu die entsprechenden Artikel. Tragen Sie Ihre Arbeitsergebnisse in die Tabelle → **M4** ein.

A4 Präsentieren Sie Ihre Ergebnisse.

M1 Was ist die Europäische Sozialcharta?

Die Europäische Sozialcharta (ESC) ist ein völkerrechtlich verbindliches Abkommen, das den Menschen, die in den Unterzeichnerstaaten leben, umfassende soziale und wirtschaftliche Rechte gewährt. Die Europäische Sozialcharta wurde vom Europarat (➜ **M3**) veranlasst und 1961 von einer Mehrheit seiner Mitglieder beschlossen. Am 26. Februar 1965 wurde sie rechtsgültig. 1996 wurde die Europäische Sozialcharta überarbeitet. Die neue Fassung trat am 1. Juli 1999 in Kraft und ist seither gültig.

In der Europäischen Sozialcharta wurden zunächst 19 soziale Rechte aufgelistet, wovon sieben Rechte als besonders wichtig angesehen werden. Diese folgenden sieben Rechte werden auch die **bindenden Sozialrechte** genannt:

1. Recht auf Arbeit
2. Koalitions- oder Vereinigungsrecht
3. Recht auf Kollektivverhandlungen
4. Recht auf soziale Sicherheit
5. soziales Fürsorgerecht
6. Recht auf besonderen gesetzlichen, wirtschaftlichen und sozialen Schutz der Familie
7. Schutzrechte für Wanderarbeiter und ihre Familien

Seit 1996 gehören zur Europäischen Sozialcharta insgesamt 31 Rechte und Grundsätze. Zu den neuen Rechten zählen z. B. das Recht auf eine Wohnung, der besondere Schutz alter Menschen, der Kündigungsschutz oder der Schutz vor Armut.

Die Staaten, die die Sozialcharta ratifizieren, müssen mindestens zehn der 19 Rechte anerkennen. Davon müssen mindestens fünf „bindende Sozialrechte" enthalten sein.

Ob die Mitgliedsstaaten die Rechte der Europäischen Sozialcharta einhalten, wird vom Europäischen Ausschuss für Sozialrechte anhand der Staatenberichte überprüft. Die Ergebnisse der Überprüfung werden dem Regierungssozialausschuss weitergeleitet, der die Staaten über die eventuell festgestellten Mängel berät.

Deutschland hat bislang nur die Europäische Sozialcharta von 1961 ratifiziert. Die Ratifizierung der überarbeiteten Europäischen Sozialcharta von 1996 ist von Deutschland bisher noch nicht erfolgt.

(Autorentext nach Europarat www.coe.int)

M2 Wo findet man im Internet die Vertragstexte der revidierten Europäischen Sozialcharta?

Es gibt unterschiedliche Websites, auf denen Sie die einzelnen Artikel der neuen Version der Europäischen Sozialcharta finden können. Eine davon ist die Website des Europarates:

www.coe.int/de

➜ Menschenrechte
➜ Europäische Sozialcharta
➜ The treaties

M3 Wer sitzt im Europarat?

Der Europarat wurde am 5. Mai 1949 gegründet. Er ist eine europäische Organisation, ist aber institutionell nicht mit der Europäischen Union verbunden. Er setzt sich mit allgemeinen europäischen Fragen auseinander und schließt völkerrechtlich verbindliche Abkommen, um das gemeinsame europäische Erbe zu schützen und wirtschaftlichen und sozialen Fortschritt zu fördern. Seit seiner Gründung setzt er sich für die Förderung der Menschenrechte, der Rechtsstaatlichkeit und der Demokratie in ganz Europa ein. Der Europarat darf nicht mit dem Europäischen Rat (Staats- und Regierungschefs der EU-Mitgliedstaaten) verwechselt werden.

M4 Wem nützt die Europäische Sozialcharta?

Personenkreis	*Begründung*	*Artikel*
Auszubildende	*Allen Personen, die in den Vertragsstaaten leben, soll eine fachliche und berufliche Ausbildung gewährt werden.*	*10*

Kernwissen zu Kapitel 7.3

EUROPÄISCHE SOZIALCHARTA

Die Europäische Sozialcharta (ESC) ist ein völkerrechtlich verbindliches Abkommen von 1961, das den Menschen, die in den Unterzeichnerstaaten leben, umfassende soziale und wirtschaftliche Rechte gewährt.
Sie wurde 1996 von 19 auf 31 Rechte erweitert.
Sieben wichtige Rechte sind als sog. **bindende Rechte** herausgestellt.

EUROPARAT

Der Europarat ist eine im Jahr 1949 gegründete europäische Organisation, die sich mit allgemeinen europäischen Fragen auseinandersetzt und völkerrechtlich verbindliche Abkommen abschließt, um das gemeinsame europäische Erbe zu schützen und wirtschaftlichen und sozialen Fortschritt zu fördern.
Aktuell gibt es 47 Mitgliedstaaten.

ÜBUNGEN ZU KAPITEL 7.3

Ü1 **Erklären Sie die folgenden Begriffe:**

Revidieren	
Ratifizieren	
Rechtsstaat	

Ü2 **Lesen Sie sich die Artikel der Europäischen Sozialcharta nochmals durch und überlegen Sie, warum Deutschland bislang die revidierte Europäische Sozialcharta noch nicht ratifiziert hat. Begründen Sie Ihre Entscheidung mit Beispielen. (Nutzen Sie für geeignete Beispiele ggf. das Internet.)**

Ü3 **Erläutern Sie, inwiefern eine Europäische Sozialcharta besonders in der EU-Krise eine enorme Bedeutung hat.**

Stichwortverzeichnis

Bildquellen

S. 5: Fotolia/Industrieblick; S. 9.1: Shutterstock/Hamurishi; S. 9.2: Fotolia/Nerthuz; S. 9.3: Fotolia/Tarasov_vl; S. 9.4: Fotolia/Apart Foto; S. 10: Anima Berten; S. 14: Pascal Berten; S. 16: Peter Hornung-Sohner, München, www.hinterher.com; S. 19: Pascal Berten, Berlin; S. 27.1: Fotolia/Jürgen Fälchle; S. 27.2: Fotolia/Naturestock; S. 27.3: Picture Alliance/dpa; S. 33: Picture Alliance/dpa; S. 54: Peter Wirtz, Dormagen; S. 61: Bettina Nutz, Mainz; S. 69: NORMACONNECT VPP; S. 71: Bettina Nutz, Mainz; S. 94: Bettina Nutz, Mainz; S. 108: Pascal Berten, Berlin; S. 115: Fotolia/ Dmytro Titov; S. 116: Council of Europe, Strassburg; S. 117: Steffen Bock, InfoRoad GmbH, www.clever-tanken.de; S. 121: Sebastian Dietel, www.vergesse.net; S. 123: © Riese & Müller GmbH, Weiterstadt; S. 135: Bettina Nutz, Mainz; S. 142: Peter Wirtz, Dormagen; S. 145: Peter Wirtz, Dormagen; S. 152 Bettina Nutz, Mainz; S. 160: Peter Wirtz, Dormagen; S. 162: Bettina Nutz, Mainz; S. 164: Bettina Nutz, Mainz; S. 171: Bettina Nutz, Mainz; S. 173: Bettina Nutz, Mainz; S. 174: Bettina Nutz, Mainz; S. 176: Fotolia/ Trueffelpix; S. 179: Bettina Nutz, Mainz; S. 193.2: Rosseforp/ImageBROKER/Süddeutsche Zeitung; S. 196: Thomas Plassmann, Essen; S. 198: Peter Wirtz, Dormagen; Peter Wirtz, Dormagen; S. 203.1/2: Bettina Nutz, Mainz; S. 204: Bettina Nutz, Mainz; S.206: Bettina Nutz, Mainz; S. 214: Peter Wirtz, Dormagen; S. 217: Ressort Junge IG Metall, Frankfurt am Main; S. 219: Peter Wirtz, Dormagen; S. 227: DIN e.V., Berlin, Wiedergegeben mit Erlaubnis des DIN Deutsches Institut für Normung e.V. Maßgebend für das Anwenden der DIN-Norm ist deren Fassung mit dem neuesten Ausgabedatum, die bei der Beuth Verlag GmbH, Burggrafenstraße 6, 10787 Berlin, erhältlich ist.; S. 228: Fotolia/29295612; S. 230: Fotolia/Troeschel; S. 231: WEKA Media GmbH & Co. KH, Kissing, www.weka.de; S. 233: Bettina Nutz, Mainz; S. 236: Shutterstock/ Wavebreakmedia; S. 239: Fotolia/Reimer; S. 243: www.unece.org/trans/danger/publi/ghs/pictograms.html; S. 244: Fotolia/Markus Bormann; S. 245: action press / Dirk Bauer / Waz Fotopoolaction press; S. 247: Picture Alliance/dpa; S. 248: Picture Alliance/dpa; S. 249: Götz Wiedenroth, Flensburg, www.wiedenroth-karikatur.de; S. 251: © Statistik der Bundesagentur für Arbeit; S. 269.1: Fotlia/gpointstudio; S. 269.2: Fotolia/mtzsv; S. 290: Peter Wirtz, Dormagen; S. 298: BDI, Berlin/IW Köln; S. 300: Fotolia/Nmedia; S. 301/302: Bettina Nutz, Mainz; S. 307: Bettina Nutz, Mainz; S. 308: picture-alliance/dpa-Zentralbild ; S. 310: Nationale Agentur Bildung für Europa beim Bundesinstitut für Berufsbildung, Bonn; S. 313: Picture Alliance/dpa; S. 315: Council of Europe, Strassburg